우리는 왜 이별했을까?

사랑과 이별을 읽어주는 감정철학

사랑과 이별을
읽어주는 감정철학

아론 벤지이브 지음 | 김현주 옮김

우리는 왜 이별했을까?

파우제

이 책은 오래 지속되는 깊은 낭만적 사랑을 어떻게 이룰 수 있는지 보여
주기 위해 심리학적 통찰과 철학, 신경과학, 사회학, 경제학, 대중문화, 문
학, 그리고 실제 사람들의 진짜 이야기를 한데 엮은 매우 무게 있는 분석
연구다. 저자인 아론 벤지이브는 가장 먼저 거미줄처럼 복잡하게 얽힌 사
랑에 대한 쓸모없는 추측과 신화, 미스터리들을 해결한 다음, 새로운 낭만
적 가능성을 열어줄 유용한 지적 도구의 무기 창고를 우리에게 제공한다.
또한 진지한 학문적 질문과 유쾌하게 읽히고 가끔 웃음이 터져 나올 정도
로 재미있는 시적 산문 사이에서 즐거운 균형을 유지한다. 낭만적이며 개
인적인 행복을 지키고 향상시키는 것에 대한 저자의 낙관은 전염성이 강
력하며 감동적이다.

— 스카이 클리어리Skye Cleary, 컬럼비아대학교 철학과 교수

아론 벤지이브의 매혹적인 신작은 오늘날 많은 사람이 언젠가 완벽한 짝을 만나길 바라면서 왜 무의미하고 짧은 관계들을 연속적으로 맺고 끊는 지를 다루고 있다. 그런데 저자는 깊고 오래 지속되는 사랑을 찾기 어려운 원인을 밝히는 데 만족하지 않는다. 그는 책 전체에 걸쳐 사랑에 대한 우리의 비현실적인 이상을 없애는 논의를 펼치며, 또한 사랑하는 사람과 함께 늙어가는 마법 같은 일을 경험하는 방법을 알려준다.

— 베릿 브로가드Berit Brogaard, 마이애미대학교 철학과 교수

사랑의 본성을 생각할 때, 모든 낭만적 사랑의 관계에는 그 관계에 속한 사람들처럼 역사가 있음을 기억하는 것이 중요하다. 사랑은 고정적이지 않다. 이야기가 있고 시간 속에서 발생한다. 아론 벤지이브의 저서는 사랑의 이런 측면에 초점을 맞춘다. 이 책은 철학자와 심리학자, 그리고 이 중요하고 의미 있으며 매우 인간적인 현상을 충분히 생각하려고 노력하는 이들에게 흥미로울 것이다.

— 트로이 졸리모어Troy Jollimore, 캘리포니아주립대학교 철학과 교수·시인

우리는 다른 사람들과 낭만적 관계를 만드는 일에 삶의 커다란 부분을 할애하고, 낭만적 관계를 갖는 것을 잘 사는 삶의 중심으로 삼는다. 그런데 서구의 주류 낭만적 이데올로기는 평생의 낭만적 관계를 갖는 것은 좋은 삶을 사는 데 필요충분조건이라고, 건강하고 행복한 낭만적 관계는 이상적 상대와만 가능하다고 한다.

하지만 아론 벤지이브는 낭만적 관계가 없어도 훌륭한 삶을 사는 사람이

있고, 끔찍한 삶을 살면서도 건강한 낭만적 관계를 유지하는 사람이 있다고 한다. 그의 주장에 따르면, 낭만적 관계는 타협을 포함하여 상대의 긍정적이고 부정적인 특징에 무게를 측정하고 그냥 단번에 받아들이기를 요구한다. 낭만적 관계는 평생 지속될 수도 있고 아닐 수도 있으며 노년에 이를 때까지 찾아오지 않을 수도 있다. 또한 이 책에서는 이색적인 주제를 다루고 있다. 예를 들면, '사랑은 느낌인가, 행동인가? 사랑은 개인이 사적으로 경험하는가, 두 사람 혹은 그 이상의 사람들의 행동에서 나오는가? 사랑하지 않을 때 사랑하고 있다고 생각하는 것은 가능한데, 사랑인지 알지 못하면서 사랑하는 것도 가능한가?' 등이다. 이처럼 기존 사상과는 다른 관점에 관심이 있다면 이 책의 이야기에 귀 기울여보자.

— 매트 타이크만Matt Teichman, 시카고대학교 인문학부 교수

아론 벤지이브는 오래 지속되는 낭만적 사랑, 혹은 깊고 오래가는 사랑이라고 부르는 것의 가능성에 대해 말한다. 이 같은 사랑은 단순히 오래 지속되는 사랑 혹은 낭만적 사랑과 다르다. 저자는 오래 지속되는 낭만적 사랑을 아직 경험하지 못한 사람들이 그런 사랑의 가능성에 낙관하게 하고, 사랑을 현실화하고 있는 사람들이 자기가 선택한 길에서 그 사랑을 조금 더 확실히 만들게 한다. 따라서 깊고 오래가는 사랑을 궁금해하고 실천하고 싶은 이들에게 이 책을 강력히 추천한다.

— 세실리아 문Cecilea Mun, 애리조나주립대학교 박사

이 책은 사랑의 본성과 사랑이 시간에 따라 어떻게 변하고 발전하는지를 폭넓게 연구한 성과다. 저자는 사랑의 이론이 아니라 사랑의 우여곡절 이야기, 낭만적 관계가 지속되면서 더 혹은 덜 중요해지는 다양한 문제들을 제시한다. 이와 함께 14개의 장에서는 낭만적 관계와 타협, 낭만적 상대를 선택하는 방법과 노년기 사랑 등이 논의된다. 저자는 통속적이고 문학적이며 과학적일뿐 아니라 철학적인 관점에서 사랑에 대한 일상적 현실을 조명하며, 사랑의 미스터리를 실용적이고 상식적인 접근을 통해 풀어나간다. 이처럼 풍부한 주제를 다룬 이 책은 재치가 넘치며 재밌다. 철학적이고 심리학적인 자기계발서의 일종으로 처음부터 끝까지 빠짐없이 읽거나, 특정한 낭만적 주제에 통찰을 얻기 위하여 일부분을 골라 읽어도 좋겠다.

— R. 화이트White, 클레이턴대학교 교수

이 책은 오래 지속되는 낭만적 사랑이라는 본성을 탐구한다. 과학 기술이 우리의 상호작용을 좌우하는 규범과 낭만적 관계의 가치와 기대를 빠르게 변화시키고 있는 점을 고려하면 오늘날 특히 주목해야 할 주제다. 기혼 부부의 거의 절반이 이혼하며 많은 사람이 혼외 불륜을 맺고 있는 이 시대에 일부일처제 관계를 오래 유지한다는 생각은 어떤 이들에게는 비현실적이거나 회의적으로 받아들여지고 있다. 그러므로 이 책의 출간 타이밍은 매우 훌륭하다.

이 책은 오래 지속되는 깊은 사랑이 진정으로 가능하다는 것을 우리에게 보여주는 낙관적인 약속을 전달하며, 모든 종류의 사랑 관계(혹은 그리 사랑하지 않는 관계)에 대한 실증적 연구를 제공한다. 그리고 개인이 낭만적 관계를 오래 유지하고 싶다면 무엇을 해야 하는지(하지 말아야 하는지)를 자세한 실험과 여론 조사들을 통해 보여주는 점이 흥미롭다.

— 크리스틴 비트라노Christine Vitrano, 뉴욕시립대학교 브루클린대학 철학과 부교수

이스라엘 하이파대학교 철학과 명예교수인 아론 벤지이브는 철학과 심리학 사이의 접점을 연구하며 지난 20년간 크게는 감정에 대한, 구체적으로는 사랑에 대한 여러 연구를 책으로 출간했다. 이번 작품은 시간의 관점에서 사랑과 낭만적 관계를 탐구하며, 이때 철학적 설명과 실증적 심리학 연구 조사 자료, 대중문화에서 얻은 통찰들을 활용했다. 특히 각 장의 앞머리마다 문학이나 대중문화 분야의 명언들, 혹은 '사이콜로지 투데이'Psychology Today 온라인에 저자가 운영하는 블로그의 독자들이 남긴 인상적인 댓글과 같은 짧은 인용구가 소개된다.

이 책의 이상적인 독자에 대해 질문한다면 이렇게 답하겠다. 누구나 사랑과 관계에 관심이 있으므로 다양한 배경을 가진 독자들, 이 분야에 전문적으로 몸담고 있거나 평범한 사람 모두에게 흥미로울 것이다. 그리고 전문가들은 벤지이브의 가치중립적인 고찰과 분석적 접근의 진가를 알아볼 것이다. 일반인들도 분명 대중문화에서 끌어내는 그의 이야기와 그 접근의 신선함을 즐기게 될 것이다.

— 마이클 메이단Michael Maidan, 철학박사

이번 발렌타인데이에는 『우리는 왜 이별했을까?』의 저자 아론 벤지이브에게 조언을 구해보라. 이 책에서 그는 초기의 격심한 사랑에서 일어나는 경험을 철학적으로 설명하면서, 이와 더불어 장기적이고 심오한 사랑의 정열, 참신함, 변화, 그리고 장기적인 사랑에 대해 알려준다. 또한 저자는 사랑을 하며 경험하게 되는 많은 감정의 핵심과 연인이 직면하는 도전들을 분석하는데 특히 이런 도전들을 이겨낼 수 있는 조언을 제공한다.

— 더시카고블로그thechicagoblog

Chapter 1

**사랑의
지속 가능성**

18

Chapter 2

**감정적
경험**

46

The Arc of Love

How Our Romantic Lives
Change over Time

—

사랑과 달걀은 신선할 때 가장 좋다.

러시아 속담

—

들어가는
말

이 책은 오래 지속되는 낭만적 사랑과 그런 사랑을 어떻게 발전시켜 나갈지 혹은 그렇게 하지 못할 수도 있는지에 대한 이야기를 담고 있다. 오래 지속되는 낭만적 사랑을 위해 기반을 닦아놓는 이야기와 그 아슬아슬하고 도전적인 건축 사업에서 나타날 수밖에 없는 여러 어려움도 다룬다. 독자 여러분은 이 책에서 오래 지속되는 사랑은 이룰 수 있으니 절망할 이유가 없다는 기쁜 소식을 발견하게 될 것이다. 앞으로 살펴보겠지만 이 과정에서는 시간이 중요한 역할을 담당한다.

나는 낙관적 입장이다. 오래 지속되는 깊은 사랑은 가능할 뿐 아니라 생각보다 흔하다. 그렇지만 낭만의 길은 멀고도 험하다. 매혹적인 낭만적 사랑은 막다른 골목을 많이 만난다. 사랑 지망생들이 행복한 사랑으로 가는 포장도로가 언제 펼쳐질지, 막다른 길이 언제 닥칠지 어떻게 알겠는가? 그래서 나는 이 책에서 '사랑의 자유로'를 따라가는 표지판들을 보여주려 한다.

사랑이 당신에게 필요한 전부는 아니다. 하지만 당신이 다른 필요한 것들을 충분히 가지고 있다면 사랑은 삶에 기쁨을 불어넣어주어 당신의 삶을 반짝이게 할 것이다.

Chapter

1

사랑의
지속 가능성

The Possibility of
Long-Term Romantic Love

사랑의 중심을 향한 여정 중 첫 번째 정거장에서는 오래 지속되는 사랑에 대해 다루겠다.[1] 사랑의 지속과 관련한 논쟁은 태곳적부터 있었다. 그랬는데도 여전히 우리에게는 사랑이 세월을 뚫고 살아남게 할 재간이 없다.

철학에서는 사랑이 조건적인지, 즉 어떤 대상에 의존적인지에 초점을 맞추어왔다. 아리스토텔레스는 사랑이 조건적이라고 생각했다. 그의 관점에 따르면 사랑의 대상이 나쁘게 변하면 사랑도 끝날 수 있다. 다른 철학자들, 특히 플라톤이나 엠마누엘 레비나스는 사랑에 조건이 없다고 여겼다. 이들의 관점에서는 사랑이 평생 지속될 수 있다. 심리학에서도 마찬가지로 사랑의 지속 가능성에 대한 다양한 견해차를 발견할 수 있다. 논의를 시작하는 이번 장에서는 사랑에서 변화와 익숙함의 역할, 가능성을 향한 인간의 기본 욕구, 그리고 사랑과 삶 사이의 괴리 등의 문제들과 주요 쟁점을 이야기해보려 한다.

| 내일도 나를 사랑해줄 건가요? |

∞

오늘 밤 당신은 완전히 내 것이에요. 하지만 내일도 나를 사랑해줄 건가요?

캐롤 킹Carole King, 가수

캐롤 킹은 사랑하는 사람에게 이런 뜨거운 질문을 했다. 내일도 나를 사랑해줄 건가요? 내가 사랑받고 있다는 이 감정이 내일 아침 해가 뜨면 사라질지 아니면 몇 해 동안 지속될지 묻는다. 이 질문에 우리는 이렇게 덧붙일 수 있을 것이다. 낭만적 사랑이 깊다고 여겨지려면 오래 지속되어야만 하는가? 짧게 끝나는 사랑으로도 완전한 만족을 얻을 수 있는가?

나는 청소년기에 구스타브 플로베르Gustave Flaubert의 『보바리 부인』(1856)과 아모스 오즈Amos Oz의 『나의 미카엘』(1968)을 탐독했다. 이런 비극적 연애 소설들은 열정이 식고 사랑이 사그라지는 결말로 독자에게 경고를 주며 교훈적인 이야기 역할을 톡톡히 했다. 삶의 따분함을 연속적인 불륜으로 해소하고자 했던 엠마 보바리의 파멸을 살펴보자. 사랑했던 사람들에게 끝내 버림받고 빚더미에 앉은 엠마는 독약을 삼킨다. 마찬가지로 미카엘의 부인 한나 고넨도 꿈에 젖어 사는 사람이었지만 지극히 현실적인 남자와의 결혼으로 위축되고 만다. 시간이 지날수록 결혼 생활은 슬픔과 우울감으로 얼룩지고 그녀의 꿈 또한 정신과 함께 피폐해진다.

엠마와 한나는 사랑의 신화, 즉 진정한 사랑은 모든 장애물을 극복한다("당신에게 가지 못하게 나를 가로막는 높은 산은 없습니다")거나 사랑은 영원하다("죽음이 우리를 갈라놓을 때까지")는 식의 기록과 관습으로 간직되어온, 위험한 낭만적 사랑이란 이데올로기의 피해자들인 듯하다. 이런 매력적인 관념에서는 사랑하는 사람의 특별함과 서로 간의 합일을 당연시한다. 인연이란 서로에게 유일한 존재임을 의미하고, 연인은 하나의 통일체가 되며, 상대는 다른 누군가로 대체가 불가능하다. 그리고 사랑을 하는 주체의 관심은 오직 사랑하는 대상에만 집중된다("남성이 여성을 사랑할 때 다른 것을 마음에 둘 수 없다"). 이상적 사랑은 완전하며 타협하지 않고 조건을 붙이지도 않는다. 지옥이 얼어붙을 수는 있어도 진정한 사랑은 시들지 않는다는 소리다.[2]

이런 낭만의 이데올로기가 여전히 매력적이기는 하지만, 현대에 들어서 사랑의 열정이 평생 갈 수 있다는 생각은 옛 영광을 잃어버렸다. 낭만적 관계가 지속되기를 바라는 열망과 실현 가능성 사이의 틈이 점점 커지는 것을 우리 모두가 목도하고 있다. 오래 지속되지 못하는 관계와 이별은 흔해졌다. 수많은 사회에서 결혼 가정의 절반 정도가 이혼으로 끝을 맺고, 나머지 절반 중 다수도 심각하게 이혼을 고려한다. 사랑은 열정이 꼭대기까지 단숨에 치솟거나 의미 있는 우정을 오래 지속하는 것으로 만족해야 하는 양자택일이라는 생각이 세상으로 퍼져나가고 있다. 과연 열정과 지속성을 둘 다 가질 수는 없으니 엠마와 한나처럼 절망하는 것조차 헛되다는 말인가?

그런데도 대중문화는 오래 지속되는 사랑을 예찬한다. 게다가 청소년 세대를 포함하여 현대인 대부분은 그런 사랑이 가능하다고 믿고 있다. 18~29세의 미국 성인을 대상으로 진행한 설문 조사에서 86퍼센트가 평생 지속되는 결혼을 꿈꾼다며 결혼에 대한 매우 긍정적인 입장을 보였다.[3] 하지만 그런 사랑은 새로움이 지배하고 변화가 시류인 현대 사회에서 위협받고 있다. 우리는 역설을 마주한다. 우리의 삶은 조각난 관계들로 어수선한데 이상적 사랑은 '태양이 뜨지 않을 때까지' 지속되는 영원성을 요구한다.

| 혼란스러운 연구 결과들 |

∞

짝짓기에 절대적인 것은 없다. 진화는 인간에게 일평생 결혼 생활을 유지하는 축복을 남겨두지 않았다.

데이비드 버스David Buss, 진화심리학자

아내와 25년 넘게 살았다. 두 자녀도 두었다. 나는 아내를 지난날보다 오늘 더 사랑한다. 함께 늙어간다는 생각에 안심이 된다. 그렇다, 사랑은 시간이 지나도 유지되고 풍성해질 수 있다!

크리스 커티스Chris Curtis, 드러머

많은 연구에 따르면 관계가 오래될수록 성욕이 급격히 하락한다. 그러므로 새로운 상대보다 익숙한 상대에 대한 성적 반응의 강도는 점점 떨어진다. 그리고 당연히 관계가 지속될수록 상대와의 성관계 빈도수도 꾸준히 줄어든다. 결혼한 지 1년이 지난 부부의 성관계 빈도는 결혼 뒤 첫 달의 절반 정도가 되며 이후로 계속해서 감소한다. 동거 중인 이성애자 커플과 동성애자 커플도 마찬가지다. 그래서 낭만적 사랑은 시간이 지날수록 점점 보기 드물어지고 성적 욕구가 약해지는 우애적 사랑으로 진화해가는 듯하다.[4]

그러나 관계를 오래 지속하는 커플이 깊은 사랑을 유지한다는 연구 또한 있다. 심리학자 다니엘 오리어리Daniel O'Leary와 연구진은 기혼자 274명에게 배우자를 얼마나 사랑하는지 물었다. 그러자 결혼한 지 10년이 넘은 사람 중 40퍼센트가 "매우 사랑한다"고 대답했다. 결혼한 지 30년 이상 된 여성 40퍼센트와 남성 35퍼센트도 배우자를 "매우 사랑한다"고 했다.[5]

정말 상반된 연구 결과들이다. 과연 우리는 이를 어떻게 받아들여야 할까? 최근 신경과학 연구는 연구 결과 뒤에 숨겨진 구조를 파악해내려 하고 있다. 뇌과학자 비앙카 에이스베도Bianca Acevedo와 연구진은 평균 21년간 결혼 생활을 유지했으며 배우자를 매우 사랑한다고 응답했던 여성 10명과 남성 7명에게 배우자의 얼굴을 보여주며 fMRI로 뇌를 관찰했다. 그 결과, 뇌의 주요한 보상 센터(도파민이 분비되어 쾌감이나 즐거움을 느낄 때 반응하는 부분―옮긴이)가 상당히 활성화되었다. 이는 갓 사랑에 빠진 사람들에게 나타나는 양상과 비슷했지만 우애적 관계를 유지하는 사람들과는 전혀 달랐다.[6]

익숙함이 매력을 증폭시킨다는 연구가 있는 반면 매력을 감소시킨다는 연구 결과도 있다.[7] 미주리대학교 교수인 크리스틴 프루Christine Proulx와 연구진은 새로운 관점으로 이 질문에 접근했다. 그들은 결혼 생활의 질적 수준에 따른 두 가지 변화 궤적을 발견했다. 우선

처음부터 결혼 생활의 질이 높고 안정적이었던 부부들은 시간이 지나도 그 수준을 유지했다. 그다음으로 결혼 생활의 질이 낮았던 부부들은 처음과 비슷하거나 더 낮아졌다. 이 연구진은 첫 번째 조사 집단의 규모가 꽤 크다고 했다.[8]

그렇다면 낭만적 사랑은 원래부터 일시적인가, 아닌가? 아직은 판단할 수 없다. 나는 이 책을 통해 사람들에게 오래 지속되는 낭만적 사랑이 가능하다고 확신을 심어주고 싶다. 물론 반대의 근거도 존재하지만 모든 경우에 적용되지 않는다는 점을 증명해 보이고자 한다.

| 변화와 익숙함 |

∞

당신을 보면 볼수록 더 원하게 돼요. 왜 그런지 모르겠지만 이 감정이 점점 커져가요. 숨을 쉴 때마다 당신에게 더 빠져들어요.

크리스 몬테즈Chris Montez, 가수

이상하죠. 남편과 나 사이에 변화를 위해서 불편한 일이 있었으면 좋겠어요. 그렇다고 불륜에 대한 구실을 찾으려는 것은 아니에요. 그냥 솔직히 그렇다고요.

기혼 여성

사람들은 보통 자신이나 주변인이 처한 상황에 긍정적이든 부정적이든 중요한 변화가 생겼다고 인식할 때 감정을 느낀다. 이것은 낭만적 사랑의 지속 가능성에 부정적으로 작용하는 듯하다. 진화론적 관점에서 보면 고정적인 자극보다 변화에 초점을 맞추는 것이 우리에게 유리하다. 변화란 우리의 상황이 불안정하다는 뜻이고, 이를 자각하는 것이 생사를 가를 수도 있다. 우리는 어떤 변화에 익숙해지면 이미 적응된 것에 시간과 에너지를 낭비할 필요가 없으므로 정신 활동이 감소한다.

변화는 오랜 기간 지속될 수 없다. 조금 지나면 우리는 변화를 평범하게 여기고 더 이상 변화에 자극받지 않는다. 침입자가 나타나면 경보가 울리듯 우리의 감정도 주목이 필요하다며 신호를 보낸다. 그러다가 더 이상 주의할 필요가 없어지면 신호 시스템의 전원조차 꺼진다. 이처럼 우리는 평범하지 않은 일에 유념하며 반응한다.[9] 스피노자는 이 점을 강조했다. 그의 말에 따르면 생존은 어느 생물에게나 가장 중요하다. 우리는 크게 두드러지는 변화를 겪을 때 감정으로 표현한다. 더 낫게 변화하면 행복해지고 더 나쁘게 변화하면 행복하지 않게 된다.[10]

유명한 일화가 하나 떠오른다. 미국의 제29대 대통령 캘빈 쿨리지Calvin Coolidge가 영부인과 어떤 농장을 둘러보았다. 두 사람은 각기 다른 방향으로 안내를 받게 되었는데, 쿨리지 여사가 닭 축사를 지날 때 잠시 멈추고 담당자에게 수탉이 매일 한 번 이상 교미하는지를 물었다. "수십 번도 더 하죠"라는 대답이 돌아왔다. 쿨리지 여사는 "그걸 대통령께 전해주세요"라고 부탁했다. 잠시 뒤 대통령이 축사를 지날 때 수탉 이야기를 전해 듣고는 이렇게 물었다. "매번 같은 암탉인가?" 그러자 담당자가 대답했다. "아닙니다, 대통령님. 매번 다른 암탉이죠." 대통령은 천천히 고개를 끄덕인 뒤 말했다. "아내에게도 전해주시게나."

이것은 단순히 유쾌한 웃음을 자아내는 데서 그치는 이야기가 아니다. 이 일화에서 포유류의 수컷과 소수 암컷이 새로운 성적 상대의 등장에 따라 새로운 성적 관심을 보이는 현상을 의미하는 학술 용어 '쿨리지 효과'가 나왔다.

그런데 변화가 감정을 일으키는 데 주된 역할을 한다는 점은 확실하지 않으며 일부 학자들도 동의하지 않는다.[11] 이 학자들은 그 말이 사실이 되려면 오래 지속되는 사랑이나 슬픔, 후회, 증오처럼 흔히 감정적 경험이라고 알려진 것들이 '감정'으로 분류될 수 없다고 한다. 나는 이에 대한 반론으로 어떤 종류의 변화는 감정을 지속시키는 역할을 할 수 있음을 설명하겠다.

감정을 일으키는 데는 변화가 결정적 역할을 하는데, 이와 더불어 유사성과 익숙함도 감정을 촉진한다. 그래서 낭만적 상대들은 나이와 정치적 견해, 종교에서 강한 유사성을, 교육 수준이나 지능, 추구하는 가치에서 중간 정도의 유사성을 보인다. 그리고 성격은 거의 혹은 아예 비슷하지 않다. 사람들은 헌신도가 낮은 단기적 관계에서만 자신과 다른 상대를 선호한다. 헌신도가 높고 공동 활동이 많을 수밖에 없는 장기적 관계에서는 유사성이 높을수록 낭만적 취향이 통한다.[12]

하지만 어떤 일의 반복이나 변화가 그 자체만으로 감정의 강도를 치솟게 하지는 못하는 것으로 밝혀졌다. 감정적 강도를 증가시키는 것은 익숙하고 안정적인 구조 안에서 일어나는 특정한 변화다. 이쯤에서 상대적(혹은 한정적) 새로움과 절대적(혹은 전체적) 새로움을 구분해보자. 상대적 새로움은 익숙한 구조 안에서 생기는 변화와 관련 있는 데 비해, 절대적 새로움은 구조 자체가 달라지는 것을 말한다. 확연한 감정의 변화는 꼭 어떤 것이 완전히 새로워졌기 때문에 생기지 않는다. 오히려 절대적 새로움은 그 자체로 우리에게 너무 낯설어서 감정과 관련이 적을 수 있으며, 만일 감정이 생겨나더라도 부정적 감정이기 쉽다.

첫인상에 대해 잠깐 생각해보자. 첫인상에는 극단적 경향이 있다. 보통 처음 보는 사람은 매우 아름답거나 매우 못생겼다. 시간이 조금 지나면 첫인상이 누그러지기 때문에 아름다워 보였던 사람이 덜 아름다워 보이거나 못생겨 보였던 사람이 덜 못생겨 보이기 시작한다. 이런 현상에는 19세기 영국의 소설가 퀴다Quida가 했던 말이 꼭 들어맞는다. "익숙함이란 아름다움에는 잔인하고 못생김에는 친절한 마법사다." 강한 감정적 반응과 관련된 강렬한 첫인상은 낯선 사람을 향한 반응을 빠르게 형성한다. 그러나 누군가를 알아가면 이런 극단적 반응이 서서히 줄어든다. 적당한 이해가 쌓여 소통이 부드러워지는 것도 사실이다. 그런데 새로운 관계에서 매력이 긍정적 효과가 나타난 것과는 달리, 결혼한 부부의 관계에서는 매력과 질적 수준 사이에 큰 연관성이 나타나지 않는다.[13]

정리하자면 변화는 강렬한 단기적 감정을 유발하며, 익숙함은 오래 지속될 수 있는 비교적 온건한 태도를 만들어낸다고 할 수 있다.

│ 가능성을 향한 동경 │

∞

저질렀던 일에 대한 후회는 시간이 지나면 사라질 수 있다. 지워지지 않는 것
은 하지 못했던 일에 대한 후회다.

시드니 스미스Sydney Smith

사람들은 현재뿐 아니라 가능성에도 마음을 쏟는다. 다른 동물보다
인간이 우월한 이유는 현재 처지와는 다른 상황을 상상하는 위대한
능력에 있다. 상상은 인간의 삶에 매우 필수적이며 상상 없는 삶은
생각할 수 없다. 이처럼 우리는 가능성을 상상할 수밖에 없도록 타고
났기에, 인간이라면 가능성을 모른 체하는 것이 불가능하다.

상상은 헤아릴 수 없을 만큼 우리의 시야를 넓게 확장해준다. 하
지만 현재에서 벗어나게 하는 상상은 우리를 가능성에 목매게 하기
도 한다. 상상은 양날의 검이라서 선물인 동시에 깊은 상처를 낼 수
있는 무기다. 낭만의 영역에서 상상은 다양한 가능성을 생각하게 하
는 놀라운 능력이자 그에 걸맞게 자신을 발전시키는 기회다. 한편 상
상은 우리가 낭만적 운명을 즐기지 못하게 막기도 한다.

낭만적 삶의 가장 주된 딜레마는 어떤 가능성을 따르고 어떤 가
능성을 무시해야 할지 선택하는 데 있다. 우리가 주어진 것에 만족해
야 할 때는 언제인가? 어떤 문을 열어야 하고 어떤 문을 닫아야 할지
는 결정하기가 쉽지 않다. 각각의 선택마다 이익과 손실이 따르기 때
문이다.

낭만의 광장에서 사람들은 고통스러운 현재와 씨름하는 동시에

달콤한 가능성을 상상한다. 상상이 이끄는 대로 여태껏 가보지 못했던 낭만의 길에 들어서면 그곳에는 오래 지속되는 사랑의 필수 감정인 '주어진 것에 행복해하는 만족감'을 방해하는 장애물들이 놓여 있다. 이때 필요한 주 무기가 적응과 타협이다. 전혀 매력적이지 않은 단어들이지만 어떻게 매력적인 모양을 갖추게 되는지는 앞으로 보게될 것이다.

상상은 현재, 과거, 미래와 같은 모든 시간적 차원의 지평을 확장한다. 우리는 현재, 더 정확하게는 매우 가까운 미래의 맥락을 고려하여 지금 여기서 무엇을 할 수 있을지 분석한다. 이런 생각이 우리가 현재 원하는 것을 놓고 고민하고 있을 때 실용적 분별력을 갖게 한다. 과거로 향하는 시야는 자신의 존재와 자신에게 의미 있는 것을 인식하게 한다. 과거는 바꿀 수 없지만 현재와 미래의 선택에 영향을 준다. 세 종류의 시간 중 미래로 향하는 시야는 우리의 의사 결정에 엄청난 영향을 미친다. 사람들은 과거나 현재보다 미래에 대해 더 많이 생각하는 경향이 있어서, 가능성 있는 일들을 직접 경험할 때보다 상상할 때 더 즐거움을 느낀다.[14]

과거를 현재와 미래의 상황과 비교하는 것을 포함하여 시간의 차원 사이를 유랑하는 우리의 능력은 후회를 불러올 수 있다. 후회는 과거의 행위에 대한 부정적 입장으로 이해되기 쉽다. 좁은 의미에서 종종 후회는 부정적 결과를 가져왔던 과거의 행동에 마음 쓰는 것으로 여겨진다. 이에 비해 넓은 의미에서 후회란 현재 우리의 시야가 한정된 원인이라고 여겨지는 가지 않은 길, 즉 행동하지 않은 것까지 포함한다.[15] 한 연구에 따르면 미국인들은 교육, 직업, 사랑, 양육 등 네 가지 분야에서 자신의 선택을 크게 후회한다. 교육이 가장 먼저 순서를 꿰찬 이유는 높은 수입부터 더 매력적인 일자리, 사회적·낭만적 관계의 다양성까지 매우 값어치 높은 선택으로 향하는 길이 될 수 있기 때문이다. 우리는 대부분 시야를 확장하지 않아서 후회한다. 후회는 기회와 긴밀히 얽혀 있다. 이 말은 곧 변화와 성장, 개선의 가능성이 실현되지 못할 때 우리는 후회하기 쉽다는 뜻이다.[16]

걱정은 미래의 행위나 상황에 대한 부정적 태도라고 할 수 있다. 좁은 의미에서 우리가 자신에게 해가 될 수 있는 미래의 구체적 상황을 염려하는 것을 가리킨다. 넓게 보면 걱정은 우리의 시야를 좁히는 데 영향을 미친다. 젊은 시절 우리는 미래의 지평이 확장된다고 여기지만 나이 들고 몸이 아프기 시작하면 반대로 줄어든다고 생각한다. 스탠퍼드대학교 심리학 교수 로라 카스텐슨Laura Carstensen은 "각각의 상황마다 동기가 다르다"고 주장한다. 사람들은 시간의 지평이 확장되는 것 같을 때 취미와 활동의 종류를 더 확장하려는 자극을 받고, 줄어드는 것 같으면 이미 가지고 있는 선택지에 집중한다. 이런 경향은 특히 여성이 '생체 시계'를 자각하는 노년에, 그리고 전쟁 중에 확실해진다. 우리는 나이가 들수록 시간은 유한하고 시간적 지평은 제한적이라고 인식하며 우선순위를 재배치한다. 장기적으로 고려해야 하는 사항은 덜 중요하게 여기고 즉각적으로 감정적 의미를 얻을 수 있는 목표는 더 중요하게 여긴다.[17] 그런데 젊을 때는 그 즉각적인 감정적 의미를 낭만적 사랑과 같은 외부 선택지와 연결하는 데 비해, 노년에는 그 시기 삶의 테두리 안에서 찾는다.

낭만의 영역에서는 새로운 사랑의 기회를 잡으려고 노력하기보다 현재 맺고 있는 관계를 양성하는 것이 장기적으로 중요한 문제를 올바르게 인식한다고 할 수 있다. 이렇게 자기만의 정원을 관리하는 것은 우리에게 자신의 영역에 만족하게 하며, 결국 낭만적으로 위태로워지는 감정이나 다른 곳에 눈을 돌리려는 경향을 감소시킨다. 사람들은 눈앞에 놓인 가능성을 먼저 고려하려 하지만 개인적·낭만적 행복과 관련하여 가장 깊이 있는 태도를 이끌어내는 것은 멀리 보는 시야다.

│ 사랑하지만 떠납니다 │

∞

미안해요, 사랑해요, 하지만 당신을 떠나야만 해요. 당신은 옳은 선택이었지만 '행복한' 선택은 아니었어요.

할리 만테냐Hallie Mantegna

물론 사랑은 있습니다. 그리고 사랑의 적, 삶도 있습니다.

장 아누이Jean Anouilh, 문학가

"사랑하지만 떠난다"는 말은 역설적이다. 나를 사랑한다면 왜 나를 떠나야만 하는가? 무엇보다 사랑은 사랑하는 사람과 함께 있고 싶고 떠나기 싫어하는 마음을 포함하는데 말이다. 이 말이 역설적으로 들리지만 역설이 아님을 앞으로 알게 될 것이다.

때때로 사랑과 삶은 충돌하며 우리는 타협해야만 한다. 그리고 그 타협이란 사랑하는 사람을 떠나는 것일 수 있다.

∞

당신에게 필요한 것은 사랑뿐입니다.

비틀스The Beatles, 가수

낭만적 사랑은 우리 삶에 달콤함을 더해준다. 그뿐 아니라 사랑은 건
강과 행복, 삶의 풍요로움을 증진하고 우리가 살아 있음을 느끼게 해
준다. 그러므로 오래 지속되는 사랑에서 많이 볼 수 있는 구조인 결
혼은 심리적 고통과 병원 방문 횟수의 감소, 삶의 질 향상, 혈압 안정
화, 회복 속도 증가, 수명 연장 등 많은 건강상 이점과 직결된다. 사
랑은 분명 건강과 삶의 질, 생산성, 재생산성에도 자극을 준다. 사랑
(결혼)과 행복(삶의 풍요로움과 건강 포함)은 상호 밀접한 관계다. 행복
한 사람은 사랑에 빠지기 쉬우며 사랑에 빠진 사람은 행복할 가능성
이 높다.[18] 그러므로 설문 조사에서 자신의 결혼 생활이 매우 행복하
다고 응답한 사람들은 삶을 가장 행복하게 사는 사람들에 속한다. 실
제 부부를 대상으로 삶이 전반적으로 매우 행복하다고 밝힌 비율을
조사했더니, 결혼 생활이 "매우 행복"이라고 응답한 부부들 중에서는
57퍼센트, 결혼 생활이 "대체로 행복"한 부부들 중에서는 10퍼센트,
결혼 생활이 "그렇게 행복하지 않음"이라고 응답한 부부들 중에서는
3퍼센트로 결과가 나왔다.[19]

그러나 모든 결혼이 동일하지 않기에 상황은 더욱 복잡하다. 행
복하지 않은 결혼 생활은 행복한 결혼 생활보다 장점이 거의 없다.
여러 연구에서 결혼 생활이 별로 행복하지 않은 사람은 결혼한 적이

없거나 이혼, 별거, 사별을 경험한 사람에 비해 사망이나 건강상의 위험도가 높거나 같게 나타났다. 이렇듯 비록 결혼하는 것이 하지 않는 것보다 더 나은 결과를 가져오기는 하지만, 행복한 결혼이 건강에 도움이 되듯 불행하거나 제 기능을 하지 못하는 결혼은 건강에 해로울 수 있다. 결혼은 만병통치약이 아니다. 결혼 생활이 보통 이상으로 행복한 사람에게만 유익하다.[20]

| 사랑에서 삶의 중요성 |

∞

이별은 사람들이 언제까지나 머물러주지 않는다는 것과 오늘 내가 가진 것이 내일 다른 사람에게 넘어갈 수 있다는 사실을 내게 가르쳐주었다.

라니아 나임Rania Naim, 작가

행복해지기 위해서는 사랑이 필요하다. 깊은 사랑을 이루려면 행복한 삶이 필요하다는 것도 맞다. 여기서 우리는 개인의 행복을 가로막는 낭만적 관계에 머물러야 하는가 하는 쓰라린 문제를 마주한다. 이와 관련하여 고故 다이애나 왕세자비는 이렇게 비꼬아 말한 적이 있다. "사람들은 부유하고 불행한 것보다 가난하더라도 행복한 것이 낫다고 하는데, 적당히 부유하고 그냥 좀 우울한 것으로 타협하면 어떨까?" 이와 비슷하게 말해보자면, 어떤 사람은 사랑 없이 부유한 것보다 사랑이 있으면서 가난한 것이 낫다고 주장하는데, 적당히 부유하고 사랑에 미쳐 있기보다는 적당히 사랑하는 것이 낫지 않을까?

우리는 삶의 질과 같은 비非낭만적 가치 대신에 열정적 사랑과 같은 낭만적 가치를 포기하곤 한다. 이런 타협은 언제나 자기 기준을 맞추고 이상을 실현하며 살 수 없다는 인식에서 나온다. 때때로 생존은 자신이 원했던 것보다 부족한 것, 혹은 그와 전혀 다른 것에도 만족하며 융통성 있게 사는 데 달려 있다.

오늘날은 삶보다 사랑이라는 견해가 우세하다. 우리는 "사랑이 언제나 이긴다", "사랑은 항상 길을 찾아낸다"와 같은 말을 몇 번이고 듣는다. 삶이 사랑의 가장 강력한 적은 아닐지 몰라도 사랑과 부딪치는 요인을 포함한다. 삶이 사랑보다 우선하는 상황이 있다고 인정하는 것은 낭만과의 타협이 불가피함을 인정하는 셈이다. 키르케고르가 말했듯 "삶은 풀어야 하는 문제가 아니라 경험해야 하는 현실이다." 삶은 계산해봐야만 하는 현실이기도 하다.

삶에서의 사랑도, 사랑에서의 삶도 중요하다지만 둘은 종종 충돌한다. 이런 갈등은 사랑하는 사람을 떠나게 하는 상황을 만드는 원인이 된다. 사랑하는 사람들 사이에서 갈등은 보통 둘 중 하나에서 비롯된다. 첫째는 사랑의 본질과 관련한 낭만적 이유고, 둘째는 행복한 삶과 관련한 이유다.

| 당신을 사랑하지만, 그렇게 많이는 아니에요 |

∞

당신을 원하는 사람과 당신을 지키기 위해 무슨 일이든 할 사람은 다르다. 행동이 소원보다 큰 법이다.

익명

낭만적 사랑은 모 아니면 도라는 태도가 아니고 다양한 정도의 차이가 있는 상태다. 몇 주 혹은 몇 달간은 사귈 수 있지만 관계를 오래 지속하기에는 충분하지 않은 정도로 사랑하는 관계도 있다. 이에 해당하는 사랑과 이별의 이유는 다음과 같다.

"새로운 사랑을 찾았어."

"과거에 어떤 사람을 지금 당신을 사랑하는 것보다 더 많이 사랑했어."

"당신과 잠깐 같이 있는 것은 좋아(낭만적 강도가 높음). 하지만 길게 봤을 때 가능성이 보이지 않아(낭만적 깊이는 얕음)."

"우리는 멋진 섹스 파트너지만 좋은 친구는 아냐."

"우리는 마음이 통하는 친구지만 좋은 섹스 파트너는 아냐."

"당신의 행동에는 내가 당신을 믿지 못하게 하고 당신과 있을 때 불안하게 하는 잘못된 부분이 있어."

"내가 당신에게 충분한 사랑을 주지 못할 수도 있어." 이를 조금 더 직설적으로 말하자면, "당신을 향한 내 감정은 그렇게 깊지 않아."

이렇듯 사랑이 얕거나 상대가 낭만적으로 그리 적합하지 않다고 말하는 이유는 주로 상대적이다. 이런 이유를 대는 사람들에게는 사랑이 있기는 하지만 충분하지 않다. 적어도 다른 가능성 있는 선택지와 비교했을 때 만족할 만큼은 아니다. 사랑을 얻지 못할 때 삶을 선택한다는 것은 명백한 사실이다. 어떤 여성의 이야기다. "저는 사랑에 빠져본 적이 단 한 번도 없어서 돈을 선택하기로 했어요."

| 당신을 사랑하지만, 함께 살 수는 없어요 |

∞

나도 이별은 싫어요. 하지만 때때로 살기 위해 이별해야 할 때도 있어요.

레이첼 케인Rachel Caine, 문학가

만약 내가 머무른다면 당신에게 방해만 될 뿐이에요. 그래서 떠납니다. 하지만
언제나 당신을 사랑하겠어요.

휘트니 휴스턴Whitney Houston의
「언제나 당신을 사랑하겠어요」I Will Always Love You

오래 지속되는 낭만적 관계를 위해서는 두 사람이 함께 사는 것과 관
련한 비낭만적 요인도 계산해보아야 한다. 누군가를 사랑한다고 해
서 함께 살기로 결정하는 것은 충분하지 않다. 함께 살고 가족을 구
성하는 일에는 분명 사랑이 필요하지만 그것만으로는 되지 않으며,
무엇보다 서로를 행복하게 하는 능력이 필요하다. 이런 생각을 바탕
으로 하는 사랑과 이별의 일반적인 이유는 다음과 같다.

"당신은 나를 행복하게 할 수 없어. 내 안에 있는 최고의 것을 끌어내
지 못하잖아."

"나는 당신을 행복하게 할 수 없어. 오히려 나와 함께 있는 것이 당신
의 행복을 가로막는 거야."

"함께 오래도록 행복한 삶을 이루어가기에 우리 둘은 서로에게 적합
하지 않아."

"당신은 좋은 아빠, 좋은 남편, 좋은 부양자가 아니야. 사랑이 많은 사
람일 수는 있어도."

"당신을 사랑하지만 나는 아직 준비가 안 됐어."

이런 이유를 붙이는 사람의 사랑은 정도를 따지자면, 사랑을 지속하기에는 충분하지만 함께 살기에는 충분하지 않다고 할 수 있다.

사람들은 때때로 사랑보다 삶이 행복해지는 것을 선호한다. 그것이 자신의 삶일 수도 있고 상대의 삶일 수도 있다. 전자의 경우, 전남편을 매우 사랑했지만 부부 사이에 무언가가 빠진 것 같아 이혼을 결심할 수밖에 없었다는 한 여성의 이야기로 설명할 수 있다. "그의 잘못이 아니에요." 그녀가 말했다. "하지만 인생에서 자아실현을 할 수 없을 것 같았어요. 남편이 저를 막지는 않았지만 제 안에서 최고의 것을 이끌어주지도 못했고요. 지금 남편과는 많이 싸우기는 해도 제 내면에서 최고의 것을 끌어내주는 그의 능력과 깊은 열정을 느낄 수 있어요." 이 여성은 자신을 잃기보다는 첫 번째 남편을 포기하기로 했다.

어떤 사람은 사랑보다 상대의 행복을 원한다. 그래서 자신과 함께 있는 것이 장기적으로 볼 때 상대를 불행하게 한다면서 깊이 사랑하는 마음에서 이별을 고하기도 한다. 이 상황은 앞에서 언급한, 많은 사람이 최고의 노래로 손꼽는 「언제나 당신을 사랑하겠어요」의 주제다. 현실에서 우리는 자신과 함께 있는 것이 장기적으로는 사랑하는 상대를 불행하게 한다고 걱정하며 관계를 정리하려는 사람의 이야기를 종종 듣곤 한다. 이럴 때 관계를 정리하는 것은 진심으로 상대의 완전한 행복만을 바라는 마음이 표현되었다고 하겠다.

사랑, 그중에서도 특히 강렬한 사랑은 삶의 중요한 측면을 외면하게 하여 자기 자신을 다치게 하고 연인과 함께하는 순간까지 위협한다. 가수 레너드 코헨Leonard Cohen은 자신의 명곡 「잘 가요, 마리안」So long, Marianne에서 "내가 당신과 함께 살고 싶어 하는 것을 당신도 알잖아요"라는 가사 다음에 이렇게 덧붙였다. "당신은 내가 너무 많은 것을 잊게 했어요. 나는 천사들에게 기도하는 것도 잊었어요. 그러자 천사들도 우리를 위해 기도하는 것을 잊었잖아요." 그러니, "잘 가요, 마리안."

깊은 사랑은 물론 마음의 기울기와 관련 있는데 거기서 끝이 아니다. 이런 종류의 사랑은 상대와 그의 행복을 깊이 생각한다. 깊은 사랑에는 상호 관계에서 행복해하는 상대와 함께 살고 싶은 바람이 깃든다. 때때로 이 소망이 이루어질 수 없을 때, 삶이 사랑을 이겨버릴 때, 누군가는 연인에게 "나 언제까지나 당신을 사랑할게요. 하지만 우리가 함께 행복할 수가 없기에 우리 사랑의 미래를 신뢰할 수 없어요"라는 말과 비슷한 이야기를 할지 모른다. 그러므로 깊은 사랑은 오래 지속되는 사랑과 같지 않다. 깊이 사랑하지만 이혼하는 부부도 있다.

깊은 사랑은 사랑하는 사람의 행복을 간과할 수가 없으며, 행복은 깊은 사랑이 오래 지속되는 데 필수다. 사랑의 지속에 결정적 구성 요소인 서로의 내면에서 최고의 것을 끌어내는 힘은 한 사람이 많이 낙심해 있거나 가난이 삶을 비참하게 만들 때처럼 심각한 문제에 직면한 상황에서 무력해진다. 둘 가운데 한 사람은 함께 있어서 서로가, 혹은 상대가 행복해지지 못할 거라고 느끼거나 기혼자의 경우라면 자녀에게 부정적 영향을 미칠 수 있겠다고 생각할 것이다. 이럴 때 사랑은 더 폭넓은 행복의 필요 때문에 우선순위에서 밀려난다.

| 우리에게 필요한 것은 사랑뿐인가? |

∞

당신에게 필요한 것은 사랑뿐이죠. 그런데 이따금 작은 초콜릿 한 조각이 더 있다고 피해를 보지는 않아요.

찰스 슐츠Charles Schulz, 「스누피」 만화가

우리는 낭만적 사랑이 우리 삶에 매우 긍정적 영향을 준다는 사실을 살펴보았다. 그런데 행복을 위해서는 사랑 말고도 다른 것이 더 필요하다. 풍성하고 오래 지속되는 사랑을 위해 우리는 적절한 삶의 구조가 필요하다. 낭만적 사랑이 풍성해지면 더 총체적인 느낌의 행복을 얻을 수 있다. 그러나 사랑과 삶은 때때로 충돌한다.

이제 우리는 질문하게 된다. 무엇이 먼저란 말인가? 사랑인가 아니면 삶인가? 판단하기 어려운 물음이다. 한쪽에 치우치면 사랑을 위해 삶을 희생할 수도 있고(로미오와 줄리엣을 생각해보자), 다른 쪽에 치우치면 삶을 위해 사랑을 포기할 수도 있다(예를 들어, 사랑은 없지만 안정된 결혼 생활). 물론 대부분은 이 끔찍한 양극단 사이 어딘가에서 낭만적 결정을 내린다. 그때 우리의 위치를 좌우하는 것은 사랑의 힘과 삶의 요구라는 어쩔 수 없는 상황, 그리고 그 둘 사이에서 갈등하는 정도다.

강렬한 욕망이 낭만적 사랑의 중심이 될 때 낭만적 사랑과 삶 사이의 갈등은 심해진다. 이런 욕망은 대개 짧고 시간이 지나면서 사그라진다. 반대로 삶은 오래 지속되는 경향이 있다. 사랑을 하는 사람은 언제까지고 삶을 모른 체할 수 없으며 사랑이 항상 이길 수도 없다. 어떤 경우든 사랑은 삶을 대신할 수 없다.

실제로 자신의 낭만적 관계에서 변화를 감지했다고 보고한 사람들을 대상으로 진행된 연구에서 4년 동안 계속 관계를 이어나갔던 참가자들은 자신의 사랑과 책임감, 만족감이 시간이 지날수록 커진 것을 인식했다. 하지만 이별을 경험했던 연인들의 경우, 가장 적게 감소한 것은 사랑이었던 반면 가장 많이 감소한 것은 만족감이었다. 이런 결과는 '사람들이 관계를 정리하는 이유는 사랑이 식어서가 아니라 불만족과 불행이 쌓여 사랑이 더 이상 자라지 않기 때문'이라는 점을 시사한다.[21]

사랑과 삶이 정면으로 맞서면 사랑이 거의 항상 패배한다. 특히 강렬한 욕망이 전제되면 그렇다. 결국 사랑은 연인이 서로 관계를 돌보고 상대를 행복하게 하는 일을 행동으로 옮길 때 유지되고 깊어진다. 이렇게 삶의 구조와 사랑의 매듭은 단단해진다.

그룹 비틀스의 매니저 브라이언 엡스틴Brian Epstein이 말했던 것처럼 "당신에게 필요한 것은 사랑뿐"이라는 주장은 '사랑이 전부라고 말하는 분명한 메시지'다. 낭만적 사랑은 우리의 즐거움과 행복을 위해 굉장히 중요하지만 사랑이 꼭 즐겁고 행복한 삶을 위한 충분조건도, 필수조건도 아니다. 그러니 사랑이 삶의 중요한 부분을 차지한다 해도 삶의 전부가 아니다.

사랑이 정말 우리에게 필요한 전부는 아니라면 누군가가 사랑하는 사람을 떠나는 것도 분명 이유가 있을 것이다.

| 짧은 열병과 오랜 사랑 |

∞

나는 깊고 오래가는 사랑도 원하지만 짧아도 강렬한 낭만적이고 성적인 경험을 많이 하고 싶어요. 욕망과 깊은 사랑 둘 다 내게 의미와 만족을 주거든요.

익명의 30대 여성

인생의 여인을 찾는 노력은 이제 끝이야. 그냥 짧고 기분 좋게, 가볍게 만나기가 더 쉽다고. 자질구레한 개인사는 다 집어치우자!

프랭크Frank

이 책은 오래 지속되는 깊은 사랑이 가능하다는 관점을 바탕으로 한다. 1장을 거의 마무리하는 이 시점에서 그런 사랑이 바람직한 목표인지를 묻는 다소 극단적인 질문을 제기하고 싶다. '영원한 사랑'이라는 이상이 중요하고 추구할 만한 가치가 있다고 결론짓더라도 그것이 단기간의 강렬한 사랑의 종말을 의미하는지 말이다.

성공한 사업가며 이혼 여성인 마리안의 이야기를 들어보자.

한 사람과 오랜 기간 사랑을 유지하는 분들이 있어서 나도 기쁩니다. … 인생에서 단 한 사람과만 사랑하기를 원하느냐고요? 솔직히 말하자면, 아닙니다. 그래도 어떤 사람과 강렬한 사랑에 빠져 있는 동안에는 이 사랑이 오래 지속되기를 원하죠. 지금 함께 있는 이 사람과 영원히 사랑하면 행복할 것 같습니다. 물론 나는 그게 불가능하다는 사실을 잘 알고 있으며, 나이도 그렇게 어리지 않은데 여전히 짜릿함에 끌립니다. 따라서 내 인생에는 하나 이상의 사랑이 필요하고 또 그런 일이 실제로 내게 일어나고 있습니다.

마리안의 입장은 오래 지속되는 깊은 사랑이 불가능하다는 주장에 기초한다. 그러나 다수의 연구에서 살펴보았듯 평생 지속되는 사랑은 분명히 가능하며, 많은 사람이 상상하는 것 이상으로 가능하다. 게다가 오래 지속되는 사랑에 대한 인식은 시간이 지나며 변한다. 나이 듦에 따라 짜릿함보다는 평화로움이 결혼 생활의 필수 요소가 될 수 있다.[22]

마리안이 겪는 딜레마는 사실이며, 그녀는 외로움과 거리가 먼 사람이다. 깊은 사랑을 경험하는 사람도 이런 감정을 느낄 수 있다. 내가 '사이콜로지 투데이'에 기고했던 글에 한 독자가 달았던 답글을 살펴보자.

30대 여성입니다. 미래에 무슨 일이 생길지 알 수 없으나 수년간 내게 꼭 맞는 사람을 찾으려고 애쓴 끝에 지난해 함께 평온하고 의미 있는 삶을 꾸리고 깊은 사랑을 이루고 싶은 사람을 찾아서 참 기쁩니다. 이런 종류의 관계를 원했던 이유는 안정감과 평온함, 행복 때문입니다. 그런데 여기서 흥미로운 문제를 발견했습니다. … 금기시되는 것들을 버리고 본성에 초점을 맞추다 보니 오래 관계를 지속하고 싶었던 소원을 만족시키는 것만으로는 강렬한 낭만적·성적 욕구를 잠재울 수 없었고, 지금도 그렇습니다. 나는 지금 평생 동반자로 삼고 싶은 사람 이외에 다른 사람에게 강한 성욕을 느낍니다. 인생에서 이 사람을 못 만났더라면 어떻게 이렇게 만족스럽고 의미 있는 욕망, 그리고 그 욕망의 오르내림을 경험할 수 있는지 몰랐을 거예요. 이 관계는 매우 짜릿하면서도 의미 있답니다. 내가 지금 말하는 성적 상대는 다수가 아니라 단 한 명입니다. 나는 다수의 상대와 짧고 강렬한 관계를 원하지 않아요. 내가 필요한 것, 원하는 것은 한 사람과의 짧고 강렬한 만남을 여러 번 갖는 것, 그리고 평생 동반자와 조금은 덜 강렬할지라도 오래오래 더 안정적이고 생산적인 관계를 유지하는 것입니다. 그러니까 둘 다를 원하는 거예요. 길고 깊은 사랑, 그리고 짧고 강렬한 낭만적·성적 경험의 연속이요. 욕망과 깊은 사랑, 두 가지 모두가 내게는 의미 있고 만족감과 즐거움을 줍니다.

이 솔직한 글을 통해 우리는 글쓴이가 간절히 원했던 장기적 사랑을 얻는 대신 강렬한 성관계를 포기하기가 얼마나 어려운지 알 수 있다. 한 젊은 미혼 여성도 이와 비슷한 입장을 표현한 적이 있다.

나는 세 명의 남자 친구가 있습니다. 한 명은 애인이고, 가장 깊은 관계를 맺는 사람입니다. 매년 우리는 5주를 꽉 채워 함께 보냅니다. 두 번째는 '화요일 상대'입니다. 우리는 매주 화요일 오후마다 1시간에서 1시간 반 정도를 내 아파트에서 보냅니다. 세 번째는 가끔 (대개 일반적이지 않은) 섹스만 하는 일종의 섹스 친구죠. 이외에도 그냥 남자 친구도 많습니다. 나는 내 삶에 꽤 만족하는 편이지만 우정과 섹스를 둘 다 나눌 수 있는 사람을 만나면 더 행복할 것 같아요. 그런 사람이라면 안정적이면서도 오래 만날 수 있는 상대가 되겠죠. 물론 그 사람이 내가, 그리고 본인이 다른 사람을 만나는 것을 허락한다면 말입니다.

수많은 사람이 맞닥뜨리는 선택의 범위는 적당히 짜릿하고 고상하며 오래 지속되는 사랑과 고상하거나 오래가지 못하지만 성적 쾌락이 큰 사랑 사이에 있다. 그런데 이것은 이분법적으로 생각할 문제가 아니다. 왜냐하면 깊고 오래 지속되는 사랑이냐 혹은 짧고 강렬한 관계냐가 아니라, 두 가지의 조합이 어떻게 가능하냐의 문제이기 때문이다.

| 맺음말 |

∞

나는 이기적이고 참을성이 없으며 약간 불안정한 사람이에요. 실수투성이고 제멋대로며 통제 불능일 때도 있죠. 그렇지만 내 최악의 모습을 잡아주지 못한다면 당신 같은 사람은 내 최고의 모습을 누릴 가치도 없어요.

마릴린 먼로Marilyn Monroe, 영화배우

우리가 가는 낭만의 길 위에는 높은 장애물들이 놓여 있지만 그 여정은 흥미롭고 유의미하며 즐겁기까지 하다. 복잡스러운 낭만적 현실에 대처하는 것은 단순함과는 거리가 멀다. 눈을 떠야 할 때가 있고 감아야 할 때가 있다. 기억해야 할 때가 있고 잊어야 할 때가 있다.

영화배우 잉그리드 버그만Ingrid Bergman은 이렇게 말했다. "행복은 좋은 체력과 나쁜 기억력이다." 현대 사회에서 사랑을 찾는 것은 도전이 아니다. 사랑은 언제나 공기 중에 있다. 당신의 시선이 닿는 곳 어디나, 모든 풍경과 모든 소리가 사랑이 사방에 있음을 넌지시 드러낸다. 불행하게도 이 공기가 너무 오염되어 사랑이 오래오래 깊어지게 하지 못할 뿐이다.

우리는 마음에 조종 장치가 필요하다는 사실을 너무 잘 알고 있으면서도 항상 빛나는 별을 동경할 운명을 타고났다. 앞으로 살펴보겠지만 중요한 것은 균형이다. 마음을 가라앉히되 사랑을 위한 노력을 어느 정도 유지하는 것이 훌륭한 낭만적 타협이다. 이 낭만적 타협은 삶과 사랑 모두 나아지게 하는 가능성을 갖고 있다. 사랑이 언제나 이긴다고 믿는다면 너무 순진하다 할 수 있다. 하지만 그런 낙관적 환상을 지켜나가는 것이 보통은 도움이 된다.

Chapter

2

감정적
경험

Emotional
Experiences

사랑이란 다른 사람의 행복이 나의 행복보다 더 중요할 때다.

H. 잭슨 브라운 주니어Jackson Brown Jr., 작가

이제 감정적 경험과 낭만적 경험의 특징에 대해 논의하며 여행을 계속해보자. 먼저 '단기 감정'acute emotions을 설명하고 '연장 감정'extended emotions과 '장기 감정'enduring emotions을 다루겠다. 단기 감정이란 짧고 거의 순간적 감정의 경험을 말한다. 연장 감정이란 같은 감정이 느껴지는 경험들이 연속적으로 반복되는 것과 관련 있다. 장기 감정은 수년간 지속될 수 있다. 이런 분류에 따라 감정과 기분의 발생 및 성질을 살펴본 다음, 감정의 단순성과 복잡성에 대한 이야기를 해보려 한다. 단기 감정에 대한 논의에서는 그 강렬하고 짧은 특징을 알아본다. 행복과 사랑을 지속하는 데 아주 중요한 균형과 중용을 어떻게 이룰 수 있는지도 살펴본다.

| 대표적 감정들 |

∞

내가 쓸데없이 애썼습니다. 앞으로는 그러지 않을 겁니다. 내 감정을 억누르지
않을 겁니다. 내가 얼마나 당신을 열렬히 사랑하고 사모하는지 당신은 내게
말할 기회를 줘야 합니다.

제인 오스틴Jane Austen의 『오만과 편견』

단기 감정부터 시작해보자. 단기 감정의 대표적 원인은 아주 커다란
변화고, 대표적 관심사는 개인적이고 상대적인 일이며, 대표적 감정
의 대상은 인간이다. 단기 감정의 주된 특징은 불안정, 높은 강도, 편
파적 시각, 상대적으로 짧은 지속성이다.

단기 감정의 대표적 원인. 앞에서 살펴보았듯 감정은 주로 자신
혹은 주변인의 상황에서 긍정적이든 부정적이든 커다란 변화를 인
지할 때 일어난다. 긍정적 혹은 부정적 큰 변화는 순조롭게 흘러가던
중요한 상황을 크게 방해하기도 하고 더 나아지게도 한다.

단기 감정의 대표적 관심사. 감정은 어떤 변화가 자신의 관심사
와 관련 있다고 인식할 때 생겨난다. 관심사란 자신에게 중요하거나
흥미로운 것을 말한다. 감정은 개인적 관심사를 관찰하고 보호하는
역할을 한다. 타인도 우리의 감정적 환경에 포함되므로 개인적 관심
사는 감정이 자기중심적으로만 흐르지 않게 한다.[1] 이는 특히 낭만적
사랑에 해당하는 이야기다.

감정의 의미는 상대적이다. 감정적 환경은 개인이 경험하는 것,
경험하게 될 것뿐 아니라 경험할 수 있는 것, 경험하고 싶은 것까지

포괄한다. 우리는 그런 가능성을 동시에 경험할 수도 있고 비교할 수도 있다. 감정의 관심사가 상대적인 것은 변화가 감정 발생에 중심 역할을 하는 것과 관련된다. 어떤 사건은 특정한 배경과 비교될 때, 혹은 특정한 구조 안에서 비교될 때에만 큰 변화로 인식된다.

우리는 가능한 대안들을 꼼꼼하게 살펴보고 하나하나 특정한 감정의 무게를 부과하면서 대안의 유효성을 정신적으로 구성해낸다.[2] 더 유효한 대안일수록, 즉 상상의 대안이 현실과 더 가까울수록 감정은 더 강렬해진다. 그러므로 항공권을 바꾼 다음 비행기 사고로 죽은 사람의 이야기가 애초에 사고가 날 항공권을 예약한 사람의 이야기보다 더 강한 감정을 불러일으킨다. 막을 수 있는 상황이었다는 가망성과 불안함을 고조시키는 유효성이 클수록 감정적 경험은 더욱 고통스러워진다. 사실 "그렇지 않았다면 ○○할 수 있었을 텐데"와 같은 상상의 조건이 강렬한 감정의 결정적 요소다.

단기 감정의 대표적 감정의 대상. 감정은 우리의 개인적이고 상대적인 관심사를 표현하며 타인은 우리의 행복과 밀접하게 연관되기에 대표적 감정의 대상이 된다. 사회적 동물인 사람은 다른 어떤 것보다 사람에게 관심이 있다. 자신을 포함하여 사람들이 하는 일과 말은 우리에게 가장 큰 영향을 미친다.[3] 사람의 감정은 주로 사람과 관련한 상황이나 특정한 한 사람에게 향하지만 때로는 다수의 사람이 모인 전체 집단이나 심지어 동물과 무생물에까지 향할 수 있다. 그래서 어떤 사람들은 사람과의 관계에서 만족감과 의미를 얻듯 로봇이나 정교한 인형 같은 인공적 존재와 낭만적 관계를 고려한다.[4]

단기 감정의 주요 특징은 불안정함과 강렬함, 편파성, 짧은 지속성이다.

불안정함. 변화가 감정 발생에 매우 근본적이라는 사실에 비추어 볼 때 심리적·생리학적 체계의 불안정은 모든 감정의 기초가 된다. 감정은 상황이 새롭게 바뀌었지만 아직 적응되지 않은 과도기에 일어난다. 폭풍과 불처럼 불안정한 상태는 감정적 동요의 전조 현상이다. 더욱이 불안정한 상태는 강렬하고 간헐적이며 지속 기한이 제한적이다. 감정적 태도의 기초는 관심인데, 이는 완벽한 무관심과 양립할 수 없다.

강렬함. 단기 감정은 강도가 상당하다. 감정의 강도가 낮은 사람들의 삶에는 인내와 침착함이 나타나며 동요가 없다. 이에 비해 단기 감정은 강렬한 반응이다. 이 감정은 심리적 체계가 주어진 변화에 아직 적응하지 못한 상태며, 변화가 크다 보니 많은 자원이 집중적으로 동원되는 것이 요구된다. 그래서 단기 감정은 당연히 급박함, 열기와 관련된다. 이 감정에서 사소한 관심이란 것은 없다. 관심이 사소하다면 감정적이지도 않다. 게다가 감정은 확대 해석을 하게 한다. 사람이 감정적인 상태가 되면 모든 일이 실제보다 커 보이게 마련이다. 그러므로 누군가 상대를 조금 사랑한다고 말하는 것은 그에게 모욕일 수 있다. 그렇게 적은 정도의 사랑은 호감이지 강렬한 사랑이 아니기 때문이다.

편파성. 감정은 두 가지 기본적인 의미에서 편파적이다. 첫째, 인식적 의미에서 감정은 한 명이나 극소수의 사람과 같이 매우 좁은 범위의 대상에만 집중하므로 편파적이다. 둘째, 평가적 의미에서 감정은 개인적이고 본인이 흥미를 느끼는 관점만 드러내기에 편파적이다. 감정은 우리의 주의를 끌고 붙잡아두는 것이 무엇인지를 가려내어 우리의 관심에 길을 안내하고 색을 입힌다. 감정은 열추적 미사일에 비교되기도 하는데, 이 미사일은 열을 내뿜는 목표물을 찾는 것 외에 다른 것에는 아무런 관심이 없다. 우리는 모든 사람에게, 혹은 털끝만큼도 관계없는 사람들에게는 감정적 태도를 취할 수 없다. 소수의 대상에게 집중하는 것은 각 사람이나 관심사에 쏟을 수 있는 자원을 증가시키며 따라서 감정의 강도 또한 강해진다. 매우 좁은 부분에 집중하여 고광도의 빛을 발산하는 레이저 빔처럼 우리의 가치관과 취향을 나타내는 감정도 산발적으로 일어날 수 없다.

짧은 지속성. 감정은 대개 지속이 짧다. 모든 자원을 한 사건에만 영원히 집중적으로 동원할 수는 없다. 어떤 체제든 오랜 기간 불안정한 상태로 있으면 정상적으로 작동하지 못한다. 변화, 그중에서 최소한 외부적 변화는 장기간 지속될 수 없고 시간이 지나면 체제도 변화를 일반적인 것으로 받아들인다. 감정이 주변 상황에서 일어나는 일에 구애받지 않고 오랜 기간 지속되면 그 감정에는 적응할 만한 가치가 없는 것이다. 그러나 단기 감정이 일시적이라는 말이 감정의 영향력까지 반드시 일시적이라는 의미는 아니다. 짧은 감정 상태도 누군가의 삶에 거대한 영향을 미칠 수 있다.

감정적 경험의 시간성:
단기 감정, 연장 감정, 장기 감정

∞

사랑은 돌처럼 그저 그 자리에만 가만히 있지 않습니다. 사랑은 빵처럼 만들
어져야 하고 매번 다시, 새로 만들어져야 합니다.

어슐러 르 귄Ursula Le Guin의 『하늘의 물레』

감정은 시간 안에서 발생하여 특정 기간 지속되며 몇 번이고 다시 일
어난다. 이렇게 시간과 관련된 감정의 특징은 낭만적 사랑에 매우 중
요하며 상호 관계가 발전하고 깊어지려면 시간이 필요하다. 낭만적
사랑은 단순하게 시간이 '흐른다'고 되는 일이 아니다. 함께 보내는
시간에 의해 구성되고 다듬어지는 것이다.[5]

　감정은 얼마나 지속될 수 있고, 또 얼마나 지속되어야 감정이라
할 수 있는지에 대한 오래된 논쟁이 있다. 어떤 사람들은 분초 단위
처럼 상당히 짧아야 한다고 말하고, 또 누군가는 그보다 오래간다고
이야기한다. 두려움이라는 감정은 대개 5분 이내의 몇 분 동안만 지
속되며 1시간이 넘는 경우는 드물다고 밝힌 비교 문화 연구도 있다.
화는 몇 분보다는 오래가지만 몇 시간 이상은 지속되지 않는다. 또한
우리가 느끼는 슬픔과 기쁨은 1시간 이상 지속된다는 점이 밝혀졌으
며, 어떤 연구에서 슬픔은 절반 이상이 하루가 넘도록 계속된다는 사
실을 확인했다. 질투와 슬픔, 사랑은 보통 그보다 더 오래 지속된다.
만일 어떤 태도가 5초도 버티지 못한다면 사랑이라 부를 수 없다. 사
랑은 만들어지고 계속해서 다시 만들어져야 한다. 누군가의 불행에

서 느끼는 안도감이나 기쁨은 몇 년 동안 살아남을 수 없다. 하지만 어떤 감정들은 이런 시간 제약이 없고 제각기 다양한 시간만큼 지속된다.[6]

정서적 시간에는 네 가지 중요한 측면이 있다. 바로 '시점, 지속성, 속도와 빈도, 의미를 지니는 경향'이다. 시점이란 경험이 언제 일어나는지를 의미한다. 지속성은 경험의 기간과 관련 있다. 속도는 경험이 얼마나 빠르게 일어나는지를, 빈도는 경험의 반복, 다시 말해서 반복되는 경험 혹은 최소한 경험의 주요 특성이 다시 일어나는 비율을 말한다. 앞의 세 가지 양적 측면에 추가로 질적 측면을 더할 수 있다. 발전과 퇴보, 즉 시간이 흐르며 생기는 정서적 경험이 의미를 지니는 경향이다.

시점은 모든 종류의 감정에 흔히 나타나기에 감정적 경험의 세 가지 유형인 단기 감정, 연장 감정, 장기 감정에 모두 적용할 수 있다. 단기 감정은 지속이 짧고 거의 순식간에 가까운 경험이다. 연장 감정은 같은 감정이 느껴지는 경험이 연속적으로 반복되는 것으로 몇 시간 동안 질투나 화가 나는 것을 예로 들 수 있다. 장기 감정은 단기 감정보다 더 오래 지속되며 더 자주 일어난다. 감정의 강도는 사건의 기간에 따라 달라지고, 감정의 성질도 어느 정도 달라질 수 있다. 장기 감정은 세 유형 중 가장 오래 지속되며 평생 계속되기도 한다. 장기 감정은 지속성과 빈도뿐만 아니라 의미 있는 질적 발전 혹은 퇴보를 포함하며 시간에 따라 서서히 드러나는 본래적 성질 또한 있다.[7]

일련의 단기 감정과 연장 감정을 포함하는 장기 감정은 지속해서 우리의 태도와 행동을 형성한다. 한순간의 분노는 고작 몇 분 정도 지속되겠지만 사랑하는 사람을 잃은 슬픔은 기분이나 행복, 시공간을 대하는 방식 등과 같은 우리 삶의 다양한 면면을 채색하며 한없이 울려 퍼진다. 배우자를 향한 오랜 사랑에는 강한 성욕이 포함되지만 반복적으로 강한 성욕은 예외다. 이는 배우자와 다른 사람을 향한 태도와 행동에 영향을 주기도 한다. 예를 들어 배우자의 활동이나 배우자와 함께하는 활동에 생기는 관심, 배우자 및 다른 사람들을 향한 욕구 등에 영향을 미친다.

| 현재적 감정과 기분, 기질적 감정과 기분 |

∞

나는 집안일이 싫어요! 당신이 이불도 개고 설거지도 해봐요. 반년 넘게 걸려서 한 일들을 바로 처음부터 다시 시작해야 할걸요.

조안 리버스Joan Rivers, 코미디언

의도성과 느낌은 정신의 근본적 차원이다. 의도성이 있는 관점은 옳을 수도 틀릴 수도 있지만, 느낌, 예를 들면 치통은 그렇지 않다. 의도성, 즉 '어떤 대상에 대한 것'은 자기 자신을 세상으로부터 분리하고 자신과 대상 사이의 의미 있는 관계를 형성하는 능력을 말한다. 느낌은 자신의 상태와 관련된 의식 유형으로서, 자신의 상태는 반영하지만 그 자체가 지금의 상태나 다른 대상으로 향하지 않는다.

　앞에서 언급한 차이점에서 논란이 될 만한 세부 사항들은 차치하고, 감정emotion과 기분mood에서 핵심인 정서적 태도affective attitudes는 의도성과 느낌의 고유한 결합이며, 이는 중요한 느낌과 암시적 혹은 명시적 평가(또는 관심사)로 이루어진다고 할 수 있다. 감정처럼 복잡한 정서적 태도에는 의도성이 더 구체적으로 나타나며, 다른 의도적 요소들, 말하자면 동기(행동 준비성)와 실제적 영향의 인지도 존재한다. 기분은 보다 더 일반적인 의도성을 지니며 앞서 언급한 추가적인 의도적 요소가 부재하기도 한다.

우리는 기분과 감정을 몇 가지 관점에서 이야기할 수 있다. 그중 지속성과 의도성, 원인, 이 세 가지 관점에서 생각해보자. 기분은 일반적으로 감정보다 오래 지속되며 (그 안에 의도성이 있다면) 하나의 일반적인 의도성을 지닌다. 이렇게 기분은 우리를 '흡수'하며, 그래서 우리는 동시에 여러 종류의 기분을 느낄 가능성이 적다. 그뿐만 아니라 기분은 감정보다 덜 편파적이다(적어도 집중하는 대상에). 감정은 특정 시간에 일어나는 특정 사건마다 일어나는 데 비해, 기분은 일련의 종합적 사건들에서 차곡차곡 쌓인다. 감정과 비교하여 기분은 강도가 비교적 약하고 안정적이며 잔상이 오래 남는 경향이 있으면서 행동으로 쉽게 연결되지 않는다.[8]

오래 지속되는 사랑과 같은 정서적 태도의 지속 가능성을 연구할 때는 현재적(실제적) 속성과 기질적(잠재적) 속성을 구분해야 한다. 오래 지속되는 감정의 기질적 배경은 우리의 세계 경험에 큰 영향을 미친다. 그래서 우리가 누군가를 사랑한다면 그 사람이 위협받을 때 느끼는 두려움에 반응할 마음이 우리에게 잠재된다고 할 수 있다.[9]

기질적 정서성dispositional affectivity이란 다음과 같은 의미로 이해할 수 있다. 첫째, 같은 정서를 경험하는 사건들 혹은 다른 사건들에서 비슷한 방식으로 반복될 잠재적(내재적) 가능성이 있는 것, 둘째, 정서적 경험의 배경에 있다가 앞으로 드러나 발휘될 잠재적 가능성이 있는 것, 셋째, 발전될 잠재적 가능성이 있는 것이다.

기질적 정서성의 첫 번째 의미는 모든 정서적 태도에서 발견된다. 모든 종류의 감정과 기분은 반복될 수 있기 때문이다. 사람들은 지루함을 유발하고 인간의 능력을 제한한다는 이유로 반복을 부정적으로 여기는 경향이 있다. 하지만 피아노 연주나 춤 등의 능력은 반복해야 유지하고 향상시킬 수 있다. 이런 경우에 반복은 어느 정도 기쁨을 유발한다. 여기서 반복적 활동은 능력의 발전에 기여하므로 가치가 있다. "사용하지 않으면 잃게 된다"는 오래된 격언처럼 말이다.

지속적인 정서적 태도, 예를 들면 오래 지속되는 낭만적 사랑이나 슬픔이라는 기분은 의식의 뒤편에서 앞쪽으로 이동할 수 있다는 점에서 기질적이다. 우리가 생각하고 있지 않을 때도 정서적 경험의 날개 아래 숨어 있다. 마치 가끔 생각나 주의를 끄는 배경 음악과 같다. 사랑이나 슬픔은 뒤쪽 배경에 깔려 있을 때조차도 행동으로 표출된다.

지속적인 감정적 태도, 예를 들어 오래 지속되는 낭만적 사랑은 발달 혹은 퇴행의 과정을 포함한다는 의미에서 기질적이라 할 수 있다. 이 의미에는 자아의 일부가 되는 행동을 이끌어낸다는 점에서 규범적 측면도 있다. '기질적'이라는 특유의 의미는 오래 지속되는 깊은 사랑의 가능성을 탐구할 때 실마리가 되어줄 것이다.

| 감정의 단순성과 복잡성 |

∞

나는 먹는 것을 좋아하고 다양한 음식을 사랑해요.

데이비드 소울David Soul, 가수

사람들은 자신의 사랑이 얼마나 깊고 강렬한지 말하기를 좋아하며 많은 노래 또한 이 주제를 담고 있다.[10] 하지만 낭만적 복잡성은 그보다 훨씬 덜 회자된다. 사랑하는 사람에게 복잡하지 않다고 불평했던 적이 언제인지 잠시 생각해보자. 그런데 이 복잡성 때문에 낭만적 관계가 이어질 수도 깨어질 수도 있다.

한 흥미로운 연구에 따르면 어떤 장르의 음악을 일정한 정도로 자주 듣는 것은 선호도를 높인다. 그러나 너무 익숙해지면, 특히 곡의 구성까지 단순하면 음악을 듣는 사람은 지루함을 느낀다. 음악이 더 복잡할수록 지루해질 가능성은 낮아진다.[11] 사랑도 음악과 마찬가지다. 연인의 감정적 복잡성은 관계를 단단하게 하고 사랑의 강도가 약해지는 일반적 현상을 완화한다. 깊고 오랜 사랑에서 사랑하는 사람은 다양한 내재적 경험을 할 수 있게 하는 복잡한 사람으로 인식된다.

감정의 세 가지 의도적 구성 요소인 인지, 평가, 동기를 염두에 두고 이와 관련된, 하지만 다른 감정의 복잡성 유형을 생각해볼 수 있다. 첫째, 인지적 감정의 복잡성은 감정적 다양성, 즉 다양한 감정을 매우 차별화된 방식으로 경험하는 것이다. 둘째, 평가적 감정의 복잡성은 양가감정, 즉 긍정적 상태와 부정적 상태의 감정 경험이 동시에 일어나는 것이다. 셋째, 행동적 혹은 동기적 감정의 복잡성은 다양하고 복잡한 감정적 환경에서 최적의 방법으로 행동하는 능력을 일컫는다.

감정의 다양성

∞

심리학자인 조르디 쿠아드박Jordi Quoidbach 교수와 연구진에 따르면 '감정 다양성'emodiversity, 즉 사람들이 경험하는 감정의 다양성과 풍부함이 몸과 마음의 건강을 예측할 수 있게 하는 독자적 요소다. 일례로 우울감이 줄어들면 병원에 가는 사람이 적어진다. 나아가 연구진은 나쁜 기분과 같은 포괄적 소수의 감정 상태보다 분노나 수치심, 슬픔 등의 다양하고 구체적인 감정 상태를 경험하는 것이 생존 가치가 높다고 보았다. 구체적 감정의 다양성은 주위 환경에 대한 정보를 더욱 다양하게 제공하므로 개인은 주어진 감정 상황에 보다 잘 대처할 수 있다. 그뿐 아니라 매우 다양한 감정을 느낀다는 것은 자기 인식과 진정한 삶의 지표며 이 둘은 건강과 행복과 직결된다.[12]

감정의 다양성에도 다양한 종류가 있다. 여기서는 '감각적 다양성'과 '정서적 다양성'에 대해 논의하겠다. 감각적 다양성은 시각, 청각, 후각, 미각 등과 같은 감각의 내용을 인식하는 범위와 관련 있다. 정서적 다양성은 다양한 장르의 음악을 듣거나 자연을 느끼며 산책하거나 독서나 춤을 즐기고 장례식에 참석하는 등 전반적인 정서적 상태의 범위와 연관된다. 우리가 오랜 시간 지속되는 것이 더 많을수록 만족을 느끼듯, 우리는 일정 수준까지 이 영역들의 다양성이 커질

수록 더 행복해진다.

우리는 자기 태도의 복잡성과 자신의 태도가 향하는 대상의 복잡성을 구분할 수 있다. 나는 주로 행위자가 취하는 태도의 다양성에 관심이 있다. 물론 행위자의 태도와 상관없이 대상의 복잡성도 다양하다. 객관적으로 교향곡이 짧은 노래보다 다채롭듯 말이다. 그럼에도 불구하고 우리의 사회적 환경에서 복잡성의 가장 중요한 바탕은 우리 자신의 태도다. 깊은 낭만적 사랑에서 사랑을 하는 주체의 태도는 상대의 외모뿐만이 아니라 상대의 신념과 성취, 함께 공유한 시간 등에 근거한다.

다른 감정과 마찬가지로 사랑에서도 다양성을 두 가지 의미로 나누어볼 수 있다. 첫째는 총체적 다양성으로 사랑이 다채롭고 온전한 한 사람에게 향하는 것을 말하며, 둘째는 유형적 다양성으로 한 사람의 사랑이 여러 사람에게 향하는 것을 말한다. 매우 높이 평가되는 첫 번째 의미의 다양성은 오래 지속되는 깊은 사랑이라면 어떤 유형이든 바탕에 깔려 있다. 두 번째 의미의 다양성에 대해서는 의견이 다분하다. 폴리아모리polyamory, 즉 다자간 연애를 지향하는 사람은 유형적 다양성을 실천하는데, 이것이 사랑의 강도나 깊이를 해치지 않고 오히려 향상시킨다는 주장이 있다. 이는 폴리아모리에 대한 논의에서 나중에 다루기로 하고 여기서는 첫 번째 의미만 간략하게 생각해보려 한다.

깊은 낭만적 사랑은 연인의 복잡하고 다양한 본성을 고려하는 종합적 태도를 지닌다.[13] 사랑을 하는 주체의 종합적 태도는 연인의 모습을 단순하고 편협하게 보는 것이 아니라 다면적이면서 총체적 존재로 여긴다는 점에서 복잡성을 띤다. 이에 비해 성적 욕구나 우정은 이보다 더 한정적이다. 낭만적 사랑은 숲과 나무 둘 다 보지만 성욕은 나무 하나, 혹은 몇 그루에만 집중한다.

　우리는 감정적 다양성의 개념을 확장할 수 있다. 예를 들어 지금 여기서 느끼는 것에서 과거, 현재, 미래에 가능 혹은 불가능한 상황까지 넓혀볼 수 있다. 우리의 감정적 환경이 얼마나 다양할 수 있겠는가. 사실 무엇이 가능할까, 무엇을 할까, 무엇을 해야 할까 하며 상상해보는 상황은 우리의 감정적 삶의 공급원이다. 이렇게 폭넓은 감정적 환경의 다양성은 우리 사회 속 낭만적 영역의 그침 없는 본성에 결정적 역할을 한다.

양가감정

∞

우리는 거대한 사랑과 신뢰를 받아들일 수도 있고 속임수와 만행도 받아들일 수 있는 듯하다. 우리를 특별하게 하는 것은 아마도 이 충격적인 모순 때문이 아닐까.

존 스콧John Scott

이제 감정적 복잡성의 평가적 유형, 다시 말해 양가감정으로 넘어가 보자. 심리학에서는 양가감정을 '감정의 변증법'emotional dialecticism이라고 하며, 이는 부정적 감정과 긍정적 감정을 동시에 경험하는 것을 일컫는다.[14]

양가감정을 드러내는 논리적이면서 흔한 예를 들어보자. 딸의 결혼식에 참석한 미망인은 기쁨과 동시에 사별한 남편이자 신부인 딸의 아버지가 부재하는 데서 오는 슬픔도 느낀다. 그녀의 복잡한 감정은 결혼식 내내, 그리고 그 이후까지 지속될 수 있다. 이 경험은 이성적으로 납득이 가능하다. 감정을 편파적이라는 특징에 비추어보면 편파적인 각각의 관점은 온당하며 어떤 관점이든 지배적 관점이라 할 수 없다. 기혼 여성이 남편이 아닌 다른 남성과 사랑에 빠진 자신의 마음을 설명하는 다음의 이야기에도 양가감정은 똑같이 적용된다. "내 안의 모든 것이 말랑해지는 것 같고 그를 보고 싶고 그와 대화를 나누고 싶어요. 마음이 너무 아파요. 슬프기도 한데 기쁘기도 해요." 소설이나 '금지된' 낭만적 사랑에 자주 등장하는 대사 중에서 양가감정의 흔한 예를 하나 더 들어보자. "당신을 정말 사랑해요. 그걸 견딜 수가 없어요."

인간은 다양한 관점을 동시에 유지할 수 있는 능력을 갖추고 있다. 이 능력은 복잡한 현실에 대처하는 중요한 생존 기술이다. 모든 가치가 전부 중요하다는 신념을 유지하면서도 어떤 가치는 추구하고 또 다른 가치는 타협한다. 다양한 관점을 유지하는 이 능력은 우리가 어떤 사람에게서 긍정적인 면과 부정적인 면을 동시에 발견할 때 양가감정을 느끼게 한다. 인간의 지식 체계는 이 모든 관점을 하나의 포괄적 견해로 정렬하려 하며 어떤 주장에 동의하는 동시에 반대하는 태도를 취할 수 없다. 그러나 감정 체계는 그런 양면성을 품을 수 있다.[15]

행동적 복잡성

∞

나는 일부러 불륜 상대를 찾아 나선 적은 없지만 그런 일이 벌어진다면 굳이
거부할 필요는 없다고 생각해요. 나는 유혹하기가 쉽지 않은 사람이지만 내 애
인은 그 일을 해냈어요. 나는 몇 시간이고 그칠 줄 모른 채 그를 떠올리고 그와
대화를 나누어요. 우리가 지금 무엇을 꿈꾸고 어떤 일을 할 수 있을지는 모르
겠어요. 그렇지만 다양한 가능성을 생각하는 것만으로도 얼굴이 달아오르네요.

기혼 여성

앞서 언급한 인지적·평가적 감정의 복잡성은 감정적 환경을 인식하
는 것과 관련 있다. 그러나 감정은 현실과 분리될 수 없다. 감정은 개
인에게 실제적인 관심사를 다룬다. 이런 행동 준비성이 감정의 중심
이며 심지어 가장 중요한 요소라고 말하는 이들도 있다.[16] 감정적 복
잡성은 감정적 행동에 틀림없이 영향을 미칠 것이다. 그렇지만 모두
가 인정하듯 감정적 복잡성을 인지하고 어떤 식으로든 판단하는 것
이 우리가 올바르게 행동하게 된다는 의미는 아니다. "이게 옳은 일
이란 걸 알지만 할 수 없어." 우리는 이 말을 얼마나 많이 듣고 또 말
하는가? 우리가 논의하고 있는 맥락에서 적용해본다면, 어떤 사람이
자신의 연인에게 자유를 주는 것이 서로의 관계의 질을 높인다는 사
실을 알지만 질투가 그렇게 하지 못하도록 막는 셈이다.

이쯤에서 낭만적 '필요'와 낭만적 '욕구'를 구분하는 것이 좋겠다.
사람들은 생존과 행복을 위해 음식과 물, 거처를 필요로 한다. 낭만
적 필요는 깊은 낭만적 관계를 행복하게 한다. 낭만적 필요는 가치
있는 활동의 공유, 돌봄, 호혜성, 상호 양성까지 포함한다. 당연히 욕

구는 가지고 싶은 것을 말한다. 원하는 것을 가지는 것은 관계의 전반적인 질적 수준에 기여할 수 있지만 가지지 못하면 관계가 흔들릴 것이다. 빈번한 섹스, 저녁 데이트, 텔레비전 시청, 수다, 농담 등은 욕구의 범주에 들어간다. 필요와 욕구 사이의 구분이 항상 명확하지는 않지만 낭만적 필요가 주로 낭만적 깊이와 관련되는 데 비해, 낭만적 욕구는 낭만적 강도와 관련된다. 둘 다 평생 지속되는 사랑의 관계에서 매우 중요하다.

우리의 관계는 복잡성에 지배받는다. 감정적 복잡성은 복잡한 행동을 불러온다(비록 단순한 과정이 복잡한 상황에 가장 좋은 응답일 때가 있지만). 하지만 다른 이데올로기와 마찬가지로 강렬한 감정을 불러일으키는 낭만적 이데올로기는 복잡한 태도와 행동을 위한 공간을 거의 내어주지 않아서 굉장히 단순하고 1차원적이다. 그러므로 낭만적 이데올로기는 진정한 사랑이라는 단어장에서 '편리한, 편한, 적당함, 망설임, 타협'과 같은 용어를 빼버린다. 순수한 사랑은 한없는 갈망을 포함하는 것으로 묘사된다. 이는 "사랑이 당신에게 필요한 전부다", "사랑은 모든 것을 이겨낼 수 있다" 등의 대대적인 주장으로 나타난다.[17]

'감정적 복잡성'이라는 개념은 요즘 유행하는 '감성 지능'emotional intelligence이라는 개념과 연결된다. 감성 지능은 감정적 정보를 정확하고 효율적으로 처리하고 자신과 타인의 감정을 알맞게 조절하는 능력이다. 감정적 복잡성을 경험하는 능력처럼 감성 지능도 높은 수준의 자극에 반응하는 일종의 민감성이다. 두 개념은 서로 연결된다.

감성 지능이 높은 사람은 감정적 복잡성을 경험할 가능성이 높으며 감정적 복잡성에 잘 대처하려면 감성 지능이 필요하다. 또한 감성 지능처럼 감정적 복잡성을 경험하는 능력은 평가와 소통뿐 아니라 재평가와 반성까지 포함한다.

| 좋은 느낌과 행복 |

∞

> 나의 오랜 연인은 나를 기분 좋게 하고 황홀하게 해줍니다. 브래드 피트보다도요. 멋진 남성들은 프라다 가방 같다고 생각합니다. 다른 여자들의 질투를 받고 싶어서 소유하고 싶은 거예요. 하지만 오래 두고 보면 그렇게 만족스럽지도 않죠.
>
> 기혼 여성

아리스토텔레스는 헤도네hedone(행복의 감각적 측면, 쾌락)와 유다이모니아eudaimonia(삶이 최선의 기능을 하도록 지탱하는 총체적 행복)를 구분했다. 그는 견고한 행복의 개념에서 즐거움의 개념을 분리해야 한다고 했다. 유다이모니아는 삶의 전반적인 행복과 관련 있고, 헤도네는 느낌이 좋거나 원하는 것을 얻거나 하고 있는 일을 즐기는 것과 연결된다. 자신이 처한 상황을 좋아하거나 현재 삶에서 누리는 행복에 만족하는 것도 이와 연관된 현상이지만 똑같다고 할 수 없다. 예를 들면 풀을 뜯고 있는 동물은 헤도네를 경험하지만 사람은 헤도네와 유다이모니아를 모두 경험한다. 헤도네는 유다이모니아보다 더 간단하고 쉽게 측정할 수 있다. 헤도네는 단순히 지금 여기에 있는 주관적 상태를 의미하며, 유다이모니아는 개인의 고유한 본성과 능력의 표현인 덕행 안에서 과거와 미래를 현재와 연결한다. 아리스토텔레스에 따르면 내재적 행동은 인간의 행복의 비결이다. 물론 외부적(도구적)이고 목표 지향적인 행동이 행복에 미치는 역할도 인정한다. 얄팍한 쾌락의 일시적 상태와 거리가 먼 인간의 행복은 시간이 지나면서 생겨나며 타고난 능력의 성취를 포함한다.

그런데 시간이 흐르며 행복해지게 된다는 말은 순간을 즐길 수 없다는 뜻이 아니다. 지금 이 순간을 살아가며 매 순간을 가능한 한 즐겁게 보내는 것도 무엇보다 가치 있는 일이다. 하지만 오래 지속되는 행복보다 찰나의 순간에 우선순위를 두는 것은 우리 삶에서 중요한 시간의 역할을 무시하는 셈이다. 우리는 현재만이 아니라 과거와 잠재적 차원의 미래에서도 살아간다. 각각의 다른 차원이 우리 삶을 의미로 가득 채운다.

의미 있고 행복한 삶을 사는 사람들은 부정적 사건을 많이 겪는다. 물론 부정적 사건은 쾌락을 감소시킨다. 흥미롭게도 스트레스와 인생의 부정적 사건은 의미 있는 삶과 분명한 연관성이 있는데도 쾌락을 날려버린다. 쾌락은 주로 다른 사람의 도움으로 필요와 욕구를 채우는 것과 연관된다. 그러나 의미 있는 행복은 우리 자신을 표현하고 반성하는 것뿐 아니라 다른 사람에게 선한 일을 하는 것과도 관련 있다.[18]

깊은 사랑의 맥락에서야말로 낭만적이며 개인적인 행복이 가장 많이 드러난다. 행복은 피상적 쾌락이나 느낌으로 만들어지지 않는다. 의미 있고 지속적이며 함께 공유하는 내재적 활동 위에 세워지며 이 모든 것은 깊은 사랑의 기초가 된다. 여기에 제시된 아리스토텔레스 철학의 행복한 사랑은 모든 사람에게 유의미하겠으나 특히 사람이 성숙해질수록 더 매력적으로 다가올 것이다.

| 중용과 균형 유지하기 |

∞

이것들이 정말 내가 가진 것보다 더 나을까? 아니면 나는 가진 것에 만족하지 못하도록 길들여진 것일까?

척 팔라닉Chuck Palahniuk의 『자장가』

나는 절대로 과도하게 담배를 피우지 않는다. 중용을 유지하여 한 번에 딱 한 개비씩 피운다.

마크 트웨인Mark Twain, 문학가

중용은 행복에 매우 중요하다. 하지만 감정의 영역에서 균형은 문제가 많다. 감정은 강렬하고 순간적이기 때문이다. 단기 감정을 동반하는 강렬함은 낭만적 사랑의 지속 가능성을 위험에 빠뜨린다. 앞서 언급했듯 감정 체계는 딱 고장 나기 전까지만 불안정함과 강도를 견딜 수 있다.

무엇을 해야 할까? 감정의 강도를 조절하면서 변화의 충격을 제한할 방법이 우리에게 필요하다. 이런 구조에서 일반적으로는 기분과 감정이, 구체적으로는 낭만적 사랑과 같은 정서적 태도가 지속될 수 있다. 이제 우리의 감정 균형을 책임지는 세 가지 중요한 구조를 이야기하려 한다. 첫째, 정서적 강도를 약화하는 쾌락 적응hedonic adaptation이다. 둘째, 적정 수준의 좋은 기분을 유지하는 기분 상향 구조positive mood offset다. 셋째, 행위자의 흥미를 높게 유지하는 불만 적 정성 유지enduring moderate dissatisfaction다.[19]

쾌락 적응. 변화가 감정 발생에 중요한 역할을 하는 것과 관련하여 쾌락 적응은 새로운 경험이 유쾌하든 불쾌하든 그 경험에서 오는 정서적 강도를 줄여준다. 과도하게 기뻐하거나 우울해하는 것을 막아준다. 쾌락 적응이 정서적 강도를 줄여주지 않으면 우리는 파괴적 감정 강도에 눌려 더 중요하고 덜 중요한 일을 구분하는 데 반드시 필요한 민감성을 잃고 만다.

쾌락 적응 덕분에 우리는 지나친 감정적 자극에도 안정적으로 상태를 유지할 수 있다. 쾌락 적응이 있기에 우리는 안정적 체제 안에서 제 기능을 하는 동시에 외부 변화를 감지하고 거기서 영향을 받을 수 있다. 게다가 쾌락 적응은 강도는 상대적으로 약해지더라도 장기적이고 안정적인 태도를 발휘하는 데 도움을 준다. 쾌락 적응 때문에 약해지는 정서적 강도는 특히 긍정적인 정서적 태도에서 분명하게 나타난다. 쾌락 적응은 부정적 경험보다 긍정적 경험에 보다 '완벽하게' 반응하여 극심한 고통보다는 강렬한 쾌락을 더 막아주는 역할을 한다.[20]

기분 상향 구조. 쾌락 적응은 극단적인 정서적 태도가 지속되는 것을 막아주는 역할을 한다. 인간에게는 정서적 태도가 몹시 필요한데, 다행히 쾌락 적응이 모든 정서적 태도를 막지는 않는다. 기분 상향 구조는 긍정과 부정 사이 중간보다 약간 높은 긍정 지점에 적응의 기준점을 두어 정서적 태도에 보탬이 된다. 극단적인 부정적 사건이 없다면 기분 상향 구조 덕분에 우리는 기분 좋은 상태를 유지한다. 그래서 적응은 정서적 태도의 부재를 의미하지 않는다. 게다가 긍정적 위치에 기준점이 있다는 것은 약간 좋은 기분일 때 생기는 모든 장점을 우리가 누릴 수 있다는 의미다.

심리학자 에드 디너Ed Diener와 연구팀은 기분 상향 구조가 보편적이며 매우 어려운 환경에 사는 사람에게도 적용된다는 연구 결과를 발표했다. 사람들은 긍정적·부정적 사건에 강한 정서적 태도로 반응하도록 진화해왔다. 동시에 긍정적 혹은 중립적 상황에 있을 때는 약간 좋은 기분을 유지하도록 타고났다. 연구진은 더 행복한 사람이 생존과 번식을 증진하는 활동을 더 많이 할 가능성이 크기에 상향 기분은 진화적으로 적응한 것이라고 주장했다. 그러므로 긍정적 기분은 생식 능력과 장수를 포함하는 신체적 건강, 사회성과 사회적 협력 관계, 조심성과 계획성, 창의성을 포함하는 대처 능력과 자원 개발 능력 등 여러 영역에서 좋은 결과를 창출한다.[21] 건강과 행복은 적당하고 긍정적인 기분을 계속 유지하기 쉽게 해준다.

불만 적정성 유지. 적당한 수준의 불만이 유지되는 것은 일종의 장기 기분으로, 이례적인 진화적 가치가 있다. 우리가 상황을 개선하도록 밀어주기 때문이다. 마음 아픈 예를 들자면, 노망든 사람들은 어떤 상황에도 만족할 수 있다. 현실과의 연결이 끊겼기 때문이다. 어느 정도의 불만족은 우리가 원하는 만큼 좋지 못한 현실과 맞닿은 부분이 있다. 장애물을 극복하는 것도 의미 있는 삶의 일환이다. 중요한 것은 우리가 풍요롭지 못할 때만 적당히 불만족스러운 장기 기분을 경험하지 않는다는 점이다. 우리는 거의 항상 그 기분을 경험한다.[22] 적당한 수준의 불만족은 "나는 전혀 만족할 수 없어!"라는 롤링스톤스의 노래 가사와는 다르다. 만족하지만 거기에는 불만족한 상태도 대체로 섞여 있다.

선택지가 많다고 반드시 더 만족하게 되지는 않는다. 낭만의 영역에서 선택지가 많다는 말은 낭만적 타협을 한다는 의미이자, 가보지 못한 매혹적인 낭만의 길들을 비껴간다는 의미다. 다채로운 선택의 무지개가 있다는 것은 우리 삶을 향상시키는 동시에 마음이 끌리는 기회를 놓친다는 아쉬움을 남길 수 있다.[23] 그 예로 교육 수준이 높아지면서 포기해야 하는 매력적인 선택지를 불쾌하게 인식하게 되고, 이런 현실에 불만족이 당연히 일어날 수 있다. 그러나 높은 교육 수준은 절대적으로 더 나은 선택지를 더 많이 제공하고 다른 사람들과 비교해 상대적으로 더 나은 위치에 오를 수 있게 하기에 삶의 만족도를 높일 수 있다.[24]

언뜻 보기에는 불만 유지가 쾌락 적응의 반대말 같을 수 있다. 우리는 쾌락 적응을 통해 안정성과 습관을 유지하며 불만으로 인해 더 나은 대안을 끊임없이 찾아 나선다. 그러나 기억하자. 쾌락 적응은 절망적 고통보다 강렬한 쾌락에 제동을 더 많이 걸어준다. 그러므로 불만 유지와 쾌락 적응은 우리가 너무 만족하거나 너무 즐거워하지 않도록 조절해준다는 점에서 방향성이 같다고 할 수 있다. 마찬가지로 불만 유지도 기분 상향 구조에 비추어 생각해야 한다. 만족하지 못한다는 것은 자신의 승리에 기대어 무감각해지는 위험을 줄여준다. 불쾌한 상황과 실패 경험을 아우르는 불만은 오래 지속되는 낭만적 사랑의 기초인 의미 있는 발전에 원동력이 된다.

| 맺음말 |

∞

당신 없이 나는 너무 비참해요. 여기 당신이 있는 것만 같아요.
스티븐 비숍Stephen Bishop, 가수

감정의 원인은 우리가 처한 상황에 생기는 중요한 변화라는 시각에서, 그리고 감정의 관심사는 본래 개인적이고 상대적이라는 각도에서 우리는 감정을 이해할 수 있다. 단기 감정은 불안하고 강렬하고 편파적이며 짧게 지속된다. 우리는 단기 감정, 연장 감정, 장기 감정을 이해해야 오래 지속되는 감정에 대해 말할 수 있다. 감정의 기질적 특성, 즉 반복되고 실현되며 발전되는 감정의 가능성은 사랑의 지속 가능성에 생명과 같다.

다양한 감정적 경험은 깊고 복잡하며 의미 있는 사랑이 만들어지는 과정에 기여한다. 감정 다양성은 우리가 자신의 낭만적 환경을 이해하고 상호 작용하는 공간을 마련해주기 때문에 신체와 정신 건강의 증진으로 연결된다. 그 이점이 서로를 온전한 사람으로 인정하며 사랑할 때 낭만적 다양성을 경험하는 연인 사이의 호혜적 관계로까지 확장된다. 오래 지속되는 깊은 사랑에서 연인은 서로의 복잡성과 내재적 가치를 인정한다. 그들이 경험하는 낭만적 환경은 매우 세분화되어 여러 감정이 충돌하거나 여러 사람을 동시에 여러 방식으로 사랑할 수 있는 여지를 남겨놓는다. 또한 사랑하는 사람과 자기 자신을 위한 돌봄과 호혜성, 양성을 이루어갈 공간도 내어준다.

감정적 균형과 정서적 태도의 지속 가능성을 책임지는 세 가지 주요 구조는 쾌락 적응과 기분 상향 구조, 불만 유지다.

Chapter

3

낭만적
경험

Romantic
Experiences

두 번째 정거장인 감정적 경험을 떠나 우리는 이제 낭만적 경험의 길로 접어들었다. 신체적 매력과 칭찬받을 만한 성품 및 성과, 섹스와 우정, 낭만적 사랑의 강도와 깊이, 그리고 머리와 가슴 사이의 갈등을 이야기해보고 낭만적 사랑의 두 가지 철학적 모형인 돌봄과 공유로 매듭지으려 한다.

| 눈에 보이는 매력과 보이지 않는 가치 |

∞

그가 가진 모든 장점은 내가 싫어하는 것이고 모든 약점은 내가 동경하는 것이다.

윈스턴 처칠Winston Churchill, 정치가

사랑에 빠지는 것과 사랑을 유지하는 것은 첫째로 매력, 둘째로 칭찬받을 만한 성품 및 성과와 매우 관련이 높다.

매력은 사람과 사람 사이를 끌어당기는 일종의 자석이다. 상대와 관계를 만들고 싶은 마음을 촉발하는 감정적 반응을 즉시 일으킨다. 상대의 외모가 매력적일 때 그 사람에 대한 낭만적 평가는 더 긍정적이기 마련이다. 새로운 낭만적 관계에서 매력은 거의 항상 주역을 맡는다. 그러나 관계가 성숙할수록 그 중요성은 줄어든다. 비록 신체적 매력이 주로 짧은 낭만적 관계에서 중요하긴 해도, 오랜 관계의 사람들 또한 상대와 함께 있고 싶어 하기에 매력은 보다 일반적으로 영향력이 있다. 그래서 유머 감각이 좋은 사람들은 더 매력적이라는 평가를 받고 진지한 사람에 비해 장기적 상대로 적합하다고 여겨진다.[1]

칭찬받을 만한 가치는 그 사람과 함께 시간을 보내고 싶은 단순한 바람을 넘어서게 하는 상대의 성품과 성과에 대한 복합적 평가를 포함한다. 칭찬받을 만한 가치는 매력의 근원이 되는 것들을 포함하여 우리가 소중히 여기는 자질들로 헤아려진다. 사랑은 분명히 단순한 신체적 매력 그 이상이며 상대에 대한 전반적이고 긍정적인 평가를 포함한다. 우정에서 중심이 되는 그런 종류의 평가 말이다.

사랑에 빠지는 것과 사랑을 유지하는 것에는 매력과 칭찬받을 만한 가치 둘 다 필요하다. 모든 사람이 저마다 이 둘의 무게를 재는 저울을 가지고 있으며 이 저울은 각자의 삶의 자리에 따라 다르다. 그런데 이 두 가지 특징이 결정적 중량에 미치지 못하면 낭만적 관계는 발전하지 않는 듯하다. 매력과 칭찬받을 만한 가치는 상호 의존적인 데, 낭만적 태도에서 이 둘의 차이점을 알아내는 것은 유익하다. 무엇보다 매력은 관계를 끌어당겨준다. 그래서 우리는 매력을 즉시 알아차릴 수 있는 것이다. 이에 비해 훌륭한 성품은 구별하는 데 시간이 더 걸린다.

많은 사람이 '흠잡을 데 없는' 사람을 사랑하려고 노력하다가 실패했던 당황스러운 경험을 가지고 있다. 흔히들 겪는 이런 기분은 사랑에서 매력이 얼마나 중요한지를 매우 효과적으로 깨닫게 한다. 그런가 하면 외모가 아름다운 사람들이 입을 여는 순간 매력이 달아나버리는 아주 비슷한 경우도 있다. 이런 경험은 사랑에서 칭찬받을 만한 성품이 얼마나 중요한지를 깊이 느끼게 한다. 외모가 매력적인 여성은 단지 자신의 외적 매력뿐 아니라 능력이나 성품으로 사랑받기를 원한다. 외모가 덜 매력적인 여성은 반대로 사랑하는 사람이 자신을 상냥하거나 지혜롭다고 생각하는 만큼 외모도 높이 평가해주기를 원할 것이다. 만약 상대가 "당신은 조금 못생겨서 성적으로 끌리진 않지만 두뇌가 명석한 점이 그런 단점을 덮어줘"라고 말한다면 그녀는 상처받을 것이다.

어떤 사람들은 기본적 평가 유형들(매력과 칭찬받을 만한 가치—옮긴이)의 상대적 무게를 사랑하는 사람의 입장이 아니라 자신의 입장에서 바꾸고 싶어 한다. 그래서 어떤 사람들은 신체적 매력이 결론적으로는 별로 중요하지 않다고 생각하여 큰 의미를 두지 않고 싶어 한다. 또 누군가는 반대로 자신의 사랑이 더 자연스럽게 일어나고 계산적이지 않기를 원한다. 그래서 신체적 매력에 더 무게를 두고 싶어

할지도 모른다. 영화감독 노라 에프론Norah Ephron은 이렇게 말했다. "내 성적 판타지에서는 아무도 내 내면까지 사랑하지 않는다."

이렇듯 사랑의 두 가지 기본적인 평가 항목들은 동시에 작용한다. 어떻게? 매력은 상대의 성품 평가에 큰 영향을 미친다. 지능과 사회성, 도덕성을 평가하는 데 매력이 크게 영향을 끼친다는 증거는 많다. '매력 후광'attractiveness halo은 낭만적 관계에서 흔한 현상이다. 이현상에 따르면 아름답다고 인식되는 사람은 다른 좋은 자질들도 가지고 있을 거라고 간주된다. 심리학자 낸시 에트코프Nancy Etcoff는 대부분의 사람이 "아름다운 게 좋은 거지"라는 말을 믿지 않는다고 하면서도 매력적이지 않은 사람을 자주 차별하듯 아름다운 사람을 우대하는 것도 자주 있는 일이라고 했다. 아름다운 사람들은 더 좋은 대우와 더 긍정적인 시선을 받는다. 그들은 섹스 상대를 더 쉽게 구할 수 있고, 법정에서 더 관대한 대우를 받으며, 모르는 사람으로부터 도움을 잘 유도해낸다.

반대로 매력적이지 않은 외모는 심각한 사회적 불이익이나 차별로 이어진다.[2] 그러나 철학자 트로이 졸리모어Troy Jollimore가 말했듯 "사람이 누군가를 아름답다는 이유만으로 순수하게 사랑하는 일은 드물다. 만약 그런 일이 있다 하더라도 우리는 그 사랑이 매우 얕다고, 그 사람도 정말 속물이라고 생각한다."[3]

'성격 후광'personality halo은 유사하지만 방향이 반대다. 성격 후광 현상이란 지혜와 배려, 친절, 유머 감각, 사회적 지위와 같은 매우 칭찬받을 만한 자질이 사람을 더 매력적으로 보이게 만드는 것이다. 주로 매력에서 올라오는 성욕을 예로 들어보자. 성적 매력이 있다는 것은 사랑하는 사람이 갖고 있는 칭찬받을 만한 가치와 관련된 다른 자질들에 영향을 준다. 사회적 계층, 인종, 체취, 외모, 키, 능력, 과거 연인과 닮은 점, 지능, 조건 반사를 일으키는 과거의 일, 에이즈 감염 위험, 현재의 기분 등이 이에 해당한다. 사회적 지위를 제공해줄 수 있는 사람, 쉽게 말해 부유하고 유명하며 권력을 지닌 사람은 더 강력한 성욕과 성적 만족을 이끌어낼 것이다. 그런 사람을 향한 동경심이 성의 영역에 확산되고 있으며 우리는 그들과 함께 있을 때 보다 큰 성적 즐거움을 누린다.

| 섹시함과 아름다움 |

∞

내 눈에 당신은 정말 아름다워요… 당신은 내가 바라던 모든 것이고 내게 필요한 전부예요.

조 카커Joe Cocker, 가수

섹시함이 아름다움보다 사랑과 섹스에 훨씬 더 중요하다고 생각한다. 그리고 빨리 식별할 수 있다. 잘생겼지만 섹시하지 않은 남자를 본다면 그의 외모에 감탄할 수는 있겠지만 성적 매력은 느끼지 못할 것이다. 이런 일은 나에게만, 여성들에게만 일어나는 것은 아니다. 나는 나 자신이 섹시하면서도 예쁘다고 생각하고 싶다.

기혼 여성

섹시함과 아름다움은 낭만적 매력을 더해준다. 어느 것이 더 중요한가? 어느 것이 더 긍정적으로 인식되는가? 이 질문들에 대한 답은… 복잡하다.

섹시한 것이 아름다운 것보다 중요한가?

∞

그녀는 너무 아름다워서 친절하지 않고, 너무 섬세해서 잠자리에서 까다롭게
군다.

로저 치체로Roger Cicero, 가수

태도가 건방지고 가죽 바지를 입은 여성에게는 무언가 섹시한 구석이 분명히
있다.

엘리자 더쉬쿠Eliza Dushku, 영화배우

사람들은 대부분 '아름다운 것'을 알아볼 수 있다고 확신한다. 사실
느낌을 말로 고정해놓기를 좋아하는 학자들은 아름다움이란 감각,
특히 시각을 즐겁게 하는 것이라고 말한다. 내 친구는 아름다운 사람
이란 길거리를 지나가다가 멈추어 서서 "우와" 하며 다시 돌아보게
하는 사람이라고 했다. "당신이 너무 아름다워서 눈을 뗄 수 없어요"
라고 흔히 이야기하듯이 말이다.

'섹시함'은 상호 작용과 관련이 있으나 '아름다움'은 그 사람 자체
에 대한 것이다. '아름답다'는 말은 '섹시하다'는 말보다 더 넓은 의미
며 내적인 면을 설명하기 위해 사용하기도 한다. 섹시한 여성과는 밤
을 보내고 싶을 것이고 아름다운 여성과는 결혼하고 싶을 것이다. 아
름다움은 섹시함보다 더 깊다. 섹시하다는 말은 '뜨거움', 즉 섹시함
을 인식하는 사람이 느끼는 열기와 관련된다. 이에 비해 아름다운 것
은 '차가움'과 연결될 수 있으며 아름다움을 인식하는 사람과 아름다
운 것 사이에는 어느 정도 거리감이 있다. 그 사람은 그것을 바라보
고는 싶지만 접촉하거나 삶의 한자리를 내어주기를 주저할 것이다.

앞서 인용한 로저 치체로의 노래에서 이 사실을 분명하게 알 수 있다. 그가 노래하길 그 아름다운 여자는 너무 아름다워서 친절하지도 않고 잠자리에서도 까다롭게 군다. 너무 말라서 많이 먹지도 않고 너무 우아해서 텔레비전을 보지도 않으며 너무 자만해서 너그럽게 굴 줄 모른다. 너무 자만하다는 말은 깊은 사랑에 우정이라는 요소가 필요하다는 개념과 연관되는 부분이 있다. 아름다움은 냉정한 것이다. 마음 따뜻한 것이 아니다. '두려움과 떨림 없이' 머물라는 초대가 아니다.[4]

아름다움은 수동적인 것, 상황을 그대로 받아들이는 것, 개선하려는 적극성이 부족한 것과 관련 있다. 이 관점에 부합하듯 보수파 정치인들이 더 고상해 보이는 것으로 나타났다. 실제로 상대적으로 더 매력적인 사람들은 정치적 유효감(자신의 행동이 정치에 영향력을 미친다는 신념-옮긴이)이 높고 자신을 보수파라고 지칭한다. 이 현상에 대한 가장 적절한 설명은 잘생긴 사람들이 자신의 상황을 전반적으로 더 낫게 만들어주는 특별 우대를 즐긴다는 점이다. 그래서 현재 상황을 적극적으로 바꾸고자 노력할 이유가 없는데, 이것이 보수적인 사람들의 주요 특징이다.[5]

성적 매력은 본래 그저 처다만 보는 것에서 나아가 행동하게 만든다. 행동 준비성을 향상시키고 실제적인 상호 작용을 하도록 밀어붙인다. 이런 의미에서 아름다움보다 섹시함이 낭만적 유대를 처음 맺는 것에는 도움이 된다. 사람들은 아름다운 사람보다 섹시한 사람에게 더 잘 다가가는 것 같다. 섹시함은 일종의 초대로 보이지만 아름다움은 거리를 유지하는 것처럼 보인다. 실제로 영국의 철학자 로저 스크러턴Roger Scruton은 이렇게 말했다. "아름다움은 성을 포함한 인간의 삶에 혐오와 호색이 보이지 않게끔 거리를 두는 것에서 나온다." 또한 그는 "성스러운 물건들은 모든 의식 절차를 마친 다음에야 만지고 사용할 수 있는 것으로 분리되듯 우리는 아름다운 사람들을 일반적 욕망과 관심에서 분리하는 태도를 보인다"라고 제언한다.[6]

성性은 낭만의 영역에서 한정적이지만 다른 긍정적 성격들을 가지고 있는 것이 섹시함을 결정하기도 한다. 자신감, 솔직함, 재능, 생기발랄함, 배려하는 태도 등은 모두 매우 섹시하다고 여겨진다. 이는 앞서 언급한 '성격 후광'과 일치하며, 칭찬받을 만한 자질들이 개인의 매력을 한층 끌어올린다.

그렇지만 섹시함보다 아름다움의 범위가 여전히 더 넓으며 삶의 여러 영역과 연관될 수 있다. 우리는 "아름다운 성격", "아름다운 풍경"이라고는 말해도 "섹시한 성격", "섹시한 풍경"이라고 말하지는 않는다. 사람들은 아름다움을 판단할 때 의견을 공통으로 모으는 경향이 있다. 그러나 섹시함은 개인과 문화의 차이에 따라 크게 달라진다. 아름다움에 더 큰 보편성과 가치가 모인다는 사실에 비추어, 선택의 기회가 주어진다면 우리는 대부분 섹시하기보다 아름답게 여겨지기를 바랄 것이다. 그러나 섹시함도 분명 제 역할이 있으니, 바로 낭만적 불꽃을 피우는 최고의 발화 연료다.

갈증과 성욕, 그리고 낭만적 사랑

∞

여성이 들을 수 있는 최고의 찬사 중 하나는 섹시하다는 말이다.
스칼렛 요한슨Scarlett Johansson, 영화배우

물 한 컵 마시고 싶은 욕망을 성욕과 비교하여 생각해본 적이 있는
가? 스크러턴은 있다. 물을 마시고 싶은 경우, 물이 담긴 특정한 컵을
구하는 것이 아니기에 어떤 컵이든 상관없을 거라고 그는 주장했다.
게다가 물을 마신 뒤에 갈증이 해소되면 욕망은 과거의 일이 되어버
린다. 스크러턴은 이를 감각적 욕구의 일반적 본성이라고 설명했다.
감각적 욕구는 대상이 정해져 있지 않고 특정한 행위로만 직결되어
그 행위에서 만족을 얻으면 끝난다. 그의 관점에서 성욕은 완전히 다
른 이야기다. 성욕은 대상이 정해져 있다. 당신이 원하는 특정한 사
람이 있다. 아무리 둘 다 똑같이 매력적이라 해도 욕구의 대상이 다
른 사람으로 대체될 수 없으며, 성욕은 특정한 개인에게 느끼는 것이
기에 욕구는 대상마다 특정하다.[7]

나도 성욕은 물을 마시고 싶은 욕구와 다르다는 스크러턴의 말
에 동의한다. 그렇지만 깊은 낭만적 사랑이 우리의 감각적 욕구와 전
혀 다르긴 해도 성욕은 갈증과 사랑 사이 어딘가에 자리한다고 생각
한다. 깊은 낭만적 사랑은 특정한 사람을 향한다. 연인은 다른 사람
으로 대체될 수 없으며 연인을 향한 사랑의 태도도 구체적이다. 그러
나 성욕은 갈증과도, 낭만적 사랑과도 다르다. 갈증은 대상이 정해져
있지 않지만 성욕은 대상이 정해져 있다. 그렇다고 사랑의 대상이 정

해져 있는 것과 같지는 않다. 이는 단순히 다른 사람으로 대체하여 성욕을 해소할 수 있다는 말이 아니다. 상대가 대체되면 보통 성욕이 더 오르기 때문이다. 성욕의 대상은 물을 마시는 경우처럼 통로에 무관심하지 않다. 그래도 여전히 이 욕구를 해소해줄 수 있는 사람은 많다.

아름다움과 섹시함에 미치는 시간의 영향

∞

아름다운 것을 처음 볼 때는 모든 것이 다 좋다. 하지만 그것이 집 안에 사흘 내내 있다면 도대체 누가 계속 보고 있겠는가?

조지 버나드 쇼George Bernard Shaw, 문학가

오래 지속되는 사랑은 계속 진행되는 경험이기 때문에 관계가 향상되려면 다양한 종류의 활동이 필요하다. 이와 관련하여 마음 끌림의 필수적 성질은 사랑하는 사람과 함께하고 싶어 하는 열망이다. 그런 열망이 사랑하는 사람과 함께 있지 않을 때도 그 사람을 생각하게 한다. 이런 끌림의 성질은 깊은 사랑에서 반짝거린다. 처음에는 아름다움에 끌리고 그다음에는 성욕에 의해 끌리는데, 이를 통해 형성된 첫인상은 시간이 지나면 사그라지기에 끌림을 지속하기에 충분하지 않다. 그런 의미에서 미모와 성욕의 가치는 함께 있고자 하는 열망보다 더 피상적이다. 그러므로 우리는 오래 지속되는 사랑에 상응하는 보다 더 깊은 측면에 집중해야 한다.

아름다움은 낭만적 관계에 어마어마한 장점이다. 그러나 아름다

움에 성적 활동이나 함께 공유하는 활동에 대한 욕구가 따라오지 않는다면 낭만적 가치가 거의 없을 뿐더러 심미적 영역에만 남아 있게 될 것이다.

오래 지속되는 사랑의 관계에서 성욕은 반드시 오랜 기간 함께하고 싶은 일반적인 욕구로 발전한다. 당신은 아름답다고 여겨지기를 바라는가, 섹시하다고 여겨지기를 원하는가? 대부분의 사람은 "둘다!"라고 대답할 것이다. 하지만 다른 대안이 없으면 아름다움이 섹시함보다 더 넓고 깊은 의미를 지니기에 대부분은 아름다움을 선택할 것이다. 모든 사람은 아니겠지만 대부분은 말이다.

그러나 '아름답다'는 말이 외모에 제한된다면 많은 사람이 섹시하다고 여겨지기를 선호할 것이다. 그래야 조금 더 역동적이고 따뜻한 상호 작용의 가능성이 커지기 때문이다. 마찬가지로 낭만적 유대를 다지려면 함께 공유하는 활동들이 필수적인 관계 초기에는 대부분 섹시하게 보이기를 바랄 것이다. 섹시함은 행동에서 나온다는 점을 알면 성욕을 더 강렬하게 만들 가능성이 생기고 이는 낭만적 관계에 큰 이점이 된다. 우리가 더 아름다워질 가능성은 적다. 그렇지만 성적 매력을 끌어올리기 위해 자기 자신을 뜯어고칠 필요는 없고, 태도와 행동만 '다듬어도' 된다.

그렇다면 가수 저스틴 팀버레이크가 「섹시 백」Sexy Back이라는 노래에서 "내가 섹시함을 다시 보여주지" 하고 외쳤던 것에는 뭔가 의미가 있을 수 있다.

| 섹스와 우정 |

∞

결혼을 불행하게 만드는 것은 사랑의 부재가 아니라 우정의 부재다.

프리드리히 니체Friedrich Nietzsche, 철학가

엄마는 내게 한 번도 젖을 물린 적이 없었다. 나를 그저 친구로서만 좋아했다고 하셨다.

로드니 데인저필드Rodney Dangerfield, 코미디언

섹스는 우정이라는 케이크 위의 달콤한 크림이다.

익명

우정은 감정이 아니라, 오래 지속되는 낭만적 행복에 필수인 대인 관계다. 과거를 공유하는 우정은 시간이 지날수록 깊이가 깊어지지만 성욕은 시간이 지날수록 그 강도가 약해진다. 우정의 기본 특징인 상호 협력, 친밀감, 활동 공유 등은 모두 시간에 따라 발전한다.[8] 친구들은 서로를 돌보며 상대의 내재적 가치를 알아보지만 우정도 수단적 가치를 지닐 수 있다. 우정의 친밀감은 동료보다 친구들 사이가 더 가깝게 느껴진다는 의미다. 동료는 친구보다 더 자주 만날 수 있어도, 우리가 자신을 있는 그대로 드러내고 책임감을 드러내는 관계는 우정이다. 우리는 친구와 가족 테두리 밖에 있는 사람들보다 안에 있는 사람들을 위하며 무엇이든 더 하려고 한다. 사랑과 우정은 함께 보내는 시간과 함께 나누는 경험과 상호 작용을 통해 발전한다.[9]

성욕은 단기 감정이라, 배고픔이나 목마름같이 단순한 생물적 욕구와 다르다. 성욕과 사랑은 다르지만 둘 다 뇌의 특정한 관련 영역을 활성화하는 동시에 상당 부분이 겹쳐진다. 같은 맥락에서 사람들

은 상대를 향해 성적으로 끌리지 않으면 자신의 낭만적 관계를 '사랑'이라고 규정하기 주저한다. 성욕은 매력과 칭찬받을 만한 가치를 모두 포함하긴 하지만 신체적 매력이 더 강조된다. 따라서 성욕은 낭만적 사랑만큼 복잡한 가능성을 요구하지 않는다.[10]

낭만적 사랑과 섹스는 양극단에서 발견되곤 한다. 낭만적 사랑은 인간의 가장 지고한 표현으로 여겨진다. 섹스는 저속함과 역겨움, 심지어 상대를 상품으로 전락시키는 것과 관련될 때도 있다. 한 여성이 말하길, "나와 감정적 관계도 전혀 없으면서 섹스만 하고 싶어 하는 남성은 정말 질색이에요. 내가 거의 모든 남성에게 성욕을 일으키는 것 같기는 한데 사랑과는 아무 관계가 없잖아요." 어떤 사람들은 다양한 성적 관계를 맹렬히 비난하면서 연인 간의 성적 배타성을 낭만적 관계의 특징으로 여기며 그것이 깨지면 낭만적 유대에 대한 최악의 모독이라고 생각한다.

낭만적 사랑과 성욕 간의 긴밀한 관련 때문에 우리는 섹스를 밥 먹는 일처럼 전혀 낭만적이지 않은 것으로 여길 수 없다. 그렇지만 성욕이 낭만적 사랑과 전혀 관계없을 때도 있다. 현대 서구 사회가 사랑과 섹스를 동일시할 것 같지만, 새로운 변화에서 느끼는 흥분은 오래된 일부일처제 낭만적 관계에서 느끼는 성적 흥분의 강도를 약하게 만든다. 문화 인류학자 웬즈데이 마틴Wednesday Martin은 "일부일처제monogamy라는 단어가 단조로움monotony이라는 말과 비슷하게 들린다. 우리는 불륜을 저지른 이들을 가혹하게 비난하지만 그들이 결코 밋밋한 사람이 아니라는 점은 인정해야 한다"고 꼬집었다.[11]

여기서 우리는 곤란한 질문을 만나게 된다. 섹스가 낭만적 사랑의 핵심이 아니라면 왜 우리는 낭만적 관계에서 상대에게 성적 배타성을 요구하는가? 심리학적 관점에서 보면 다른 사람과 가벼운 성관계를 맺는 것보다 깊은 친밀감을 형성하는 것이 낭만적 유대에 더 큰 배신이다. 그러나 보통 성행위는 낭만적 사랑에 정말 중요하고 주된 관계에 위협이 될 수 있는 감정적 친밀감을 수반한다. 사랑의 기초는 성행위 자체가 아니라 감성적 친밀함이며 이 친밀함에 성행위가 따를 때가 있지만 항상 그렇지는 않다. 모든 성적 관계에 사랑이 필요하지는 않지만 깊은 낭만적 사랑은 대개 섹스를 포함한다. 섹스가 깊은 낭만적 관계와 결합할 때 행복을 가능하게 하는, 의미 있고 내재적이며 지속적인 사랑의 경험의 일부가 된다.

물론 사랑 없는 섹스도 있다. 이윤이나 기타 목적의 섹스는 누군가의 성욕을 해소하거나 부와 지위, 관심 등을 얻기 위한 수단으로 사용되는 도구로서의 행위일 뿐이다. 사랑 없는 섹스가 내적 가치를 지닐 수는 있지만, 이는 보통 즉각적 보상이 있거나 인간의 깊은 정신 능력을 거의, 혹은 아예 요구하지 않는 짧은 경험일 뿐이다. 쾌락은 그 자체만으로 개인의 행복을 오랫동안 유지할 수 없다. 이것이 바로 잠깐 동안의 쾌락과 오래 지속되는 보물 사이의 차이점이다. 그러나 우리는 성적 상호 작용이 의미 없다고 말하지 않도록 조심해야 한다. 성적 상호 작용은 삶의 의미와 긍정적 영향을 북돋아주고 부정적 영향을 줄여준다는 점(예를 들면 스트레스 반응 약화 효과)에서 우리의 행복을 증진시킨다.[12]

사랑 없는 섹스의 한정적 값어치는 모닝 애프터 효과morning-after effect(아침에 일어난 뒤에 지난밤을 후회하는 현상-옮긴이)와 성 중독에 반영된다. 이런 경우들에서는 피상적 쾌락 행위가 좋지 못한 기능적 가치를 지닌다. 우리에게 이로운 활동보다는 그런 행위만 과도하게 추구하기 때문이다. 그러나 사랑 없는 섹스가 부분적이나마 지속적으로 내재적 가치를 발견할 수 있는 사랑의 경험이라면 깊은 사랑을 만들어낼 때도 있다.

섹스와 사랑을 함께 놓고 생각해야만 매우 행복한 사람을 떠올릴 수 있을 것이다. 하지만 사랑은 섹스나 결혼을 포함하여 다양한 유형의 애정보다 훨씬 큰 행복의 징조다(결혼은 절대 행복의 좋은 징조가 아니다). 또한 섹스는 사랑의 본질이 아니다. 상대를 사랑하지만 수년간 오르가슴을 경험하지 못하는 여성도 있다. 어떤 사람들은 그들이 사랑하고 존경하는 사람보다 다른 사람과 가볍게 나누는 섹스에서 강렬한 쾌감을 경험한다. 사랑은 성적 강도를 감소시킬 수도 있는데, 너무 부끄러운 나머지 사랑하고 존경하는 사람과 성적으로 자유롭지 못하기 때문이거나 익숙함이 성적 매력을 떨어뜨리기 때문이다.

낭만적 사랑에서 섹스의 역할은 복잡하다. 결혼 초기 5년간 결혼 만족도와 성적 만족도, 성관계 빈도수 사이의 관련성을 조사했던 제임스 맥널티James McNulty와 연구진은 세 가지 변수 모두가 시간이 지날수록 감소하지만 각 변수의 감소율은 시간이 지날수록 완만해진다는 결과를 얻었다. 일반적으로 배우자의 결혼 만족도와 성적 만족도는 상관관계가 있으며 마찬가지로 성적 만족도와 성관계 빈도수 또한 서로 분명한 연관이 있었다. 하지만 결혼 만족도는 성관계 빈도수의 변화를 직접적으로 예견할 수 없었으며 그 반대의 경우도 마찬가지였다. 이는 성적 만족도와 관계 만족도가 복잡하게 얽혀 있음을 시사한다.[13]

성욕과 일반적 성적 끌림은 낭만적 만남의 초기, 성욕이 두 사람 사이에 마치 자석 같은 역할을 하는 시기에 가장 우선시된다. 사실, 성욕은 시간이 흐르면서 감퇴하지만 우정은 깊어진다. 그러나 연인 사이의 성행위는 일반적으로 두 사람 사이를 가깝게 끌어당기며 낭만적 관계를 발전시킨다.

높은 수준의 매력과 칭찬받을 만한 가치를 포함하여 오래 지속되는 깊은 사랑에는 질 높은 우정과 섹스가 따른다. 우정은 시간이 흐를수록 더 발전하는 두 사람의 깊은 관계에 중요한 요소이기 때문에 점점 깊어진다. 성욕은 일반적으로 시간이 흐르며 감퇴하지만 오래 지속되는 깊은 사랑에서는 성욕이 얼마 감퇴되지 않는다. 오랜 결혼 생활 이후 처음으로 외도를 하게 된 한 기혼 여성은 이렇게 말했다. "최고의 오르가슴은 남편과의 관계에서 느끼지만 애인과의 관계에서는 조금 더 빠르고 잦은 오르가슴을 느낄 수 있어요. 남편과의 섹스는 특별한 무언가가 있어요. 아마 연습을 많이 해서 그런가 봐요." 새로운 변화는 섹스 횟수를 증가시키지만 익숙함은 섹스의 질과 고유성을 향상한다.

이쯤에서 선불교의 관점을 한번 주목해보자. 동양 철학자 필립 수도Philip Sudo는 선불교에서 중요하게 여기는 시간과 익숙함을 설명하며 "우리가 서로 얼마나 익숙하든 상대의 복잡성에 진심으로 주의를 기울인다면 지루해질 수 없다"고 주장했다. 그는 이 주장을 성관계에도 적용하여 진정으로 사랑하는 사람들이 함께 수많은 시간을 공유한 뒤에만 경험할 수 있는 깊이가 있다고 여겼다. 그들은 수년간 함께 합을 맞춘 음악가들 같아서 서로를 정말 잘 알게 된다.[14]

| 강도와 깊이 |

∞

항상 최상위의 강도를 경험하며 살려 한다면 행복해질 수 없다. 행복은 강도의 문제가 아니라 균형과 질서와 리듬과 조화의 문제다.
토머스 머튼Thomas Merton, 가톨릭 수도사·시인

깊이 있는 것은 표면 아래 멀리까지 확장되어 지속되는 효과를 낸다. 깊은 감정적 경험은 우리의 삶과 성격에 영향을 오래 남긴다. 그러나 깊이 있는 활동이 꼭 즐거운 것만은 아니다. 어떤 작가와 예술가들은 —예를 들면 빈센트 반 고흐를 떠올려볼 수 있겠다— 작품을 만드는 과정에서 극심한 고통을 경험한다. 이럴 때 보통 자신의 가장 특별한 능력으로 어려움을 극복하여 얻는 깊고 유의미한 만족감이 깊이 있는 활동에 포함된다.

낭만의 영역에서 한편으로는 낭만적 강도에, 다른 한편으로는 낭만적 깊이에 주의를 기울이면 깊이 있는 현상인지 피상적 현상인지를 구분할 수 있다. 이 구분은 자주 간과된다. 낭만적 강도란 격정적 욕구, 흔히 성욕의 절정을 순간 촬영하는 것이다. 낭만적 깊이는 단

순한 낭만적 강도를 넘어 사랑을 하는 주체의 더 관대하고 지속적인 태도를 말한다. 외부 변화는 낭만적 강도 발생에 매우 중요하며 낭만적 깊이에서는 익숙함과 안정성, 발전 등이 훨씬 중요하다. 낭만적 새로움은 권태감을 방지하기에 유용하지만 낭만적 익숙함은 행복 증진에 매우 유익하다.[15]

낭만적 경험의 깊이는 감각으로 느껴지는 강도와 다르다. 깊이는 시간의 흐름에 따라 일어나는 활동들이 쌓이며 만들어진다. 함께 공유하는 감정적 경험과 상호 작용들이 시간의 차원에서 낭만적 깊이에 더해진다. 단순한 감정적 강도에서 깊이로 나아가려면 그저 함께 시간만 보내는 것이 아니라 상대가 행복해하는 활동을 하며 시간을 보내는 것이 중요하다. 그러므로 깊은 사랑을 만들어가는 공동의 활동에는 함께할 시간이 필요하다. 또한 시간은 보내지만 활동이 없다면 깊지 않은 경험으로만 끝나고 만다.

낭만적 깊이는 우정과 성욕도 포함한다. 우정으로 발전하려면 시간이 걸리며 상호 작용이 필요하다. '짝사랑'이라는 말은 있으나 '짝우정'이라는 말은 없다. 관계 초기 낭만적 강도는 주로 신체적 매력에 달려 있다. 그러나 해를 거듭하며 낭만적 관계의 초점은 낭만적 강도에서 깊이로, 성욕에서 서로 함께 있고 싶은 열망으로 옮겨간다. 낭만적 깊이는 성행위의 빈도와 강도가 낮을 때보다 서로 나누는 상호 작용과 서로 간의 지지와 친밀감이 부족할 때 위협받는다.

강도와 깊이의 차이를 짚어가다 보면 우리는 찰나의 쾌락과 지속되는 만족 사이를 구분할 수 있다. 피상적 쾌락은 즉각적으로 보상이 있고 상대적으로 오래가지 못하는, 인간의 복잡한 능력을 거의 필요로 하지 않는 경험이다. 피상적 경험에 과도하게 몰두하면 그 영향은 다소 부정적일 수 있지만, 표면적으로만 영향을 미칠뿐더러 경험의 범위와 영향이 한정적이다. 깊이 있는 만족은 개인의 주요한 능력과 태도를 발휘하고 사용하며 개발하는 것을 포함한다. 문제를 극복하고 개선해나가는 능력도 깊은 만족에 포함된다. 게으름이 찰나의 쾌락을 줄 수는 있겠지만 일과 활동은 깊이 있는 만족을 이끌어낸다. 물건을 마구 사들이면 순간적으로는 쾌락을 얻을 수 있어도 확실히 더 행복한 사람은 될 수 없을 것이다.

| 성욕의 발전 |

∞

애인을 처음 만나 옆에 앉았을 때 즉시 그를 만지고 싶은 충동을 느꼈어요. 전에는 이런 일이 한 번도 없었으니 생소했죠.

기혼 여성

일반적으로 성욕으로 표현되는 낭만적 강도는 짧은 반면에 낭만적 깊이는 시간이 지날수록 깊어진다는 사실에 대해 알아보았다. 낭만적 강도의 적군인 시간은 낭만적 깊이의 오랜 친구다. 그러나 이것이 전부가 아니다.

　　시간에 따른 성욕의 발달 모형을 제시한 심리학자 구리트 번바움 Gurit Birnbaum은 낭만적 관계의 초기에는 성욕이 강하지만 서서히 줄어들기에 많은 사람이 오래된 관계에서 성욕을 유지하지 못한다는 사실을 인정했다. 그러나 성욕이 시간에 따라 반드시 사라지지는 않으며 모든 사람이 상대를 향한 성적 관심을 잃는 것은 아니라고 했다. 성욕이 낭만적 유대의 시작과 발달, 유지에 영향을 미치지만 관계 발달 과정에 기여하는 바는 다르다. 구체적으로 성욕은 관계 초기에 가장 많이 기여한다. 그러므로 성욕의 강도 자체로는 오래 지속되는 관계의 성공 여부를 예측할 수 없다.[16]

번바움에 따르면 성욕이 관계 발달 과정에서 문지기 역할을 한다. 성욕도 관계 유지 기능이 있으며 이는 관계의 다른 측면들이 낭만적 유대를 강화하지 못할 때 특히 중요하게 작용한다. 운동 경기장에서와는 달리 낭만의 경기장에서는 갑작스러운 죽음이 일반적이지 않다. 관계는 보통 시간 초과로 끝난다. 성적 상호 관계는 낭만의 죽음이라는 과정의 속도를 늦출 수 있고 잘하면 막을 수 있다. 성행위를 공유하는 것은 새로움을 더해주며 관계의 발전과 자기 확장을 위한 기회가 되기도 한다. 성적 깊이는 상대의 특별한 필요를 자각하고 그를 양성하고 필요를 채워주려는 노력으로 표현되는 듯하다.[17]

│ 내 심장에 마음이 따로 있어요 │

∞

마음은 이성이 이해할 수 없는 자체적인 이유를 가지고 있다.

블레즈 파스칼Blaise Pascal, 철학자

나는 사랑을 나눌 때 생각하지 않는다.

브리지트 바르도Brigitte Bardot, 영화배우

마음과 머리가 부딪칠 때, 개인적이고 편파적이며 상대적으로 짧은 단기 감정과 폭넓고 객관적이며 장기적 타당성을 갖춘 지적인 숙고 사이에서 우리는 갈등을 목격한다. 지능이 보편적이고 안정적인 것과 관련 있는 데 비해 단기 감정은 특정하고 불안정한 것과 연관된다. 이렇게 차이가 나는데도 머리와 가슴이 하나로 합쳐질 수나 있을까 궁금할 수 있다. 그런데 이 둘이 융화되는 것은 사실이며, 흥미로운 문제는 '어떻게 융화할 수 있는가'이다.

감정의 가치를 격하시키는 관습은 오래되었다. 현대 문화에도 철저하게 영향을 미친 이 관습에 따르면, 일반적으로는 감정이, 구체적으로는 낭만적 사랑이 분명한 사고의 장애물로서 최선의 삶을 방해한다고 여겨진다.

하지만 사실 감정적 반응이 최고의 반응이다. 감정은 언제나 현실적이지는 않아도 마음속 깊이 박혀 있다. 우리는 감정을 꽁꽁 싸매면 잘 살아갈 수 없는데, 이와 마찬가지로 감정에 휩싸여도 잘 지낼 수가 없다. 우리는 생각과 감정을 융합하는 균형을 목표로 삼아야 한다. 요즘 인기를 끄는 '감성 지능'emotional intelligence이라는 개념이 바로 이렇게 융합된 것이다.

마음과 머리의 갈등은 낭만적 사랑에서 특히 분명하게 나타나며 중독이나 질병, 그나마 가장 나은 경우에는 비이성적 행동으로 여겨진다. 마음이 치명적으로 중요함에도 불구하고 낭만적 문제에서 머리보다 마음에 최대한 우선권을 주려 하는 흔한 요청은 대개 현명하지 못한 처사다. 마음을 따르는 것은 장기적으로 볼 때 중요한 것을 따라 행동하는 것이 아닐 수 있다. 게다가 진짜 마음에서 우러나오는 표현이 무엇인지 어떻게 증명한단 말인가? 모든 감정 상태가 반드시 깊은 사랑의 진실한 표현은 아니며 그중 일부는 우리가 오래 유지하고 싶지 않은 피상적 감정 경험이다. 그러나 너무 이성적이어서 감정적 요소를 거부하는 것도 해롭다. 이성적 이유들로만 결혼하는 것은 비이성적이다. 보다 장기적으로 큰 그림을 생각하는 것은 이성적이지만 열정적인 사랑의 즉각적이고 단기적인 요소를 무시하는 것은 전혀 이성적이지 않다. 어쨌든 우리가 실제로 살아가는 것은 지금, 이 순간이다.

17세기 프랑스 작가 라 로슈푸코La Rochefoucauld가 했던 "머리는 항상 마음에 속한다"는 말에 덧붙여 노르웨이 철학자 욘 엘스터Jon Elster는 이렇게 질문했다. "마음은 왜 굳이 머리를 속여야 하는가? 그냥 사이좋게 지내며 마음이 원하는 대로 하면 안 되는 걸까?" 그는 이 질문들에 대답으로 우리가 열정보다는 이성에 지배당한다고 믿는 것이 자아상에 중요하다는 점을 이야기했다. 엘스터는 이런 경향을 '이성 중독'addiction to reason이라고 정의하며 이성에 중독된 사람들은 이성적이기보다 비이성적이게 된다고 제대로 지적했다. 이성적인 사람은 어떤 특정한 상황에서 복잡한 지적 체조를 따라 하기보다 감정적 본능에 따르는 것이 낫다는 것을 알고 있다.[18]

가슴과 머리의 갈등은 이분법으로 딱 나눌 수 없다. 왜냐하면 감정은 지적인 숙고를 포함하며 지적인 숙고는 밀려드는 감정에 영향을 받기 때문이다. 그럼에도 불구하고 감정과 지식을 구분하는 것은 두 체계를 이해하는 데 도움이 될 것이다.

흥미롭게도 낭만의 영역에서 우리는 반대 상황을 발견할 수 있다. 마음이 머리에 속을 때도 있다. '낭만 중독'addiction to romance을 예로 들어보자. 낭만 중독에 빠진 사람들은 결혼 생활을 유지하는 이유를 자신이 배우자를 여전히 사랑하기 때문이라고 확신하지만 실제로는 이별의 대가를 지불하고 싶지 않아서인 경우가 많다. 비슷한 맥락에서 사람들은 사실 상대의 재정과 사회적 지위 때문에 결혼을 선택하면서 사랑하기 때문이라고 확신하기도 한다. 이렇듯 대개 냉정하고 계획적이며 지적인 이유보다는 낭만적 이유로 결혼하는 것이 더 가치 있게 평가된다.

이런 현대의 낭만적 관점에도 불구하고 머리는 어떻게 해서든 마음의 낭만적 결정에 자신을 들이민다. 비록 낭만적 사랑과 지능은 따로 떨어진 세계 같지만 낭만적 사랑은 우리 생각만큼 비이성적인 짐승이 아니다. 오히려 이성에 의존하는 듯 보인다.[19]

낭만적 행동은 낭만의 길에서 만나는 막다른 골목이나 갈림길에서 일어나며 이때 머리가 중요한 길잡이 역할을 맡는다. 마음이 이상적 장소를 가리킬 수는 있지만 가는 길에 고된 구덩이들이 있지는 않을지 생각하며 머리가 앞에 놓인 길을 헤쳐 나가야 한다. 좋은 결정을 내리기 위해서 우리는 머리와 마음 모두가 필요하다. 우리는 마음을 기쁘게 하는 것을 사랑하므로 낭만의 영역에서 마음에 넉넉한 자유를 주어야 한다. 하지만 우리는 편안한 삶도 사랑하기에 마음에만 독점적으로 가치를 주어서는 안 된다. 오롯이 마음의 영역인 듯 보이는 낭만적 상대 선택에서 '흠잡을 데 없는' 상대를 찾겠다는 생각은 지적인 머리가 그 과정에 개입되어야 함을 의미한다. 낭만적 마음은 근시안적일 수 있어서 오래 지속되는 사랑을 바란다면 멀리 볼 수 있는 시야를 갖춘 머리의 도움을 받아야 한다.

낭만적 사랑의 철학적 모형: 돌봄과 공유

∞

맙소사, 사람들은 사랑을 어떻게 하는지 모른다. 그래서 그렇게 쉽게 사랑하는 것이다.

D. H. 로렌스Lawrence, 문학가

낭만적 사랑의 학술 모형들에 대한 설명이 수많은 책의 지면을 메우고 있다. 널리 알려진 모형 중에는 두 사람이 함께 어우러지는 '융합 모형'fusion model과 사랑을 받는 사람보다 주는 사람에 주안점을 두는 '자기애 모형'self-love model이 있다. 그런데 우리의 여정은 일상의 낭만적 사랑을 향하므로, 오래 지속되는 깊은 사랑을 이해하기에 가장 밀접한 연관을 지닌 두 가지 모형, '돌봄 모형'care model과 '대화 모형'dialogue model으로 범위를 좁혀볼 것이다.

융합과 자기애 모형의 극단적인 견해를 다듬어 비유적으로 이해한다면 돌봄과 대화 모형 안에서도 이를 발견할 수 있을 것이다. 이제부터 이게 무슨 뜻인지 살펴보자.

돌봄 모형

∞

나는 우리 집을 너무 사랑해서 남편을 떠날 수가 없어요.

기혼 여성

사랑의 모형 중 인기상을 받을지도 모르는 돌봄 모형은 사랑을 받는 사람의 필요에 초점을 맞춘다.[20] 물어볼 필요도 없이 낭만적 사랑에서는 돌봄이 가장 중요하다. 이는 사랑하는 사람의 행복이 더 커지기를 바라는 동시에 그를 향한 긍정적 태도, 그와 함께하고 싶은 마음 그 이상이다.

철학자 에리히 프롬Erich Fromm은 사랑을 "우리가 사랑하는 대상의 삶과 성장을 향한 적극적 관심"이라고 표현했다.[21] 이 관점에서 진짜 사랑은 사랑을 하는 주체의 욕구와는 관련이 적은 데 비해 실제적 행동을 동반하는, 상대를 향한 열렬한 관심은 연관성이 짙다.

돌봄 모형은 부모의 사랑, 신의 은총, 혹은 몸이 좋지 않은 사람을 향한 동정 등과 같이 뚜렷한 불평등이 있는 관계에 적용하는 것이 가장 적합하다. 이렇게 불평등한 관계에서 한쪽이 일방적인 돌봄을 제공하는 것에는 문제가 없다. 그러나 이상적인 낭만적 사랑의 형태에서 두 사람이 동등한 위치일 때 일방적인 돌봄과 사랑은 문제가 되기 마련이다.

돌봄 모형은 사랑을 너무 수동적으로 이해하여 낭만적 깊이의 기초인 두 사람의 상호 작용의 중요성을 놓치는 것 같다. 다른 낭만적 사랑의 모형에서도 돌봄은 중요한 요소이나 꼭 필요한 사랑의 본질은 아니며, 오래 지속되며 깊이 있는 낭만적 사랑을 유지하는 데는 충분하지 않다.

이 유형의 극단적인 버전에서는 호혜성이나 사랑을 주는 사람의 필요가 당치도 않다. 그래서 레비나스는 사랑에서 호혜성의 가치를 부정하고 타자를 주체의 유의미한 세계의 중심이자 최우선 과제로 여겼다. 그러므로 "타자와의 관계는 대칭이 아니다. … 애초부터 나는 나와의 관계에서 타자란 무엇인가에 대해 거의 관심이 없다. 그것은 타자의 몫이다. 나에게 타자는 무엇보다도 내가 책임져야 할 대상이다." 레비나스에게 사랑은 "본래 호혜성이 없다. 호혜성은 호의나 은혜, 무조건적인 관용의 자리를 빼앗는 것이다." 이 관점에 따르면 사랑의 주체는 상대를 위해 자신의 목숨을 희생할 준비까지 되어 있어야 한다.[22]

돌봄 모형이 낭만적 사랑에 어울리는지를 고려할 때 돌봄이 사랑의 요소인지 아닌지는 그리 관심을 둘 필요가 없다. 거의 항상 그렇기 때문이다. 문제는 낭만적 사랑을 돌봄과 관련해서만 정의해야 하는가 아니면 상호성이나 긍정적 반응성, 내재적 가치 활동의 공유와 개인의 행복과 같은 다른 요소도 똑같이 중요한가이다. 만일 그렇다면 돌봄 모형은 오래 지속되는 낭만적 사랑을 완벽하게 설명하기에 충분하지 않다.

대화 모형

∞

아내가 말하지 않는 말을 다 이해할 때까지 남편은 진짜 결혼한 것이 아니다.

익명

아리스토텔레스까지 거슬러 올라갈 수 있는 대화 모형은 철학자들인 마르틴 부버Martin Buber와 앙겔리카 크렙스Angelika Krebs에 의해 비교적 최근까지 발전해왔다.[23] 대화 모형은 두 사람이 공유하는 관계를 사랑의 기반으로 여기며, 감정의 상태를 공유하고 함께 활동하는 것을 관계의 기초적 특징으로 본다. 이 관계는 두 사람의 행복뿐 아니라 관계의 행복을 증폭시킨다. 더 나아가 크렙스는 사랑은 한 사람이 다른 사람을 목적으로 삼는 것이 아니라고 주장했다. 사랑은 두 사람 사이에서 일어나는 것이다. 크렙스에게 누군가를 사랑한다는 것은 그 사람과 함께 공유하는 경험과 활동으로 깊이 만족하는 것, 그것이면 충분하다. 누군가를 사랑하면 그와 친밀하게 상호 작용하고 그에게 반응하면서 자기 존재를 확장한다. 우리는 고독 속에서 행복해하지 않는다. 우리는 사회적 동물이다. 함께 공유하는 활동을 통해 두 사람은 (심리적) 전체로 통합되는데, 이 전체는 두 사람의 행위의 총합보다 크다. 같은 방식이나 규모는 아니어도 두 사람이 함께 이런 활동에 참여하면 그 참여가 모여 공공의 선을 실현한다.[24]

돌봄 모형과 달리, 대화 모형은 사랑을 하는 주체의 주체성과 낭만적 관계를 세우는 데 필수적으로 두 사람 사이의 평등을 강조한다. 한 사람이 주체적이지 않거나 관계가 평등하지 않을 때도 공유는 일어날 수 있다. 그러나 그런 공유는 오래 지속되는 깊은 사랑의 발전을 이룰 만큼 깊지 못하다. 낭만적 연결성은 개인의 고유한 가치의 총합과는 다르며 그 이상의 가치를 지니는 낭만적 동반자 관계의 특질을 나타낸다. 철학자 로버트 노직Robert Nozick은 "낭만적 사랑은 저 특정한 사람과 함께 '우리'를 형성하기 원하는 것이다. 우리 안에서 두 사람은 샴쌍둥이처럼 신체적으로만 엮이는 것이 아니다"라고 주장했다.[25]

낭만적 사랑에서 대화의 중요성을 나타내는 주목할 만한 증거가 있다. 낭만적 관계에서 침묵은 금이 아니다. 두 사람이 대화하며 공유하는 활동은 행복한 낭만적 관계의 버팀목이 된다. 스트레스를 없애고 만족감을 주며 친밀감을 높이는 공동 활동은 지속적이고 장기적으로 더 나은 관계의 질을 예측하게 한다는 연구 결과가 있다.[26] 한 연구 결과에 따르면 종교성이 강한 사람들이나 종교적 소속과 활동, 신념을 함께 공유하는 연인의 관계 질적 수준이 더 높은 경향이 있다. 부부가 가정에서 종교적 활동을 하거나 신앙을 함께 공유하는 것은 관계의 질에 긍정적으로 직결된다는 연구도 있다. "함께 기도하는 부부가 함께 견딘다"라는 잘 알려진 격언도 있다.[27] 더욱이 함께 공유하는 활동의 질 또한 중요하다. 많은 활동을 공유하는 것만으로는 충분하지 않다. 함께 보내는 시간이 반드시 가치 있는 시간이어야 한다. 그래서 스마트폰 사용은 기쁨을 훼손하고 직접 대면하는 사회적 상호 작용의 유익을 빼앗아간다.[28]

두 모형 비교하기

∞

당신이 사랑에 빠졌던 소녀를 좋아할 때 그것은 특별 수당이다.

클라크 게이블Clark Gable, 영화배우

대화 모형은 돌봄 모형보다 더 역동적이고 포괄적이어서 오래 지속되는 깊은 사랑을 가장 잘 설명하는 듯하다. 돌봄 모형은 낭만적 사랑과 부모의 사랑을 포함하여 다양한 비낭만적 사랑의 중점적인 특징을 설명하기에 유용하다.

이번에는 다음과 같은 주요 쟁점을 검토하며 두 모형을 비교하려 한다. 첫째로 깊은 사랑이 오래 지속될 가능성, 둘째로 짝사랑의 가능성, 셋째로 사랑은 어디에 있는가에 대한 것이다.

오래 지속되는 깊은 사랑. 돌봄은 오래 지속되는 깊은 사랑에 필수다. 서로 간의 돌봄이 없다면 사람들은 낭만적 관계를 평생 지속하려 하지 않을 것이다. 하지만 돌봄만으로 이런 사랑을 유지하고 향상시킬 수는 없다. 함께 공유하는 감정적 경험과 내재적 가치 활동으로 표출되는 낭만적 관계의 깊이는 오래 지속되는 깊은 사랑에 필수다. 이 관계는 돌봄 모형보다는 대화 모형에서 핵심이 된다. 진실한 대화를 나누지 않아도 낭만적 돌봄이 가능하지만 낭만적 대화는 돌봄의 종류로 간주된다. 대화가 있는 사랑에 오래 지속되는 깊은 낭만적 사랑을 발전시킬 수 있는 부분이 더 많기 때문에 그런 사랑을 설명하기에 대화 모형이 더 적합하다.

짝사랑. 낭만적 사랑은 호혜성을 추구한다. 상호 간의 끌림이 상대를 결정할 때 가장 높게 평가되는 특징이라고 모두가 생각한다. 호혜성의 결여, 즉 사랑하는 사람에게 사랑받지 못한다는 생각은 사랑의 마음을 끌어내리고 결국 굴욕감과 결별로 이어진다. 조금 더 흔한 사례로, 당신이 상대를 사랑하는 만큼 상대가 당신을 사랑하지 않을 때 두 사람 사이에서는 불평등한 낭만적 관계가 발견된다. 돌봄은 일방적이고 다양한 정도로 나타나기에, 돌봄 모형은 짝사랑과 불평등한 낭만적 관계를 쉽게 설명할 수 있다. 진실한 대화는 호혜성과 평등을 당연히 포함하기 때문에 대화 모형은 불균형적 사랑을 설명하기 어렵다. 대화 모형은 계속해서 깊은 사랑에 최소한 대화와 호혜성의 존재를 요구한다. 호혜성이 없는 관계는 낭만적 가치가 낮으며 깊은 관계라고 할 수 없다. 이 관계가 깊은 사랑으로 발전하려면 시간이 필요하며, 모든 연인이 이와 같은 발전을 이루는 것은 아니다.

사랑은 어디 있는가. 수 세기 동안 이루어졌던 낭만적 경험을 책임지는 기관은 어디인가에 대한 논쟁은 이미 결론 났다. 심장이 아니라 뇌라는 사실을 우리는 안다. 그럼에도 불구하고 대중문화에서는 일반적으로 감정적 현상들의 중심을 심장이라고, 구체적으로 사랑의 중심을 심장이라고 인식한다. 이 논쟁에서 흥미로운 전환이 일부 형태의 대화 모형에서 이루어진다. 함께 공유하는 관계는 사랑의 중심이며 또 사랑이 머무는 장소라는 이 관점은 과연 맞는 말일까?

사랑은 사랑을 하는 주체의 소유물이라고 보는 관점은 직감적으로 진실인 듯 보인다. 사랑은 다른 심리적 태도들과 비슷하기 때문이다. 우리는 단순한 감정뿐 아니라 느낌이나 기분처럼 감정과 관련된 태도도 사랑하는 주체에게 있다고 생각한다. 돌봄 모형과 일맥상통하는 이 관점에서는 돌봄이 사랑을 하는 주체의 소유물이라는 점을 시사한다.

대화 모형 지지자들은 사랑이 두 사람 사이 관계의 소유물이라고, 조금 더 명확하게는 사랑이 두 사람 사이의 관계에 위치한다면서 낭만적 관계의 중요성을 사랑의 위치 문제로 옮기려는 경향이 있다.[29] 이런 주장은 문제가 있다. 무엇보다 사랑에 반드시 따르는 고통이나 즐거움 같은 느낌은 두 사람 사이 관계의 소유물이 아니다. 사랑은 사랑을 하는 주체의 심리적 소유물이다. 그래서 우리는 느낌이나 평가, 행동 성향과 같은 사랑의 몇몇 특징은 사랑을 하는 주체의 소유로, 이와 대조적으로 양립성, 여운, 조화 같은 특징은 관계의 소유라고 여긴다.

| 맺음말 |

∞

다이아몬드는 여성의 단짝이고 남성의 단짝은 강아지다. 둘 중 무엇과의 섹스가 더 말이 되는지 이제는 아시리라.

자자 가보Zsa Zsa Gabor, 영화배우

사랑에 빠지고 사랑을 유지하려면 신체적 매력과 칭찬받을 만한 성품 및 성과 모두가 중요하며 둘은 균형을 지켜야 한다. 어느 정도의 끌림은 필요하지만 성격과 성취에 대한 긍정적 평가가 동반되지 않은 끌림만으로는 장기적으로 충분하지 않다. 사람들은 대부분 아름답고 섹시하다는 평가를 받으면 행복해한다. 하지만 꼭 선택해야만 한다면 아름다움이 섹시함보다 더 폭넓고 깊은 의미를 갖고 있기 때문에 많은 사람이 아름다움을 고를 것이다. 섹시함이 행동에서 비롯됨을 알고 있으면, 아름다움을 개선할 수는 없더라도 섹시함을 한층 향상시킬 수 있다. 낭만적 끌림은 보통 강렬한 성욕과 상대와 함께하고 싶은 바람으로 표현되며 상대의 성격에 대한 긍정적 평가는 깊이 있는 우정의 기초가 된다. 두 가지 모두가 깊은 사랑을 이루는 요소다. 강도와 깊이의 차이는 사랑의 지속 가능성을 이해하는 데 중요하다. 낭만적 강도는 시간이 지나며 사그라지지만 낭만적 깊이는 정확히 반대로 진행된다.

마음과 머리의 갈등은 아주 오래된 논쟁이다. 결정을 내려야 하는 시간이 다가올 때 자고로 머리는 거부권을 부여받지만 물론 마음에 먼저 선택할 권리가 주어진다. 극작가 사무엘 베케트Samuel Beckett는 이 문제에 대해 이렇게 의견을 내놓았다. "춤을 먼저 추어라. 나중에 생각하라. 이것이 자연의 순리다." 이 말은 정확하다. 어쨌든 머리는 느지막하게 생각할 시간을 갖는 데 비해 마음은 즉시 반응한다. 머리가 낭만적 우선순위를 매겨야 하느냐 마느냐의 문제는 대답하기 조금 더 곤란하다. 답은 누가 물어보느냐에 달려 있다. 그러나 사랑하는 마음에 대한 문제에서 깊이 있는 결정을 내릴 책임은 마음에 있어야 한다고 말할 수 있겠다.

낭만적 사랑의 주요 모형인 돌봄 모형과 대화 모형은 오래 지속되며 깊이 있는 사랑의 관계에서 중요한 두 가지 측면을 보여준다.

돌봄 모형 입장에서 우리는 상대의 필요에 집중하며 상대의 행복을 위해 노력한다. 대화 모형 입장에서 우리는 개인의 주체성과 상호 관계에 주목하며 두 사람 사이의 상호성에 초점을 맞춘다.

오래 지속되는
낭만적 사랑 키우기

Fostering Enduring
Romantic Love

미워하기는 쉽고 사랑하기는 어렵다. 이것이 바로 모든 것이 작용하는 원리다. 선한 것은 이루기 어려우나 악한 것은 매우 얻기 쉽다.

공자

이번에 재혼한 아내와 약속했어요. 몇 달 뒤 다시 만날 때까지 다른 여자에게 넘어가지 않기로요.

기혼 남성

지난 정거장에서는 낭만적 사랑의 주요 특징과 모형들을 알아보았다. 이쯤에서 오래 지속되는 낭만적 사랑을 뒷받침하는 다양한 방법을 짚으며 길을 따라 내려가보겠다. 일단 안정지향형 행동과 성취지향형 행동, 외재적(도구적) 가치 활동과 내재적 가치 활동, 외적 변화와 내적 발전이라는 세 가지 중요한 구분을 살펴보려 한다. 그다음에는 낭만적 관계의 기초를 이루는 개념으로 동시성과 긍정적 반응성, 낭만적 공명, 낭만적 일관성을 함께 생각해보자.

| 안정지향적 행동과 성취지향적 행동 |

∞

외로움이 두렵다면 결혼하지 말라.

안톤 체호프Anton Chekhov, 문학가

심리학자 토리 히긴스Tory Higgins는 성과를 얻고 바라는 바를 이루려는 강한 목표 의식과 관련된 성취지향적 행동과 보호와 안전, 책임감과 관련된 의무감을 중시하는 안정지향적 행동을 구분했다. 이 구분은 양성nurturing(키우고 발전시킴-옮긴이)에 관련된 행동과 안전에 관련된 행동 사이의 차이점을 강조한다. 안정지향형의 상호 작용은 누군가 어떤 '의무'를 어겨서 무언가 잘못되고 있을 때만 일어난다. 성취지향형은 확고한 목표의 달성을 위해 최상의 조건을 만들어내려는 활동을 지속한다는 특징이 있다. 안정지향형에서는 발전이라는 의미를 찾기 힘들지만, 성취지향형에는 공동의 목표 달성을 향해 발전하려는 의식이 있다.[1]

감정적 유대에는 성취/양성과 안정/통제 사이에서 섬세하게 균형 잡는 것이 항상 따른다. 통제가 반드시 요구되는 자녀 양육에서 이 균형 잡기를 쉽게 발견할 수 있는데, 낭만적 사랑에서도 마찬가지다. 성취지향형 사랑은 꾸준히 잠재력을 발전시키고 목표와 희망의 실현을 향해 자아를 확장시키는 지속적 양성에 초점을 맞춘다. 성취지향적 행동은 정도의 문제라서 매우 복합적이며 상대와 관계를 양성하는 과정이 끝없이 이어진다. 한편, 안정지향형은 기준에서 벗어난 개인의 낭만적 행동을 제거하는 것에 집중한다.

낭만적 관계에는 이상과 한계가 모두 포함되어 있기에 두 유형의 행동이 모두 필요하다. 우리는 사랑의 경험을 다양하게 성취해야 하며 동시에 사랑의 경험이 아닌 것은 제거해야 한다. 그런데 시간이 지날수록 낭만적 관계의 질을 더 많이 개선하는 것은 성취지향적 활동인 듯하다. 함께 시간을 보내는 것만으로는 관계를 유지하고 개선하기에 충분하지 않으며, 활동의 유형도 중요하다. 함께 참여하는 활동이 친밀감을 불러일으킨다면 관계의 질이 끌어올려줄 것이다. 뿐만 아니라 공유 활동에 참여하는 동기에 따라 그 활동 경험의 긍정적 정도가 결정될 것이다.[2]

| 부정 편향 |

∞

같은 연령대의 남성과 결혼하라. 당신의 아름다움이 바래져갈 때 그의 시력도 희미해질 것이니.

필리스 딜러Phyllis Diller, 코미디언

사람들은 성취지향적 행동보다 안정지향적 행동에 시간을 더 많이 쏟는다. 이는 우리의 감정적 환경에 긍정적 경험보다 부정적 경험이 더 지배적이라는 사실을 반영한다.

우리는 감정을 보통 '긍정적' 혹은 '부정적'인 것으로 생각한다. 그리고 부정적 감정은 긍정적 감정보다 더 두드러진다. '부정 편향'negative bias이라고도 불리는 이런 경향은 가까운 관계를 포함하여 우리 삶 어디서나 볼 수 있다. 부정적 감정, 나쁜 부모, 좋지 않은 반응은 좋은 것들보다 더 크게 영향을 미치며 나쁜 정보가 좋은 정보보다 더 철저하게 처리된다. 그래서 우리는 좋은 일을 하려 하기보다는 나쁜 일을 피하려 한다. 한마디로 말해서, 마음의 관점에서 보면 긍정보다 부정의 힘이 강하다.[3]

부정 편향은 인간이라는 종에 좋게 작용한다. 길에 피어 있는 꽃보다 뒤쫓아 오는 사자에 더 주목한다면 더 높은 생존의 기회를 얻게 된다. 그 사자가 얼마나 빠른지, 정확히 어느 방향으로 가는지까지 알면 공격에서 벗어나게 될 가능성이 커진다. 이를 '분화'differentiation라고 하며 부정적 감정이 긍정적 감정보다 더 '세분화'되는 것은 그 이유 때문이다.

부정적 감정이 긍정적 감정보다 더 두드러지는 또 다른 이유는 시간과 관련된 감정의 특성 때문이다. 우리는 긍정적인 일보다 부정적인 일을 더 많이 생각한다. 사람들은 매우 긍정적인 감정을 불러일으켰던 사건보다 매우 부정적인 감정을 가져왔던 사건을 다섯 배 이상 곱씹는다. 그래서 당연히 긍정적 경험보다 부정적 경험을 더 빨리 생각해내는 것이다.

이 말이 극단적일 수 있지만, 잠재적 피해는 우리의 자원에서 가장 큰 몫을 빼앗아 간다. 그에 비해 잠재적으로 좋은 일에는 과도한 자원이 들지 않는다. 어떻게 보면 행운에 '대비'할 필요가 거의 없다는 말이다. 또한 유쾌하기보다 불쾌할 수 있는 상황이 더 많을 수도 있으며 무언가를 세우기보다 무너뜨릴 일이 더 많이 발생한다. 게다가 우리는 목표가 가로막힐 때 부정적 감정을 경험하게 되며, 이때 가로막힌 목표를 다시 달성하려 하거나 잃어버린 것을 보상할 새로운 계획이 필요해진다. 이와 대조적으로 긍정적 감정은 주로 목표가 이루어질 때 우리가 경험하게 된다. 따라서 부정적 감정은 주어진 상황에 대처하기 위하여 인지적 자원을 더 할당받아야 한다.[4]

이 모든 감정의 분화가 우리에게 어떤 의미가 있을까? 낭만의 영역의 부정적 특징을 알고 있는 것이 더 중요한가? 그렇다고 대답할수 있을 것 같다. 부정적 특징은 관계를 죽일 수 있으며, 극단적인 경우에는 특히 여성과 관련될 때 사람을 죽일 수도 있다. 심리학자 존고트만John Gottman은 "관계가 성공하려면 긍정적이고 좋은 상호 작용과 부정적이고 나쁜 상호 작용의 비율이 최소한 5대 1은 되어야 한다"고 주장했다. 그 비율을 유지하지 못하면 실패한 관계가 될 것이다. 부정 편향이 보편적 현상이고 진화론적 용어로 생존 보호라고도설명되지만, 낭만적 상대를 고르는 경우 여성에게 부정 편향이 더욱강해진다.

왜 그럴까? 단언컨대, 남성보다 여성에게 나쁜 상대가 더 치명적일 수 있기 때문이다.[5]

실제로 심리학자 피터 조나슨Peter Jonason과 연구진은 사람들은 잠재적 상대를 평가할 때 장점보다 단점에 무게를 둔다는 결과를 발표했다. 연구진에 따르면 장점(협상 타결 요인)이 적합성을 끌어올리는특징을 드러내더라도 단점(협상 결렬 요인)의 존재가 적합성에 치러야할 비용을 더 크게 보여줄 수 있어서 사람들이 관계에 들여야 하는 비용 정보에 매우 민감해지게 된다. 하지만 시간의 흐름에 따라 자연선택에 의해, 배우자를 선택하게 될 때는 두 가지 전략 모두에 민감한다양한 구조들이 형성되었다.[6]

| 외재적 가치 활동과 내재적 가치 활동 |

∞

사랑이 세상을 돌아가게 하지는 않는다. 사랑은 인생의 여정을 가치 있게 만
든다.

엘리자베스 바렛 브라우닝Elizabeth Barrett Browning, 시인

아리스토텔레스를 비롯하여 많은 사람이 외재적 가치를 지니는 활동
과 내재적 가치가 있는 활동을 구분했다.[7] 외재적(혹은 도구적) 활동
은 외부의 목적을 위한 수단이며, 활동의 가치는 목표를 달성하는 것
에 있다. 목표 지향적 활동은 효율성, 즉 비용 대비 이익률에 기초하
여 평가된다. 시간은 우리가 도구적 활동에 참여할 때 절약해야 하는
자원 중 하나다. 외재적 가치 활동의 사례로는 집을 짓는 것, 청소하
는 것, 값을 지불하는 것, 직업을 구하기 위해 면접을 보는 것 등이 있
다. 우리는 이런 행위 자체에 가치를 두지 않으며 심지어 이런 일을
수행하며 억울해하기도 한다. 그럼에도 불구하고 외재적 목표가 유
익하다면 "눈물로 씨를 뿌린 자는 기쁨으로 거둔다"는 정신으로 활동
에 참여한다.

　내재적으로 가치 있는 활동을 할 때 우리의 관심은 결과가 아니
라 그 활동 자체에 집중된다. 활동에 결과가 있더라도 결과를 얻기
위해 활동하는 것이 아니다. 도리어 활동 자체가 가치를 지닌다. 이
를테면 독서는 내재적 가치 활동이다. 수면 부족에 시달리는 대학원
생이라면 학위 과정을 끝내는 것과 같은 외재적 목표 때문에 책을 읽
겠지만, 보통은 독서 자체에 가치를 둔다. 그래서 우리는 최대한 빨

리 책을 읽으려고 노력하지 않는다. 비용 편익에 대한 계산 없이 타인을 돕는 도덕적 활동도 내재적 가치 활동이다. 이런 활동은 보상이 내장 설치되어 있다고 할 수 있다. 내재적 활동은 외적 목표가 없어도 삶의 질을 크게 좌우한다. 로마의 시인 오비디우스Ovidius는 말했다. "효용 가치 없는 예술보다 인류에게 유용한 것은 없다."

인간의 활동 대부분은 내재적 가치와 외재적 가치를 동시에 지닌다. 춤을 예로 들어보자. 우리의 관심이 춤이라는 경험 자체에 있다면 내재적 가치 활동이 되고 낭만적 상대를 찾고자 하는 목적이 있다면 외재적 가치 활동이 된다. 이런 경우, 관심이 춤이 아니라 댄스홀에 있는 사람에 집중될 때 춤은 최대한 빨리 외재적 목표를 달성하는 수단이 된다.

내재성과 깊이의 결합은 경험을 지속하게 만든다. 누군가 자신의 행복을 위하여 그림 그리기를 중요하게 여긴다면 그 사람은 그림 그리기를 '끝'낼 수 없다. 간간이 잠시 멈추거나 작품 하나를 끝낼 수는 있겠다. 마찬가지로 우리가 사색을 행복을 위해 중요한 내재적 활동으로 여긴다면 그 활동을 절대 끝낼 수 없을 것이다. 가끔 잠시 멈출 수 있을 뿐이다. 깊은 내재적 경험은 우리의 행복을 만든다. 깊이 있는 내재적 활동을 하다 보면 시간이 빨리 지나가버리는 것 같으며(이는 가벼운 내재적 활동에도 해당한다) 그 활동을 오랜 시간 기억하게 된다. 깊이 있는 내재적 활동은 지속은 짧지만 기억에 오래 남는 단-장 패턴이라면 가벼운 내재적 활동은 단-단 패턴이다.[8]

아리스토텔레스가 말하는 내재적 가치 활동의 또 다른 특징은 꼭 성취해야 하는 외재적 목표가 없으므로 그 자체로 완전하다는 점이다. 따라서 내재적 가치 활동은 특정한 목표 없이 계속 지속되는 활동이며 절대 끝나지 않는 과정이다. 내재적 가치 활동을 수행할 때 외부 환경의 개입이 가능하다는 점에서 활동의 성질이 유약하다고 할 수 있겠으나, 대개 환경이 활동 자체나 활동의 완성을 멈추게 할 수는 없다.[9]

깊이 있는 내재적 활동은 다른 측면에도 완전함을 가지고 있다. 활동에 참여하고 있을 때 우리는 '완전히' 몰두한다. 따라서 우리는 배고픔을 느끼지 못한 채 몇 시간이고 그 활동을 계속할 수 있다. 이런 상황에서 사람들은 자신을 활동에서 떼어놓을 생각을 하지 못한다.[10] 왜냐하면 그런 활동이 개인의 자아 정체성에 큰 의미를 지니기 때문이다.

인간의 행복은 가벼운 쾌락의 일시적 상태가 아니라 인간 본연의 능력을 실현하는 비교적 긴 기간이다. 내재적 가치가 없는 상대와의 관계는 진짜 사랑이 아니다. 상대의 모든 행복을 고려하지 못하여 사랑이 포괄적이지 못하다는 점에서 전적으로 내재적이지 못한 사랑에 대해 이야기해볼 수도 있겠다. 아내를 무척이나 사랑하여 받들어 모시는 남편은 아내가 내재적 가치를 찾는 것을 아내의 총체적인 행복이라고 생각하는 동시에, 아내가 직업에서 얻는 행복을 자신에게 위협적이라 느낄 수 있다. 이런 경우라면 남편은 아내의 업무 관련 출장을 반대하거나 아내의 승진을 기뻐하지 않기도 한다.

이제 까다로운 질문이지만, 낭만적 사랑의 맥락에서 사랑하는 사람에게 완전한 내재적 가치를 줄 수 있는지 생각해보자. 사랑을 받는 사람은 사랑의 주체와 관계를 유지할 때만 내재적 가치를 지니고 관계가 끊어지면 그렇지 않다고 흔히 생각한다. 내재적 가치는 사랑하는 사람과 함께 있는 것 자체에 달려 있다. 과연 우리의 마음은 그 사람과 함께 있고 싶어 하기보다 그 사람의 행복을 더 원하는가? 부모의 사랑이라는 관점에서는 그렇다는 답이 나오겠지만 낭만적 사랑에서는 조금 더 복잡하다.

많은 사람이 생각하는 사랑은 사랑을 하는 주체에게 아무 이익이 없어도 상대에게 좋은 일이 일어나기를 바라는 마음을 내포한다. 사랑을 하는 주체는 자신의 개인적 이익이 들어가는지를 계산하지 않고 상대의 이익 그 자체를 바랄 뿐이다. 그런 사랑은 상대를 사랑하는 것에 이별이 상대의 행복을 늘려준다면 상대를 놓아주는 것까지 포함된다. 앨리스 먼로Alice Munro의 가슴 절절한 단편 소설『곰이 산을 넘어왔다』The Bear Came over the Mountain에서 그랜트와 45년간 결혼 생활을 유지한 피오나는 기억 장애로 요양원에 들어가게 된다. 피오나는 요양원에서 자신보다 증세가 더 심한 오브리에게 강한 애착을 느낀다. 오브리의 아내 마리안이 남편을 요양원에서 데리고 나가자 그랜트는 마리안에게 피오나와 오브리의 관계가 두 사람 모두에게 유익하니 오브리를 다시 요양원에 데려다놓아 달라고 설득한다.

정리하자면 깊은 내재적 가치 활동은 비록 규모가 크지 않고 피상적이라 할지라도 오래 지속되는 사랑의 발전에 아주 중요하다. 이에 대해서는 다음과 같은 근거를 들 수 있다. 첫째, 상대는 자신만의 가치를 가지는 사람이며 목표를 달성하기 위한 수단이 아니다. 둘째, 내재적 가치 활동은 목표가 이루어지는 순간에 종료되는 도구적 활동과는 달리 오랜 기간 동안 지속될 수 있다. 셋째, 내재적 활동을 수행하면 만족을 얻을 수 있기에 그 자체로 완전하다. 넷째, 대개 내재적 활동은 순간적 욕구보다는 근본적 필요와 관련된다. 다섯째, 내재적 활동은 단순한 순간적 쾌락이 아니라 깊은 만족감을 동반한다. 그러므로 내재적 활동이 두 사람의 삶과 관계에 필수라면 그 관계는 오랜 기간 지속되며 두 사람의 행복한 삶의 일부가 될 가능성이 대단히 크다.

| 관계의 외적 변화와 내적 발전 |

∞

모든 걸음이 전진은 아니듯 모든 변화가 성장은 아니다.
엘렌 글래스고Ellen Glasgow, 문학가

결혼 후 1년 동안 사랑을 나눌 때마다 유리병에 동전 한 개씩 모아라. 그다음 해에는 사랑을 나눌 때마다 동전을 빼라. 그해 마지막 날 남은 돈으로 멋진 레스토랑에 가라.

익명

모두가 알고 있듯 모든 것은 권태로워질 수 있다. 감정의 강도는 권태감과 함께 곤두박질칠 수 있다. 변화는 권태감의 치료법으로 자주 처방된다. 그렇다면 낭만적 불꽃에 부채질하기 위해 상대를 바꾸어야 한다는 말인가? 이 질문에 초점을 맞추어 외적 변화와 내적 발전(성장)을 구분하려 한다.[11]

변화는 주로 개인의 특성과 본질을 잃지 않으면서도 달라지는 것을 의미한다. 발전은 확장이나 정리를 통해 개선의 과정을 포함하는 특별한 유형의 변화다. 완전한 의미의 발전은 더 깊어지고 나아지는 것을 내포한다. 단기 감정은 순간적 변화에 분초 단위로 반응하는 민감성을 나타낸다. 그러나 행복에 필수적인, 몇 달에서 몇 년까지 지속되는 과정에 민감하게 반응하는 것도 우리에게 필요하다. 이런 민감성에는 과거와 현재의 경험을 미래의 발전과 결합하는 논리적 판단 과정이 아주 중요하다.[12]

경제학자 티보 스키토프스키Tibor Scitovsky는 새로 살 집을 구하거나 새 자동차를 사는 등과 같은 환경의 변화와 새로운 사람을 만나거나 새로운 일자리를 구하는 등과 같이 새로운 경험 및 가능성을 제공해주는 활동을 구분했다. 환경의 변화는 부분적이고 간헐적인 쾌락을 가져다주며 결국 개인은 새로운 환경에 적응하게 되지만 우리의 시야를 확장해주는 새로운 활동은 깊이 있는 만족과 의욕, 성취감을 불러일으킨다.[13]

'발전'이라는 단어 자체는 더 깊어진다는 의미로 사용될 수 있으나 그것이 꼭 진보한다는 의미는 아니다. 깊어지는 것과 진보의 과정은 상대를 더 알아가며 객관적 실재, 즉 사랑하는 사람의 고유한 성격과 주변 상황을 고려하게 된다. 이런 발전의 과정은 중요한 방향성을 지니며 성취라고 볼 수 있다.

낭만의 영역에서 시간에 따른 발전의 중요성은 첫눈에 깊이 있는 사랑을 느끼는 것은 불가능해도 강렬한 성욕을 느끼는 것은 가능하다는 사실에서도 드러난다. 마찬가지로 자위를 통해 경험하는 흥분이 성관계에서보다 더 강렬할 수 있지만 낭만적 깊이를 발전시키지는 않는다. 강렬한 사랑 기저의 외부적 변화는 단기 감정이나 기껏해봐야 연장 감정으로 표현되는 일회성의 단순한 사건이다. 그런 변화는 빨리 적응되기 때문에 아주 잠시 영향을 미칠 뿐이다.

깊은 사랑의 근원이 되는 성장은 지속적이며, 그래서 적당한 강도를 유지한다. 낭만적 사랑의 발전 과정은 사람들이 서로 유대감을 쌓아가며 자신까지도 발전시키게끔 이끈다. 이를 '상승 나선'이라고 부를 수 있다. 낭만적 사랑에서 이런 환경은 상대에게서 최고의 것을 이끌어내는 현상을 낳으며, 이는 오래 지속되는 깊은 사랑에 매우 중요하다.[14]

외부적 변화와 내부적 발전이 발생하는 시간의 길이는 다르다. 전자는 매우 짧고 후자는 수년이 걸릴 수 있다. 내적으로 큰 발전을 이루면 외적 변화의 필요가 줄어들기도 한다. 외적 변화의 영향은 좋은 타이밍에 결정되는 데 비해 내적 발전은 시간이 지나면서 이루어진다. 외적 변화의 경우에 개인은 본질적으로 늘 한결같기에 권태감을 완화하기 위해 변화가 필요하며, 의미 있는 내적 발전의 경우에 개인은 발전을 계속 이루어간다. 이는 외부 원인에서 낭만적 만족을 과도하게 기대하는 것이 깊이 있는 가치와 피상적 가치 사이의 균형을 흐트러뜨릴 수 있다는 의미며, 이는 우리가 정말 피하고 싶은 상황일 것이다. 발전은 우리가 가치 있다고 여기는 방향으로 우리를 진보하게 하며 객관적으로 우리에게 더 이롭다.

깊은 사랑은 성장과 진보를 양성하고 두 사람의 내면에서 최고의 것을 이끌어내는 잠재력을 지닌다. 감정적 경험과 공동의 활동은 낭만적 사랑을 확장하는 데 매우 중요하다. 나아가 친밀한 낭만적 상대가 우리가 생각하는 이상적 자아상과 동일하게 우리를 바라보고 대해줄 때 개인은 이상적 자아에 더 가까워진다고 증명한 연구 결과가 있다. 이 연구 결과는 '미켈란젤로 현상'이라는 찬란한 이름을 가지게 되었다. 미켈란젤로가 조각이라는 과정을 대리석 안에 감춰진 이상형을 풀어준 것으로 생각했듯 낭만적 상대는 우리의 이상적 자아의 관점에서 우리를 '조각'한다. 친밀한 연인은 상대방의 이상적 자아의 모습에 가깝게 만들어주며 서로를 조각한다. 그렇게 서로의 내면에 가장 좋은 것을 끌어내어 자신의 모습에 만족하게 된다. 이런 관계에서 우리는 "이 사람과 있으면 내가 더 나은 사람이 된다"라고 말하며 개인의 성장과 행복을 발견한다.[15]

발전의 과정은 두 사람 공동의 일이기에 변화도 호혜적일 것이다. 건망증이 심한 남편과 극도로 예민한 아내를 예로 들어보자. 아내는 남편이 자신의 요구를 신경 쓰고 관계에 조금 더 집중하도록 변화를 만들고 싶어 할 것이다. 남편은 아내가 우선순위에 변화를 주어 모든 행동에 세세하게 의미를 두지 않고 자신의 '실수'에 조금 더 관대해지는 변화를 원할 것이다. 이때 한 사람이 상대가 좋아하는 것에 관심을 가지고 상대를, 그리고 자신을 변화시키도록 노력해볼 수 있다. 예를 들어 당신이 랩을 좋아한다면 상대가 그런 종류의 음악을 감상해보도록 해서 두 사람의 연대감을 향상할 수 있을 것이다. 마찬가지로 우리의 관심사를 공유하려는 상대의 바람이 우리의 세계로 향하는 창문을 열어준다면 결국 서로 간의 이해와 공유의 폭은 넓어질 것이다.

외부적 변화는 낭만의 불꽃을 돋우는 땔감이 되기도 한다. 예를 들어 낭만적 상대를 바꾼다거나 최소한 일탈 행동을 한다고 생각해보자. 새로운 장소를 간다거나 새로운 활동을 함께하는 등, 연인 관계 내에서의 이런 썩 강렬하지 않은 변화는 언뜻 보기에 약간 가난뱅이의 기쁨과 같다. 하지만 낭만적 강도와 깊이를 구분해놓으면 같이 상호 작용하는 것은 가난뱅이의 기쁨에서 백만장자의 꿈이 된다. 사랑의 발전과 향상에 강력한 원동력이기 때문이다. 낭만적 깊이는 점진적이고 지속적인 과정을 통해 발전하며 그 과정에는 횟수와 익숙함에 따라 가치가 높아지는 상호 간의 내재적 가치 활동이 포함된다. 외적 변화는 낭만의 불꽃을 더 강렬하게 만들 수 있지만, 오래 지속하는 낭만적 관계의 심장은 내적 발전에 있다.

가속화된 사이버 사회는 외적 변화에 중독되어 있다. 낭만적 관계를 비롯하여, 시간을 투자하여 깊이 있는 노력을 쏟는 것은 우리가 가장 먼저 하는 일도, 두 번째 혹은 세 번째로 하는 일도 아니다. 지난 수십 년 동안 기혼자들은 일에 시간을 더 할애하느라 배우자와 함께 보내는 시간이 점점 줄었다. 이에 따른 스트레스와 과다 정보, 멀티태스킹은 배우자와 함께 시간을 보내는 순간이 덜 행복하게 느껴지게 만들었다.[16]

이 책에서 '발전'development이라는 용어는 더 깊어지고 나아지는 것을 포함하여 폭넓은 의미로 사용된다. 하지만 부정적 관계의 발전에 대해서는 어떻게 말할 수 있을까? 우리는 일상생활에서 미움과 시기로 얼룩진 관계의 발전에 대해 이야기한다. 이런 관계는 깊어지지만 진보하지 않는, 좁은 의미의 발전이다. 부정적 감정도 포함된 발전은 긍정적 감정만 있는 발전보다 복잡하지 않다. 이미 살펴보았듯 무너뜨리는 것은 세우는 것보다 훨씬 더 쉽다. 하지만 부정적 상황, 예를 들면 슬픔에 적응해가는 사람을 생각해본다면 여기서 발전은 진보라는 넓은 의미도 포함한다고 할 수 있다.[17]

상호 작용의 부족은 낭만적으로 깊어지지 못한다. 낭만적 깊이는 함께 공유하는 활동을 통해 다져지기 때문이다. 상호 작용의 부족은 미움이라는 감정에 양방향으로 영향을 미친다. 개인의 부정적인 평가를 재고해볼 기회가 없어서 상대를 미워하게 된다. 반대로 미움의 대상이 감정적 환경의 중심에서 벗어나는 경우라면 미워하는 마음이 줄어들 수 있다. 상호 작용이 더 활발하면 새롭고 이해에 도움을 주는 정보가 초기의 부정적 평가를 바꿔주므로 미움을 누그러뜨릴 수 있다. 하지만 그만큼 빠져나갈 구멍이 없기에 갈등이 생기면 더 중요하게 다루어지기도 한다. 그래서 로마 역사가 타키투스Tacitus는 증오가 가족에게 향할 때 가장 폭력적이라고 했다. 가족의 경우에 미워한다고 거리를 둘 수 없다. 미움은 새로 생겨났을 때 가장 '쓴맛'이 나는 법이며, 즉 부정적 강도가 가장 높다. 그러나 미움이 일시적 폭발이 아니라 꾸준해지면 개인의 행동을 태도로 비틀어버린다. 그래서 미움의 도덕적 가치가 점점 더 나빠진다.

| 동시성과 반응성 |

∞

사랑하는 사람 사이의 연결은 낭만적 사랑의 중심을 이루기에 두 사람이 서로 소통하는 것은 낭만적 사랑의 벽돌을 쌓아 올리는 셈이다. 이와 관련하여 동시성과 반응성, 공명을 구분해보자. 여기서 사용되는 동시성의 의미는 두 사람(혹은 그 이상) 사이의 시간이나 속도의 조화를 일컫는다. 그래서 연인이 함께 춤추거나 섹스를 하거나 저녁을 먹는 경우에 두 사람 사이의 동시성에 대해 말해볼 수 있다. 반응성은 개인의 중요한 욕구와 목표를 충족시키며 서로 이해하고 소중히 여기며 지지하는 방식으로 상호 작용하는 것이다. 낭만적 공명이란 지속적이고 역동적인 호혜성을 동반하는 수준 높은 유형의 낭만적 반응성이라 할 수 있다. 낭만적 공명은 서로 간의 '떨림'을 통해 낭만적 관계를 강화하고 유지한다.

동시성은 두 체계에서 일어날 수 있다. 예를 들어 두 사람 사이나 한 체계 내에서 서로 다른 관점들 사이, 즉 두뇌 활동이 강렬한 성욕에 동시에 반응할 때 신경학적 관점과 심리학적 관점 사이에서 말이다. 여기서 내 주된 관심은 전자에 있다. 동시성의 주요 기능은 타인과 유사성을 나타내고 발전시키는 것이다. 유사성은 낭만적 관계에 없어서는 안 되며 동시성은 역동적이고 순간적인 유사성의 한 종류다. 정도가 미미하면 그저 흉내 내는 것이 될 수 있지만 동시성은 유사성을 판단하여 뒤따라오는 감정적 경험과 행동을 조정하는 기본 신호와 같다. 그래서 두 사람 사이에 동시에 일어나는 활동은 신뢰감과 호감, 친사회적 행동을 증진시킨다. 동시성은 긍정적 반응성과 낭만적 공명처럼 수준 높은 경험의 일부가 될 수 있다.

타인과 동시에 행동하는 것은 특정한 시간에 하는 상호 보완적 활동으로 공동체 안에서 협력과 화합을 기를 수 있다. 그래서 종교 의식에 함께 노래하고 찬가를 부르는 것도 여기에 포함된다. 동시에 함께하는 활동은 오래 지속되는 낭만적 유대가 포함된 관계와 전통적 가치를 유지하게 도와준다. 동시성은 관계에서의 무임승차자 문제, 즉 공정한 몫의 책임을 지지 않으려는 자세에 해결책이 되기도 한다. 심리학자 피에르칼로 발데솔로Piercarlo Valdesolo와 연구진은 "동시성이 단순하게 사람들을 한데 모을 뿐 아니라 모여서 공동 활동이 성과를 내는 데 필요한 기술을 연습하게 한다"고 주장했다. 이는 낭만적 관계에도 해당하는 이야기다.[18]

긍정적 반응성은 낭만적 관계에 필수적이다. 사전을 찾아보면 반응성이 좋은 사람은 빠르게, 그리고 긍정적으로 호응한다고 나온다. 즉각적이고 자동적이며 빠르고 게다가 긍정적 목소리까지 갖춘 반응의 요소들은 낭만적 사랑의 중심이 아닐 수 없다. 이런 반응성은 사랑하는 사람의 태도에서 긍정성이 단순히 부가적인 것이 아니라 필수적인 것임을 보여준다. 개인은 사람들을 향해 보편적이고 긍정적인 반응성을 보일 수 있으나 낭만적 사랑에서는 사랑하는 사람에 대해서 특별한 반응성을 지녀야만 한다.

심리학자 해리 레이스Harry Reis와 마거릿 클라크Margaret Clark는 "상대의 반응성을 인식하는 것이 친밀감에 기본이 된다"고 주장했다. 반응성은 관계 자체와 관계의 구성원들을 지탱하며 튼튼하게 만든다. 레이스와 클라크에 따르면 반응성이란 시간이 지날수록 서서히 펼쳐지고 상대의 행동이 중요해지는 대인 관계의 전형적 과정이다. 그래서 반응성은 포괄적 구조, 즉 일반 원리 아래에 다양한 상호적 과정이 편성될 수 있는 구조로 되어 있다. 두 사람은 반응성을 보이는 사람과 받는 사람 모두가 끌림과 호감, 신뢰와 헌신, 그리고 개인의 성장에 기여한다고 본다. 반응성은 안정감을 조성하여 상대가 그들의 관계를 고통스러운 환경에서 안전한 피난처로, 탐험 중 안전 기지로 사용하게 한다.[19]

번바움과 연구진은 성욕을 높이는 데 반응성이 중요하며(여성에게 더 강하게 나타남), 상대의 반응성을 인식하는 것이 성적 환경에서 친밀감을 발전시키는 데 본질적이라는 사실을 밝혀냈다. 연구진에 따르면 상대가 자신의 필요를 인지하고 이해한다는 점을 미루어 자신에게 민감하게 반응해준다고 생각하는 사람들은 성적 교감을 친밀한 경험을 확장하는 방법으로 여긴다. 따라서 그런 사람들은 상대와 성적 교감을 나누고 싶은 욕구를 보다 많이 경험한다. 이와 대조적으로 자신의 상대를 반응성이 없는 사람이라고 인식하는 사람들은 성행위를 꺼린다. 실제로 열정은 친밀감이 높아진다는 기분에 자극을 받는다.[20]

나아가 번바움과 연구진은 낭만적 반응성의 발전에서 시간이 중요함을 강조했다. 서로에 대해 잘 모르는 첫 만남에서 반응성은 급하고 강렬한 섹스를 위한 추파로, 피상적이고 부정적인 것으로 해석될 수 있다. 그러나 관계가 발전하면 바로 그 반응성은 진실하고 깊이 있게 인식된다. 개인은 단순히 모든 사람에게 보편적이고 긍정적인 반응성을 보여주는 것이 아니라, 그 이상일 때 상대의 특별한 요구를 맞춘다. 상대가 자신을 향한 나의 구체적인 관심을 인식할 때 그 관계를 특별하다고 여긴다. 이는 결국 신뢰와 헌신을 풍성하게 한다.[21]

번바움과 연구진은 거기서 멈추지 않고 상대의 반응성과 장기적 관계에서 성욕 사이의 뜻밖의 관련성을 제시했다. 특히 침대 밖에서 반응성을 표현하는 것은 성욕뿐 아니라 관계를 더 발전시키고자 하는 바람을 더 커지게 한다. 반대로 반응성의 부족은 두 사람 사이에 성욕에 대한 부정성을 낳을 수 있다. 반응성은 친밀감과 관련이 있지만 이 둘은 각각 독립적으로 영향력을 미친다. 그러므로 연인의 상호작용에는 반응성뿐만 아니라 친밀감도 필요하다. 상대가 자신의 연인은 반응성이 좋다고 인식할 때 두 사람은 특별하고 소중한 관계를 경험할 가능성이 커지며 이는 결국 오래 지속되는 관계로 발전하고 싶은 마음에 박차를 가할 것이다.[22]

동일성, 공명과 더불어 낭만적 관계에서 반응성의 결정적 역할은 대화 모형을 뒷받침하며 조화를 이룬다. 그러나 레이스와 클라크가 제시하듯 돌봄 또한 낭만적 관계에서 필수며, 반응성은 돌봄을 이끌어내고 확대하는 데 중추 역할을 한다.[23]

| 낭만적 공명 |

∞

당신이 누군가를 사랑하는 것은 그 사람의 외모나 옷차림, 멋진 자동차 때문
이 아니다. 그 사람이 당신만 들을 수 있는 노래를 불러주기 때문이다.

오스카 와일드Oscar Wilde, 문학가

'공명resonance'이라는 개념은 고대에서도 찾을 수 있다. 그 용어에는
예술가들이 건축이나 미술에서 불러일으키고자 했던 요소와 신령스
러운 의미가 있다. 최근에 '공명'이라는 단어는 말하자면 더욱 큰…
공명을 남기고 있다. 오늘날 우리는 물리, 음악, 철학, 심리학, 사회
학, 미학 등 어디서든 공명을 발견할 수 있다.[24]

공명은 한 체계에서 다른 체계로 비슷한 진동수에 따라 계속 오
가는 것을 의미한다. 물리학에서는 이를 '표면에서 반사되거나 주변
물체의 동시적인 진동에 의해 소리가 강화되거나 연장되는 것'이라
고 정의한다.[25]

나는 낭만적 공명이란 지속적이며 동시적이고 역동적인 호혜성
을 구성하는 수준 높은 반응성이라고 생각한다. 낭만적 반응성에서
대부분의 유형은 순간적이고 정적이며 꼭 호혜적이지는 않다. 낭만
적 공명은 낭만적 호혜성을 인과 관계의 수준까지 강화하고 연장하
는 것을 내포한다. 낭만적 반응성에도 호혜성이 포함되겠지만 항상
그렇지는 않다. 일방적인 낭만적 반응, 즉 한쪽 상대에게만 존재하는
반응은 있을 수 있으나, 낭만적 공명은 일방적일 수가 없다. 공명은
두 사람 사이의 관계에서 발생하기 때문이다. 낭만적 반응이 낭만적

공명으로 발전하려면 역동적 호혜성이 반드시 일상 수준으로 형성되어야 한다. 일상적이고 역동적인 호혜성이 행동으로 나타났을 때 대칭적일 필요는 없지만 상호 보완적일 수 있다.[26]

여기서 음악이 우리의 이해를 도와줄 수 있다. 스크러턴은 춤에 대한 심미적 반응을 음악에 비교한다. 그의 주장은 이렇다. "춤은 '함께 있음'을 표현하는, 심미적 반응에 가장 가까운 사회적 활동이다." 음악을 듣는 사람이 보이는 반응은 "일종의 잠재된 춤, 음악에 따라 '몸을 움직이고 싶어 하는' 욕망의 승화다." 그는 음악의 위대한 소산은 "자체의 논리에 따라 진행되는 음악 구조가 음악에 맞춰 몸을 움직이고 싶도록 우리의 기분을 자아내는 종합성에 있다"고 말했다.[27] 이런 의미에서 낭만적 공명은 일종의 춤추기며, 상대와 '함께 움직이고 싶은' 욕망이 승화된 '함께 있음'의 방식이라고 할 수 있다. 이 특별한 춤사위를 통해 서로는 이해와 공감, 일치와 공유를 경험한다.[28]

그러므로 낭만적 공명의 특징은 지속적이고 역동적인 호혜성에 있다. 여기에 추가로 다음의 특징을 제시하고자 한다. 첫째는 감정적 경험과 활동의 공유, 둘째는 본질적 유사성, 셋째는 증폭과 보완, 감폭과 균형, 넷째는 자연스러운 반응, 다섯째는 자율적 상태다.

감정적 경험과 활동의 공유. 감정적·정서적 경험과 활동의 공유는 낭만적 확장의 중추다. 아리스토텔레스는 오래 만나지 못하면 사랑이 파괴될 수 있다며 사랑에서 공동 상호 작용이 중요함을 강조했다.[29] 적절한 성관계를 포함하여 낭만적 공명은 상호 간의 경험과 활동을 위한 초석을 다지며 서로가 서로에게 반향을 일으키는 움직임이 수반된다. 낭만적 공명은 활동과 경험의 공유로 세워지는 일종의 공동 참여라 할 수 있다. 공동 참여에 두 사람이 떨어져 있다면 그 사이의 틈을 연결해봐야 소용이 없다. 사랑하는 사람들은 낭만적 공명에 기초한 낭만적 공간을 공유하기 때문이다.

본질적 유사성. 유유상종이란 말은 진실일까? 오히려 반대가 끌리지 않는가? 오래 지속되는 깊은 사랑의 경우라면 유사성이 정답이라는 것을 우리는 알고 있다. 실제로 엠페도클레스와 아리스토텔레스, 키케로에서 몽테뉴와 니체에 이르기까지 철학자들은 모두 '유사성이 사랑의 기초'라는 말에 동의한다. 우리도 유사성의 중요성에 대한 증거를 찾을 수 있다. 사람들은 책임감이 낮고 아주 잠깐 유지되는 관계에서만 자신과 닮지 않은 상대를 선호한다. 사랑에 빠진 사람이 '본질적 유사성'에 따라 행동한다는 것은 자신의 본성을 실현하는 진실한 태도로 행동하는 것이다. 낭만주의자들이 말하듯 "사랑하는 사람은 자신의 진실한 목소리를 들을 수 있는 감정의 울림 방이다."[30]

증폭과 보완, 감폭과 균형. 다른 종류의 공명처럼 낭만적 공명은 낭만적 경험을 증폭하는 상호 작용과 관련 있다. 다른 사람까지 물들이는 감정의 속성은 낭만적 공명을 증폭할 수 있다. 사랑하는 사람이 슬프면 우리도 슬퍼진다. 성관계에서도 상대가 성적 교감을 즐기고 있다는 것을 인지할 때 오르가슴에 도달하기 더 쉬워진다.

보완은 낭만적 공명에 중요한 과정이다. 낭만적 보완은 공명처럼 관계의 가치를 더 큰 가치로 형성하며 확장한다. 서로 보완이 잘 이루어질 때 둘의 결합은 부분의 단순한 총합보다 더 커진다. 그래서 우리는 "좋은 와인은 저녁 식사의 완벽한 보완제다" 혹은 "음악이 그녀의 목소리를 완벽하게 보완해준다"라고 말한다. 타협할 때는 현재 상황에 더 큰 피해를 주는 것을 막기 위해 부정적인 것을 수용하거나 긍정적인 일을 멈춘다. 이에 비해 보완은 상대 내면의 가장 좋은 것을 이끌어내면서 긍정적 상황을 확장한다.

감폭이란 시간에 따른 진동의 감소를 의미한다. 감폭이 적을 때는 공명의 진동수가 체계의 고유 진동수(외부 영향이 없는 상태에서 모든 물체가 가지는 고유한 진동수-옮긴이)와 거의 같다. 공명이 고유 진동수를 과도하게 증폭시키면 체계가 무너질 수 있다. 낭만적 공명은 관계의 내적 가치를 상승시키고 부정적 외부 상황을 제한함으로써 유지될 수 있다.

낭만적 공명을 이루는 다양한 특성 사이에서 균형 유지는 행복한 관계를 보존하고 과부하로 관계가 붕괴하지 않도록 막아줄 수 있다. 개인이나 외부 환경에 일어나는 커다란 변화가 사랑을 손상시킬 수 있기에 깊이 있는 사랑이 꼭 오래 지속되는 것은 아니다. 그러나 앞서 살펴보았듯 본질적 유사성은 변할 가능성이 적기 때문에 부정적 상황에 대처할 수 있도록 도와줄 것이다. 그래서 누군가는 상황이 나빠져도 상대를 향한 사랑이 절대 멈추지 않는다고 말할 수 있다. 깊은 사랑도 외적 요인으로 끝나기도 한다. 하지만 사랑이 오래도록 살아남는 것은 오직 부정적 외부 요인을 막는다고 되는 일이 아니다. 긍정적 내부 요인을 더욱 강화하는 것 또한 필요하다.

자연스러운 반응. 스피노자의 인도에 따라 감정적 직관emotional

intuition, 신중한 사고deliberative thinking, 직관적 추론Intuitive reasoning, 이세 가지의 중요한 인지 체계를 이야기해보자. 일반적으로 신중한 사고가 감정적 직관보다 더 인지적 가치가 높지만, '직관적 추론'이라고 하는 직관을 담당하는 다른 체계가 있으며 그 인지적 가치는 사고 체계보다 더 높다. 익숙한 의사 결정은 직관적 추론에 효력을 발휘한다.[31] 낭만적 공명은 가치 있고 자연스러운 직관을 수반한다. 배우자의 의식하지 않은 반사적 태도는 시간이 지나며 결혼 생활의 만족도가 어떻게 변하는지를 예측할 수 있다. 연구에 따르면 긍정적인 반사적 태도를 지닌 배우자는 결혼 생활의 불만족을 경험하는 경향이 적었다. 관계에 내재하는 자연스러운 낭만적 공명은 자기제시적 편향self-presentational bias(좋은 평가를 받으려고 자신의 행동이나 말, 모습 등을 수식하려는 경향-옮긴이)을 뛰어넘어 상대와의 상호 작용을 통해 자기충족적 예언self-fulfilling prophecy(자기가 예언하고 바라는 것이 실제 현실에서 이루어지는 현상-옮긴이)을 실현할 수 있다.[32]

자율적 상태. 낭만적 공명의 자율성은 개인의 자유에 나타나는데, 우리는 그 자유를 사용하여 주어진 공명에 반응을 가감한다. 독일의 사회학자 하르트무트 로자Hartmut Rosa는 "가속화가 수많은 선택지로 가득한 현대 사회의 주요 문제점이기에 우리의 자유를 제한하는 공명이 중요한 해결책이 될 수 있다"고 했다.[33] 공명은 흔히 알려진 자율성의 개념을 바로잡아준다. 사랑하는 사람들은 서로 융합이 아니라 울림을 원하기 때문에 상대의 행동에 제한을 둔다. 그런데 오늘날의 문제는 사랑을 어떻게 찾을지가 아니라 이미 찾은 사랑을 어떻게 유지할지에 있다. 오래 지속되는 사랑의 기본은 고유성이기에 두 개인 사이의 고유한 관계를 표현하는 공명은 매우 중요하다. 깊은 사랑의 발전은 낭만적 공명을 키워준다. 따라서 낭만적 공명은 사랑의 한 부분이자 성취다.

낭만적 공명은 의미 있는 반응성을 포함한다. 일례로 서로 상대에게 감정이 일어나기 시작하여 관계 안에서 공명이 가능해지는 연애를 시작하기 전이라면 추파 던지기에서는 어느 정도의 공명이 확실하게 일어난다. 공명은 두 사람이 역동적이고 조화로운 관계를 유지하는 깊은 사랑에서 더욱 분명하게 나타난다. 낭만적 사랑에서 호혜성과 돌봄의 중요성은 낭만적 공명이 깊은 사랑에 도움이 되게 한다. 낭만적 공명은 윤리적·정치적·미학적 이상을 포함하여 기본 가치관들에 표현될 수 있다. 그래서 사랑하는 사람들은 전에는 무관심했던 음악을 함께 즐긴다거나 비슷한 옷을 맞춰 입는 등 비슷한 취향을 발전시킨다. 그들은 상대가 말하기 전에 무엇을 말할지 자기가 안다고 이야기한다.

우리는 오래 지속되는 깊은 사랑에서 낭만적 공명과 다양한 유형의 긍정적 반응을 발견할 수 있다. 그러나 깊은 사랑에 다른 종류의 긍정적 반응이 부족할 가능성은 거의 없어도, 낭만적 공명이 부족할 수 있다. 낭만적 공명은 깊은 사랑을 하는 모든 사람들이 어떻게든 얻을 수 있는 것이 아니다. 낭만적 사랑에서 돌봄은 공명 없이도 별다른 변화가 없겠으나 대화는 불완전해진다.

| 낭만적 일관성 |

∞

개는 사람과 달라서 친구를 사랑하고 적을 물어뜯는다. 순수한 사랑이 불가능하고 사랑과 미움이 항상 섞일 수밖에 없는 사람과 달라서.

지그문트 프로이트Sigmund Freud, 심리학자

동시성과 반응성, 공명은 오래 지속되는 낭만적 관계를 단단하게 뒷받침하는 시간적 현상이다. 네 번째 현상도 있는데, 바로 일관된 행동이다. 말 그대로 시간이 지나도 비슷한 방식으로 행동하는 것을 뜻한다. 그러나 동시성과 반응성, 공명이 오래 지속되는 낭만적 관계에 필수인 것은 분명하나 낭만적 영역에서 일관성의 가치는 상대적으로 흐릿하다.

일관된 행동에는 기본적 생존 가치가 있다. 행동의 일관성이 없으면 우리는 주변 환경을 이해하거나 관여할 수 없다. 관계에서 일관성은 상대의 행동을 예측하여 우리가 이에 잘 대처할 수 있도록 돕는다. 변화에 따라 생겨나고 상황에 대응하는 감정적 태도에서 일관성의 중요도가 가장 높지는 않다. 현실을 제한적으로만 인식하는 극단적인 사람들은 융통성 없고 일관된 모습을 보이지만, 자기 주변에서 일어나는 변화를 고려하는 사람들은 더 유연할 수밖에 없어서 덜 일관적인 듯하다.

뿐만 아니라 앞서 살펴봤듯 다양한 의견을 수용하는 능력은 우리가 한 대상에서 긍정적 가치와 부정적 가치를 함께 인식할 때 양가감정을 불러일으킬 수 있다. 양가감정은 지식 체계에 문제를 일으키지만 감정 체계에는 그렇지 않다. 온전한 이해를 추구하는 지적 사고와 달리 감정적 태도는 편파적이며 그래서 다양한 모습을, 때로는 반대되는 모습을 다룰 수 있다.

누군가를 사랑하기도 하고 미워하기도 하는 느낌을 경험한 적이 있는가? 그렇다 해도 전혀 걱정할 필요가 없다. 하지만 한 사람을 사랑하면서 동시에 미워하는 것은 모순적이다. 정말 그런가?

사랑과 미움은 상반된다. 이 감정들에 대한 최소한의 이해는 그렇다. 그래도 두 가지 특징을 더 생각해보자. 첫째, 사랑은 미움보다 범위가 더 넓다. 미움조차 사랑하는 것을 더 많이 고려한다. 우리는 누군가를 미워할 때 그 사람을 나쁘게, 아주 뼛속까지 나쁘게만 생각한다. 그러나 낭만적 사랑의 측면에서 사랑하는 사람은 매력적이면서도 좋은 가운데 더 '다양한' 느낌이 든다. 둘째, 감정은 종류가 매우 다양하며(미움보다 사랑의 종류가 더 많다) 각각의 감정은 다른 감정 중에 정반대로 상응하는 감정이 있을 수 없다. 그래서 사랑과 미움은 반대라기보다는 어떤 면에서는 비슷하고 또 어떤 면에서는 다른 별개의 경험이라고 하는 것이 더 정확하다.

사람들이 애증 관계에 있다고 할 때는 사랑하는 사람을 향한 다양한 태도를 가리키는 것일 테다. 사랑하는 상대에게는 존경하는 부분도 있고 탐탁지 않은 부분도 있으며 심지어 싫어하는 부분도 있다. 뒤섞인 감정들이 느껴지는 것은 복잡한 사랑의 관계에서 당연하다. 그러나 같은 사람에게 사랑과 미움처럼 깊으면서도 모든 것을 아우르는 감정을 느낄 때는 마음이 힘들다.

사람들은 애증 관계에서 다양한 조건에 따라 관심의 집중을 옮기며, 그래서 감정적 태도에 변화가 생긴다. 상대의 유머 감각에 관심을 집중할 때는 상대를 매우 사랑하게 된다. 상대가 주었던 모욕감에 대해 생각할 때는 상대를 몹시 미워하게 된다. 그래서 사람들은 이렇게 말한다. "당신을 미워해요. 그러다가 사랑해요. 또다시 미워해요. 그러다 더 사랑하게 되죠."(셀린 디온의 노랫말) "어떤 때는 당신을 사랑해요. 어떤 때는 미워해요. 당신을 미워할 때는 당신을 사랑하기 때문이에요."(냇 킹 콜의 노랫말) 작사가들이 잘 알고 있듯 감정적 경험은 아주 역동적이며, 다양한 환경이 한 사람을 향한 우리의 감정적 태도를 바꿀 수도 있다. 이런 점이 찰리 프라이드Charley Pride의 노래 「당신은 나쁠 때도 참 착해요You're So Good When You're Bad에 잘 표현되어 있다. 이 노래의 주인공은 자신의 애인을 천사인 동시에 악마로 묘사하며 자신의 삶에 햇빛을 비추어준다고 노래한다. 그러나 그녀가 손을 뻗자 빛이 희미해질 때 "나는 말하지. 음음 당신은 나쁠 때도 참 착하다고."

사랑이 변할 때 미움도 곧 뒤따른다. 아내를 죽인 혐의로 유죄 선고를 받은 한 남성이 남긴 말이다. "당신은 미워한다는 이유로 그녀를 죽이거나 질투를 느끼거나 그녀에게 소리 지르지는 않을 겁니다. 절대로요. 사랑하기 때문에 그건 사랑인 겁니다." 사랑이라는 이름으로 끔찍한 범죄를 저지르는 사람들이 있는 것을 볼 때 사랑이 매우 위험해질 수 있음은 의심의 여지가 없다.[34]

그래, 맞아. 한 사람에게 사랑과 미움을 느끼기도 하지. 우리는 자신에게 이렇게 말할 수 있다. 하지만 동시에? 글쎄. 우리는 그 사람을 전반적으로 사랑하지만 그의 불성실함은 밉다고 말할 수 있을지 모른다. 그래서 사람들이 "나는 너를 사랑하면서 미워해!"라고 말할 때는 그들의 깊이 있는 긍정 평가와 부정 평가가 각각 그 사람의 다른 모습에 향한다는 것을 의미한다. 비슷한 맥락으로 불륜 관계에서 미혼인 사람은 결혼한 상대를 사랑하면서도 결혼 생활을 유지하고 싶어 하는 상대를 미워할 것이다. 마찬가지로 우리는 누군가를 사랑하는데 그 사랑에서 벗어날 수 없기 때문에, 혹은 그 사랑에 대한 보답을 받지 못하기 때문에 상대를 미워하기도 한다.

흥미롭게도 낭만적 관계에서는 상대를 독점하고자 하는 욕구가 일어나지만 미움에서는 일어나지 않는다. 오히려 미움에서는 그 부정적 태도를 다른 사람과 공유하기를 원한다. 다른 사람에 대한 부정적 판단은 나누면서 긍정적 평가는 말하지 않으려는 것은 자연스러운 일인 듯하다. 우리는 행복할 때 다른 사람을 배려하려고 마음을 더 열더라도 행복의 원인은 지키려 한다. 우리가 불행할 때는 다른 사람과의 관계를 끊곤 하지만 다른 사람도 마찬가지로 불행하다면 만족감을 느낀다.

정리하자면, 사랑하는 사람을 미워한다는 것은 터무니없는 말이 아니다. 그렇지만 분명히 삶을 감정적으로 불편하게 만들어 관계의 질을 떨어뜨릴 수 있다.

| 견고한 낭만적 관계 |

∞

> 나는 남성들을 사랑한다. 그들은 똑똑하고 세심하지만 철저하게 거만하기도
> 하다. 그게 매력적이지만.
>
> 레이첼 헌터Rachel Hunter, 영화배우

낭만적 강도와 깊이 사이의 구분은 짧고 강렬한 성욕을 포함하는 단
기적 관심사와 깊은 사랑과 관련된 장기적 관심사 사이의 차이와 연
관 있다. 그러나 우리는 깊은 사랑을 오래 지속되는 낭만적 관계와
동일시하지 않도록 조심해야 한다. 깊이 있는 사랑이 없으면서 오래
지속되는 낭만적 관계도 있고 사랑이 깊어도 헤어지는 경우가 있다.
이런 경우에는 낭만적 깊이가 없는 사랑의 지속을 허용하거나 두 사
람 모두 깊다고 여기는 관계를 자유롭게 끝내게끔 하는 삶과 성격의
환경들이 부차적으로 존재한다.

두 가지 중에서 전자가 설명하기 더 쉽다. 배우자와 오랜 기간 함
께 살아 자녀와 손주도 보았으며 서로에게 익숙해지고 다른 선택을
찾아보는 것에 의욕이 없다면, 깊은 사랑이 없어도 함께 사는 것이 편
리한 선택이 된다. 이런 경우에 놓인 사람은 잠깐씩 불륜 상대로 이
관계를 보충할 수도 있고 아닐 수도 있지만 결혼 생활을 유지하고자
한다.

후자는 서로 간의 깊은 사랑은 있지만 한쪽이 관계를 지속하기를
원하지 않는 경우다. 낭만적 깊이는 대개 관계의 오랜 지속으로 연결
되지만 지속 여부를 판단하는 데는 그 사람과 살지 말지를 결정하는

가치를 담고 있는 생활 환경, 성격 등 다른 요인이 필요하다. 이것은 앞서 이야기했던 "당신을 사랑하지만 떠난다"고 하는 사례이자 앞으로 살펴볼 개인적인 적합성과 전반적인 균형이 매우 낮은 사례다. 이에 대해서는 앞으로 자세하게 이야기 나누겠다.

두 종류의 낭만적 관계를 예로 들어보자. 첫 번째 관계에 점수를 매겨보면 낭만적 깊이 10점 만점에 9점, 낭만적 강도 3점이다. 두 번째 관계는 깊이 8점, 강도 7점이다. 둘 중 낭만적 관계를 더 오래 지속할 관계는 무엇인가? 깊이 점수가 높은 첫 번째일까, 강도 점수가 더 높은 두 번째일까? 승자는 두 번째 관계다. 관계를 더 오래 지속시킬 수 있는 깊이와 강도의 균형 때문이다. 깊이와 강도 둘 중 하나만으로는 오래 지속되는 낭만적 관계를 효과적으로 예측할 수 없다. 차이를 만드는 것은 둘의 균형이다.

낭만적 깊이는 관계의 지속성과 연관이 있지만 관계의 지속성을 판단하기 위해서 개인의 행복도 고려할 필요가 있다. 깊은 사랑이 오래 지속되는 사랑은 아니기 때문에 사람들은 깊이 사랑함에도 불구하고 이혼하기도 한다.

개인의 상황과 행복은 낭만적 사랑의 지속성을 결정하는 요인으로 낭만적 사랑의 견고함의 특징이 되는 것들을 발생시킨다. 사전을 펼쳐보면 '견고한'robust이라는 단어가 '활기찬, 강한, 건강한, 성공적인, 안 깨질 것 같은, 튼튼하게 세워진, 적극적인, 역동적인, 효율적으로 작동하는, 풍성하고 풍부한 특징을 지니는, (오랫동안 같은 수준을 유지할 수 있다는 의미에서) 지속 가능한' 등으로 다양하게 정의된다.

견고한 낭만적 관계는 이런 특성을 많이 갖고 있다.

견고함은 강도와 깊이 사이에서 놀라운 균형을 이룬다. 높은 강도와 깊이는 모두 낭만적 관계의 견고성에 도움이 된다. 하지만 강도와 깊이가 너무 낮거나 둘 중 하나가 과도하게 높으면 낭만적 견고성을 손상시킬 수 있다.

사랑의 열병을 앓듯 낭만적 강도가 너무 높으면 깊이와 복합성의 수준을 감소시킬 수도 있다. 마음이 불타올라 눈앞에 연기가 자욱할 때 사람들은 오래 지속하는 깊은 사랑에 대한 문제나 복잡한 상황의 세부 사항에 주의를 기울이기가 쉽지 않다. 눈을 가리는 연기는 낭만적 깊이를 만들어내지 못한다. 하지만 낭만적 깊이가 너무 심각하게 깊어서 피상적이고 잠깐뿐인 경험을 무시하기 시작하면 너무 과도하게 깊어졌다고 할 수 있다. 우리는 과도하게 견고한 낭만적 관계를 찾는 것이 아니다. 낭만적 견고성은 낭만적 관계를 구성하는 다양한 특징 사이에 균형을 맞추고 활기차고 성공적이며 오래 지속되는 관계를 만들어간다.

앞으로의 논의에서는 오래 지속되는 낭만적 사랑을 말할 때 낭만적 깊이와 강도를 포함하는 의미로 '견고하다'라는 용어도 사용하겠다. 낭만적 깊이는 낭만적 견고성의 주요 특성이고 낭만적 견고성은 지속성과 긴밀하게 연관되므로 깊이 있는 사랑을 알아가는 이 여정에서 계속 중계방송할 예정이다.

∞

새 애인과 있으면 너무나 빨리 달리는 기차에 탄 것처럼 어지러워져요. 문제
는 기차를 잘못 탔다는 것이 아니에요. 아직 올라탈 의향이 없었는데 타버렸
다는 거지요. 내게는 울타리를 허물 시간이, 그 관계 안에서 나를 발견할 시간
이 더 필요해요.

기혼 여성

오랜 기간 유지되는 낭만적 활동은 사랑하는 사람에게 다가오는 위
험 요소를 막는 것보다는 그 사람의 행복을 증진하는 것에 주목한다.
여기에는 단순히 수단적인 일을 공유하는 것이 아니라 두 사람 사이
의 내재적 가치 활동을 더 많이 공유하고, 외적 변화에 휘둘리는 것이
아니라 내적 발전의 과정을 만들어내는 것도 포함한다.

사랑하는 사람의 자질은 두 사람 사이의 관계의 본질만큼 중요하
지 않다. 마음을 봉쇄해버리는 안정지향적 행동의 유혹에 빠질 수도
있지만, 이런 행동은 우리가 독립하지 못하도록 막고 또한 비판에만
주목하는 경향이 있다. 오히려 사랑하는 마음을 양성하기에 알맞은
환경을 조성하고하자 하는 성취지향적 행동을 택하는 것이 우리에게
더 유익하다. 개인이 어떤 활동을 가치 있게 여길 때 그 활동은 근본
능력을 최적으로 발휘하는 사례가 되며 이 활동이 바로 내적으로 가
치 있는 활동이다. 이것이 바로 외적 변화에 반응하는 것과 비교되는
내적 발전에 대한 모든 내용이다. 오래 지속되는 낭만적 경험은 내재
성과 깊이의 조화 위에서 풍성해진다. 그런 경험은 매우 의미가 깊으
며 개인의 내재적 가치를 강화한다.

오래 지속되는 낭만적 경험의 겉 부분을 살펴보면 동시성과 긍정적 반응성, 낭만적 공명을 발견할 수 있다. 동시성은 두 사람(혹은 그이상) 사이에 조화를 이루는 시간을 의미한다. 긍정적 반응성은 사랑하는 사람들 사이의 관계와 서로를 단단하게 해주는 상호 작용을 위한 포괄적 용어다. 낭만적 공명은 동시성과 반응의 수준 높은 유형이며 지속적이고 역동적인 호혜성으로 표현된다.

낭만적 일관성을 형성하지 못하는 듯 사랑하는 사람을 향해 모순적 감정이 일어나는 것은 복잡하고 편파적인 낭만적 경험에서 자연스러운 일이다. 이에 대처하는 방법은 각각의 감정에 중요성을 다르게 부여하는 것이다. 그렇기에 우리는 맨날 약속 시간에 늦는 상대를 전반적으로는 아름답다고 여기면서도 부족한 시간관념 같은 특정한 자질의 부정적 성향을 인정할 수 있다.[35]

The Arc of Love

How Our Romantic Lives Change over Time

사랑에서 시간의 역할

The Role of Time
in Love

> 시간을 병에 담아둘 수 있다면 가장 먼저 하고 싶은 일은 영원이 끝날 때까지 매일매일을 담아두어 당신과 함께 보내는 것이다.
>
> 짐 크로스Jim Croce, 가수
>
> 시간이 무너진 심장을 고친다고들 하지만 우리가 헤어진 이후로 나의 시간은 멈춰버렸다.
>
> 레이 찰스Ray Charles, 가수

오래 지속되는 깊은 사랑의 가능성을 이해하기 위한 여정을 어느 정도 지나왔고 우리는 이 길을 따라 몇 가지 유용한 도구를 수집했다. 이제 이 도구들을 활용하여 낭만적 행동에서 시간의 역할이 드러나는 다양한 현상을 관찰해보려 한다. 시간의 역할은 역설적이다. 한편으로는 사랑하는 사람과의 모든 순간이 소중하지만 다른 한편으로는 시간이 지날수록 낭만적 강도가 떨어지는 경향이 있다. 이 두 가지 관점은 상반되는 견해를 내놓는다. 첫째는 시간이 깊은 사랑을 구성하는 긍정적 요소라는 견해고, 둘째는 시간이 강렬한 사랑에 별로 중요하지 않거나 피해를 준다는 견해다. 이 애매모호함을 타이밍timing 과 시간time의 차이, 타이밍은 낭만적 강도의 중심인 데 비해 시간은 낭만적 깊이에 근본이라는 점을 들어 살펴보려 한다.

우리는 시간의 모든 차원, 과거와 현재, 미래에서 시간의 긍정적 역할과 부정적 역할을 알고 있다. 과거 차원에서 시간에 대한 부정적 태도는 "울어봐야 소용없어, 이미 엎질러진 물이야"와 같은 말에서 잘 드러난다. 긍정적 태도는 헤어진 애인을 그리워하는 것으로 증명할 수 있다. 현재와 미래에 대한 부정적 태도는 비슷하다. 현재에만 집중하는 동안 미래의 가치는 없어지거나 줄어든다. 이는 "지금이 아니면 안 돼. 내일은 너무 늦는 거야"와 같은 표현에서 잘 드러난다. 긍정적 태도는 "시간이 다할 때까지"라는 식으로 기꺼이 기다리려는 마음에서 잘 보인다. 미래에 대한 부정적 태도는 "먹고 마시고 즐겨라, 우리 내일 죽을지도 모르니"라는 격언에 분명히 드러난다. 미래에 대한 긍정적 태도는 사랑하는 사람과 언제나, 영원히 함께하고 싶은 소원을 뒷받침한다. 음원 인기 순위에 오르는 노래들은 예외 없이 이런 태도를 효과적으로 반영한다.

│ 타이밍이 전부는 아니다 │

∞

말하기가 두렵지만 나는 당시의 형편과 타이밍이 맞아서 결혼했다. 남편은 인정하지 않을 테지만 마찬가지였다.

기혼 여성

사람들은 흔히 타이밍이 인생과 사랑에 전부라고 한다. 이 문제는 좀 더 복잡하다. 외적 환경, 예를 들면 우연한 만남의 장소에 대한 타이밍은 두 사람을 연결하는 데 결정적이다. 그러나 타이밍보다는 시간이 깊은 사랑을 유지하고 키워가는 과정에 꼭 필요하다.

외부적 타이밍은 과거를 돌이켜보았을 때 결과에 좋은 혹은 나쁜 영향을 끼쳤다고 생각되는 특정한 시점을 말한다. 시간은 지속성과 빈도수, 발전 등을 포함하여 보다 넓은 의미를 지닌다. 타이밍은 상대를 찾는 일에 더 중요하지만 시간은 깊은 사랑을 오래 유지하는 데 더 중요하게 작용한다.

외부의 낭만적 타이밍은 순전히 운일 수 있다. 두 사람이 기차에서 우연히 만나기도 하니 말이다. 이런 경우, 아예 만나지 못했을 매우 높은 가능성이 행운이라는 감정 아래에 깔린다. 한편 타이밍은 가장 적절한 시간에 무언가를 하기 위한 일종의 기술이나 적성을 포함할 수 있다. 딱 알맞은 때 최적의 상황에 존재하는 행운과 그 상황을 알아볼 정도로 영민한 역량까지 망라한다. 두 가지 경우 모두에서 개인의 행동과 반응은 단기적이고 어떤 때는 거의 순간적이다.

외부적 타이밍은 강력한 성적 경험을 만들어내는 데 핵심 역할을 한다. 급한 섹스, 싸운 뒤 화해의 의미로 나누는 섹스, 이별하기 전 마지막 섹스가 그토록 강렬한 이유다. 낭만적 경험과는 전형적으로 다르다. 당신은 "지금 머리가 아파서 당신과 섹스할 기분이 아니야"라고 말할 수는 있어도 "지금 머리가 아파서 당신을 사랑할 기분이 아니야"라고 말할 수는 없다. 오래 지속되는 깊은 사랑은 한 사람이, 혹은 둘 다 슬플 때도 존재하며 서로에게 화가 날 때도, 서로를 생각하고 있지 않을 때조차 기질적 방식으로 계속해서 존재한다. 이와 대조적으로 슬픈 감정적 상황은 성관계를 나누기에 최적의 조건은 아니지만 슬픔이 지나간 뒤에 화해 섹스는 매우 강렬할 수 있다.

오늘날에는 오랜 과정이 필요한 시간보다 시간의 순간적 지점인 타이밍이 더 중요해지고 있다. 속도의 문제는 우리 사회의 중심이 되었으며 한곳에 머무는 것은 더 나은 선택지를 찾는 기회를 포기하고 타협하는 것이라고 많은 사람이 생각한다. 영화배우 메릴 스트립 Meryl Streep은 "순간적 만족으로는 금방 부족해진다"고 말했다. 오늘날에는 느린 사람들은 빠른 속도에 희생되고 빠르고 가벼운 사람들이 우위를 차지하는 듯하다. 이런 맥락에서 신용카드는 유용한 물건이다. "기대에서 기다림을 빼버려라"Taking the waiting out of wanting고 광고했던 것처럼 원하는 상품을 얻을 때까지 기다려야 하는 시간을 없애버렸으니 말이다. 인터넷과 다양한 소셜 네트워크가 사람들 사이의 연결성을 더욱 얕고 빠르게 만들어 깊은 관계의 지속 가능성은 확연히 줄어들고 고독의 문제가 커지고 있다. 고독은 단순히 사회적 관계의 부족이 아니라 의미 있고 깊이 있는 사회적 관계의 부족에서 생겨나기 때문이다.

타이밍이 최우선 순위를 차지할 때 사람들은 항상 불안하다. 최적의 타이밍은 특별한 상황이나 순수하게 운과 연관되기에 사람들은 매력적인 기회를 놓칠까 봐, 혹은 매력적인 기회가 사랑의 관계를 망칠까 봐 계속 전전긍긍한다. 이런 상황에서 사람들은 순식간에 지나가는 기회의 유혹을 잡기 위해 혹은 물리치기 위해 항상 준비해야 한다. 끊임없는 탐색의 과정 때문에 많은 사람이 고요함이라는 특징을 지니는 깊고 오랜 사랑을 얻지 못하게 된다. 낭만적 사랑은 사랑하는 사람들끼리 서로는 가치 있고 다른 사람들보다 점수가 높음을 몇 번이고 반복해서 증명해야 하는 영원한 테스트가 아니다. 낭만적 사랑은 자신의 내면에서 최고의 것을 끌어내주려 노력하는 상대를 받아들이는 것이다. 어느 누구도 최고의 점수를 얻을 수 없다. 끊임없는 시험과 비교에 속박당하지 않을 때 우리는 조금 더 나은 사랑을 하게 된다.

불안한 사람들은 주로 새로운 상대를 찾으러 나서거나 외로운 마음을 가진 사람과 접촉할 최적의 타이밍을 식별할 수 있는 기민한 능력을 갖추어야 한다. 그러므로 어떤 사람이 외롭거나 새로운 낭만적 선택에 개방적일 때 그 사람에게 다가가기 좋은 타이밍이 될 수 있다. 캐롤 킹 노래 중에 이런 가사가 있다. "내 마음을 잃어버렸을 때 당신이 그것을 찾아가려고 왔었죠." 사랑이 그저 타이밍이라면 사랑하는 사람의 역할은 낭만적 순간을 놓치지 않는 기술적인 일에 지나지 않는다. 그것이 깊은 낭만적 관계로 발전할 아주 낮은 가능성을 가진 찰나의 순간이라 하더라도 말이다.

끊임없이 쏟아지는 수없이 많은 낭만적 유혹은 어느 정도 중요하기도 한 타이밍을 제공한다. 접근성이 좋고 심지어 훨씬 훌륭한 대안이 아주 많을 때, 낭만적 깊이를 향상하기 위해 엄청나게 노력해야 하는 현재의 관계에 시간과 자원들을 투자하는 것은 이해할 수 없는 일처럼 보인다. 현대의 산물이나 경험들과 마찬가지로 현대의 사랑도 순간적 만족을 요구한다. 낭만적 만족이 순간의 문제가 될 때 타이밍은 실제로 전부가 된다.

그러나 오랜 시간에 걸쳐 확장하는 깊은 사랑에서 행운이란 지속적인 낭만적 태도와 활동의 표현이기도 하다. 깊은 사랑은 함께 공유하는 활동과 감정적 경험에 투자하기를 요구한다. 하지만 오늘날 오래 지속하는 낭만적 깊이를 찾는 일은 딱 적당한 타이밍을 잡는 것에 달려 있는 순간적인 성적 강렬함에 만족하는 사람들에게 쉽게 버려진다. 순간적인 성적 강렬함은 얻기 쉽지만 결국 그렇게 우연으로 얻어지는 가벼운 경험에만 의존하다 보면 진 빠지고 우울해질 수 있다. 결국 많은 사람이 낭만적 평온함, 안정성 그리고 행복을 향상시키는 신뢰가 있는 낭만적 깊이를 동경하게 된다.

깊은 사랑을 하는 사람들은 책임감이 엄청나다. 어려움을 이겨내야 하는 도전과 개인의 능력과 자원을 최대치로 끌어내야 하는 도전이 계속된다. 이렇듯 깊은 사랑에 따르는 부담에도 불구하고 사람들은 그 관계에서 더 평온함과 안정감을 느낀다. 자신의 사랑을 발전시키는 주체가 자신임을 깨닫는 것은 임의적 외부 상황 때문에 쉽게 끝날 수 있는 짧고 불안정한 관계를 많이 맺는 것보다 마음을 더 평온하게 해준다. 평온함은 일종의 자기충족적 예언이기도 하다. 마음이 편안할수록 그 관계에 투자하려는 마음이 더 커지며 관계의 지속 가능성은 더 커진다. 안타깝게도 깊은 사랑을 비롯하여 감사와 동정심, 만족, 겸손, 친절, 용서는 매우 경쟁적이고 성과 지향적인 우리 사회가 소중히 여기는 덕목의 목록에서 상위에 있는 것 같지 않다.[1]

정리하자면 좋은 타이밍이라는 행운이란 낭만적 사랑을 찾는 과정에 가치 있게 여겨질 수 있다. 수많은 사랑 이야기가 그렇게 시작한다. 그러나 좋은 타이밍은 범위가 제한적이라 오래 지속되는 깊은 사랑의 가치를 찾기 어렵다. 낭만적 강도와 깊이가 사랑에 중요하듯 타이밍과 시간 둘 다 다양한 상황 속에서 중요하게 작용한다. 두 가지의 본성을 이해해야 최고의 낭만적 관계를 만들어낼 수 있다.

과거:
엎질러진 물 vs. 전 애인

∞

엎질러진 물 때문에 우는 것을 이해할 수 없다. 어째서 이미 지나서 되돌릴 수 없는 일에 비통해하는가?

소포클레스Sophocles, 고대 그리스 시인

어떤 사람들은 우리 삶에 들어와 마음에 발자국을 남긴다. 그러면 우리는 절대 이전과 같을 수 없다.

플라비아 위든Flavia Weedn, 작가

현재 사랑을 하고 있는 사람들은 과거를 현재와 정반대로 생각하며, 시간관도 그 생각과 비슷하게 형성된다. 우리는 보통 과거에 대해 "이미 지난 일"이라며 이미 엎질러진 물 때문에 울거나 틀어진 사랑을 붙잡으려 노력할 필요가 없음을 내포하는 이지적이면서도 부정적인 태도를 보인다. 이와 대조적으로 헤어진 연인을 그리워하거나 이상화하는 것은 과거 경험을 향한 긍정적 태도를 드러낸다.

목표 지향적 사회는 과거를 거의 신경 쓰지 않으며 우리의 시선은 미래로 향한다. 과거에 대한 부정적 태도는 과거 사건에 자원을 쏟는 것이 비이성적이며 도리어 우리는 현재나 미래의 목표에 제한된 자원을 집중해야 함을 내포한다. 따라서 이성적·이지적인 의사 결정에는 과거를 포함하지 않는다.

일반적으로는 감정적 태도에서, 구체적으로는 낭만적 사랑에서, 개인의 과거 상황은 중요하다. 과거는 바꾸거나 고칠 수 없지만 과거에 대한 우리의 태도와 과거의 영향력은 미래의 관계에 매우 중요하다. 그래서 긍정적 기억의 편향은 오래 지속되는 관계에서 만족을 유지하는 심리적 구조가 되기도 한다.[2] 노벨상을 받은 소설가 윌리엄 포크너William Faulkner는 심지어 이렇게 말했다. "과거는 죽지 않는다. 과거는 과거가 되지 않는다."

과거의 중요성은 가수인 코비 오즈Kobi Oz의 재치 있는 노랫말에 잘 표현되어 있다. "나를 기억하는 것을 잊지 말아요." 과거를 기억하는 것이 자연스러울 때도 있지만 과거의 경험이나 사람들을 기억하기 위해 노력하고 구체적으로 방법을 취해야 할 때도 있다. 사랑하는 사람에게 이별한 다음에도 자신을 기억하는 것을 잊지 말라는 당부는 의미 있었던 과거를 모두 지우지는 말라는 의미로 받아들일 수 있다. 물론 기억하는 것이 구체적 행동을 일으키지는 않더라도 말이다.

가끔은 엎질러진 물 때문에 울어야 할 때가 있다. 그렇지 않으면 물을 소중히 여기는 법을 어떻게 배우고 다시 쏟지 않을 수 있겠는가? 감정은 다른 어떤 것들보다 과거의 사건에서 많이 형성되기 때문에 과거를 헤아리는 가장 좋은 방법 중 하나는 감정을 되짚어보는 것이다. 선택할 수 있었던 것이나 일어날 수 있었던 일에 대한 감정을 살펴보면 우리는 과거의 일이 감정에 중요함을 알게 된다.[3]

감정적 강도에 대해 이야기하며 우리는 어떤 감정의 상태를 유발하는 사건의 영향과 개인의 감정의 상태에 연관된 배후의 상황을 구분했었다. 사건의 영향은 그 사건의 영향력과 현실, 감정과의 관련성에 달려 있다. 개인의 배후 상황은 감정의 변화에 따르는 개인의 책임감, 변화에 대비한 준비, 그리고 특별한 감정적 변화를 겪을 만한 자격 등으로 이루어진다.[4]

배후의 상황은 현재 상황과 연관이 없어 보이지만 미래에 일어날 유사한 경험을 방지하거나 장려하는 역할을 할 수 있다. 그래서 어떤 일에 노력을 더 많이 쏟으면 그 일이 더 중요해지고 그 일에 느끼는 감정이 더 커진다. 그래서 이런 말도 있지 않은가. "값을 더 지불할수록 더 가치가 높아진다." 낭만적 관계에서 과거의 중요성은 사랑의 관계에서 공유했던 활동의 가치와 관련 있다. 커다란 행복이나 불행, 매일의 어려움, 관계의 발전은 낭만적 깊이를 형성하는 데 필수다.

그러나 낭만적 과거에 모든 관심을 집중하면 낭만적 현재에 투자하지 못하여 현재를 타협으로 인식하게 될 수 있다. 과거의 실패와 성공을 깊이 생각하는 것은 별 도움이 되지 않지만 과거를 무시하는 것 또한 마찬가지로 문제가 된다.

어떤 때는 엎질러진 물 때문에 울지 않는 것이 최선이다. 사랑의 관계가 끝나면 과거에 계속 연연할 이유가 없다. 최선책은 다음에 만나게 될 의미 있는 관계를 기대하는 것이다. 사랑의 종말은 삶의 죽음도 아니고 앞으로의 연애 생활이 끝난 것도 아니다. 그렇지만 우리가 누구인지, 무엇을 경험하고 배웠는지에 대해 기초를 닦아주는 과거를 완전히 지워낸다면 우리의 삶은 피상적일 것이다.

과거의 낭만적 관계 회복에 영향을 미치는 요인은 무엇일까? 사랑이 이별의 시기에 깊어졌다면, 이별이 이제는 더 이상 존재하지 않는 외부적 환경 때문이었다면, 현재 관계의 질이 높지 않다면 가능성은 높아진다. 하지만 사람들은 대개 이별한 뒤에 변하며, 그 변화가 재결합의 가능성에 영향을 미친다. 이별과 재결합 사이의 시간과 경험이 서로를 더 관대하게 대하기도 하지만 그 반대가 되어 사랑이 더 이상 불가능해질 수도 있다.

홀로코스트 당시 실제 일어났던 일이다. 유대인 여성 헤디 와이즈와 나치와 연합한 헝가리 군대 예비군 기독교인 티보 슈로더는 제2차 세계대전이 발발했을 때 약혼한 사이였다. 하지만 전쟁이 끝나자 아우슈비츠에서 살아남은 헤디는 티보를 여전히 매우 사랑하면서도 그를 만나지 않았고 결혼을 거부했다. 자신은 이제 다른 사람이며 티보 또한 사랑하고 동경했던 그 사람이 아니라고 그녀는 말했다. 그녀는 그의 동경과 환상이 깨지지 않기를 원했다.[5] 헨리 제임스Henry James의 소설 『비둘기의 날개』The Wings of the Dove에서도 자신들의 사랑을 억누르고 감추었던 두 남녀는 단지 "우리는 절대로 다시 전과 같을 수 없을 것"이라는 사실을 깨닫고 나서 헤어진다.

책 이야기는 제쳐두고, 사람들이 변하지 않아서 이별 이후 그들의 사랑이 다시 이루어지지 않는 경우도 있다. 사랑하는 사람의 이상을 포함하는 낭만적 사랑은 과거의 이상도 포함한다. 그래서 진정한 사랑이 영원한지 물었을 때 어떤 여성은 자신의 첫사랑을 예로 들며 확신에 차서 가능하다고 대답했다. 사실은 6년 전 분노에 차서 관계를 정리했으면서도 말이다.

옛 애인을 향한 동경

∞

나는 매우 신중한 사람이다. 지금 만나고 있는 사람에게 전 애인에 대해 말한 유일한 이유는 (그 당시) 그에게 가능성이 아예 없음을 알려주고 싶었기 때문이다. 과연 효과가 있었는지는 모르겠다.

기혼 여성

낭만적 삶에 미치는 과거의 영향은 옛 연인과 관계의 불꽃을 다시 피우려고 길을 모색하는 것으로도 표현된다. 오늘날 낭만적 과거의 긍정적 측면은 옛 연인을 찾으려는 자극을 준다는 것이다. 그래서 연애나 동거 경험이 있는 성인의 약 절반가량은 화해(이별 이후 재결합)를 경험하고 절반 이상이 헤어진 뒤에도 성적 관계('헤어진 애인과 섹스')를 유지한다는 결과를 발표한 연구가 있다.[6] 헤어졌다 만났다를 반복하는 관계와 옛 연인에게서 느끼는 끌림은 성인의 관계에서 상당한 불안감과 불확실성을 보여주며 이는 낭만적 타협의 범위 확장에 꽤 영향을 미친다. 이런 경우, 현재 연인은 단순하게 미래의 가능성 때문만이 아니라 매우 감정적이었던 낭만적 과거가 끝나지 않았기에 내린 낭만적 타협으로 간주할 수 있다. 옛사랑을 회복하는 것이 가능하니 말이다. 자신에게 주어진 낭만의 영역에 만족하는 능력은 휴대전화 화면을 만지작거릴 때마다 더 복잡해진다.

헤어진 애인을 다시 찾으려는 데는 두 가지 요인이 있다. 하나는 근본적이고, 하나는 기술적이다. 근본적 요인은 향수라는 가치와 관련이 있으며, 여기서는 과거를 이상화한 것이 본질적 요소가 된다. 기술적 요인은 예전 애인을 추적하기 쉽게 해주는 초고속 정보 통신망이다.

향수란 개인이 과거를 아쉬워하는 감상적인 그리움이다. '향수' nostalgia라는 용어에는 우울감의 한 형태를 일컫는 의학적 의미도 있다. 향수는 현재 상황에서 이상화된 '좋았던 지난날'을 미화한다. 더이상 존재하지 않는, 어쩌면 존재하지 않았던 상황을 그리워하는 것이다. 사실 향수에는 상상력이 지대한 영향을 미치기에 이상적 측면을 지닌다. 그러므로 향수는 현실화될 수 없는 가상현실과 관련 있다. 이런 의미에서 향수는 항상 과거에만 매여 있지 않으며 미래나 현재로 향하기도 한다. 향수는 과거에 느꼈던 즐거움이 지금은 존재하지 않음에서 오는 고통이 섞인 씁쓸하면서도 달콤한 그리움이다. 향수의 내용은 매우 긍정적이지만 현실에 존재하지 않기 때문에 고통을 만들어낸다. 과거의 이상화는 두 가지 반대되는 결과를 낳는다. 한편으로 우리가 과거에 비해 열등한 상황에 있으면서 과거를 이상화하는 것은 슬픈 감정을 남길 수 있고, 다른 한편으로는 삶에서 무언가 의미 있는 것을 이루었기에 우리를 더 나은 상황으로 이끌어줄 수 있다.

헤어짐을 경험한 연인은 그리움을 느낀다. 사랑했던 이를 생각하며 함께 있을 수 없음에 고통스러워한다. 그래서 사람들은 옛 연인도 자기를 그리워하고 있다는 말을 듣고 싶어 한다. 그 말은 상대도 고통스러워하고 있음을 의미하지만, 그들의 고통은 자신을 향한 사랑이고 관계를 끝맺음에 대한 후회를 보여준다. 옛 연인이 나를 그리워할 때 느끼는 만족감은 상대의 불행에 기뻐하는 표현이라기보다는 함께하지 못하는 순간에도 나를 향한 그의 사랑을 자각하는 것이다. 물론 수년이 지나도 서로에게 여전히 빠져 있다는 것은 위안이고 즐거움일 수 있다.

옛 연인은 오늘날 인터넷이나 소셜 네트워크에서 인기 있는 검색 대상이다. 이 말은 시야에서 절대 사라지지 않는다는 뜻이다. 화면에 상대가 보이는데 잊는다는 건 쉽지 않다. 실제로 많은 사람이 자신의 낭만적 감정을 다시 일으키려는 희망으로 옛 연인을 찾기 위해 노력한다. 시간의 간격이 벌어지면서 기억은 옛 연인과의 관계를 실제보다 더 좋게 미화하여 상대를 향한 사랑을 부풀릴 수 있다. 그래서 상대를 검색해보는 것이 정당하다고 생각하고 또한 성공할지 모른다며 낙관한다. 찾아보고 있는 상대와 익숙해지는 것은 그 검색에 더 큰 타당성을 부여하며 현재의 관계가 실패하는 경우에도 일종의 쿠션처럼 우리를 보호한다. 그러나 이 쿠션은 우리가 현재의 사랑에 행복하지 못하도록 방해한다.

과거를 이상화하고 익숙한 사람에게 다가가는 것을 편하게 생각하면 옛 연인과의 재결합이라는 개념을 매력적이라 느끼게 된다. 그러나 재결합의 기쁨 다음에는 과거의 문제점들이 다시 수면 위로 떠오르기도 한다. 변화하기가 어렵다면 과거의 결함들이 미래에 다시 나타나기 마련이다. 두 사람이 과거에 그냥 친구였다면 현재 낭만적 관계로 발전할 기회가 더 많아진다. 그러나 낭만적 관계를 나누었다가 사랑이 부족했든 성격이 안 맞았든 관계를 이어나갈 수 없어서 헤어졌다면 이번에도 관계에서 성공할 가능성이 적다. 그렇지만 나이가 들고 낭만적 경험의 폭이 넓어졌다면 과거의 연인과 새로 시작한 관계가 전보다 더 나아질 수 있다. 한편 옛 관계의 실패는 사랑이 부족하거나 성격이 달라서가 아니라 지금은 이미 없어진 과거의 외부적 환경 탓일 때도 있다.

사람들은 새로운 사람보다 옛 연인과의 성관계를 더 쉽게 느낀다. 두 사람 사이의 익숙함과 함께 공유했던 지난 시간이 그 행위를 가능하게 만든다.[7] 게다가 과거의 성적 친밀감 덕분에 그 행위 자체를 더 적법하다고 여기며 죄책감을 덜 느낀다. 그래서 현재의 연인에게는 옛 연인이 전혀 새로운 사람보다 위협이 되며 더 큰 질투를 불러일으킨다. 과거의 낭만적 경험을 되살리는 것은 현재의 관계를 파괴하는 결과를 가져올 수 있다.

현재와 미래:
지금이 아니면 안 되는 것 vs. 영원히 사랑하는 것

∞

삶의 모든 순간을 받아들이고 싶어요. 죽기 전에 멋진 섹스와 사랑과 경험과 음식과 와인과 마사지와 바다 수영과 시와 영화를 경험하고 싶다고요!

기혼 여성

저질러서는 안 되는 유일한 죄는 아마도 조급함일 것이다. 조급함 때문에 우리는 낙원에서 쫓겨났다. 되돌릴 수 없는 조급함 때문에.

W. H. 오든Auden, 시인

영원에 하루를 더한 만큼, 그만큼 당신을 사랑할 것입니다.

켈리 롤랜드Kelly Rowland, 가수

시간은 현재와 미래의 차원에서 두 갈래로 나뉜다. 미래는 중요하지 않고 현재만 의미 있다는 견해와 미래는 영원하기 때문에 가장 의미 있다는 의견이다. 낭만적 사랑에는 조급함이 포함되어 좁은 시각적 견해로 표현될 때가 많다. 낭만적인 마음은 일반적으로 조급하게 묘사된다. 엘비스 프레슬리는 이렇게 노래한다. "지금이 아니면 안 돼요, 오늘 밤 내 것이 되어주세요. … 내일은 너무 늦어요." 조급한 마음이라는 주제와 시간을 도외시하는 것은 프레슬리의 다른 노래의 가사에도 표현되어 있다. "내가 지금 기도하는 것은 당신과의 하룻밤이에요. 그 밤은 나의 꿈을 실현해줄 거예요." 하룻밤이 꿈을 실현해줄 수 있다면 도대체 왜 만족감에 필요한 심오한 것들에 밤낮 애를 써야 하는가?

"나폴리를 보고 나서 죽어라"라는 속담은 비슷한 의미를 전달해준다. 나폴리의 아름다움을 보는 것은 너무 만족스러워서 일단 보고 나면 인생에서 진짜 중요한 모든 것을 경험한 것과 같다는 소리다. 마찬가지로 영화 「디 아워스」The Hours에서 버지니아 울프는 이렇게 말했다. "여인의 일생은 하루에 결정 난다. 단 하루. 그 하루가 그녀의 일생이다." 두 사람이 처음 만나는 날처럼 하루가 모든 것을 다르게 만드는 상황이 실제로 있다.

그러나 낭만적 관계는 하룻밤에 기초하지 않으며 행복의 지속적인 발전에 대한 것이다. 때때로 단 한 번의 경험, 혹은 아주 짧은 경험이 오랜 기간에 걸친 고통에 보상이 될 수도 있지만, 우리의 주된 관심은 매일 낭만적 삶의 지속적인 기쁨과 행복을 어떻게 하면 성취할 수 있는지에 있어야 한다. 성욕은 조급하나 깊은 사랑은 인내한다. 성욕은 부분적이고 아주 짧으며 영원히 지속되지 않으며 성욕이 생겨날 때는 즉각적 만족이 요구된다. 몸이 달아오를 때 인내하기란 쉽지 않다.

사람들이(남성보다는 여성이) 더 훌륭한 낭만적 깊이를 얻기 위해 강렬한 낭만적 욕구의 충족을 일시적으로 자제하는 경향에서 우리는 참을성 없는 강도와 참을성 있는 깊이 사이의 갈등을 발견한다. 욕구의 충족을 자제하는 두 가지 대표적 방법 중 하나는 '비싸게 구는' 행동이고, 또 다른 하나는 '때가 되면' 주의다.

비싸게 구는 행동이란 개인이 상대의 관심을 가늠하기 위해 자신의 진짜 관심을 숨기는 것이고, 때가 되면 주의는 두 사람이 서로 사랑한다는 사실을 알고 있지만 낭만적 태도를 발전시키고 더 깊어지게 하려고 시간을 갖기로 결정하는 것이다. 두 경우 모두는 욕구가 담긴, 주로 성적 상호 작용을 지연시키는 고통을 감내하기에 시간의 흐름에 따라 사랑은 반드시 '성취'되고 발전하며 더 의미 있어진다. 때가 되면 주의는 둘 중에 더 진지한 방법이다. 이 방법은 비싸게 구는 행동처럼 상대의 진심을 의심하지 않는다. 도리어 시간을 더 투자하여 낭만적 깊이가 구축되도록 한다. 때가 되면 주의는 일종의 지연된 연애라 여겨진다. 실제로 결혼 생활의 행복은 연애 기간의 길이와 긍정적 관련이 있다.[8]

마음은 가능한 한 빨리 목적을 달성하려 하기 때문에 피상적인 외재적 가치를 지니는 문제에 조급해진다. 조급해진 환경에서 마음은 시간과 노력을 포함하여 자원을 투자하려고 하지 않는다. 환경에 깊이 만족감을 느끼는 깊은 사랑에서는 어느 것에도 서두를 필요가 없다. 인내하려는 마음에서 나오는 일반적 기분은 평온하고 평화로운 기쁨이다. 조급한 마음이라면 무언가 지연되거나 서로 떨어져 있는 것을 참지 못하겠지만, 인내하는 마음을 갖고 있다면 떨어져 있는 것도 함께함의 의미 있는 부분이기에 약간의 거리 정도는 참을 수 있을 것이다. 같은 맥락에서 사랑이 매우 강렬할 때 관대해지기는 어렵다. 한 기혼 여성은 이렇게 말했다. "내 행동이 관대하다고 말하지 못하겠어요. 내가 보기에 사랑하는 사람이 잘못된 행동을 할 때 관대하지 못했기 때문이죠. 나는 그를 너무 사랑해서 관용을 보여주지 못했습니다."

사회는 우리를 조급해지게 만들었다. 우리는 무엇을 하든 빠른 보상을 기대한다. 인스턴트커피에서 인스턴트 사랑까지 우리는 빠른 성취와 즉각적 만족, 신속한 결과를 요구하도록 길들여졌다.

사랑에서 전반적으로 시간과 미래의 역할을 감소시키는 낭만적 조급함이 존재하는 한편, 사랑을 하고 있는 사람들은 상대를 기꺼이 기다리려는 인내심에 대해 이야기한다. 어떤 기혼 남성은 아내의 도착을 기다리며 느낀 감정을 이렇게 이야기했다. "나는 항상 약속 장소에 일찍 나왔습니다. 그녀를 만나는 것이 매우 떨리면서도 일종의 차분한 기쁨을 느꼈어요. 나는 그녀가 오면 천국을 경험할 것을 알고 있었기에 세상의 모든 인내를 다 가지고 있었지요. 가끔은 그 느낌이 너무 좋아서 기다림이 더 오래 지속되기를 원한 적까지 있습니다." 깊은 낭만적 사랑은 오랜 기간이 걸리기 때문에 사랑하는 사람이 부재하는 동안 조급할 이유가 없다. 천국이 당신을 기다린다는 사실을 인식할 때 조급함보다는 기분 좋은 기대를 더 느낄 수 있듯이 말이다.

기다림을 이상화하는 것은 낭만적 관계에서 시간의 가치를 보여준다. 이 시간이 활동을 공유하는 것이 아니라 그 활동을 기대하는 것만 포함한다고 할지라도 말이다. 반대로 아무런 활동의 공유 없이 기다리는 시간이 너무 길어지면 관계는 위기에 놓일 수 있다. 그래서 가수 밀스 브라더스Mills Brothers의 아름다운 노래에는 이런 가사가 있다. "그때까지, 사랑하는 이여, 나를 기다려주세요. … 언젠가 내가 돌아올 거라는 걸 나는 알아요. … 얻는 것이 있으면 잃는 것이 있다는 걸 알아요. 그러니 우리가 잃는 것은 시간뿐이길 기도해요." 시간의 상실이 반드시 관계의 상실인 것은 아닐 테지만 매우 크고 뼈아플 때가 많다.

앞서 살펴본 현재와 미래에 대한 상반되는 태도는 단기간의 강렬한 (주로 성적) 경험과 장기간의 깊은 사랑 사이의 대립을 보여준다. 낭만적 강도를 중시하고 깊이는 뒷전으로 밀어버리는 관점에서는 낭만적 사랑에서 미래의 역할이 거의 사라진다. 낭만적 강도는 타오르는 불꽃의 정점을 찍어줄 즉각적 행동을 요구한다. 이는 인생은 짧기 때문에 무의미하다는 생각으로 이어진다. 인생이 짧다면, 그래서 뒤이어 일어나는 일이 없다면 피상적이고 쾌락적인 활동에 집중하여 우리에게 주어진 짧은 시간을 즐기는 것이 낫다. 하지만 역설적이게도 인생을 그런 활동으로만 채우는 것은 삶을 단축하고 즐거움을 감소시킨다. "우리는 내일 죽을 테니 먹고 마시고 즐기자"와 같은 쾌락주의 태도를 취하는 것은 즉각적 성욕을 만족시킬 수는 있지만 깊이 있는 행복을 가로막을 것이다. 개인의 상황을 악화시키고 질병과 절망의 원인을 제공하는 것은 주로 피상적 수단이다.

우리는 낭만적 기회에 둘러싸여 살고 있기 때문에 당면한 낭만적 현재를 제한하고 미래를 무시하는 것은 불가능하다. 일어날 수 있는 일, 할 수 있었는데 못한 일 등 다양한 선택 사항을 고려하지 않고 행동하기란 쉽지 않다. 당장 유효한 다수의 매혹적 가능성이 현대의 사랑을 상당히 유동적인 개념으로 만들었다. 그래서 낭만적 유대는 과거보다 더 깨어지기 쉽다.⁹ 그런 가능성은 우리가 오래 지속되는 깊은 낭만적 경험을 누리지 못하게 한다. 먹고 마시고 가볍게 섹스도 하는 피상적 단기 경험은 짧은 지속성으로 다른 쾌락 경험을 배제하지 않기 때문에 이런 상황에 거의 영향을 받지 않는다. 우리가 놓치고 있는 것은 깊이 있는 경험이다.

| 맺음말 |

∞

사랑은 찾기 어렵고 유지하기 어려우며 잊기 어렵다.

알리샤 스피어Alysha Speer, 작가

현대 사회의 아찔한 속도는 시간보다 타이밍을 강조함으로써 사랑을 위협한다. 그런데 깊은 사랑에 보탬이 되는 것은 시간이다. 미래의 피상적 가능성을 선택하려는 경향은 낭만적 깊이를 이루는 데 필요한 능력을 손상시킨다. 우리는 즉각적이고 변화무쌍한 피상적 가능성에 자신을 소비하면서 현재와 장기적인 미래의 안정적이고 깊이 있는 면을 무시하곤 한다. 시간은 과거의 연인에게 되돌아가는 것을 고려할 때와 밀접한 관련이 있다. 그러나 과거의 이상화는 처음과 달라졌거나 그때보다 나을 거라는 잘못된 기대를 하게 할 수 있다. 과거의 사랑으로 돌아가든 완전히 새로운 관계를 세우든 깊은 사랑을 추구하려면 인내하는 마음과 시간의 영향에 대한 자각이 필요하다.

낭만적 사랑에서 시간의 역할은 긍정적 측면과 부정적 측면이 모두 있다. 시간은 깊은 사랑에 긍정적이고 필수적인 요소이지만 강렬한 사랑에는 미미하거나 최악의 경우 파괴적 요소일 수 있기 때문이다. 오래 지속되는 견고한 사랑에는 시간의 다양한 측면을 아우르는 최적의 균형이 존재한다.

The Arc of Love

How Our Romantic Lives Change over Time

Chapter

6

낭만적
연결성

The Romantic
Connection

> 나는 당신을 사랑해요. 나는 당신과 함께 있을 때 안심이 돼요. 나는 집에 왔어요.
>
> 도로시 세이어스Dorothy Sayers, 문학가

낭만적 사랑의 중심부에는 사랑하는 사람 사이의 연결성이 놓여 있다. 이 연결성의 본질은 무엇일까? 우리는 돌봄과 나눔, 반응과 공명이 낭만적 유대의 중심임을 살펴보았다. 그러나 거기서 끝이 아니다. 이제 관계를 향한 인간의 기본적 욕구, 더 구체적으로는 누군가에게 소속되고자 하는 욕구를 생각해보려 한다. 그다음으로 여전히 지배적인 유형의 오래 지속되는 헌신적 관계, 즉 결혼과 사랑의 연관성을 이야기할 것이다. 그 뒤 '완벽한' 사랑의 관계의 가능성과 사랑하는 사람의 대체 가능성, 혼전 동거가 더 많은 이혼의 원인이 되는지에 대한 질문과 낭만적 관계에서 불평등과 질투의 역할을 고민해보고자 한다. 또한 당신이 사랑하는 사람이 당신을 (그렇게 많이는) 사랑하지 않는 관계도 탐구해보도록 하자.

| 소속 욕구 |

∞

당신은 내 것이에요.

조 스태퍼드Jo Stafford, 가수

나는 당신의 소유가 아니에요. 내게 다른 남자들이랑 어울리지 말라고 말하지 마세요.

레슬리 고어Lesley Gore, 가수

소속은 낭만적 연결성의 주요한 특징 중 하나다. 정치적 올바름political correctness(인종, 민족, 종교, 성 등에서 차별이나 편견을 지닌 언어 사용이나 활동에 저항하는 운동—옮긴이)에 위배되지만 연인은 서로에게 "당신은 내 것이에요"라고 공공연하게 이야기한다. 물론 모든 사람은 자주적이며 사실 누구도 다른 사람의 소유가 될 수 없다. 하지만 심리학적 의미에서 소속감은 매우 실제적이다. '소속'belonging이라는 단어에는 '소유'와 '자연스러운 일부가 되는 것'이라는 의미가 있다. 문자 그대로 소유의 의미를 지니는 소속은 상대를 소유한다는 것이 주인의식과 지배의 의미를 내포하기에 낭만적 관계를 비롯하여 모든 관계에 적절하지 않다. 그러나 자연스러운 일부로 받아들여진다는 의미는 이해할 수 있는 범주다. 여기서 소속감은 특별한 낭만적 유대의 결과이므로 무에서 유의 창조를 나타낸다. 이 소속감은 팔이 절단될 때의 느낌처럼 연결이 끊어질 때도 강하게 느껴진다.

심리학자 로이 바우마이스터Roy Baumeister와 마크 리어리Mark Leary는 "소속 욕구란 긍정적이고 특별한 의미를 지니며 오래 지속되는 최소한의 관계를 형성하고 유지하고자 하는 인간의 근본 욕구에서 파생된다"고 주장했다. 이 욕구를 충족시키려면 첫째로 한 사람과 활발하고 긍정적인 상호 작용을 주고받는 것, 둘째로 안정적 돌봄과 관심이 있는 장기적 체제 안에서 상호 작용에 참여하는 것이 필요하다.[1]

한정적인 사람들과 안정적으로 돌봄의 상호 작용을 하는 것은 낭만적 상대의 변화에서 얻는 흥분보다 더 중요하다. 바우마이스터와 리어리의 의견에 따르면 "사람들은 소속감을 형성하고 유지하려는 본성이 있어서 사회적 유대를 먼저 형성하려는 열망이 있는 만큼 그 유대 관계를 깨뜨리는 것을 적어도 머뭇거린다." 나아가 "망가진 관계를 아예 끊어내는 것조차 주저한다"고 그들은 말했다. 소속 욕구는 피상적인 사회적 유대감이나 성적 상호 작용을 향한 욕구를 뛰어넘는다. 소속 욕구란 깊고 의미 있는 유대감을 형성하고자 하는 욕구다. 우리의 행복도 전적으로 소속감에 달린 듯하다. 소속감이 없으면 건강이 나빠지고 행복이 줄어든다. 소속감이 부족한 사람들은 극심한 정신적·육체적 질병에 시달리며 고의적 교통사고 유발이나 자살에 이르기까지 폭넓은 행동 문제를 보일 가능성이 높다.[2]

| 당신은 내 것이에요 |

∞

호화 요트에 발을 딛는 순간 당신은 자신이 아니라 어떤 남성에게 귀속될 테고. 그러면 지루해서 죽게 될 것이다.

코코 샤넬Coco Chanel, 패션 디자이너

외로운 사람들은 모두 어디에 속해 있을까요?

비틀스

우리의 건강과 행복이 소속에 달려 있다면 "당신은 내 것이에요"라는 말은 낭만적 허튼소리 그 이상이다. 그런 소속감은 연인 사이 의미 있는 활동 공유를 통해 활발하게 형성된다. 이는 긍정적 측면이고, 물론 부정적 측면도 있다. 소속감이 깨어지는 것에 대한 부정적 태도는 질투로 표현된다. 당신의 것이라고 느꼈던 것을 잃는 두려움은 의미 있는 연합을 이룰 때의 희망만큼이나 크다.

또한 소속감은 낭만적 사랑을 향한 여정에서 멀리 나아간다. 바우마이스터와 리어리에 따르면 소속감은 상호 관계에 활기를 불어넣는다. 사람들은 서로가 관심을 주고받는 관계를 선호하며 상호 관계는 낭만적 관계를 단단하게 만든다. 불평등한 참여도는 낭만적 관계가 깨어질 강력한 적신호다. 두 사람이 관계에 동등하게 참여할 때 미래에도 함께할 가능성이 커진다. 사랑을 받기만 했던 사람들과 주기만 했던 사람들을 비교한 연구에서는 두 집단 모두가 관계에서 행복하지 않았다는 결과가 도출되었다. 바우마이스터와 리어리는 이렇게 결론지었다. "사랑은 상호적일 때만 매우 가치 있고 만족스러울 수 있다." 그래서 "짝사랑처럼 소속감 없는 사랑이 생겨날 때 대체로 괴로움과 실망감이 따른다."[3]

낭만적 사랑에서 소속감이 맡고 있는 주역은 사랑의 대화 모형과 잘 어우러진다. 앙겔리카 크렙스가 생각하는 사랑이란 각자가 상대에게 대상이 되어주는 것이 아니라 두 사람 사이에서 일어나는 것이다. 누군가를 사랑하는 것은 의미 깊은 소속감으로 이루어진 연합을 향유하는 것이다.[4] 여기서 연인의 주체성을 무분별하게 융합하는 것을 가리키는 것이 아니라는 점이 중요하다. 오히려 그 반대다. 샴쌍둥이 모양의 융합은 자유의 상실뿐 아니라 개인의 정체성 상실을 내포한다. 두 가지 상실은 깊이 있는 사랑의 근본을 이루는 의미 있는 소속과 잘 어우러지지 못한다. 깊은 사랑은 독립적인 두 사람 개인의 행복을 위해 최적의 환경을 제공한다.

정리하자면 소속이 심리적 영역에 한정되고 소속감이 상호적이라면 사랑하는 사람에게 소속되어 있다는 느낌은 잘못된 것이 아니다. 사회적 삶과 낭만적 사랑에는 질투의 자리를 남겨놓은 소속 욕구가 내장되어 있다. 상호 간 소속의 중요성에 대해서는 의심할 수 없으나 소속 욕구가 현실에서 어떻게 이루어져야 하는지 방법에 대한 질문은 생겨날 수 있다. 의미 있는 소속감 없는 낭만적 삶은 없지만 소속에는 비용이 따른다. 소속은 우리가 관계할 수 있는 낭만적 상대의 숫자를 제한하며 결국 소속감에는 헌신이 따르며 한정된 자원이 할당된다. 그러나 깊은 사랑을 나누는 사람들은 그 제한을 당연하게 받아들인다.

| 사랑과 결혼 |

∞

사랑과 결혼, 사랑과 결혼은 말과 마차처럼 늘 함께 다닌다. … 둘 중 하나만 취할 수 없다.

프랭크 시나트라Frank Sinatra, 가수

낭만적 사랑과 개인의 성취는 결혼이라는 드라마의 신인 배우다. 대부분의 결혼은 대부분의 옛날이야기와 상당히 차이 나기 때문이다. 그러나 낭만적 사랑과 개인의 성취가 드라마 장면에 나타나면 결혼의 기간과 질에 매우 중요해진다.

결혼의 유형

∞

연인이 된다는 것은 사랑과 섹스에 대한 것만이 아니라 상호 간의 지지에 대한 것이다. 이는 사랑의 가장 지고한 표현이다. 상호 간의 지지는 꽃처럼 화려하지도 않고 타오르는 촛불처럼 신비롭지도 않으며, 편지처럼 재미있지도 만족스러운 섹스처럼 황홀하지도 않지만 매우 독특하다. 낭만적 마법 같은 것을 가지고 있다. 사랑에서 서로 간의 지지는 수수하고 흐리터분한 군인이다. 그러나 그 수수한 병사가 무단이탈하게 되면 사랑의 종말을 생각하는 순간이 온다.

아비노암 벤지이브Avinoam Ben-Ze'ev

인간의 역사에서 대부분 결혼은 연인이 기초 생존과 사회적 욕구를 충족하기 위해 고안된 실용적 합의였다. 열정적 사랑은 결혼과 거의 상관이 없었다. 역사학자 스테파니 쿤츠Stephanie Coontz는 "사랑과 결혼에 대한 이상이 등장한 지 200년밖에 되지 않았다"고 말했다. "사람들은 언제나 사랑에 빠져 있다. 여러 시대의 수많은 연인이 서로를 깊이 사랑했다. 그러나 역사상 사랑이 결혼의 주요 원인이었던 적은 극히 드물다." 쿤츠는 다음과 같이 이야기했다. "다양한 문화에서 사랑은 결혼의 바람직한 결과라고 여겨졌지만 결혼보다 앞서는 좋은 원인은 아니었다."[5] 작가 파스칼 브루크너Pascal Bruckner는 과거에 결혼은 신성했고 사랑은 만약 존재했다면 일종의 보너스 같은 것이었다고, 그러나 "지금은 사랑이 신성하고 결혼은 부차적인 것이 되었다"고 주장했다. 따라서 결혼하는 사람들의 수는 줄어가고 이혼과 동거, 한부모 가정은 늘어간다. 마치 "사랑이 결혼을 삼켰으나 이제는 결혼이 안에서부터 사랑을 무너뜨리고 있다"는 것 같다.[6]

앞서 언급한 결혼의 실용적 유형과 사랑에 기초한 유형에 덧붙여 심리학자 엘리 핀켈Eli Finkel은 세 번째 유형으로 1965년 무렵 미국에서 발전한 개인의 성취('자기표현적') 결혼을 제시한다. 실용적 유형의 시대에 결혼의 주된 기능은 물이나 음식, 신체적·정신적·경제적 안전 등 기초 수준의 욕구 성취 중심이었고, 사랑에 기초한 유형이 우세했던 시대에는 낭만적 사랑과 같은 중간 정도 수준의 욕구에 집중되었다. 이에 비해 자기표현의 시대에는 자기실현과 같은 고차원적 욕구로 확장되었다.[7]

핀켈이 말하는 자기충족적 결혼의 다양한 특징 중 가장 중요한 것은 다음과 같다. 첫째로 상호 간의 자기충족, 둘째로 진정성, 셋째로 발전과 생존에 필수적인 시간, 넷째로 그럭저럭 괜찮은 결혼을 추구하는 것에 대한 당당함이다.

자기충족적 결혼에서 우리는 배우자가 우리의 욕구를 채워주기만을, 또 우리가 배우자의 욕구를 채워주기만을 바라지 않는다. 상호 간의 지지는 사랑과 결혼에 필수다. 그런 결혼에서 배우자들은 우리의 진정한 자아를 깊이 이해하게 된다. 그러다가 진짜 우리보다 더 나은 모습으로 인식하기도 한다. 사실 상대가 우리를 실제와 이상을 혼합하여 인식할 때 우리는 가장 행복하다. 이 책에서 강조하듯 결혼이나 다른 헌신적 관계에서 얻게 되는 행복에는 시간이 매우 중요한 역할을 한다. 마지막으로 '그럭저럭 괜찮은 결혼'을 추구한다고 해서 수치심을 느낄 필요가 없다. 결혼의 이상을 높게 설정하고 있을지 모르지만 우리는 완벽하지 않은 결혼에도 만족할 수 있는 능력을 갖추어야만 한다. 끊임없이 비교하는 것은 행복한 결혼 생활을 파괴하고 만다.[8]

하나 분명한 것은 행복한 관계에는 유연성과 균형이 많이 필요하다는 사실이다. 그럼 지금부터 이런 주장을 더 심도 있게 살펴보도록 하겠다.

시간에 따른 결혼 생활의 질

∞

결혼하기 전까지는 진정한 행복이 무엇인지 전혀 알지 못했어요. 그때도 너무 늦은 거였죠.

맥스 커프만Max Kauffman, 화가

남편은 이렇게 말했어요. 나야, 고양이야. 가끔 그가 그리워요.

자자 가보, 영화배우

인생의 과정에서 결혼 생활의 질은 두 가지 방법으로 설명된다. 첫 번째는 U자형 과정으로 결혼 초기, 신혼이나 부모가 되기 이전의 시기에는 질적 수준이 높게 유지되다가 자녀를 양육하는 시기에 하락하지만 자녀들이 독립하는 후반기에 다시 상승한다. 두 번째는 시간의 흐름에 따라 결혼 생활의 질이 하락하는 직선형 과정이다. 이 두 관점에 대해 시간에 따른 다양한 궤적을 활용하는 최근 연구들은 이의 제기를 한다. 표준 성장 곡선 모형은 곡선 주변의 변화를 설명하면서도 모든 기혼 부부를 아울러 표현할 수 있는 하나의 평균 곡선을 얻기 위해 사용된다. 그리고 집단 기반의 궤적 모형은 평균 곡선 하나보다는 다양하고 고유한 궤적들로 결혼 생활의 질적 수준의 주요 차이점을 검토한다.[9]

관계 초기에 사람들이 관계에 대한 태도를 만들어가고 그 태도가 결혼으로 이어진다는 연구 결과가 있다. 남편과 아내들은 시간이 지나도 결혼 생활에서 느끼는 행복이 높고 안정적인 궤적을 보이는 집단이나 시간이 지날수록 보통에서 낮음으로 떨어지는 집단에 개별적으로 속하는 것으로 나타났다. 또한 대부분의 부부가 시간이 지날수록 행복감이 보통에서 높음으로 상승한다고 답했다는 결과가 있다. 결혼 생활의 질이 결혼 초창기, 혹은 그 이전보다 상승하는 일은 드물다는 결과에 '허니문 천장 효과'라고 이름 붙인 흥미로운 현상도 있다. 이 효과에 따르면 결혼 생활은 진보할 수 없는 게 아니라 보통 하락세 이후 개선되지만 처음 수준까지 올라가기는 드물다.[10]

이 결과들은 현대 사회의 결혼에 대한 핀켈의 관점과 잘 맞는다. 핀켈은 우리 사회의 두 가지 주요한 특징으로 결혼을 통해 고차원적인 욕구 성취의 중요성이 증가하고 있는 것과 결혼에 시간이나 다른 정신적 자원의 투자가 감소하고 있는 것을 꼽는다. 이런 추세에 따른 부정적 결과는 결혼이 자신의 기대에 어긋나는 사람들의 비율이 늘어나고 있다는 점이다. 긍정적 결과는 기대를 충족시키는 결혼에서 얻는 이점이 많아진다는 것이다. 그래서 핀켈은 다음처럼 주장한다. "결혼이 점점 더 깨지기 쉬워지면서 동시에 중요해지고 있기 때문에 우리가 욕구의 성취로서 경험하는 결혼 생활의 질은 삶의 전체적인 행복을 예측하는 중요한 변수가 되었다."[11] 이런 연구 결과는 이 책의 중심인 오래 지속되는 깊은 사랑은 가능할 뿐 아니라 일반적이라는 견해를 뒷받침한다.

낭만적 행복에서는 두 사람의 관계만 번성하는 것이 아니라 각 구성원도 행복해진다. 개인의 행복은 결혼 생활의 행복과 반대되지 않고 오히려 행복을 더 증진한다.

| 완벽하지 않은 사람과의 완벽한 사랑 |

∞

완벽을 찾는다면 절대 만족하지 못할 거예요.

레오 톨스토이Leo Tolstoy의 『안나 카레니나』

완벽한 것이 좋지 못할 때는 어떻게 되는 건가요?

스콧 웨스터펠트Scott Westerfeld, 문학가

우리에게는 '완벽한' 낭만적 관계를 함께 세워나갈 '완벽한' 사람을 찾는 꿈이 있다. 그러나 그 꿈은 갑작스럽게 깨어질 때가 많다. 이런 상황을 이해하기 위하여 사랑을 하는 주체가 자신이 사랑하는 사람을 향해 보이는 다양한 태도를 소개하려 한다. 첫째로 사랑하는 사람은 흠이 없거나 자신에게 가장 적절한 상대라는 의미로 완벽하다고 여겨질 수 있고, 둘째로 사랑의 주체는 자신이 사랑하는 사람의 도덕적 특성을 발견하거나 그에게 그런 특성을 부여할 수 있으며, 셋째로 사랑하는 사람의 가장 중요한 특성은 관계적일 수도 있고 비관계적일 수 있다. 비교 접근은 완벽한 연인에게는 흠이 없으며 그의 가장 소중한 자질은 발견되고 비관계적이라는 태도의 중심이다. 고유 접근은 사랑하는 사람이 자신에게 가장 적절한 상대며 그의 중요한 자질은 주로 관계적이며 부여되는 것이라는 태도의 중심이다. 이 차이를 인식하는 것은 완벽하지 않은, 즉 흠이 없지 않은 사람과 함께 완벽한, 즉 가장 적절한 관계를 세워가는 데 매우 중요하다.

완벽한 사랑의 가능성

∞

나는 완벽과 거리가 멀어서 완벽한 상대를 기대하는 것은 비현실적이다. 완벽하지 못함이 나에게 완벽하다. 성장은 불완전함에서 오는 것이다!

준 브라드셀June Bradsell

낭만적 이데올로기에서 용인되는 사랑은 '완벽한' 사랑뿐이다. 낭만적 이데올로기는 사랑이 모든 것을 이길 수 있고 당신에게 필요한 것은 사랑뿐이라고 주장해왔다. 이런 관념은 공통적으로 반짝거리는 꿈만큼 아름답지 못한 현실을 무시한다. 이 관점에서 사랑은 흠 없이 완벽하고, 모든 것을 이길 수 있기에 타협이 없으며, 당신에게 필요한 모든 것이기에 조건도 없다. 완벽한 상대를 찾으라고, 그것밖에는 없다고 강요하는 이 이데올로기는 다른 이데올로기처럼 지나치게 단순하고 1차원적이라는 결점이 있다. 일반적으로 이데올로기는 삶의 복잡성을 대처할 때 필요한 구체성의 여지를 거의 두지 않는다.[12]

철학자 이도 란다우Iddo Landau는 의미 있는 삶은 완벽함이나 탁월함, 보기 드물거나 어려운 성취를 보여야 한다는 완벽주의 관념을 거부한다. 그 관점에서 의미 있는 것이란 삶이 일상과 평범을 초월해야만 한다. 란다우의 시선에서 완벽주의자는 완벽한 것을 찾기에 바쁜나머지 좋은 것에 주의를 기울이거나 만족을 찾기를 거부하는 사람이다.[13]

란다우의 관점은 낭만의 영역에도 유용하게, 그러나 조심스럽게 적용해볼 수 있다. 신뢰할 만한 사전에서 '완벽하다'라는 단어는 첫째로 흠이 없다, 즉 결점이나 결함이 전혀 없는 것이라고 정의되며 둘째로 가장 적절하다, 즉 가능한 한 옳거나 좋은 것, 누군가에게 완전하게 어울리는 것이라고 규정된다. 첫 번째 의미는 부정적 측면에 집중한다면 두 번째 의미는 긍정적 측면에 중점을 둔다.

흠이 없는 사람을 찾는 것은 순 헛된 일이다. 그러나 주어진 상황에서 '완벽하게' 친밀한 관계를 함께 만들어갈 가장 적절한 사람을 찾는다면 행복하고 조화로운 관계를 세울 수 있다.

발견과 부여

∞   .

가끔 남자친구를 보며 생각해요. 이런 운 좋은 놈 같으니라고.

익명

우리는 상대가 착해서, 똑똑해서, 아름다워서 사랑하는가? 아마도 상대를 사랑하기에 착하고 똑똑하고 아름답다고 생각할 것이다. 첫 번째 해석은 근본적으로 사랑은 사랑하는 사람의 객관적 자질을 발견 혹은 인지하는 것을 포함한다고 주장한다. 두 번째 해석은 사랑하는 사람에게 부여된 가치가 사랑의 영향이라고 한다. 두 접근은 각각 '가치 평가 해석'과 '가치 부여 해석'이다. 하지만 모두가 평가를 포함하고 있어서 혼동되기 쉽다. 두 해석은 발견과 부여라는 주요 행위의 관점이 다르다고 말하는 것이 덜 혼란스럽고 더 정확하겠다.[14]

가치의 발견과 부여에 따른 해석이 단순화된 형태는 낭만적 사랑의 지속 가능성에 대해 의심을 제기한다. 첫 번째 해석은 사랑하는 사람의 대체 가능성 문제를 일으킨다. 사랑이 최고의 자질을 갖춘 사람을 발견하는 것이라면 지금 사랑하는 사람보다 더 나은 자질을 갖춘 사람을 찾았을 때 관계를 유지할 이유가 없어진다. 다양한 사람들의 자질을 비교하기는 쉬우므로 이 관점에서 사랑의 대상은 더 나은 자질을 가진 사람으로 대체되는 위험에 계속 놓이게 된다.

가치 부여 해석의 단순형에서 우리는 사랑하는 사람의 가장 중요한 특성이 그 사람의 것이라고 생각한다. 이 접근은 그 사람을 향한 강렬한 열망에서 착각을 만들어낼 수 있다. 오래된 한 사랑 노래 중에 이런 가사가 있다. "당신의 심장이 불타오를 때 반드시 아서야 해요, 연기가 당신의 눈을 가린다는 걸." 사랑하는 사람의 장점에 대한 착각은 시간이 지날수록 오해를 불러일으킬 수 있으며 이는 오래 지속되는 낭만적 관계의 위험 요소로 자리 잡는다.

사랑을 하는 주체의 태도를 이해하기 위해서는 두 가지 해석 모두가 필요하다. 낭만적 이데올로기와는 별도로, 사랑의 주체는 현실에 민감해야 하며 환상의 세계를 떠돌면 안 된다. 현실을 너무 왜곡하지 않으면서 사랑하는 사람의 다양한 특징에 적당한 무게를 배치해야 한다. 예를 들면 한 여자의 남자친구가 그렇게 똑똑하지는 않다고 해보자. 여자는 남자친구의 착한 성격이 똑똑한 것보다 훨씬 더 중요하며 그가 자신이 지금까지 만났던 사람 중 가장 똑똑하지 못한 사람은 아니라고 말할 수 있다. 언젠가 그녀는 그의 지능의 한계에 익숙해지겠지만 그를 '멍청하기'보다는 '똑똑하지 않다'고 생각할 것이다. 세상 모든 개구리가 왕자로 변한다고 여기는 것은 별로 도움이 되지 않는다. 그래도 상대의 장점을 평가할 때 너그러워질 수 있기는 하다.

비교 접근과 고유 접근

∞

다른 사람과 경쟁하고 비교하는 오랜 습관을 가지고 있다면 아직도 정자처럼 인생을 살고 있는 것이다. 이제 좀 성장하라!
샤루압 샤르마Sharuabh Sharma

나는 커피보다 당신을 더 사랑해요. 그렇지만 증명해보라고 하지는 마세요.
엘리자베스 에번스Elizabeth Evans

사랑하는 사람을 흠이 없다는 의미로 완벽한 사람이라고 생각하는 관점은 비교에 대한 압박감을 가지고 있어서 사랑하는 사람의 주요한 특징을 흠이 없고, 자신과의 관계에 상관없이 독립적이라는 의미에서 비관계적이며, 다른 사람들도 쉽게 눈에 띄는 것으로 여긴다. 이런 비교 접근은 비교의 관점이 옮겨질 때도 있지만 사랑은 근본적으로 고정적이라는 관점을 취한다.

사랑하는 사람이 자신에게 가장 적절한 사람이라는 의미로 완벽하다고 여기는 관점은 관계의 고유성을 강조한다. 이 관점에서는 사랑하는 사람의 가장 중요한 자질을 관계적이며 상호 작용을 하는 동안 확인할 수 있다고 여긴다. 고유 접근은 시간이 지나면서 역동적인 낭만적 사랑을 구축한다. 이런 사랑은 서로의 내면에서 최고의 것을 끌어내는 내적 발전을 동반한다.

비교 접근과 고유 접근은 둘 다 오래 지속되는 견고한 사랑의 중요한 측면을 설명한다. 그러나 견고한 사랑을 만들어갈 가능성은 고유 접근에 더 있다.

란다우는 의미 있는 삶의 태도를 두 가지로 구분했다. 첫째는 최고가 되려는 열망이고, 둘째는 나아지고자 하는 열망이다. 그리고 끊임없이 비생산적으로 '최고'가 되려는 기회를 노리다가 과도한 경쟁심을 보이게 되는 첫 번째 태도를 비판했고 의미 있는 발전을 이루려는 두 번째 태도를 높이 평가했다.[15]

이와 같은 구분은 낭만적 사랑의 비교 접근과 고유 접근 사이의 차이점에서도 나타난다. 비교 접근에서 낭만적으로 의미 있다는 것은 사랑하는 사람들 사이의 연결성에 외부 요인들을 비교한다. 고유 접근에서의 사랑은 주로 두 사람이 함께하는 활동에 의존한다. 독립적인 최고의 장점을 발견하는 것보다 두 사람 사이의 연결성을 더 단단하게 하는 것이 낭만적 깊이에 가장 유의미한 일이다. 최고를 성취하는 데만 낭만적 의미를 두는 사람은 완벽한 사람, 혹은 더 어린 사람, 더 부유한 사람, 더 아름다운 사람을 놓칠까 봐 항상 걱정에 사로잡혀 불안할 것이다. 하지만 발전을 통해 낭만적 행복을 얻는다면 그것은 연인의 손에 달려 있다.

완벽하지 않지만 자신을 돌보고 사랑하는 사람과 결혼하는 것은 타협이 아니다. 오히려 최선의 선택이다. 우리는 완벽하지 않은 사람과 (거의) 완벽한 사랑의 관계를 이룰 수 있다. 많은 사람이 사랑하는 사람의 불완전함을 연민과 웃음으로 바라보고 그들의 장점 혹은 자신의 흠과 비교하면 아무것도 아니라고 여긴다. 그러면 우리는 복잡한 양가감정을 다시 느끼게 된다. 사랑하는 사람의 부정적 측면과 긍정적 측면을 발견하고 잘 극복해나가는 능력은 감정의 복잡성을 나타내는 동시에 깊은 사랑에 매우 유익하다.

나와 가장 잘 어울린다는 의미의 완벽한 상대가 아니라 말 그대로 완벽한 사람을 추구하는 것은 오래 지속되는 깊은 사랑의 관계에 가장 큰 걸림돌이 된다. 삶은 역동적이며 사람들의 태도와 우선순위, 희망 사항은 시간이 지나면 변하기 때문에 낭만적 양립성을 얻는 것은 단번에 완성되지 않으며 계속되는 과정이다. 매우 중요하면서도 잘 이해되지 않을 수 있는 전환이지만, 완벽한 양립성은 사랑의 전제조건이 아니다. 연인의 양립성을 만드는 것은 사랑과 시간이다.

정리하자면, '완벽'이라는 두 가지 의미, 즉 흠이 없다는 것과 가장 적절하다는 것 사이의 구분은 사랑하는 사람의 본성에 대한 비교 접근과 고유 접근을 이해하게 도와준다. 비교 접근에서 완벽한 상대는 흠이 없고, 상대의 가장 가치 있는 특성은 발견되는 것이며, 가장 소중한 성격은 다른 사람과 비교하여 매우 높은 점수를 얻는다. 고유 접근에서 완벽한 상대란 나와 가장 잘 어울리는 사람으로 가장 중요한 낭만적 특징은 주로 관계적이며 '부여'된다. 두 접근은 모두 일반적 현상이며 낭만적 상대를 고르는 데 도움을 준다.

| 사랑하는 사람의 대체 가능성 |

∞

우리 아이들은 잘생겼다. 아내가 바람을 피워서 정말 다행이다.

로드니 데인저필드, 코미디언

깊은 사랑은 단단한 낭만적 연결성에 기초를 두고 있다. 그러나 때때로 단단한 연결에도 균열이 생긴다. 가장 고통스러운 균열은 사랑의 대상이 다른 사람으로 대체될 때 일어난다. 이는 사랑을 하는 주체의 헌신 문제와 긴밀하게 연결된다.

사랑하는 사람의 헌신

∞

여자는 반드시 사랑 때문에 결혼해야 하며 사랑을 찾을 때까지 계속 결혼해야 한다.

자자 가보, 영화배우

낭만적 헌신은 이유 없이 부서지는 것이 아니다. 깨어지는 합당한 이유가 분명히 있다. 낭만적 헌신은 상대와의 관계에서 나오지, 그를 다른 사람과 비교하는 데서 생겨나지 않는다. 함께 공유하는 옛 자취는 시간에 따라 강화되는 헌신의 문제와 매우 밀접한 관련이 있다. 10분 정도만 같이 있던 사람보다 10년 동안 함께했던 사람에게 향하는 헌신이 훨씬 강하다. 사랑에 빠진 사람이 다른 사람에게 눈을 돌리지 말아야 한다거나 비교와 대체는 비도덕적이라는 의미가 아니다. 그저 함께 나누었던 옛 자취와 헌신은 상대의 대체를 고려할 때 영향력이 크다는 점을 강조하는 것이다.

졸리모어는 사랑에서 연결성의 역할을 탐구했는데 "낭만적 연결성에 보편적이지 않고 평가할 수도 없는 무언가가 있으며 관계 안의 낭만적 연결성에 두 사람 모두 최소한의 중요한 역할을 감당한다"고 주장했다. 상호 작용의 고유성에 큰 원인이 되는 그런 역할은 개인에게 헌신의 기초가 된다. 사람들은 사랑하는 대상을 향해 어느 정도 헌신하는데, 이는 그 사람에서 다른 사람으로 사랑을 옮기는 것을 매우 어렵게 만드는 것이 분명하다.[16] 그러나 상대를 대체하는 것이 절대 정당화될 수 없지는 않다. 가정 폭력처럼 상대의 교체가 매우 정당한 극단적 상황이 있다. 반대의 극단적 예로, 깊은 사랑이 피상적인 단시간의 즐거움으로 대체되는 것처럼 낭만적 사랑의 교체가 부당한 경우도 있다. 가장 곤란한 경우는 이 둘 사이 어디쯤 속하는 상황이다. 헌신은 존중되어야 하며 어떤 값을 주어도 팔 수 없다. 즐거움과 발전, 다양성과 복잡성도 인정받아야 하며 어떤 값을 주어도 팔 수 없음은 마찬가지다.

사랑하는 대상을 향한 사랑의 주체의 실제 태도는 대상이 보이는 태도의 현실화가 반영된 연속적 행동을 따라 일어난다. 이런 현실화의 세 가지 중요한 유형은 첫째로 실제 행동으로 옮길 의도도 없었고 그렇게 될 수도 없는 상황이었는데 행동이 된 단순한 바람, 둘째로 외부의 제한으로 실제 행동이 될 수 없었던 욕구나 욕망, 셋째로 실제 행동으로 나타난 욕구다운 욕구다. 예를 들면 사랑은 전형적으로 돌봄과 동경, 애무와 포옹, 사랑하는 사람의 욕구와 바람을 충족시키는 것 등 특징적 활동으로 표현되는 욕구다운 욕구를 포함한다. 이런 것들이 모두 언제나 분명히 나타나야 할 필요는 없다. 하지만 이와 같은 행동이 아예 없다면 사랑도 없을 수 있다.[17]

단순한 바람은 "나를 달로 데려가서 별들 사이에서 놀게 해주세요"와 같은 노랫말처럼 현재 상황에서 실제로 이루어질 수 없다. 단순한 바람이란 이론적으로 이루어질 수 있긴 하지만 그렇다 하더라도 바람은 품은 사람이 현실화하고 싶지는 않은 것이다. 사랑하는 사람의 애인을 죽이는 것을 예로 들 수 있다. 기혼자가 애인과 함께 달아나고 싶어 하는 욕구도 원리상 실현될 수 있지만 본인이 이혼하고 싶지 않기에 실천으로 옮기지 않는다. 완숙한 사랑의 태도는 함께 공유하는 낭만적, 성적, 돌봄의 활동을 다양하게 포함한다. 많은 공동의 활동과 경험 등 사랑의 관계에 대한 것이라면 모두 해도 된다.

사랑의 태도와 행동으로의 이행 사이의 연결성은 사랑하는 사람의 헌신을 나타낸다. 가장 낮은 수준으로 헌신을 저버리는 것은 실제 행동으로 옮길 의도가 없는 단순한 바람에 유혹을 느끼는 것이다. 그보다 더 큰 '죄'는 그 유혹을 이행할지 고민하지만 예를 들면 개인적 손실이나 현재 연인에게 끼칠 피해와 같은 외적 요인 때문에 이행하지 않는 것이다. 여기서 가장 큰 위반은 유혹에 따라 행동으로 옮기는 것이다.

배우자 교체 현상

∞

그 사람 때문에 나를 두고 떠났으면서 왜 그를 떠났나요?

크리스탈 게일Crystal Gayle, 가수

모든 의도가 좋았다 하더라도 연인은 이별을 경험하며 서로의 자리를 다른 사람에게 내어준다. 사랑하는 사람들은 깊은 좌절감이나 예기치 못한 불행, 정직하지 못한 행동에 상처 입기 쉬우므로 사랑은 아슬아슬하다. 이렇게 아슬아슬한 상황은 상대를 바꾸어야만 하는 스트레스 가득한 상황을 일으킨다.

심리학자 데이비드 버스와 연구진은 "오래 지속되며 헌신적인 배우자에 대한 낭만적 환상이 현실에서 실현되는 일은 거의 없다"고 주장했다. 서로의 필요에 점점 무신경해지고 성적 만족이 꾸준히 줄어들며 외도의 유혹이 일어나고 단조롭고 칙칙한 결혼 생활이 인생의 전부인가 하는 물음이 당연해지는 상황이 점점 많아진다. 연구진은 계속해서 이런 상황에 맞서기 위한 노력 중 가장 중요한 전략은 오래 지속되며 서로에게 헌신하는 성적 관계라고 했다. 그러나 배우자 관계에서 고정적인 것은 없고 "진화는 인간에게 평생 지속되는 결혼 생활의 축복을 남겨두지 않았기 때문에" 사람들은 결혼 해체라는 만약의 상황을 대비해야 한다. 이 문제는 특히 여성의 배우자 교체 행동에 중요하다. 여성이 배우자를 교체할 때 맞닥뜨리는 위험 요인이 더 크고 얻는 보상이 덜 분명하기 때문이다.[18]

사람들은 배우자 교체 시 고통을 덜기 위해 예방책을 찾으려 노력한다. 여기에는 세 가지 전략이 있는데, 첫째는 현재 관계의 질과 헌신도를 개선하여 긍정적으로 극복하는 것이고, 둘째는 관계를 정리하여 혼자가 되거나 관계에 쏟는 열정과 헌신을 줄임으로써 낭만적 사랑을 포기하는 것이며, 셋째는 교체 가능성의 그늘에서 싸우는 것이다.

첫 번째 전략은 현재 상황에 집중하는 것인데 이 전략이 성공하면 그래도 낭만적 고독을 줄일 수 있다. 두 번째 전략은 낭만적 사랑을 포기하고 자신의 삶이나 다른 유형의 사랑, 예를 들면 우정이나 부모로서의 사랑에 집중하는 것으로, 낭만적 사랑 없이 삶을 풍성하게 하기보다 낭만적 사랑을 찾는 게 더 해로운 것이 확실한 특별 상황에서 가치를 발휘한다. 세 번째 전략은 동시에 여러 명과 관계를 유지하는 것을 비롯하여 다양한 방식으로 실행될 수 있다. 이 전략의 하위 유형으로는 혼외 관계와 대체 관계가 있다. 불륜에 대해서는 나중에 다루기로 하고 지금은 대체 전략에 집중해보도록 하자.

예비 전략

∞

비 오는 날을 위해 남자친구 한 명, 비가 오지 않는 날을 위해서도 한 명 더 준비해두세요.

메이 웨스트Mae West, 영화배우·희곡작가

배우자를 교체하기 위한 주요 준비 전략 중 하나는 대체 상대, 즉 관계가 결딴났을 때 현재 배우자를 대신할 잠재적 대안을 구축하여 일종의 선제공격으로 터를 닦아놓는 것이다. 버스와 연구진은 남성과 여성 모두 평균 세 명 정도의 예비 상대를 만들어둔다는 연구 결과를 제시했다. 사람들은 예비 관계에 있는 이가 다른 사람과 진지하게 낭만적으로 연결되면 화가 난다고 한다. 이럴 때 남성보다 여성이 더 기분 나빠하는 경향이 있다.[19] 그러면서도 사람들은 배우자와 완전히 헤어지지 않고 간접적 상대로라도 남아 있는 것을 선호한다.

예비 전략은 연인 관계와 부부 관계 모두에 존재한다. 이는 잠재적 상대들을 휘황찬란하게 보여주는 데이트 웹사이트에서 가장 잘 드러난다. 사람들은 수십 명의 후보자를 담은 긴 예비 목록을 만들어두고 그중 한 사람과 데이트가 잘 안 되면 다음 사람에게로 넘어간다. 대체의 풍요는 정말 가치 있는 한 사람에게 집중하고 그 사람과의 관계를 깊어지게 하기 위해 투자하려는 의욕을 떨어뜨린다. 예비 목록은 '과유불급'의 문제를 일으키고 깊이 있고 헌신된 낭만적 관계를 맺어갈 가능성을 감소시킨다.

현재 사랑에 상처받거나 버림받거나 혹은 권태로워질 경우에 대비한 일종의 보험 증서 같은 예비 전략은 헌신적 관계에 해를 끼친다. 현재 관계에 바치는 헌신을 무너뜨리고 예비 전략 자체를 자기충족 예언으로 만들기 때문이다. 예비 낭만적 상대의 목록을 만드는 것은 이별의 고통을 줄여줄 수 있지만 마찬가지로 이별할 가능성을 증가시킨다. 특히 이 전략은 관계에 헌신하는 정도가 그리 높지 않으므로 만족도가 낮거나 그저 그런 부정적 결과를 낳는다.

낭만적 대비 활동은 아이쇼핑과 같다. 지금은 아무것도 살 계획이 없지만 마음에 드는 것을 발견하면 언젠가 자신에게 더 편리한 시간에 구입하는 것이다. 낭만적 대비 활동은 아이쇼핑처럼 유쾌할 수 있으며 신나서 추파를 던지는 행동과 같은 내재적 가치 활동을 포함할 수도 있다. 사람들 대부분은 대체품을 곰곰이 따져보더라도 실제로 가지려 하지 않으면 낭만적 아이쇼핑에 아무런 문제가 없다고 생각한다.

예비 전략은 자원 낭비다. 오늘날 우리는 낭만적 선택이 부족하지 않다. 오히려 너무 많은 선택지가 있다. 문제는 사랑을 찾는 것이 아니라 시간이 지나도 사랑을 유지하고 증진시키는 것이다. 그러므로 폭넓은 선택지를 만드는 데 노력과 자원을 투자하는 것은 현명하지 않다. 수많은 낭만적 선택을 누리지 못했던 조상에게는 어쩌면 유익했을지 모르지만 현재 우리에게는 불필요하고 지혜롭지 못한 낭비일 뿐이다.

예비 상대가 짧은 성적 관계에는 필요하지 않으나 발전 시간이 필요한 장기적 관계에는 유용하다고 이야기할 수 있다. 실제로 오랜 관계를 유지하는 사람도 예비 관계를 만들어놓는 경향이 있다는 점에서 이 주장은 어느 정도 말이 되는 듯하다. 그럼에도 불구하고 예비 상대와 지속적인 깊은 상호 작용이 없기에 그들과의 관계를 충분하게 점검하고 양성할 능력은 감퇴한다. 이 능력의 감퇴는 현재의 관계에 너무 큰 타격을 준다는 관점에서 예비 전략의 가치 자체 또한 떨어뜨린다. 대비 행동은 긍정적 착각처럼 자기충족 예언을 불러오기도 한다. 그러나 대비 행동의 자기충족 예언은 깊은 사랑의 가능성을 파괴하는 반면 긍정적 환상은 깊은 사랑을 유지하고 증진하는 경향이 있다.

언뜻 보기에는 낭만적 예비 전략이 객관적 현실에 더 민감하기 때문에 긍정적 환상보다 중요한 것 같다. 하지만 이것이 사실일까? 나는 그렇지 않다고 생각한다. 때때로 현실의 불쾌한 상황을 외면하는 것은 우리가 긍정적 태도를 발휘할 기회를 늘려주기에 이롭다. 영원한 사랑의 약속은 영원한 사랑이 가능하다고 믿게 만든다. 긍정적 환상도 동기 부여와 인내심, 업무 효율성과 최종 성공률을 높여준다. 그러므로 자신에 대한 긍정적 관점을 가진 사람은 더 열심히 끈기 있게 일한다. 비현실적인 낙관주의를 포함하여 낙관주의도 마찬가지로 자기충족 예언이 되기도 한다. 그렇지만 긍정적 환상의 비현실적 속성도 친밀한 관계에서 일어나는 실제적 문제를 대처할 능력을 저해하므로 해로울 수 있다.

낭만적 연결성은 항상 보장되지 않는다. 사랑이 길을 나서면 안전에 대한 걱정도 뒷좌석에 함께 올라탄다. 대비책이 도움이 될 수는 있지만 잠재적 비용이 미래의 이익보다 더 크기 때문에 깊은 낭만적 사랑에 가치 있을지는 의문스럽다. 이 전략을 사용하는 것은 깊은 사랑을 만들어나가지 못하게 한다. 어떤 사랑이든 당신에게 아름다운 장미 정원을 약속할 수 없겠으나 대비 활동은 전체 정원에 독을 퍼뜨릴 수 있다.

왜 이제 나를 바꾸려고 하나요?

∞

달이 뒤집힐 때까지 내가 당신을 사랑할 것을 알잖아요. 나는 언제나 당신의 광대라는 것을 잊었어요. 왜 이제 나를 바꾸려고 하나요.
프랭크 시나트라Frank Sinatra 외 다수가 부른
「왜 이제 나를 바꾸려고 하나요」Why Try to Change Me Now

상대를 바꾸는 것은 낭만적 관계의 또 다른 측면인 상대의 부정적 특성을 바꾸고 싶은 욕망과 크게 연관되어 있다. 우리는 상대의 행동을 통제하여 관계를 발전시켜보려 노력하지만 이 계획은 보통 실패한다. 왜냐하면 그런 시도가 자신의 이상형과 상대 사이의 격차, 그리고 상대를 수용하는 것이 부족했음을 인식하게 하기 때문이다. 상대를 바꿔보려는 시도는 그 사람이 기대에 미치지 못한다는 강력한 신호다. 그러므로 행동에 제재를 많이 당할수록 사람들은 자신이 상대의 이상적 기준에 미치지 못한다고 느낀다. 결과적으로 제재하려는 노력은 역효과를 낳고 두 사람은 관계에서 불행해진다. 나아가 상대의 변화는 중요하지 않게 되며 이상형에만 더 집중하게 된다.

낭만적 상대와 자신에게서 찾아야 할 변화의 유형은 서로의 내면에서 가장 좋은 것을 끌어냄으로써 낭만적 연결성을 발전시키는 것이다. 상대를 바꾸려는 바람은 상대에게 잘못된 점이 있어서가 아니라 더 큰 양립성을 함께 얻기 위해서 비롯되어야 한다. 성공적인 발전 가능성은 두 사람이 서로를 바꿀 때가 아니라 서로에게 지속적으로 적응해야 한다는 사실을 깨달을 때 생겨난다. 그런 관계에는 확실히 개인의 성장과 행복이 있다. 다른 환경에서와 마찬가지로 서로의 정체성과 주체성을 유지하는 것은 이 과정에 필수다.

낭만적 표류: 동거가 더 많은 이혼의 원인이 되는가?

∞

오직 죽은 물고기만 물의 흐름에 따라 헤엄친다.
말콤 머거리지Malcolm Muggeridge, 저널리스트

많은 사람의 오래 지속되는 낭만적 행동은 해류에 떠다니는, 물이 흐르는 대로 천천히 표류하는 죽은 물고기와 같다. 그런 행동이 피해를 주는가? 앞으로 살펴보겠지만, 항상 그렇지는 않다.

의사 결정 구조

∞

그가 읽어주었듯, 나는 네가 잠드는 방법을 사랑하게 되었어. 천천히, 그러다 갑자기.
존 그린John Green의 『잘못은 우리 별에 있어』

심사숙고와 직관력은 두 가지 중요한 의사 결정 구조다. 깊이 생각하는 구조는 느리고 의식적인 과정이고, 대체로 자율적 통제를 받으며, 구두로 접근 가능한 정보를 이용하여 주로 1차적 직렬 방식(일정한 시간 간격으로 일정한 양의 정보를 전송하는 방식—옮긴이)으로 작동한다. 직관적 구조는 암묵적이고 기초 평가에 더 의존하는 즉흥적 반응을 포함한다. 직관적 활동은 대개 빠르고 자동적이지만 인식은 거의 동반되지 않는다. 이는 진화와 사회적·개인적 발전을 통해 이미 만들어진 양식에 기초한다. 이런 의미에서 역사와 개인의 발전은 이 기성 양식으로 구현된다. 이쯤에서 '학습된 즉흥성'에 대해 이야기할 수 있겠다. 직관적 양식은 심리적 구조에 해당하기 때문에 실행시키는 데 시간이 필요하지 않다. 적절한 상황이 나타날 때 우리는 이 양식을 이용할 수 있다.[20]

또 다른 의사 결정 구조로 표류가 있다. 더 정확히 말하자면 결정하지 않는 것이나 결정하지 않기로 결정하는 것, 둘 중 하나를 포함하는 회피형 구조다. 표류는 통제가 부족하다. 어떤 언어에서는 '표류' drifting라는 단어가 느린 움직임과 빠른 움직임을 모두 나타낸다. 언뜻 보기에 사랑은 빠른 표류의 사례다. 그러나 여기서는 느린 표류에 집중해보자.

우리는 대부분 느린 표류를 경험한다. 주관적 관점에서 느린 표류는 쉬운 편이다. 자원의 투자가 최소한만 요구되고 따라서 실패해도 개인의 책임이 아주 작다. 객관적 관점에서 표류는 현실을 고려하는 점진적 과정이다. 급한 결정이 없으며 선택은 '잘 구워질 때까지'

약한 불 위에 놓여진다. 표류는 상황을 능동적으로 진행하려는 장기적 활동보다 현재 상황을 유지하려는 단기적 고려 사항들을 선호하기 때문에 우리를 곤란하게 할 수도 있다. 그래서 표류는 현재 상황을 변화시키는 데 드는 비용을 부풀리고 개선의 무게는 불균형적으로 낮춘다. 이는 당장의 분쟁을 피하게 도와주지만 오래 지속되는 깊은 불행의 가능성을 높인다.

느린 낭만적 표류

∞

대륙이 표류하듯 마음도 흘러간다.

존 마크 그린John Mark Green, 작가

느린 낭만적 표류는 알지 못하는 사이에 혹은 의도적 선택 없이 낭만적 상태를 점차 이동하게 한다. 사랑이 무너지거나 발전하는 느린 낭만적 표류는 기간이 긴 과정이지만, 그래도 배우자를 사랑하지 않는다거나 친구와 사랑에 빠졌다는 자각이 눈 깜짝할 사이에 불쑥 생길 수 있다. 표류의 과정은 길어도 그 의미의 자각은 주로 즉각적이며 갑작스럽게 일어난다. 그래서인지 영국의 철학자 버트런드 러셀Bertrand Russel은 "결혼하고 하루 동안은 행복했는데 자전거를 타면서 더 이상 아내를 사랑하지 않음을 갑자기 깨달았다"고 말했다.[21] 표류는 습관화와 강렬한 감정의 결여라는 특징이 있다. 모든 것이 점진적으로 일어나며 단기 감정의 경우에서처럼 높은 감정적 강도를 발생시킬 만큼 중요한 변화를 이루는 것이 없다.

낭만적 표류는 이유와 선택, 행동이 없이 우리가 자각하지 못하는 사이에 일어나는 과정인 듯하지만 꼭 그렇지만은 않다. 표류에는 이유가 없지 않다. 단지 우리에게 더 익숙한 의식적 사고의 방식이 없는 것뿐이다. 표류는 모든 선택지를 고려한 뒤 의도적으로 내리는 선택의 과정을 포함하지 않으나, 사실 개인은 강요받지 않은 선택을 한다. 우리는 표류하는 과정을 자각하기 쉽지 않아도 불완전하게나마 상황을 인지한다. 그래서 사이가 점차 멀어져가는 부부는 결혼 생활의 어려움을 자각할 수 있지만 그 어려움이 점차 심해진다거나 자신들이 낭만적 부식의 표현이라는 사실은 완전하게 알지 못한다. 표류에 행동이 전혀 없지는 않다. 표류하는 사람들은 물결에 떠다니는 죽은 물고기 같아도 물고기와는 다르게 대안을 취할 수 있다. 그들은 이 대안이 가치가 적거나 위험하고 불쾌하거나 곤란하기 때문에 선택하지 않는다. 낭만적 표류에서 개인의 책임감은 그들이 가지고 있는 내재적이고 부분적인 정보를 찾으려는 데 노력을 투자하지 않는 것이다. 그렇지만 어떤 경우에는 그런 노력이 상황을 바꾸어놓을 수도 있다.[22]

느린 표류가 상대적으로 긴 시간에 걸쳐 일어난다는 사실을 생각하면 현실의 안정적 특징을 반영한다고 할 수 있다. 그래서 낭만적 관계의 멀어짐은 관계가 악화하는 슬픈 현실을 드러낸다. 느리게 점점 멀어져가는 과정에서 연인은 낭만적 애착을 잃고 서로를 향한 열정도 눈에 띄게 식어간다. 내면의 무언가가 사라졌고 이미 바꾸거나 감추거나 속이기에는 늦었다는 것을 느낄 때 모든 의심은 사라지고 이별의 수순을 자연스럽게 밟게 된다.

부부가 이를 인식하고도 사랑이 이미 떠나버린 체제 안에 계속 살아갈 경우에는 낭만적 타협을 맺게 된다. 낭만적 타협은 다른 곳에서 이상적 사랑을 찾는 데 성공하지 못할 수 있다는 두려움과 이전의 사랑에서 경험했던 가슴 아픈 실패, 혹은 새로운 사랑을 찾았을 때의 득보다 실이 더 클 것 같은 느낌으로 거슬러 올라갈 수 있다. 사랑에서 떨어져 나오는 것은 이전으로 다시 돌아갈 수 없는 상황일 때 서로를 향한 진짜 감정을 폭로한다. 그러나 두 사람이 그 과정을 일찍 깨닫기만 한다면 낭만적 표류를 멈추거나 되돌릴 수 있다. 우리가 고여 있는 강에 표류하고 있는 듯해도 수면 아래의 물까지 멈춰 있는 것은 아니다. 수면 아래의 흐름을 자각하지 못한다면 낭만적 관계에 큰 위험이 불어닥친다.

결혼으로 표류

∞

남자친구와 나는 함께 산다. 즉 이제 섹스를 하지 않는다는 말이다. 우유가 무료 제공인데 둘 다 유제품 알레르기를 갖게 되었다.

마거릿 조Margaret Cho, 코미디언

수많은 문화권에서 혼전 동거가 흔해지고 있으며 미국에서는 70퍼센트 이상의 연인이 결혼 전에 동거하고 있다. 혼전 동거 옹호자는 동거가 서로를 더 잘 알게 하며 결혼할 만큼 잘 지낼 수 있는지를 알 수 있게 한다고 믿는다. 그러나 이런 생각과는 달리 다수의 연구에서 혼전 동거는 이혼 위험률 증가와 결혼의 질적 수준 감소, 상호 간 소통 부족, 가정 폭력 증가 등과 관련 있다고 밝혀졌다. 또한 최근 혼전 동거와 이혼 사이의 부정적 연관성을 논박하는 연구가 조금씩 등장하고 있다. 양립성의 증대를 목적으로 하며 이제는 흔해진 이 현상이 왜 이렇게 논란을 일으키게 된 것일까?

벤저민 L.Benjamim L과 C. 애그뉴Agnew가 만들어낸 헌신 이론Commitment Theory은 낭만적 헌신을 이루는 세 가지 주요 요인으로 사랑하는 정도와 이별에 따른 손실, 대안의 효용성을 꼽는다. 헌신은 만족과 손실이 클수록 단단해지고 관계 외에 가능한 대안이 존재할 때 약해진다. 만족도는 대안의 질적 수준이나 이별에 따른 손실보다 헌신의 정도를 확실하게 예측하는 지표가 된다. 관계의 질은 낭만적 상대를 대체할 때의 손실이나 대체 가능성 같은 외부적 요인보다 관계의 지속에 가장 큰 영향을 끼친다. 그러나 만족도가 높지 않다면 대안의 매력과 대안을 놓치게 될 때 손실의 크기가 더 커진다.[23]

결혼 및 가정 연구소 소장인 스콧 스탠리Scott Stanley와 연구진이 진행한 연구에서 동거 중에 내리는 결혼 결정은 신중한 의사 결정이라기보다 물 흐르듯 하는 표류의 과정을 거친다는 점이 밝혀졌다. 그러니까 함께 사는 연인 중 반 이상이 결혼에 대해 상의하지 않고 동거를 시작한 것이다. 단순한 연애와 헌신해야 하는 체제가 없는 관계에 비해 동거는 사랑의 강도나 깊이가 많이 증가하지 않으면서도 상대적으로 이별에 따른 손실(예를 들면 재정적 의무나 나누어 낸 전세금, 함께 키우던 반려동물, 임신, 당황스러운 일 등)이 크다. 스탠리와 연구진은

"미리 절감된 사랑이 결혼 이후 부부가 함께 다양한 문제를 맞닥뜨려야 할 때 문제가 될 가능성이 있다"고 주장했다. 흥미로운 점은 약혼 뒤 동거, 즉 연인이 동거 전 맺는 결혼 약속은 결혼에 미치는 부정적 영향이 훨씬 적다는 것이다. 동거 전 약혼의 경우, 결혼 결정은 사랑에 비해 손실이 적지만 다른 사람을 만나는 것도 여전히 자연스러울 때 일어난다.[24]

결혼에 대한 최적의 결정 능력을 제한하는 또 다른 요인은 동거 중인 연인이 동거와 결혼 사이의 차이, 특히 지속적 헌신과 도전에 대한 차이를 축소하는 경향을 꼽을 수 있다. 결혼을 결정한 동거 커플은 대부분 결혼과 동거의 생활 양식의 차이가 거의 없을 거라고 추측한다. 이 추측은 무엇보다 동거가 결혼의 적합성을 판단하는 일종의 시험이라며 혼전 동거를 정당화하는 가장 큰 이유다. 그러나 이미 밝혀졌듯, 그 추측은 옳지 않다. 동거는 결혼과 비슷하지만 전혀 다르다. 동거에는 결혼 생활의 제약, 이를테면 배타성이나 자유의 제한과 자녀 양육과 같은 새로운 도전이 부족하다. 동거는 헌신과 도전이 많지 않은 일종의 고급 실험 같아 보인다. 연구 결과 결혼은 동거와 질적으로 다르며 동거보다 더 높은 수준의 헌신과 안정성을 갖춘 것으로 나타났다.[25]

물론 이 내용은 결혼 제도를 신뢰하지 않거나 결혼할 생각이 전혀 없고 원칙을 정하여 동거하는 연인에게는 적용되지 않는다. 그들의 관계는 결혼 전 단순한 시도도 아니고 미래에 결혼을 선택해도 될지 실험해보는 것도 아니며 도리어 서로 간의 약속을 확인해줄 법적·종교적 승인이 필요하지 않다고 느끼는 연인 사이의 헌신적 관계다. 동성 간 결혼이 합법이 아닌 지역에 사는 동성 연인도 마찬가지며 그들은 미래의 결혼에 대한 기대 없이 동거한다.

연인의 열정은 동거한 뒤 결혼 생활을 시작할 때가 가장 높은 상태는 아니다. 동거 중 열정의 최고치에 이미 도달했다면 결혼이라는 체제 안에서 맞닥뜨리는 도전을 극복할 에너지를 주는 열정의 추진력 없이 힘든 결혼 생활에 들어가게 된다. 동거는 이별을 더 자연스럽게 생각하고 경험하게 하므로 사람들이 이혼을 더 가벼이 여기게 된다.

헌신 이론에서는 우수한 관계적 대안의 존재가 틀림없이 낭만적 헌신도를 떨어뜨린다고 여긴다. 동거는 우수한 대안의 수를 제한하며 관계를 단단하게 하기도 한다. 그러나 동거는 상대를 선택하는 과정의 단계이기 때문에 이 제한이 최적의 상대를 찾는 것을 방해할 수 있다. 그래서 동거는 결혼을 결정할 때, 동거의 주요 관심이 관계를 단단하게 하는 것일 때 가치 있으며 최고의 낭만적 상대를 여전히 찾는 중이라면 해가 될 수 있다.

이와 같은 연구와 대조적으로 결혼에 헌신하기 이전에 연인이 서로를 더 알아가게 하는 '시험 결혼'으로서 혼전 동거의 가치를 강조하는 학자도 있다. 이 이론의 옹호자들은 결혼에 앞서 동거했던 사람들이 결혼 파경을 맞는 위험 요인은 동거가 아니라 성격이나 과거사같이 애초에 동거하게 만들었던 내부적 이유에 있다고 여긴다. 이 옹호자들에 따르면 결혼과 비교하여 동거는 덜 헌신적인 사람들이 선택

하는 것으로 밝혀졌다.[26]

사회학자들인 마이클 로젠펠트Michael Rosenfeld와 카타리나 로슬러 Katharina Roesler의 연구에서는 혼전 동거가 결혼의 안정성에 끼치는 단기적·장기적 영향이 다르게 나타났다. 결혼 뒤 1년 동안은 동거 경험이 있는 부부가 동거 경험이 전혀 없는 부부보다 이혼율이 더 낮다. 이는 결혼 생활을 시작할 때 이미 함께 살아보았던 부부가 초기에 경험상 유리하기 때문일 것이다. 그러나 그 이점은 딱 1년 동안만 지속된다. 혼전 동거가 결혼 생활의 안정성에 가져오는 불이익은 결혼 뒤 5년이 지나고 가장 강하게 나타나며 시간이 지나도 거의 변함없이 유지되었다.[27]

실증적인 논증의 세부 내용까지 들어가지 않더라도 혼전 동거의 성질이 결혼의 지속에 단기적·장기적으로 중요한 영향을 미칠 수 있음을 알 수 있다. 그러나 그 영향은 다면적이며, 개인적 상황적 요인을 고려해야 한다.

| 불평등과 질투 |

∞

홀로 피어 있는 꽃은 수많은 가시를 부러워할 필요가 없다.
라빈드라나드 타고르Rabindranath Tagore, 시인

우정에서의 평등은 오래전부터 논의가 많이 이루어진 주제다. 예컨대 아리스토텔레스를 비롯한 고대 그리스인에게 우정은 이상적으로 동등한 사람 사이의 관계였다. 아리스토텔레스는 지위가 동등하지

않은 사람들 사이의 우정에 대해 "그런 불균형적 우정에는 비율에 따른 이익의 교환이 분명히 존재하며 이는 관계에 '분배적 평등'을 부여한다"고 주장했다.

평등의 부재는 질투를 불러오고 결혼 생활의 만족을 깎아내린다. 나는 질투가 주로 우리의 부당한 열등함과 연관된다고 주장해왔다. 질투는 정의에 대한 보편적인 도덕적 관심보다 우리가 부당한 열등함으로 여기는 것들에 대한 특정하고 개인적인 관심을 내포한다.[28] 질투를 발생시키는 열등함과 자격이라는 주축은 질투에서 불평등의 역할을 증명한다. 불평등이 부당한 것으로 인식될 때 질투가 생겨난다. 평등은 긍정적 개념과 연관되지만 불평등은 대부분 부정적으로 인식된다. 그래서 우리는 부유층과 빈곤층 사이의 불평등이 커지는 것에 대해 부정적으로 이야기한다. 불평등은 '어떤 사람들이 다른 사람에 비해 더 많은 권리와 더 좋은 기회를 얻는 불공평한 상황'이라고 정의된다. 사회 경제학에서는 이 용어로 '가진 자'haves와 '못 가진 자' have-nots 사이의 격차를 표현한다. 다수의 평등주의 사회는 음식이나 건강, 교육, 주택 시설 등 사회 구성원의 기본 필요를 채우기 위해 자원을 비슷하게 분배함으로써 격차를 제거하고자 노력했다. 이스라엘의 키부츠(공동 노동 및 소유를 실천하는 생활 공동체―옮긴이) 운동이 전형적 사례다. 그러나 이런 노력은 키부츠 안에서 질투의 수준을 낮추기는커녕 더 증가시켰다.[29]

평등주의 사회에서 질투심을 없애거나 줄이려는 노력이 무참히 실패한 것은 잘생긴 외모나 지능 같은 타고난 차이 혹은 개인의 배경과 같은 비개인적 원인과 관련된 불평등을 해소할 능력이 우리에게 없기 때문이다. 이런 불평등에는 개인의 부조리한 행동이나 태도가 없으므로 사람을 탓할 수 없다. 그렇지만 상황 자체는 불공평하고 부당하게 여겨질 수 있으며, 우리를 부당한 상황에 몰아넣기에 어느 정도의 불의가 드러난다. 우리는 종종 아름다운 사람이나 타고난 재능을 가진 사람에게 질투심을 느낀다. 그렇지만 그들이 부도덕하다고 비난하지 않고 오히려 우리 자신이 부당하게 열등한 위치를 차지하고 있다고 생각한다. 이렇듯 질투하는 사람이 불공평하다고 생각하는 상황을 다른 사람은 불공평하다고 인식하지 않는 경우가 많다. 우리가 열등한 위치에서 불공평한 요소를 찾으려는 욕구는 "불공평은 상대적으로 견디기 쉽다. 상처가 되는 것은 공평함이다"라는 말로 설명할 수 있다.

가장 적합한 상대는 '객관적으로' 가장 좋은 장점을 가진 사람이 아니라 함께 행복을 일구어나가는 데 투신할 준비가 된 사람일 것이다. '객관적으로' 엄청나게 잘생기거나 똑똑하지는 않아도 관계가 깊이 있고 만족스럽다면 그 사람을 사랑할 수 있다.

친밀한 관계에서 평등이 가치 있음은 분명하지만 평등을 측정하는 것은 어려울 수 있다. 그 격차가 분명하여 두 사람 모두가 알고 있는 경우도 있고, 사랑 없이 서로 자기가 더 우위에 있어 타협해주고 있다고 생각하는 경우도 있다. 깊은 사랑의 경우에는 대개 상대를 소중히 여기고 상대가 (거의) 완벽하다고 생각한다. 이 모든 상황에서 스스로를 속이는 자기기만 현상이 흔히 일어난다.

누군가의 상대적 가치는 차이가 확연하지 않거나 영역이 다를 때 무게가 줄어든다. 당신이 많은 타협을 하고 있다는 생각이 들 만큼 상대와의 차이점들이 마음을 가득 채우면 방해만 될 뿐이다. 그러나 비교의 영역은 친절함, 매력적임, 지혜로움, 사회적 지위, 업적 등 다양하며, 각 영역의 상대적 무게를 결정하는 것은 어느 정도 사랑의 주체에게 달려 있기 때문에 상대가 자신보다 우월한지 열등한지 결론 짓지 않는 것도 당신에게 달렸다.

열등한 상황과 부당하다고 여겨지는 환경에 모두 처한 것은 부부 관계에서 부당한 위치에 있는 것이 혼외정사를 부추길 수 있다는 연구를 증명하는 사례로 이용된다.[30] 공정성 이론에 따르면 불공정한 낭만적 관계에 있는 사람들은 자신이 부당한 상황에 갇혀 있다고 생각한다. 이는 자신이 더 잘할 수 있다고 느끼는 '우월한' 사람과 상대에게 인정받지 못하여 분노를 느끼는 '열등한' 사람 모두에게 해당된다. 혼외 관계에 빠지는 것은 서로가 평등하다고 느끼는 사람보다 자신이 '우월' 혹은 '열등'하다고 느끼는 사람일 가능성이 높다. 우월한 사람은 자기가 받아 마땅한 것보다 '덜' 받고 있기 때문에 혼외 관계를 충분히 누릴 만하다고 여긴다. 열등한 사람은 불평등이라는 불쾌한 상태에서 도망치기 위해서, 그리고 자기도 상대와 평등하며 누군가에게 매력적이고 가치 있는 사람일 수 있음을 배우자와 자신에게 증명하기 위해서 혼외 관계에 빠지는 경향이 있다.

일반적으로 불공정은 단기간에 큰 자극을 불러일으켜 첫눈에 사랑에 빠지게 하거나 성욕을 증대시킬 수 있다. 그러나 장기적으로 볼 때 확연한 불평등은 양쪽 모두에게 문제가 되어 유명인과 사귀는 것 등과 같은 피상적 단기 목표의 중요성이 줄어든다. 예를 들어 '지위가 더 높은' 사람은 호혜성에서 소홀함을 보이기 시작할 테고 결국 '지위가 낮은' 사람의 사랑에 상처를 주고 질투와 시기심, 분노를 자극할 것이다.

서로 간 격차의 규모나 각자의 상대적 가치도 한몫한다는 사실로 상황은 더욱 복잡해진다. 어떤 영역, 예를 들면 지능의 불평등 때문에 불쾌한 기분은 전반적인 상대적 가치가 비슷하다고 여겨지면 사라질 수 있다. 또 어떤 영역에서의 열등함은 다른 영역에서의 우월함으로 메워진다. 그래서 사람들은 자신의 가치를 확신할 때 일부 영역에서 본인보다 약간 우월하여 자신에게 도움이 될 사람을 선호한다. 이때 동경이라는 감정이 연관된다. 한 연구에 따르면 상위 집단에 속하는 남성의 89퍼센트가 자기만큼 똑똑하거나 더 지적인 여성과 결혼하고 싶어 하거나 이미 결혼했다고 한다. 이 남성들은 지적인 여성과 결혼이 좋은 결정이었다고 생각한다. 하지만 매력의 차이에는 한계가 있다. 그래서 어떤 연구에서는 남성과 여성 둘 다 자기보다 평균 약 25퍼센트 이상 인기가 많은 매력적인 사람을 추구한다는 결과를 발표했다. 사람들은 매력의 계급 내 자신의 위치를 알고 있으며 상대를 찾는 행동의 수위를 알맞게 조절하지만 더 매력적인 짝을 얻으려고 조심성 있게 경쟁하기도 한다.[31]

흥미롭게도 꾸준한 불평등은 지속할 수 없으며 감정에 손상을 입히는 반면에 관계 안에서 권력의 활발한 이동은 관계를 이어가게 한다. 힘의 이동은 관계 안에서 기본적으로 평등한 상태를 드러낸다. 여기서 심오한 가치는 이동 자체에 있는 것이 아니라 이동을 가능하게 하는 평등에 있다. 이 가치가 군건하지 않으면 사람들은 자신의 열등한 상태가 지속될 것이라며 항상 두려워하겠지만, 지위의 평등이 견고하다면 현재의 열등함은 중요하지 않고 잠깐일 뿐이라고 여겨 그런 두려움은 생겨나지 않을 것이다.

낭만적 호혜성: 당신이 사랑하는 사람이 당신을 (그리) 사랑하지 않을 때

∞

동등한 사랑이 있을 수 없다면 내가 더 사랑하는 사람이 되게 해주오.

W. H. 오든

당신을 사랑하지 않는 사람을 사랑하는 것은 선인장을 껴안는 것과 같다. 더 세게 안을수록 더 많이 다치는 법이다.

익명

짝사랑은 모든 사랑의 경험 중 가장 슬픈 것이다. 그러나 어떤 사람들은 사랑의 완전한 부재보다 호혜성의 부재를 선호한다. 사랑에서 호혜성이 중요하지만 어떤 사람은 상대에게 자신의 사랑에 대한 보답을 완전히 받지 못하더라도 상대를 사랑할 수 있다.

각자가 낭만적 관계에 참여하는 정도는 상대와 비교했을 때 항상 차이가 있겠으나 관계의 구성원들이 그 차이를 불공평으로 여기게 하는 다른 불평등 요소를 차단하기 위해 깊이 있는 호혜성을 반드시 평가해야 한다. 불공평을 느끼게 되면 억울해지고 결혼 생활의 질적 수준이 떨어진다. 낭만적 호혜성에 타협하는 것은 '최소 관심의 원칙' (관계 안에서 관심이 가장 적은 사람이 가장 큰 힘을 가진다는 사회학 개념— 옮긴이)의 본보기가 된다. 가장 관심이 적은 상대는 덜 헌신하게 되고 관계가 지속함에 따라 더 많은 지배력을 가진다. 따라서 이 사람이 관계를 끝맺는 사람이 된다.[32]

사람마다 성격이나 사랑의 관계를 형성하는 방법과 속도가 다르기에 불평등한 낭만적 관계의 참여도를 판단하기는 어렵다. 낭만적 관계의 불평등한 참여는 관계가 형성되는 초기에 가장 흔하게 나타난다. 참여 정도의 차이는 다음처럼 두 종류의 상황으로 이어질 수 있다.

· 당신은 그를 사랑하지만 그는 당신을 (그리) 사랑하지 않는다.
· 그는 당신을 사랑하지만 당신은 그만큼 그를 사랑하지 않는다.

다음의 이야기는 실화다. 알베르트는 50대 중반의 잘생긴 이혼남이다. 그는 소개팅에서 데브라를 만났고 그들은 약 1년 동안 교제했다. 그는 그녀를 좋아하고 함께 있는 시간을 즐겼으나 많이 사랑하지 않아서 헤어졌다. 이별 뒤에 그는 다른 여성들을 만났다. 그러던 중 약 1년이 지나고 그의 생일날, 데브라가 저녁 식사를 하자며 집으로 알베르트를 초대했고, 그 뒤 그들은 다시 만나기로 결정했다. 알베르트는 친구에게 이렇게 말했다. "데브라는 내가 함께 살고 싶은 여자야." 친구는 너무 놀라 알베르트에게 거의 1년 전, 함께 있고 싶을 정도로는 그녀를 사랑하지 않는다고 말했지 않냐고 했다. 알베르트가 대답했다. "맞아. 그렇지만 그녀만큼 나를 사랑해주었던 사람은 지금까지 없었고, 그게 가장 중요한 거잖아." 사실 알베르트도 데브라에게 같은 질문을 했었다. "당신이 나를 사랑하는 만큼 내가 당신을 사랑하지 않는다는 걸 알면서도 왜 함께 있고 싶어 하는 건가요?" 데브라는 자기를 사랑해주지 않아도 자기가 더 많이 사랑할 수 있는 사람과 함께 있는 것이 그 반대의 경우보다 더 좋다고 대답했다.

둘 중 선택해야 한다면 당신은 누구의 입장에 서겠는가, 알베르트인가 데브라인가? 내 지인들과 학생들의 의견은 갈렸다. 짝사랑에 대해 이야기할 때 사람들은 한쪽이 상대에게서 사랑하는 마음을 전혀 느낄 수 없는 가슴 아픈 경험을 언급한다. 하지만 대부분의 경우는 그렇게 극단적이지 않다. 두 사람이 서로 사랑하기는 하지만 사랑의 성질이나 강도가 다르다. 이 사례에서 데브라는 알베르트를 미친 듯이 사랑했지만 알베르트는 데브라를 그저 좋아하는 정도였다. 알베르트의 태도에 낭만적 사랑의 흔적이 아예 없지는 않다. 그러나 상대를 향한 돌봄과 우정은 있지만 낭만적 강도는 낮다. 사랑의 강도와 깊이를 나타내는 견고함의 지점이 있는데, 그 지점 밑으로 내려가면 두 사람이 함께할 가치가 없는 것이다. 그러나 알베르트의 느낌은 이 지점보다는 높다.

알베르트와 데브라는 모두 낭만적 타협을 결정했다. 그러나 누구의 타협이 더 힘든지는 분명하지 않다. 알베르트의 상황에서 가장 큰 장점은 그가 받는 엄청난 사랑이다. 그래서 그는 이 상황의 지배권을 더 많이 갖게 되며 데브라가 그를 떠날 가능성은 적다. 알베르트의 상황에서 약점은 인간의 가장 큰 꿈인 누군가와 미친 듯한 사랑을 포기하는 것이다. 알베르트는 미래를 안전하게 만들기 위해 현재와 타협했다. 데브라는 이 상황에 지배권이 거의 없으므로 상대적으로 더 취약한 입장이다. 그녀는 현재의 깊은 사랑을 누리기 위해 미래의 주도권을 포기했다. 알베르트와 데브라의 상황에서 개인의 성격도 선택에 영향을 준다. 조금 더 자기중심적인 사람은 알베르트의 선택을 따르겠지만 낭만적인 사람은 데브라의 선택을 선호한다. 나이도 영향을 끼치는 타당한 요인이 될 수 있다. 낭만적 선택을 많이 하지 않게 되는, 혹은 열정적인 낭만적 사랑보다 우정을 찾는 노인들은 알베르트의 상황을 선택할 가능성이 높다.

해피엔딩이다. 이 이야기를 들은 지 1년이 흘렀고, 알베르트와 데브라가 재결합했고 지금은 연인 사이라는 소식이 들려왔다. 비록 각자의 집에 각자의 배우자가 살기는 하지만.

| 맺음말 |

∞

비교는 기쁨의 종말이다.

마크 트웨인, 문학가

이 책이 차용하는 대화적 접근의 중요한 주장은 두 사람 사이의 상호작용이 관계의 견고함과 질을 결정한다는 것이다. 낭만적 연결성의 특징을 살펴본 이번 장에서는 이 주장의 기초를 다져보았다.

인간의 필수 욕구인 소속 욕구는 낭만적 연결성에 나타난다. 소속 욕구는 낭만적 연결성을 우리에게 아주 중요한 것으로 만든다. 그러나 주체성과 평등한 지위는 낭만적 관계에서 필수이기에 낭만적 소속이란 한 사람이 다른 사람을 소유한다는 의미는 아니다. 여기서 소속은 연인의 상호 작용과 관계 발전의 자연스러운 부분으로 서로를 받아들인다는 의미다.

사랑과 결혼 사이의 연관성은 현대 사회에서 더 복잡해졌다. 사회적 체제로서 결혼은 재생산을 포함하여 생활 환경을 개선하는 것과 관련한 실용적 목표를 먼저 성취하도록 만들어졌다. 사랑과 개인의 성취가 결혼의 이상으로 대두되면서 결혼의 질적 수준이 올라가기 시작했지만 그런 사랑과 개인적 성취를 실현하는 것이 실패할 수 있는 가능성도 커졌다. 이에 따라 결혼의 실패가 증가하게 되었다.

'완벽하다'라는 말을 '흠이 없다'와 '가장 적절하다'는 의미로 구분함으로써 완벽한 사람과의 완전하고 오래 지속되며 낭만적인 관계를 세우고자 하는 바람을 살펴보았다. 낭만적 사랑의 맥락에서는 두 번째 의미가 첫 번째 의미보다 유익하다고 생각한다. 이어서 상대의 본성을 평가하는 비교 접근과 고유 접근에 대해서도 이야기를 나누었다. 두 가지 모두가 낭만적 상대를 선택할 때 일반적으로 사용되며 저마다 가치를 지니지만 고유 접근이 오래 지속되는 낭만적 관계에 더욱 중요하다.

상대의 대체 가능성에 대한 문제는 낭만적 사랑에 매우 중요하며, 이는 상호 간 헌신의 정도와 관련 있다. 어떤 문화권에서는 죽음이 갈라놓을 때까지 헌신을 요구한다. 그러나 사람과 상황은 변화하며 낭만적 이별도 흔한 현상이 되었다. 그럼에도 불구하고 사랑은 도서관 책과 같지 않기에 상대를 매주 대출하고 반납할 수 없다.

표류의 의사 결정 구조는 감정적 직관이나 지적인 사고, 직관적 추론의 구조만큼 유익하지 않다. 실제로 낭만적 표류는 문제가 많고 낭만적 안정성과 깊이를 제공하지 못한다. 그러나 어떤 환경에서는 표류도 중요하며 낭만적 깊이를 이루어가는 느리지만 꾸준한 과정을 가능하게 할 수 있다. 느리게 오는 것은 (적어도) 느리게 떠나간다.

함께 공유하는 활동과 경험이 매우 중요한 깊은 사랑에는 주체성과 평등이 존재한다. 자신과 상대가 불평등하다고 인식할 때 질투가 등장하며 혼외정사도 따라 나올 수 있다. 연인 간의 평등은 서로 자기 할당량만 쌓아가는 기계적 평등이 아니라 서로 다른 자원의 투입량과 특히 두 사람의 지위의 평등까지 고려하는 평등이어야 한다.

The Arc of Love

How Our Romantic Lives Change over Time

Chapter

7

낭만적
타협

Romantic
Compromises

마음의 문제가 아닌 것 같아요. 마음에도 핸들이 필요할 때가 있어요.

미국 드라마 「굿 와이프」의 주인공 알리샤 플로릭

애플의 창업자 스티브 잡스Steve Jobs의 말이다. "위대한 일을 하는 유일한 방법은 당신이 하는 일을 사랑하는 것입니다. 그 일을 아직 찾지 못했다면 계속 찾아보십시오. 안주하지 마십시오. 마음을 모으면 그 일을 찾았을 때 알게 될 것입니다. 그리고 그 일은 모든 좋은 관계와 마찬가지로 해를 거듭할수록 계속 좋아지게 됩니다. 그러니 찾을 때까지 계속 찾으십시오. 안주하지 마십시오."

현실 안주나 타협을 거부하는 잡스의 말은 훌륭하고 이상적이다. 이 말은 일과 사랑에 대한 중요한 결정을 내릴 때 감정이 단독 주연 역할을 하게 한다. 그러나 이 이상은 현실적이지 못하며 다수의 상황에서 적절하지 않다. 보통은 마음과 머리를 한데 모으는 것이 더 낫다. 그래야 감정을 통제할 수 있기 때문이다. 미국 드라마 「굿 와이프」의 주인공 알리샤 플로릭은 어떻게 사랑이 열정보다 오래가도록 만들 수 있냐는 질문에 이렇게 대답했다. "마음의 문제가 아닌 것 같아요. 마음에도 핸들이 필요할 때가 있어요." 플로릭의 말이 옳다(그 다음 시즌에서 남편을 떠나버리기는 했지만). 그러나 가끔, 어쩌다 보면 타협해야만 할 때가 있다. 타협이 궁극적으로 개인의 행복을 확장해줄 수 있기 때문이다.

이번 장에서는 낭만적 타협의 길로 들어가보자. 낭만적 타협의 주요 형태는 첫째로 매력 있는 대안을 포기하는 것이고, 둘째로 상대를 고를 때 타협하는 것이다. 이번 장에서 그리고 이 책 전반에서는 첫 번째 유형을 살펴본다. (두 번째 유형은 다음 장에서 낭만적 상대를 선택하는 문제를 검토하며 다룬다.) 그러고 나서 사랑은 희생을 포함하는지 아니면 타협을 포함하는지의 문제와 좋은 타협과 나쁜 타협 사이의 구분, 첫사랑, 두 번째 사랑 혹은 마지막 사랑의 가치, 좋은 상대가 되는 것, 낭만적 타협의 복잡성 등과 관련한 문제들을 생각해보도록 한다.

| 낭만적 타협의 특징 |

∞

원하는 것을 항상 가질 수는 없어요. 하지만 노력한다면 언젠가 찾게 되겠죠,
필요한 것을 갖게 될 거예요.

롤링 스톤스The Rolling Stones, 가수

낭만적 타협에서 우리는 편안한 생활 같은 비낭만적 가치를 얻는 대

가로 강렬하고 격정적인 욕망과 같은 낭만적 가치를 포기하지만, 계속해서 원하는 가능성이나 가지 못한 낭만의 길을 마음속으로 동경한다. 그러나 그 동경하는 마음의 외침이 진짜인지, 혹은 잠깐뿐이며 관계의 발전에 따라 보상을 받을 수 있는지 우리는 그 여부를 알지 못한다.

낭만적 타협은 현대의 낭만적 삶에서 가장 흔하면서도 고통스러운 증후군이다. 결혼한 부부 중 절반은 자신이 이루었던 낭만적 타협을 받아들일 수 없어서 관계를 이혼으로 끝맺는 것 같다. 결혼을 유지하는 나머지 부부 중에서도 다수가 스스로 타협했다고 생각한다. 가장 깊은 사랑을 하고 있는 운 좋은 부부들은 마음을 조종할 필요가 거의 없었다. 그들은 자신들이 유지하기를 원하는 관계의 유형으로 이끌어주는 사랑의 마음을 자발적으로 따라갔다.

어떤 사람으로 인해 행복하다는 것은 자신을 그보다 더 행복하게 해줄 것 같은 사람이 이 세상에 없다는 의미가 아니다. 그러나 그런 사람을 찾는 것은 여러 이유로 문제가 있다. 먼저, 이별이라는 손실을 감당해야 한다. 예를 들면 지금도 충분히 괜찮은 관계를 잃는 위험 요소와 이상적 상대를 찾을 때 드는 시간과 노력을 포함한 모든 비용, 더 적절한 사람을 찾지 못할 때의 손해 등이다. 두 사람 간의 상호작용이 낭만적 깊이를 만드는 데 가장 중요하다고 가정하면 이상적 상대를 찾기 위해서는 결정을 내리기 전에 수많은 사람과 함께 지내보아야 한다. 그래야 더 적합한 상대를 찾게 될 것이다(여전히 세상에서 가장 적합한 상대는 아닐지라도). 그러나 만약 그 탐색 과정이 50년이 걸린다면, 그래서 얻는 것이 행복뿐이라면, 78세의 나이에 지난 반세기를 불행하게 보낸 셈이다.

낭만적 타협은 낭만적 사랑에서 시간의 역할에 호의적 태도를 취한다. 그래서 결혼 당시 배우자를 깊이 사랑하지 않았던 사람들은 더 풍성한 상호 이해와 시간이 자신의 관계를 깊게 해줄 것이라 희망했기에 결혼을 결심했다고 말한다. 시간이 관계를 개선해주지는 않아도 결혼 당시의 그 타협이 괜찮은 선택이었음이 드러날 때가 있다. 그러나 시간이 지나도 배우자에 대한 관점이 나아지기는커녕 더 나빠져서 이혼이 불가피한 경우 또한 있다. 그러므로 낭만적 강도와 깊이 사이의 구분을 통해 결혼 당시에는 이 배우자와 낭만적 강도를 타협하는 것처럼 여겨졌지만 내재적 가치 활동을 공유하고 함께 오랜 시간을 보냄으로써 부부의 낭만적 깊이가 상당히 깊어지는 많은 사례를 설명할 수 있다.[1]

| 낭만적 타협의 유형 |

∞

여성은 모든 선택의 순간에 가로막힌다. 유연하나 움직일 힘이 없다. … 욕망이 몰려올 때마다 항상 억누르는 관습이 있다.

구스타브 플로베르의 『보바리 부인』

낭만적 타협에는 두 유형이 있다. 첫째는 결혼이나 다른 헌신된 관계에 진입할 때 맺었던 낭만적 자유에 대한 타협이고, 둘째는 상대를 선택하는 것과 관련한 타협이다. 첫 번째 유형에서 가장 중요한 문제는 매력 있는 가능성을 계속 갈망하지만 포기해야 하는 것이다. 두 번째 유형에는 상대의 부정적 측면도 수용해야 하는 문제가 추가된다.

가정 폭력처럼 관계의 부정성이 분명할 때는 부정성에 대한 문제가 가장 두드러지며 타협을 깨려는 결정도 즉시 내려야 한다. 하지만 부정성이 그리 심하지 않다면 가능성을 향한 갈망이 가장 우세한 문제가 될 것이다. 보통 두 문제가 복합되어 낭만적 타협에 대한 감정이 결과로 나타난다.

어떤 기혼 여성의 솔직한 이야기를 들어보자. "남편과 결혼할 때는 내가 너무 많이 타협한다고 생각하지 않았어요. 처음에는 긍정적인 면이 부정적인 면보다 꽤 많았죠. 시간이 지나면서 부정적인 것이 많아지기 시작했지만 사랑이 약해졌다고 느끼기 시작한 시기는 최근입니다. 그의 부정적인 면을 개선해주고 싶은데 다른 상대의 가치를 알아버렸어요. 저는 두 선택 사이에서 오락가락하고 있어요!"

낭만적 자유를 포기하는 것과 약점이 분명히 있는 상대를 수용하는 것, 두 가지 유형의 낭만적 타협은 헌신된 관계 안에서 타협의 필요성을 나타낸다. 완벽하지 못한 결혼을 한 부부가 헌신된 관계에는 타협이 필수라는 점을 이해하기만 한다면 결혼 생활이 유지될 것이다. 이런 사람들은 완벽하지 못한 세상에서 타협의 가치를 알지 못해서 자신의 결혼과 상대를 불필요할 정도로 가혹한 관점으로 본다. 또한 많은 사람이 좋은 타협과 나쁜 타협의 차이를 이해하지 못해서 끔찍한 관계를 유지하기도 한다. 여기서 중요한 문제는 낭만적 타협이 궁극적으로 삶과 사랑에 행복을 풍성하게 할지, 아니면 깨뜨릴지다.

| 매력적인 낭만적 대안 포기하기 |

∞

노랗게 물든 숲속에 두 갈래 길이 있었습니다. 둘 다 갈 수 없어 아쉬웠습니다.
한 명의 여행자로 한참을 서 있었습니다.

로버트 프로스트Robert Frost, 시인

원했던 것은 갖지 못했었다. 가졌던 것은 원하지 않았었다.

하노크 레빈Hanoch Levin의 『삶의 노동』The Labor of Life

우리의 안전지대를 지켜주며 익숙하고 예측 가능한 일만 일어나는 안정적 경계선과 그 경계선을 넘어서 새로움을 경험하고 싶은 바람 사이의 긴장은 인간의 삶과 사랑이라는 경험에 기초가 된다. 이는 이상적 자유와 헌신 사이의 긴장이기도 하다. 이 긴장은 결혼에서 가장 중요한 낭만적 타협, 즉 낭만적 자유를 포기하도록 인도하여 사람들이 구속되어 있다고 느끼게 한다.[2] 오늘날에 더 느슨해진 결혼의 유연성과 더 많아진 유혹적인 낭만적 대안의 효용성은 우리 삶에서 사랑의 역할에 무게를 실어주고 결혼의 현대적 형태를 다듬을 필요를 제기한다.

오늘날 매력적인 낭만적 선택의 증가는 이미 좋은 관계를 유지하고 있는 사람이 '더 나은' 혹은 적어도 색다른 사람을 찾아 나서도록 유혹하는데, 그 탐색이 현재의 관계를 무시하거나 망칠 수 있다는 사실이 중요하다. 당신은 자신의 상대가 좋은 사람이라고, 혹은 최소한 자신에게는 좋은 사람이라고 믿을지 모른다. 하지만 겉보기에 매력적이고 그럴듯한 다수의 선택지 앞에서 당신은 불안해질 수 있다. 냇 킹 콜의 노래에는 "이처럼 불안한 세상에서 사랑은 시작하기도 전에 끝나버린다"라는 가사가 있다. 냇 킹 콜이 이 아름다운 노래를 처음으로 부른 이래로 낭만적 세계는 더 불안해졌다. 오늘날 낭만적 흥분은 다음 날 아침까지만 지속될 뿐이다. 어떤 이혼 여성의 말이다. "남성들의 사랑은 딱 내가 화장을 하고 있을 때, 그때뿐이에요. 간밤에 강렬했던 그들의 낭만적 욕구는 아침에 내 화장과 함께 사라지지요."

가능성을 지닌 매력적 대안의 존재에 대응하기란 어려운 일이다. '선택 피로'와 대안을 추구하는 데 따르는 손실 때문이다. 더욱이 빠른 변화는 불안한 일회용 사회의 전형적 특징이다. 이 사회는 수명이 짧거나 한 번 쓰고 버릴 물건의 과도한 생산과 소비에 바탕을 두고 있다. 우리는 끊임없는 흐름 속에서 생겨난 신속한 새로움에 중독되었다.[3]

수많은 사람에게 한자리에 남아 있는 것이란 제자리걸음과 같다. 사랑하는 사람들은 쉴 틈이 없다. 그들이 지나고 있는 사랑의 길이 좋지 못해서가 아니다. 그 길은 조금 지루할 수 있지만 인류 역사상 가장 좋을지도 모르는, 여전히 가치 있는 길이다. 하지만 가보지 못한 새로운 길이 더 매력적으로 다가오고 선택할 수 있는 길도 많아 보인다. 짧은 환상을 좇는 것은 해결이 아닌 문제가 되는 경우가 많다. 색다른 것, 혹은 색다른 듯한 것에 대한 환상은 이미 가진 것보다 형편없는 대체품일 때가 많다. 우리는 가능성의 환상에 사로잡힌 포로가 될 수도 있다. "여기서 우리는 모두 스스로 만들어낸 장치에 갇혀버린 포로들이라네"라는 이글스Eagles의 노래 「호텔 캘리포니아」 가사처럼 말이다. 낭만적 타협의 특징을 잘 이해하면 이 감옥에서 탈출하게 되거나 적어도 감옥 담장 안에서 삶을 더 즐기게 된다.

낭만적 타협은 기능적이다. 기능적인 낭만적 타협은 낭만적 이상과 현실 사이를 중재해주기에 좋은 때가 많다. 완벽하지 않은 정도로는 실현될 수 없는 낭만적 이상 또한 여전히 중요하며 불완전한 세상에서 우리의 길을 안내하는 신호등이 되어주기도 한다. 이 신호등이 가치를 지니려면 우리는 실제 현실을 인식하고 있어야 하며 그것이 바로 낭만적 타협이 하는 일이다.

우리는 현재 만족을 주는 관계보다 미래의 만족을 얻을 관계에 더 헌신한다.[4] 이는 사람들이 낭만적 타협을 하는 이유, 예를 들면 행복하지 않은 부부가 타협한다는 생각을 가지고도 관계를 유지하는 이유가 될 수 있다. 낭만적 의사 결정 과정에 시간적 차원을 포함하는 것은 장기적으로, 또 단기적으로 고려해야 할 사항의 차이점을 인식하고 우리가 따라가야 할 가장 좋은 길을 결정하도록 한다. 사람들이 사랑이 아니라 안락한 삶을 위해 결혼하는 것처럼 낭만적 타협은 비낭만적 가치를 위해 낭만적 가치를 포기한다. 그러나 자신에게 매우 매력적이지만 동시에 잘난 체가 매우 심한 사람이라는 점을 가볍게 넘기고 그 사람과 결혼한다면 단기적으로는 낭만적 결단일 수 있지만 장기적으로는 낭만적 타협이 될지 모른다. 많은 낭만적 타협이 단기와 장기 고려 사항들 사이에 갈등하고 있다.

사랑의 타협은
어째서 이렇게 고통스러운가요?

∞

자기 자신과 타협하지 말라. 자신만이 자기가 가진 전부다.

재니스 조플린Janis Joplin, 가수

사랑은 타협으로 가득하다. 갖고 싶지만 가질 수 없는 것의 수만큼 많다. 우리는 현실 때문에 사랑과 타협한다. 낭만적 이데올로기는 그런 유연성을 부정하며 타협의 필요성에 반대한다. 사실 '낭만적 타협'이라는 말 자체에 모순이 있는 듯하다. 당신은 배우자에게 "사랑해 여보, 당신은 내게 타협안이긴 하지만 말이야"라고 이야기할 수 없다. 비록 그렇게 느끼더라도 말이다.

낭만적 타협은 다른 종류의 타협처럼 긍정적인 면과 부정적인 면이 있다. 타협할 때 우리는 자기 가치관의 일부를 포기하기에 어느 정도는 불만족을 느낀다. 그러나 낭만적 사랑의 이상주의적이고 포괄적인 특성과 낭만적 타협의 쉽게 번복할 수 있는 특성 때문에 낭만적 타협을 이루기는 특히 어렵다.

영향력이 한정적이며 특정한 상황에 대응하기 위한 재정상의 타협과 달리 낭만적 타협은 지속되는 경험이라 평생 낭만적 타협을 하며 살게 될지 모른다. 게다가 낭만적 타협은 보통 번복이 가능하다. 보아하니 '더 나은' 선택지가 있다는 생각이 계속 들면 사람들은 자기에게 주어진 것에 만족하지 못하고 오랜 사랑에 지속적으로 위협을 가할 수 있다.

우리는 타협을 요구하는 복잡한 세상에서 살아간다. 이 세상은 우리가 높은 가치를 지니는 것을 위해 낮은 가치를 포기해야만 할 때 길잡이가 되어줄 우선순위를 요구한다. 그래서 우리는 자신의 가치관을 현실에 적용할 때 타협할 필요가 있다. 사실 갈등 상황에서 타협점을 찾거나 다른 사람의 고민을 이해하는 능력은 이성의 절정으로 여겨진다. 청장년에 비해 노인은 여러 문제의 존재를 강조하고 타협을 고려하며 한계를 인식하는 고차원적 추론 체계를 더 많이 활용한다.[5]

낭만적 타협에는 상대를 향한 우리의 태도 중에서 상대를 평가할 때 기본적이고 주요한 관점들, 즉 매력 있는 외모 혹은 칭찬받을 만한 성품이나 성과 중 하나라도 없거나 부족한 것이 포함된다. 어떤 사람은 신체적 매력을 타협하되 좋은 양육자나 부모가 될 만한 성품이나 성과에 선택의 근거를 둔다. 또 어떤 사람은 강렬한 낭만적 열정에 우선순위를 두어 우정이나 가정의 안정, 개인적 발전 지지 등의 문제와 타협한다. 낭만적 열정을 타협하는 것은 "이 사람이야말로 우리 아이들의 아빠였으면 좋겠어요"라고 말하는 여성들이 좋은 사례다. 이 여성들은 그 남성을 가장 매력적인 사람으로 생각하지는 않아도 좋은 친구이자 가족을 부양할 믿음직한 사람으로 여긴다. 이와 달리, 어떤 남성을 가장 훌륭한 친구나 동반자가 아니라 좋은 성적 상대로 여기는 여성들도 있다.

신체적 매력과 상대의 칭찬받을 만한 성품과 성과, 둘 다 사랑에 빠지게 하는 필수 요소면서도 양자택일의 문제가 아니기 때문에 낭만적 타협은 적당한 정도에 대한 것이다. 두 가지 관점이 모두 약하다면 낭만적 타협을 한다는 느낌이 강해질 수 있다. 그러나 둘 다 항상 최고 수준을 유지하는 것은 불가능하므로 낭만적 타협이라 느껴지는 수준까지 떨어지면 결정해야 한다. 상대를 고르는 문제에 있어서 사랑이 시작될 때 더 큰 비중을 차지하는 상대의 매력을 타협할 가능성이 적다. 시간이 지나면 함께 나눈 활동과 서로 간의 돌봄과 호혜성과 같은 장기적으로 유의미한 사항이 더 중요해진다. 현대 사회의 경제적 발전은 '좋은 부양자'를 선택해야 하는 필요를 감소시켰고 이는 우리의 낭만적 상대 선택에 더 큰 자유를 부여했다. 이 말은 즉 우리가 사랑하는 사람을 찾는 데 더 집중할 수 있다는 뜻이다.

| 사랑에 희생이나 타협이 따르나요? |

∞

어떤 것에 남자가 목을 맨다면 그것이 꼭 진리는 아니다.

오스카 와일드, 문학가

우리는 희생할 때 다른 것을 얻기 위해 의미 있는 것을 포기한다. 낭만적 희생은 낭만적 사랑과 관련된 이유로 중요한 비낭만적 가치를 포기하는 것이다. 예를 들어 사랑하는 사람과 낭만적 활동을 함께하기 위하여 일에 시간을 덜 쏟는 것이다. 희생은 '의무를 넘어서는' 개인적이며 자발적인 결정이다. 타협에서는 보통 예상보다 얻는 것이 적다.[6]

사람들은 서로 다른 다수의 욕망과 가치를 가지고 있기에 가까운 관계들은 희생과 타협으로 범벅이 된다. 이때 발생하는 갈등은 식당을 고르는 것처럼 사소할 수도 있고 자녀를 하나 더 낳거나 새로 이사할 장소를 고르는 것처럼 중대할 수도 있다. 갈등에 대처하는 방법은 희생과 타협이다. 많은 사람이 희생을 진정한 사랑의 표현으로 여기는 데 비해 낭만적 타협은 진정한 사랑의 일부라고 인식하지 않는다.

가까운 관계 안에서 자신이 기꺼이 희생하고자 하는 것은 관계에서 비교적 큰 만족감과 안정성을 얻는 것과 연관된다. 사람들은 희생을 돌봄과 신뢰, 존중과 충실, 나아가 사랑이라고 여기는 것과 동일시한다. 따라서 희생은 부부간 적응의 강력하고 장기적인 특징이다. 희생하고자 하는 경향은 깊은 사랑을 표현하며 결혼 생활의 성공에 중심인 안정감을 강화한다. 호혜성은 기초적 균형을 나타내기에 상대도 필요하면 희생할 거라는 점에서 희생에 중요하다. 희생은 희생하는 사람의 행복보다 다른 사람의 행복을 위해 노력하려는 의도지만 자신을 위한 희생이어도 자존감이나 다른 사람들의 긍정적 평가, 그 희생에 대한 보답으로 상대도 희생해줄 가능성 등을 증가시키는 좋은 효과를 얻을 수 있다. 따라서 자신의 희생으로 얻는 것이 있을 수 있다. 이렇듯 주고자 하는 넉넉한 마음은 건강에도 결혼 생활의 질에도 좋다.[7]

낭만적 타협은 낭만적 희생과 밀접하게 연관된다. 그러나 이 둘은 중요한 부분에서 서로 다르다. 낭만적 타협은 현재 자신의 이익을 위하여 낭만적 가치를 포기하는 것이지만, 낭만적 희생은 상대나 관계의 행복을 도모하는 등 낭만적 이유를 위해 자신의 이익을 포기하는 것이다. 그래서 우리는 낭만적 타협은 숨기면서 낭만적 희생은 낭만적 타협보다 윤리적 행동에 더 근접해 보이기 때문에 자랑스럽게 알린다.

희생은 타협보다 더 자발적이다. 타협에서는 외부 상황이 '어쩔 수 없이' 무언가를 포기하게 한다. 희생은 상대의 행복을 증진하기 위해 생각했던 것 이상으로 포기하고자 하는 개인적이고 자발적인 결정이다. 낭만적 타협에서는 상황이 더 나빠지는 것을 막으려고 생각보다 더 적은 것을 얻는다. 타협이나 희생은 둘 다 능동적일 수도, 수동적일 수도, 흔한 일일 수도 있지만 보통 낭만적 희생이 낭만적 타협보다 더 능동적이다. 낭만적 타협은 끝나지 않는 일이기 때문에 부정적 영향이 오래 지속되어 가능성을 향한 끊임없는 동경으로 표출된다. 희생은 더 구체적이고 개별적이어서 그 영향이 더 한정적이며 상대를 위한 긍정적인 면에 초점을 맞춘다. 낭만적 타협은 보통 당혹감이나 슬픔, 기대와 같은 감정을 동반하며 낭만적 희생은 동정심, 연민, 감사와 같은 감정이 따른다. 타협에서는 귀중한 기회를 놓치는 것에 후회할 수 있지만 희생에서는 그렇지 않다. 그러나 희생한 것을 후회하지는 않아도 희생과 그에 따른 손실에 분개할 때가 있다.

사람들은 희생할 때 자신의 행동을 희생이라고 여기지 않을 수도 있다. 낭만적 타협에서는 가능성 있는 대안의 가치를 계속 믿고 있어서 현재 상황을 온전히 받아들이지 않는다. 끝나지 않는 일이라는 사실에 비춰보면 낭만적 타협에 적응은 시간이 더 오래 걸린다. 사람들은 자신에게 새로운 상황을 공급하거나 더 이상 타협이라고 생각되지 않을 때까지 타협의 가치를 계속해서 의심하며 대안을 동경한다. 그래서 타협은 전형적으로 희생보다 더 감정적으로 영향을 많이 남긴다.

희생은 한 사람이 다른 사람의 개인적 행복을 위해 모든 짐을 혼자 짊어질 때처럼 규모가 크거나 호혜적이지 않을 때 해로울 수 있다. 두 사람 간의 불평등을 발견할 수 있는 이런 상황에서 관계 내 힘이 부족한 사람들(주로 여성들)이 희생되기 더더욱 쉽다. 희생하는 사람들이 관계 안에서 자신의 의견과 욕구에 '침묵'할 때 상황은 더 악화한다.

| 좋은 타협과 나쁜 타협 |

∞

사랑하는 사람과 함께 있을 수 없다면 함께 있는 사람을 사랑하세요.

크로스비Crosby · 스틸스Stills · 내쉬Nash, 가수

나는 당신의 진공청소기가 되어 당신의 티끌까지도 들이마시고 싶어요.

존 쿠퍼 클라크John Cooper Clarke, 펑크시인

제약이 없는 세상에서는 원하는 것은 무엇이든 얻을 수 있기에 타협할 필요가 없다. 그러나 현실의 세계에는 많은 제약이 있고 타협은 필연이다. 결혼 생활에서 발생하는 갈등의 문제를 예로 들어보자. 갈등은 낭만적 관계에서 피할 수 없다. 그러나 갈등이 꼭 나쁘지만은 않으며 갈등의 횟수가 (어느 정도까지는) 이혼 위험에 가장 관련 깊은 요인은 아니다. 오히려 갈등에 대처하는 방법이 더 관련이 높다. 갈

등은 심리적으로 작은 변화에서부터 이별까지도 일으키지만 의사소통을 개선하고 서로 간의 연결성을 강화하는 기회를 제공하기도 한다. 갈등에 대처하는 세 가지 주요 양식으로는 무시형, 통합형, 대립형이 있다. 무시형은 의견 충돌의 비용을 최소화하는 데 갖은 노력을 쏟는다. 통합형은 의견 충돌을 인정하고 협상하여 공정하고 타당한 타협에 이른다. 대립형은 논쟁을 더 악화시킨다. 무시형은 주로 단기적으로 볼 때 유용한데, 통합형은 장기적으로 볼 때 이별의 위험을 줄이는 가장 중요한 양식이다. 어떤 타협이든 거부하는 대립형은 관계에 가장 해롭다.[8]

나쁜 낭만적 타협과 비교하여 좋은 낭만적 타협의 특징으로 (좋은) 합의와 닮은 점 몇 가지를 강조하고 싶다. 모든 타협은 일종의 합의인 것 같다(하지만 모든 합의가 타협은 아니다). 에식스대학교 교수인 로버트 구딘Robert Goodin의 '합의하기' 분석 연구의 관점에서 타협과 합의의 유사성을 설명해보려 한다. 구딘에 따르면, 첫째로 합의하기는 개인의 마음을 가라앉히는 것의 문제다. 둘째로 제한된 시간 안에 이루어지고 그 시간이 길어질 수 있으나 순간적이지는 않다. 셋째로 상황이 악화하는 것을 방지한다는 가치뿐 아니라 그 자체로 가치를 지닌다. 넷째로 합의와 애씀은 서로 반대되는 개념으로 보이지만 사실은 서로의 존재를 전제로 삼는다는 점에서 연관성이 있다. 그리고 이런 특징들은 모두 시간적 요소를 가지고 있다.[9]

마음을 가라앉히는 것. 합의에서처럼 좋은 낭만적 타협에서도 개인의 마음은 잠시 동안 차분해진다. 연인이 상대의 가치관과 욕구를 받아들이고 적응할 때 반드시 자신의 가치관이나 욕구를 굽히지는 않지만 상대의 가치관과 욕구를 공유하며 자신의 것으로 여기기 시작한다.[10] 자신의 가치관에 변화가 있다고 모두 타협은 아니다. 누군가 더 나은 대안을 계속해서 갈망할 때만 그 상황이 타협이라고 여겨질 수 있다. 낭만의 영역에서 좋은 타협은 사랑을 하는 주체의 마음에 정착할 집을 공급해준다.

시간의 제한이 있지만 순간적이지는 않음. 좋은 낭만적 타협은 시간이 지나도 지속되는 경험으로 순간적이지 않지만 너무 오랜 기간 지속되지도 않는다. 이는 좋은 낭만적 타협을 이루어 다른 대안을 꾸준하고 활발하게 찾지 않는 것이 시의적절한 상황에서는 대안을 고려할 리가 없다는 말은 아니다. 낭만적 삶에는 관계를 지속할지 고려하는 험난한 지점이 많다. 격렬하게 싸우고 나면 거의 항상 관계의 미래에 대한 질문을 던지게 된다. 좋은 낭만적 타협에서 부부의 시간적 관점은 눈앞에 있는 어려운 상황보다 더 넓다.

내면적 가치. 좋은 낭만적 타협은 그 자체로 내면적 가치를 지닌다. 완벽한 왕자나 공주를 찾는 일처럼 아무 소용도 없이 좌절감만 생기는 탐색을 방지하기 때문만이 아니라 상대의 비낭만적 행복까지 증진해주기 때문이다. 좋은 낭만적 타협은 단순히 짧은 성적 욕구만 만족시키기보다 장기적인 낭만적 고려 사항들을 위해 애쓸 때 낭만적 영역에서도 가치를 지닌다. 흔히 있는 예를 들자면, 사람들은 배우자를 선택할 때 매력보다는 돌봄 능력에 더 큰 비중을 둔다. 좋은 낭만적 타협은 좋은 관계에 만족하면서 지속적으로 관계를 개선하려고 하는 것을 포함한다.

　애씀. 좋은 타협은 아무 소용도 없이 좌절감만 생기게 애쓰는 일을 종결하지만 모든 종류의 애씀을 멈추지는 못한다. 그 애씀이란 낭만적 관계를 대체할 관계를 끈질기게 찾아다니는 것이 아니라 개선에 집중하는 것이다.

　나쁜 낭만적 타협에서는 사람들이 자신과 타협한다고 느끼기 때문에 이런 특징이 나타나지 않는다. 그런 타협에서는 마음이 가라앉지 않으며 더 나은 대안을 찾기 위해 적극적으로 나선다. 나쁜 낭만적 타협의 가치는 나쁜 상황을 방지하는 것밖에 없으나 타협 상황이 그 이전의 상황보다 더 좋지 못한 경우가 많다. 좋은 타협과 나쁜 타협의 중요한 차이는 좋은 타협에서는 타협하고 있다는 느낌이 관계가 더 발전하면서 사라지지만 나쁜 타협에서는 관계가 악화하고 이혼을 거의 피할 수 없게 된다는 점이다. 좋은 타협이란 시간이 지나면 초기의 가치관 갈등이 하나로 수렴되는 것이다.[11]

　낭만적 이데올로기에서 수용할 수 있는 유일한 타협은 시간적 속성을 지닌다. 예를 들어 사랑을 하는 주체들은 사랑하는 사람이 가능할 때까지 몇 달, 혹은 몇 년이고 기다리면서 낭만적 희열을 뒤로 미룬다. 그래서 성경에서는 이런 이야기가 나온다. "야곱은 라헬을 아내로 맞으려고 7년 동안이나 일을 하였지만, 라헬을 사랑했기 때문에, 7년이라는 세월을 마치 며칠같이 느꼈다."(새번역성경) 이 이데올로기에 따르면 적절한 상황이 아닐 때라도 진정한 사랑은 기다리고 승리한다. 이런 기다림은 더 성숙한 것에 대한 욕구 때문이 아니라 사랑하는 사람의 고귀한 가치와 완벽하지 않은 상대로 타협하지 않으려는 마음 때문이다. "세월이 다할 때까지 꾹 참고 당신을 기다릴 것이다" 혹은 "어둠 속에서의 오랜 기다림"이라는 표현은 연인 사이에서는 흔한 말이고 다수의 대중가요와 문화 작품에 나타난다. 이런 상황에서 사람들은 더 중요한 부분, 즉 사랑하는 사람의 독자성에 타협하지 않기 위해 상대적으로 덜 중요하다고 여기는 시간적 속성에 타협한다. 낭만적 이데올로기에서 타협은 목적을 위해 필요한 수단으로 사용되며 타협 자체에는 가치가 없다.

밀드레드와 자넷이라는 두 자매의 이야기를 놓고 생각해보자. 밀드레드가 브루스와의 관계를 시작할 때 낭만적 강도는 그녀가 만났던 옛 애인들과의 관계보다 낮았다. 훨씬 '몸이 탄탄한' 상대와의 관계는 그녀의 말마따나 "외적으로 훨씬 더 자극적이고 모험적이었다." 그녀는 "언제나 남성미를 찬양"했고 계속해서 "잘생긴 외모를 즐겼다"는 사실에도 불구하고 "젊은 여성으로서 가장 낭만적이지는 않은" 사람과 결혼하기로 했다.

결과적으로 결혼 뒤에 1년간 그녀는 두 번의 짧은 외도를 범했다. 자신의 외도에 대해 울면서 말했을 때 브루스는 그녀를 너그럽게 위로해주었다. 그녀의 짧은 모험에 대하여 지혜와 배려심이 넘쳤던 브루스의 반응은 그녀가 격정적 기회를 포기했지만 브루스와 훨씬 더 깊은 사랑의 관계를 얻었음을 확신하게 해주었다. 그녀의 외도는 브루스와의 관계가 면역 체계를 갖추고 더 건강하게 하는 아주 적은 양의 독이 되었다.

밀드레드의 동생 자넷의 사랑 이야기는 결국 금방 재앙이 되고 말았을 만큼 열정적이고 무모하다. 그녀는 학업을 포기하고 자신보다 열등하게 여겨지는 사람과 결혼했다. 그 사람과의 관계의 질에 대한 질문을 받았을 때 그녀는 이렇게 대답했다. "우리는 서로 사랑해. 그게 진짜 중요한 거야." 결혼 당시 자넷은 남편과의 사랑에 미쳐 있었으나 그 관계는 시작부터 외식과 과음, 폭력을 중심으로 돌아갔다. 결국 그녀는 남편과 헤어졌고 알코올중독자 모임에 들어갔다. 그리고 그녀의 전남편은 이혼한 지 2년 뒤 53세의 나이로 생을 마감했다.

두 자매는 서로 다른 기본 태도를 유지했다. 밀드레드는 미래를 내다보았지만 자넷은 생각이 짧았다. 그들의 결혼 생활에서 밀드레드는 좋은 낭만적 타협을 이룬 데 비해 자넷은 나쁜 낭만적 타협을 했다. 밀드레드는 오래 지속되는 낭만적 깊이를 위해 짧은 낭만적 강도를 포기했지만 자넷은 짧은 낭만적 강도를 위해 낭만적 깊이를 포기했다. 밀드레드의 관계는 위대한 사랑 이야기가 되었으나 자넷의 관계는 볼품없는 이혼으로 막을 내렸음은 의심의 여지가 없다. 밀드레드는 장기적이며 가치 있는 특성과 단기적이며 피상적인 특성 사이의 차이를 구분할 정도로 지혜로웠다(비록 그 차이를 완전히 내면화하기 위해 외도를 두 번 저질렀지만). 자넷은 그 차이를 어렵게 깨달았다.[12] 좋은 낭만적 타협은 단기적인 부분을 무시하지는 않지만 오래 지속되고 깊은 사랑에 더욱 중요한 부분에 집중한다.

| 첫사랑, 두 번째 사랑, 마지막 사랑이 된다는 것 |

∞

당신은 그녀의 첫사랑도, 마지막 사랑도, 유일한 사랑도 아닐걸요. 그녀는 다시 사랑하기 이전에 사랑했던 적이 있어요. 하지만 그녀가 지금 당신을 사랑한다면, 무엇이 문제죠?

밥 말리Bob Marley, 가수

첫 번째, 두 번째, 혹은 마지막 사랑이라는 시간적 순서는 낭만적 가치를 지닌다. 많은 사람이 사랑하는 사람의 첫사랑이 되고 싶어 하지만 어떤 사람은 두 번째를 선호하기도 한다. 그리고 대부분은 마지막이 되기를 원한다.

유일한 첫사랑이 되는 것

∞

첫사랑은 마지막 사랑이 될 때만 위험하다.

브라니슬라브 누쉬치Branislav Nusic, 문학가

처녀성, 즉 여성의 처녀성에 대한 많은 사람의 태도는 비록 요즘에는 조금 덜하다고 해도 지켜야 한다는 쪽이다. 결혼 전에 처녀성을 훼손하는 것은 부정적 함의를 지닌다. 처녀성은 단순히 시간적 순서만이 아니라 여성이 결혼할 만큼 사랑하는 사람에게만 주는 순결한 규범적 상태를 뜻한다.

종교의 시각은 차치하고 심리학적 시각에 집중해보면 첫사랑과 결혼하는 사람들은 더 나은, 혹은 적어도 다양한 낭만적 선택의 기회

를 놓친 것을 후회하는 듯하다고 보는 것이 자연스럽다. 같은 맥락에서, 협상가들은 첫 번째 제안이 그 즉시 받아들여지면 더 잘 해낼 수 있었을지 모른다고 생각하며 즉시 협상을 하지 못한 사람보다 만족하지 못하는 경향이 있다는 연구 결과가 있다.[13] 이는 가보지 못한 낭만의 길의 강력한 영향력과 일맥상통한다.

그러나 예상과 반대로 첫사랑과 결혼한 사람들이 여전히 사랑을 유지하며 헤어질 생각은 전혀 하지 않고 배우자와 영원히 함께할 것을 확신하는 경우가 더 많다.[14] 다소 놀라운 이런 결과를 설명하는 많은 이론 중에서 이 책에 가장 잘 어울리는 것은 끊임없는 낭만적 비교의 파괴적 특성이다.

첫사랑과 결혼한 사람들은 자신의 배우자와 타인을 비교하는 사람들보다 많이 근심하지 않는다. 왜냐하면 그들의 사랑은 깊고 자기들만의 특별한 연결성을 발전시키며 진지한 시간을 보냈기 때문이다. 이런 전제는 다수와 성관계를 맺었던 여성은 현재 관계를 유지하는 동안 다른 섹스 파트너를 두고 있을 가능성이 훨씬 높다는 연구와 맥을 같이한다.[15] 여기서는 새로운 성적 상대와의 만남에서 느끼는 큰 흥미의 유무보다 개인의 성격과 성적 습관이 주요 요인인 듯하다.

중고 사랑

∞

여자의 과거 때문에 자신을 향한 그녀의 사랑이 줄어든다고 생각하는 남자들은 멍청하고 뒤떨어진 사람들이다.

마릴린 먼로, 영화배우

나는 전 남자 친구가 다른 여자와 함께 있는 모습을 보아도 전혀 질투가 나지 않는다. 엄마는 항상 불쌍한 사람들에게 내가 쓰던 장난감을 주라고 가르치셨기 때문이다.

익명

요즘 문학에서 사용되는 '중고'secondhand 사랑이란 말은 과거에 (헌신된) 낭만적 관계를 경험했던 사람과의 관계를 일컫는다. 그런데 처음이 아니라는 점에 무슨 문제가 있을까?

요즘 대부분의 사람이 낭만적 관계를 이른 나이에 시작한다는 것을 고려하면 자신의 첫 번째 낭만 여정을 함께할 단 한 명을 바로 찾기란 어렵다. 그러나 시간에 근거한 관점에서 중고는 일종의 오염의 의미를 내포한다. 이는 또한 중고품이 거의 그렇듯 어딘가에 결함이 있다는 뜻이다.

중고 사랑을 한다는 것이 반드시 이런 모욕적 함의를 지니는 것은 아니다. 그래서 어떤 미혼 여성은 다음처럼 말했다. "관계가 처음인 사람과는 결혼하고 싶지 않아요. 무언가 놓쳤다고 생각해서 외도를 하게 될지 모르니까요." 그러면서 이렇게 덧붙였다. "애 딸린 이혼남과 결혼하고 싶지도 않아요. 그런 사람은 이미 다른 사람과 자녀가 태어나는 기쁨을 경험했고 아이들을 키우면서 겪는 어려움에 대처해봤을 거예요. 저는 결혼 때문에 타협해야 하는 것에 보상해줄 엄청나게 카리스마 있고 매력적인 사람을 찾을 거예요."

기혼자를 사랑하는 사람은 상대가 함께 옛 자취를 공유하고 있는 배우자를 더 깊이 사랑한다고 느끼겠지만 여전히 상대에게 유일무이한 사람이 되고 싶어 한다. 한 기혼 여성이 말하기를 "특별하고 유일한 사람이 되는 것은 참 중요해요. 그래야 최소한 어떤 영역에서는 제가 첫 번째가 될 수 있어요. 그러면 저는 제 애인이 그의 아내, 그의 진정한 첫 선택인 그녀와 함께 있는 것을 견딜 수 있어요. 그에게 우리 같은 관계가 더는 없다는 것을 알아요. 그런 관계가 있다는 건 정말 상상도 안 되네요. 저는 그렇게 견뎌요."

중고 사랑의 문제는 배우자가 죽고 혼자가 된 사람들이나 비낭만적인 이유로 깊은 사랑의 관계를 끝맺었던 사람들의 경우에 더욱 예민하다. 이런 사람들은 다른 사람을 사랑하면서도 마음에 죽은 남편이나 과거에 사랑했던 사람을 위한 자리를 남겨두고 있을 수 있다. 한 미망인은 이렇게 표현했다. "두 번째 사랑은 색다르지만 참 좋아요. 그렇지만 저는 먼저 간 남편을 언제나 사랑하고 그리워할 겁니다. 가끔씩 전남편을 위해 흘리던 눈물이 어떻게 새 애인에 대한 생각과 미소로 옮겨갈 수 있는지 나 자신을 이해하기 어려워요." 유연하면서도 동시에 여러 사람을 담을 만큼 커다란 마음을 지닌 것은 축복일지 모른다.

'중고'가 시간적 의미로만 사용될 때 순서상 두 번째지만 질적 차원에서 첫 번째가 될 수 있기에 차선보다는 더 긍정적 의미를 지닌다. 하지만 하자 있는 '중고'는 두 번째보다 질이 낮을 수 있기 때문에 '차선'이라는 말보다 더 부정적 의미다.

마지막의 가치

∞

> 당신에게 눈길을 주는 사람과 매일 춤을 출 수는 있겠죠. … 하지만 누가 당신을 집까지 데려다주는지 잊지 말아요. … 그러니까 마지막 춤은 나를 위해 남겨두어요.
>
> 드리프터스The Drifters, 가수

드리프터스의 노래에서 남성은 상대에게 "당신에게 눈길을 주는 사람"과 춤출 여지를 남겨놓는 것을 허락하면서도 집에 데려다줄 사람이 누구인지, 마지막 춤을 함께 추기 위해 아껴둬야 할 사람이 누구인지 기억하라고 전한다.

첫사랑은 그 자체로 강한 흥분을 동반하며 오랫동안 기억에 남을 수 있다. 그러나 마지막 사랑은 더 풍성한 낭만적 깊이를 이룰 수 있다. 처음 사랑에 빠졌을 때는 흥분되기 쉽지만 그 흥분은 새롭고 처음인 경험에서 비롯된 것이지 낭만적 깊이에서 나오는 것이 아닐지 모른다. 마지막이 되는 것은 깊은 만족을 내포하기도 한다. 약간의 권태감이나 자기만족을 나타내는 '다 겪어본 일이야'라는 태도를 보이더라도 그래도 여전히 사랑하는 것이다. 결혼 생활 30여 년 동안 두 번 외도했던 한 기혼여성은 두 애인을 향한 자신의 태도를 비교하며 이렇게 이야기했다. "첫 번째 애인과는 매우 짜릿했어요. 우리는 둘 다 다른 사람에게서 느끼지 못했던 강렬함을 공유했죠. 두 번째 애인은 그렇게 짜릿하지는 않았지만 모든 면에서 부족하지 않았고 오히려 좋았던 부분이 더 많아요. 무엇보다 더 깊었고 첫 번째 애인처럼 나를 상처 입히지도 않았어요. 두 번째 애인은 첫 번째 애인에게서 한 번도 받지 못했던 안정감과 평온함을 주었어요."

차선의 사랑과 중고 사랑에 대한 부정적 견해는 '나는 최고이자 최초가 될 거야. 그렇지 않으면 이 관계에서 가치 있는 것은 없어'라는 식의 이율배반적 태도와 관련 있다. 인간의 행복의 가치를 일축하는 이런 태도는 이전 관계가 마음의 순수성을 오염시켰다는 생각을 담고 있다. 그러나 상황이 정반대로 흘러갈 수 있다. 두 번째 사랑은 우리 마음을 훈련시켜서 이전 관계와 비교하여 현재 관계의 가치를 발견하게 해준다.

역동적이고 쉴 틈 없는 우리 사회에서는 수많은 사랑의 관계가 매우 짧게 지속될 때 관계의 순서가 그리 중요하지 않다. 한 기혼 여성은 애인이 자신과 만나기 전에 관계를 맺었던 애인이 많았다는 사실에 대해 이렇게 말했다. "그가 나를 정말 사랑한다면 첫 번째나 두 번째로 애인이 되지 못한 것은 별로 중요하지 않아요. 그 사람도 살면서 더 멋진 사랑을 경험했겠지만 누가 알겠어요, 제가 마지막이 될지. 저는 그의 후식이라고 생각해요. 시원하고 달콤한 아이스크림 위에 뜨거운 초콜릿 소스처럼요." 영국의 역사가 토마스 풀러Thomas Fuller는 "보수주의자는 아무것도 처음으로 이루어지면 안 된다고 믿는다"라고 했다. 사랑의 경우에는 아무것도 두 번째로 이루어지면 안 된다고 믿는 사람도 있다. 그러나 둘 다 틀렸다.

차선의 사랑과 중고 사랑, 마지막 사랑에는 잘못된 것이 없다. 각각의 사랑의 관계는 위대한 가치를 지닌다. 경쟁이 만연한 개인주의 사회에서 모두와 교제할 수 있는 충분한 사랑이 있다는 사실은 가끔 믿기 어렵다. 그러나 우리의 마음은 유연하면서도 다양한 사람과의 사랑을 시간적 특성, 혹은 다른 특성들에 따라 등급을 매기지 않고도 즐길 수 있을 정도로 크다.

│ 충분히 좋은 상대가 된다는 것 │

∞

인생은 한 번뿐이지만 제대로 산다면 한 번으로도 충분하다.
메이 웨스트, 영화배우·희곡작가

당신은 낭만적 타협을 통해 꿈속 낭만적 상대에 못 미치는 사람에게 안주했다. 문제는 당신의 상대가 기준에 얼마나 못 미쳐도 충분히 좋은 상대가 될 수 있는가이다. 처음에는 좋은 점이 거의 없어 보이는 사람도 결국 가장 적합한 상대가 될 수 있으므로 이 문제는 단순하지 않다.

'충분한'은 '필요한 만큼'이라고 여길 수 있다. 하지만 이상적 사랑은 그 이상으로 얻는 것이다. 이상적 사랑에서는 충분한 것이 충분하지 않고 상대에게서 충분히 얻을 수 없다. 그 사람이 더 좋은 사람일수록 더 원하게 된다. 그런데 어떤 사람들은 충분히 좋은 상대를 만날 정도로 충분한 운이 따르지 않는다. 그들은 그저 '그냥 충분한' 혹은 '거의 충분한' 상대를 만난다. 그 결과 많은 사람이 전혀 좋지 못한 낭만적 상대에 안주한다. 드라마 「섹스 앤드 더 시티」Sex and the City의 주인공 캐리 브래드쇼는 말했다. "어떤 사람은 설렘도 없는 것에 정착하고 어떤 사람은 그것과 합의하며 어떤 사람은 그것에 안주하기를 거절한다." 그러나 나이와 경험이 쌓일수록 소유하고 있는 것과 만족하는 것에 자신을 길들이기 쉽다. 공자는 일흔이 되어서야 "마음의 명령에 따라 살 수 있다. 이제는 내가 원하는 것이 옳음의 경계를 넘어서지 않기 때문이다"라고 했다.

사회학자 허버트 사이먼Herbert Simon은 '만족하다'satisfy와 '충분하다'suffice라는 말을 조합해서, 유용성을 극대화하기보다는 해결책을 적당한 정도에서 찾는 것을 의미하는 용어 '충분한 선에서 만족하다'satisfice를 만들어냈다.[16] '충분한 선에서 만족'하는 해결책은 대안을 찾는 비용을 계산할 때 가장 적절한 선택이 될 수 있다. 사이먼의 관점에서 인간의 지식 수용력은 매우 한정적이어서 최적의 해결책을 찾기 위해 현실적으로 접근을 시도하는 것이 마땅하다. 최적의 해결책이란 반드시 가능한 이익을 극대화하는 것은 아니다.

사이먼의 생각은 낭만의 영역에도 적용된다. 낭만의 영역에는 상대의 장기적 태도를 예측하지 못하는 우리의 무능력뿐만 아니라 그 태도에 대해 보이는 우리의 반응과 관련한 문제가 많다. 이는 충분히 좋은 상대를 찾는 것을 훨씬 더 중요하게 만든다.

모든 사람이 동일한 수입과 재산을 가지는 것이 바람직하다는 '경제적 균등주의'에 반대하는 철학자 해리 프랑크푸르트Harry Frankfurt의 의견은 낭만의 영역에 상응한다. '충분성 원칙'doctrine of sufficiency이라는 프랑크푸르트의 관점에 따르면 도덕적으로 중요한 것은 모두가 충분히 가져야 한다. 경제적 균등주의를 따를 때 사람들은 내적 가치가 아니라 다른 사람이 가진 것에 주의를 집중한다. 프랑크푸르트가 생각하는 만족한다는 것은 다른 사람 말고 자신이 소유한 것을 향한 태도의 문제다. 그래서 그는 이렇게 주장했다. "어떤 남성이 어느 면으로 보나 훌륭한 여성을 깊이, 행복하게 사랑한다고 가정해보자. 이럴 때 우리는 그 남성이 더 잘했어야 한다는 생각만으로 그를 비판하지 않는다." 예쁘고 똑똑하고 부유한 여성의 태도가 당신과 충분히 어울리지 않는다면 그 여성은 당신에게 맞지 않는다고 할 수 있다. 당신에게 맞는지 고려할 점은 외부적이고 물질적이고 눈에 잘 띄는 특징이 아니라 당신과 타인 사이의 상호 작용이다. 프랑크푸르트의 견해에서 충분한 돈을 소유하는 것은 더 가지고자 하는 활발한 관심을 갖지 못하게 막아준다.

이 관념은 다음과 같은 점에서 우리에게 자유를 준다. 우리의 관심과 흥미는 분명히 조금 더 소유한다는 유익함에 있지 않으며, 우리는 더 소유하는 것을 중요하게 여길 필요가 없고, 우리의 상황에 분개할 필요도 없으며 그 상황을 개선하려고 결심하거나 초조해할 이유도 없다. 자신의 길에서 벗어나 상황을 더 낮게 만든다는 커다란 계획에 편승할 필요도 없고 다른 사람과 자신을 비교하는 것에서 만족을 얻을 필요도 없다.[17]

충분히 좋은 상대에게는 충분히 좋은 태도를 보이는 것이 현명하다. 이는 상대가 이 세상에서 가장 완벽한 사람일 이유가 없고 자신에게 잘 어울리는 한 그 사람에게 만족해야 한다는 의미다. 그리하여 우리는 다른 사람을 찾으려는 활발한 관심을 지니지 않으며 우리의 상황에 개선이 시급하다고 여기지 않는다. 주어진 영역에 만족하며 현재의 상황과 활동에 또 다른 누군가를 필요로 하지 않는다. 자신의 상황에 만족할수록 자신의 욕구를 모두 충족시켜줄 완벽한 사람을 기대하지 않고 그중 일부는 스스로 이루었으므로 충분히 좋은 상대와 행복하게 지낼 경향이 더욱 커진다. 그래서 한 설문 조사에서는 박사 학위를 가진 여성들이 고졸 여성들보다 충분히 좋은 남성에게 안주하는 경향이 두 배나 높은 것으로 나타났다.[18]

다른 사람이 가진 것을 가지는 것과 충분히 가지는 것 사이에는 중요한 차이점이 있다. 전자의 경우에 사람들은 자신과 매우 차이 나는 사람들과 피상적으로 비교를 하게 되고, 그래서 그들이 가진 것들은 자신에게 현실성이 없다. 후자의 경우에 중요한 것은 개인의 태도며 만족은 내면에서 나온다. 다른 사람과의 비교는 피할 수 없지만 낭만적 사랑에서 가장 중요한 것은 우리 자신의 고유한 연결성에서 오는 행복이다.

자신의 상대가 충분히 좋은 사람이라고 생각할 때 우리는 가장 가치 있는 것이 무엇인지 깨닫는다. 이 말은 사람들이 낭만적 관계의 깊이를 향상시키는 데만 목표를 두어야 한다는 의미는 아니지만, 그런 향상이 현재 충분히 좋은 상대와의 연결성의 발전으로 이어질 것이다. 밭에 묻힌 황금 항아리 이야기에서처럼 보물은 바로 집에서 발견될 수 있다.

∞

그때, 내가 지금까지 나에 대해 알고 있었던 모든 것이 사라졌다. 나는 다른 여
자인 것처럼 행동하고 있었지만 그 어느 때보다 더 나다웠다.

소설 『매디슨 카운티의 다리』의 주인공 프란체스카

낭만적 타협은 주기만 하고 절대 받지 않는, 모든 것을 끌어안는 사
랑이 어떠해야 하는지에 대해 생각하지 못하도록 방해하는 낭만적
경험의 함정으로 보일 때가 있다. 그러나 더 깊은 비낭만적 삶의 측
면을 위해 낭만적 가치를 포기하는 낭만적 타협이 사랑에 좋은 영향
을 줄 때도 많다. 오히려 그 이상으로 낭만적 타협은 시간이 지날수
록 관계에 부정적인 것이 아니라 생산적인 것으로 경험되며 낭만적
상대와 둘 사이의 연결성에 유익하다. 타협을 통해 사람들은 상대의
비관계적 특성을 너무 크게 생각하며 대안을 고려하려는 낭만적 경
향을 포기한다. 좋은 타협은 내재적 가치를 지닌다. 관계를 방해하는
무거운 문제를 대부분 해결해서 마음에 안정을 주고, 더 성취할 수 있
는 능력을 포함하여 행복의 공간을 남겨놓기 때문이다. 한편 낭만적
희생이란 낭만적 관계를 더욱 깊게 하는 활동을 하려고 개인적으로
가치 있게 여기는 일이나 취미 등에 투자하는 시간을 포기하는 것이
다. 깊은 사랑에서 이런 희생은 관계와 두 사람에게 유익하기에 자발
적으로, 행복하게 이루어진다.

낭만적 관계에서 우선순위를 두는 것과 여러 명의 상대와 관계를
맺는 것이 현재 관계에 어떤 영향을 주게 되는지를 생각해보면 현재

관계의 질에 우선순위를 반드시 부여할 필요가 있다. 첫사랑을 유지하는 것은 관계의 질적 수준을 높게 유지하게 해주지만 그것이 자기만족과 두려움, 게으름 때문이라면 인생의 맛을 빼앗겼다고 할 수 있다. 현재 관계에 집중할 수 없는, 전 애인보다 못한 상대와의 관계는 옛 관계의 흔적 때문이 아니라 현재의 관계가 깊지 않아서 실패하게 된다. 겉보기에 좋지 못한 관계의 상황을 받아들이고 완벽하지는 않지만 충분히 좋은 상대에게 자신을 기꺼이 헌신하려는 마음을 보인다면 사랑은 행복해질 수 있다. 낭만적 깊이에는 어떤 상황의 구성이 필요하지 않다. 서로에게 헌신하는 두 사람, 자신의 연인을 과거의 연인이나 잠재적 상대와 비교하지 않고 서로에게 선물이 되어주려는 두 사람이 필요하다.

Chapter

8

낭만적 상대
선택하기

Choosing
a Romantic Partner

귀를 뚫은 남자들이 결혼할 준비가 더 잘된 사람들 같다. 그들은 고통을 경험해봤고 보석을 사들여보았기 때문이다.

리타 루드너 Rita Rudner, 코미디언

이제 우리는 낭만적 사랑을 향한 여정의 중심 도로에 들어섰다. 이번 장은 '관계적' 특성과 '비관계적' 특성 사이의 구분에 대한 이야기로 시작하면서 적합성 지수를 소개할 것이다. 낭만적 상대들이 서로에게 적합한 정도를 측정하는 이 지수는 오래 지속되는 깊은 사랑을 예측하는 가장 중요한 기준이다. 그리고 다음으로는 낭만적 상대를 찾는 과정에서 환경이 아니라 성과로 선발되는 능력주의의 가치와 비교 접근과 고유 접근을 고려하여 오래 만날 수 있는 낭만적 상대를 고르는 방법을 논의해보려 한다.

| 사랑에서의 적합성 지수 |

∞

나는 당신의 모습뿐 아니라 당신과 함께 있을 때의 내 모습도 사랑한다.

엘리자베스 바렛 브라우닝, 시인

나는 사랑할 때 계산하지 않는다. 나는 내 전부를 준다. 매번 내 인생에서 가장
큰 사랑이다.

브리지트 바르도, 배우

대화 모형과 낭만적 동시성, 반응, 공명과 같은 현상들은 연인의 연결
성이 낭만적 관계의 중심이라는 사실을 우리에게 알려주었다. 그러
므로 적합성 문제는 오래 지속되는 깊은 사랑을 이루려면 피할 수 없
는 듯하다. 한 사람의 낭만적 가치는 상대에게 얼마나 잘 어울리는지
에 기초하여 평가되어야 한다. 낭만적 가치를 평가하는 지수로는 사
람들의 일반적 기준인 '비관계적 지수'와 고유한 연결성을 측정하는
'관계적 적합성 지수'가 있다.

비관계적 지수는 독립적 장점들의 가치를 측정한다(유머 감각이
나 재산 등을 떠올려보라). 이런 종류의 측정에는 두 가지 이점이 있다.
하나는 이용하기 쉽다는 것이고, 또한 대부분의 사람이 평가에 동의
한다는 것이다. 적합성 지수는 우리가 완전하게 알지 못하는 개인적
요소와 환경적 요소에 달려 있기 때문에 훨씬 더 복잡하다.

오래 지속되는 관계에서 적합성의 가치를 평가하는 순간을 생각
해보자. 당신은 똑똑한 사람과 결혼해야만 하는가? 일반적으로 지능
은 좋은 것으로 여겨지지만 여기서는 문제가 복잡해진다. 두 사람의

지능 차이가 매우 크다면 비관계적 가치는 더 높겠지만 적합성의 가치는 낮을 것이다. 이 이야기는 지능에서 끝나지 않는다. 재산에서도 같은 현상이 일어난다. 돈이 많은 것은 비관계적 지수에서 좋은 점수를 받겠지만 두둑한 지갑은 수많은 낭만의 문을 열어주기에 부유한 사람은 정절이라는 항목에서 낮은 점수를 받게 될지 모른다. 또한 부자들은 자기가 대접받을 만하다고 생각하는 경향이 있어서 돌봄 행동이 부족할 수 있다. 같은 맥락에서 건강한 성욕은 좋은 것이지만 두 사람의 성적 욕구 차이가 크면 중요한 낭만적 연결성에 좋지 않다. 예를 들어, 남성은 섹스를 일주일에 한두 번 하고 싶은데 여성은 하루에도 몇 번씩 원한다면 그들이 서로에게 적합한 상대이겠는가? 비관계적 지수에서는 가산점으로 여겨지던 요인이 관계적 지수의 측면에서는 감점 요인이라면 개인의 행복에 좋지 못한 징조일 것이다. 두 사람 모두 비관계적 지수에서 높은 점수를 차지하지만 서로의 내면에서 최고의 것을 끌어낼 수 없다면 그들의 관계적 지수는 낮다.

앞서 살펴보았듯 사람으로서 어떻게 평가되는지를 알더라도 낭만적 상대로 어떨지는 정확히 판단할 수 없다. 비관계적 지수가 높은 상대일수록 당신과의 연결성이 더 좋을 것이라는 말은 사실과 거리가 멀다. 이 맥락에서 익숙한 엇갈림의 상황이 떠오른다.

여성: "내가 사랑하는 사람들은 나에게 전혀 관심이 없는데 왜 나를 사랑하는 사람은 내가 신경조차 쓰지 않는 사람들인 건가요?"
동료: "당신은 꾸준히 10을 쫓아가면서 6에 쫓기는 8인 거예요."[1]

낭만적 사랑은 모든 특성을 고려한다. 사랑은 오랫동안 함께 있고 싶어 하는 바람을 포함하므로 우리는 상대의 매력이 발생시킨 쾌락적 관심을 장기간 유지되는 깊이 있는 것으로 바꾸려고 노력해야 한다. 관계적 지수가 이때 유용하게 사용될 수 있다. 그것은 모든 사람이 아니라 실제적인 한 사람과의 적합성을 판단한다. 이 판단 지수는 특정한 한 사람의 전체적이고 일반적인 낭만적 가치를 분석한다.

낭만적 관계의 초기 단계에서는 적합성이 그리 큰 문제가 아니다. 어쨌든 오래 지속되는 깊은 관계에 적합할지에 대한 정보는 아직 구할 수 없다. 사랑의 태도는 점점 더 지식에 기초하기 때문에 이런 정보는 두 사람 사이의 상호 작용에서 나온다. 시간이 지나면서 적합성에 대한 문제는 점점 더 중요해지고 비관계적 지수와 관계적 지수 사이의 격차도 커질 수 있다. 시간의 흐르면서 우리는 두 지수의 정보를 갱신하고 다듬는다.

시간에 따른 각 지수의 변화는 주로 각 특성에 주어졌던 점수보다 무게와 관련 있다. 별로 세심하지 않은 남편을 둔 여성은 시간이 지난 뒤에 남편이 눈치가 부족해서 걱정이 줄었다고 말하기도 한다 (여성은 그 단점에 무게를 적게 안배한다). 다른 장점들이 그 단점을 보상해주는 것을 깨달아서다. 혹은 처음에 생각했던 것보다 남편이 조금 더 세심하게 대하는 듯하다고 말한다. 학자들은 이를 '특징 적응' trait adaptation이라고 부른다. 쾌락 적응에서는 아름답거나 볼품없는 것이 시간에 따라 줄어든다. 특징 적응에서는 처음에는 매우 긍정적이거나 매우 부정적이었던 상대의 특징들이 보통 정도로 평가받게 된다. 낭만적 이별은 사람들이 결국 적응하게 되는 비관계적 지수에 낮은 점수를 보이기보다 시간에 따라 더욱 분명해지는 적합성 지수에서 낮은 점수를 보이기 때문인 경우가 많다.

이 지수들은 오래 지속되는 낭만적 사랑의 본성에 중요한 쟁점들을 제기한다. 그중 하나는 사랑의 성공 여부가 예측 가능한가이다. 비관계적 지수에 대한 평가는 사람들이 상대를 만나기 전에도 가능하다.

그러나 관계적 지수는 다르다. 타인은 다양한 관계적 특징을 평가할 수 없으며 이 판단의 대부분은 그 사람과 만나 상호 작용할 때까지 유보해야 한다. 호혜적 상호 작용은 매우 중요해서 상호 작용 이후에 확실하게 평가를 내릴 수 있다. 이혼 가능성의 예측 연구로 크게 성공한 심리학자 존 고트만은 두 사람이 언어적 의사소통에 갈등을 겪는 동안 이루어지는 상호 작용을 판단의 기초로 삼는다.[2] 관계적 적합성 지수는 상대의 비관계적 특징이 개인에게 적합한지를 평가한다.

관계적 특징과 비관계적 특징은 모두 낭만적 사랑을 향상시킬 수 있다. 두 특징 사이에 직접적이고 긍정적인 상관관계는 없지만 한쪽에서 높은 가치를 지나는 것이 다른 쪽의 가치도 끌어올리며 서로 연관되는 경우가 많다. 그래서 부유하고 똑똑한 사람들이 낭만적 연결성을 향상시킬 수 있고, 돌봄을 제공하는 사람은 전체 가치가 높게 여겨진다. 더욱이 사랑이 오래 지속될 가능성은 두 사람 사이의 연결성에 달려 있기에 관계적 특징들은 장기적으로 훨씬 더 중요하다. 비관계적 특징들은 낭만적 관계의 초기, 관계적 특징들이 아직 드러나지 않을 때 더 큰 영향력을 지닌다. 두 사람이 서로 친밀해질수록 그들의 관계적 특징의 영향은 증가한다.

개인의 비관계적 자질에 대한 긍정적 평가가 중요하기는 하지만 깊은 낭만적 사랑을 보장하지는 않는다. 이것이 오랜 사랑을 지속하는 데 필수인 서로 간의 연결성을 고려하지 않기 때문이다. 우리는 사랑하지 않는 사람들의 특징을 동경한다. 그리고 깊이 사랑하는 연인이 있는 사람에게 더 나은 상대를 찾을 수도 있었을 거라며 비판하지 않는다.[3] 다시 이야기하겠지만, 이 말은 두 사람 사이의 차이가 깊은 연결성의 발전을 방해할 때는 성립되지 않는다. 그래서 어떤 사람은 상대의 세심함이나 친절함 같은 관계적 태도를 좋아하면서도, 똑똑하지 못하거나 충분히 여유롭지 못하거나 사회적 지위가 낮아서 상대를 사랑하지 않을 수 있다. 그래서 비관계적 특징들이 부족하면, 특히 그 특징들의 부재가 함께하는 관계를 행복하지 못하게 할 때 중요해질 수 있다.

좋은 비관계적 자질을 가진 사람이라고 좋은 상대가 되는 것은 아니다. 우리가 친밀하고 행복한 관계를 양성할 수 있는 유일한 사람이 좋은 상대다.

사람들은 완벽하고 흠 없는 사람이 가질 법한 자질에 집중하여 이상적 상대를 찾곤 한다. 문제는 그렇게 하면 자신과 예비 연인 사이의 연결성에 집중하지 못하게 된다는 점이다. 비관계적 특징들은 낭만적 관계에 간접적 방법으로 영향을 주며 관계적 특징들, 그리고 결국 낭만적 연결성을 향상시킬 수 있는 좋은 환경을 제공한다. 예를 들어 낙관적인 사람과 결혼하면 낙관적 마음이 대화를 개선할 수 있어서 부부의 관계적 활동의 급을 높일 가능성이 있다. 그래도 결국 적합성 지수에 가장 중요한 것은 관계적 특징의 가치다.

이런 맥락에서 캘리포니아대학교 심리학 교수인 폴 이스트위크Paul Eastwick와 루시 헌트Lucy Hunt는 사람들이 상대를 고를 때 시간이 지날수록 모두가 동의할 수 있는 비관계적 특성보다는 관계적 특성에 더 주목한다는 연구 결과를 발표했다. 처음에는 매력적 (비관계적) 자질에 많은 호응이 있었지만, 이런 호응은 시간이 지날수록 서로에게서 고유한 매력을 발견하느냐 못 하느냐를 살피는 경향보다 약해졌다. 그리고 이 경향은 매력적으로, 혹은 탐탁지 않게 여기는 경향보다 약해졌다. 이스트위크와 헌트는 사람들 사이에 매력적인 비관계적 특징이 불균형적으로 분포되어 있어도 "짝을 찾는 것은 거의 대등한 만남의 장에서 일어나며, 대부분의 사람은 그곳에서 낭만적 성과에 만족할 가능성이 크다"고 결론 내렸다.[4]

이 모든 이야기는 낭만적 상대를 다른 사람과 끝없이 비교하는 것은 깊은 낭만적 사랑의 정신에 반대된다는 말로 귀결된다. 오랜 기간 서로를 사랑하는 사람들은 따지고 비교하지 않는다. 그들은 다른 사람보다 더 나은 상대를 찾는 것 대신, 자신의 관계를 더 잘 가꾸기에 여념이 없다.

능력주의는 낭만적 상대를 찾을 때 유용한가?

∞

나는 모든 사람에게 전부인 존재가 되고 싶지는 않지만 한 사람에게는 특별한 존재가 되고 싶다.

자반Javan

나는 친절하고 이해심 많은 남자를 원해요. 백만장자에게 너무 많이 바라는 건가요?

자자 가보, 영화배우

능력주의에서는 성격이나 환경보다 성과에 의해 선택받는다. 그러니까 예를 들면 특정 대학에 들어가거나 특정 직업을 구하는 것은 오직 개인의 성과에 달려 있다는 말이다. 능력주의는 다양한 편견들, 비싼 값을 치르더라도 마땅히 없애야만 하는 것들의 철폐를 목표로 한다. 그러나 능력주의의 문제는 개인의 배경을 무시하는 것이 특별한 배경을 가진 사람들을 향한 편견을 만들어낸다는 점이다. 실제로 능력주의로 운영되는 교육 체계는 일반적으로 '인구의 매우 한정된 부분을 대표하는 엘리트 계층을 양산하고 결국 다양성을 무시한다'라는 비판을 받고 있다.

사회과학자 스콧 페이지Scott Page는 "다양한 분야의 사상가로 이루어진 팀이 한 분야로만 구성된 팀보다 복잡한 일들을 더 잘 수행한다"고 주장했다. 그는 능력주의가 성공적인 팀을 구성할 수 있는 능력이 있는지에 강한 의문을 제기하면서, '최고의 사람'이 고용되어야 한다는 능력주의의 원칙은 복잡한 문제들의 다차원적이고 다채로운 본질에 어긋난다고 했다. 그의 관점에 따르면 최고의 사람은 없다.

사람들이 자신과 관련한 영역에 방대한 지식을 가지고 있다 하더라도 개인에게 부과된 시험이나 기준으로 최고의 팀을 만들어낼 수 없다. 어떤 영역의 깊이와 너비는 시험으로 충족시킬 수 있는 것이 아니다. 복잡한 일을 수행할 수 있는 최적의 팀을 고용하는 것은 맥락마다 다르므로 구성원이 다양해야 한다. 숲을 조성할 때는 가장 우수한 나무가 아니라 서로 상생할 수 있는 나무를 골라야 하며 이는 다양성이 필요한 일이다.[5]

낭만적 상대를 고를 때 능력주의 체계를 이용하는 것이 현명한 일일까? 사랑하는 사람의 독립적인 비관계적 특징들은 '능력주의'로 보일 수 있다. 앞서 살펴보았듯 비관계적 특징들은 연인 간의 상호작용이 가장 중요한 깊고 오랜 사랑을 장담하지 못한다. 성공의 길에 오르는 사람들이 다른 사람에게 배려할 줄 모르는 경우가 꽤 많다. 낭만적 상대가 매력적이고 부유하고 유명하며 교육 수준까지 높으면서 완전한 한 쌍의 신발처럼 우리와 잘 맞을 수도 있다. 그러나 우리에게 충분히 세심하지 못하고 우리의 행복에 진심으로 관심이 없을 수도 있다. 어쩌면 그들은 우리의 성공이나 주체성에 주눅이 들었을지 모른다. 능력주의 정신에 따라 우리보다 매우 '우월한' 혹은 '열등한' 사람과 만나는 것 또한 문제가 된다. 이런 경우, 질적 수준이 낮은 관계와 외도 같은 좋지 못한 결과가 종종 발생한다.

그럼에도 불구하고, 사랑하는 사람의 비관계적 특징들은 낭만적 사랑에 이용될 수 있다. 비관계적 특징들은 개인과 관계에 행복을 위한 적절한 환경을 제공한다. 능력주의 원리는 비관계적 특징들을 쉽게 측정할 수 있지만 연인 사이의 특별한 상호 관계로 형성된 낭만적 고유성은 비교라는 렌즈를 끼우면 지키기가 어렵다. 그래서 우리는 낭만적 상대를 찾는 도구로 능력주의를 이용할 수 있어도 능력주의의 가치는 이 영역에서만 한정적이라는 사실을 알고 있어야 한다. 능력주의적 행동은 연인이 서로 깊이 있고 의미 있는 방식으로 어울리게 해준다. 예를 들어 유대감은 비슷한 배경과 가치관이 있어야 한다. 유대감은 두 사람이 함께 이룰 수 있는 가치 위에 세워진다. 서로의 능력은 반드시 상호 보완적이어야 하기에 여기서 능력주의가 중요한 역할을 한다.

하지만 낭만적 관계는 농구팀보다 훨씬 더 복잡하다. 그래서 낭만적 어울림은 두 사람의 상호 작용을 고려하지 않고는 예측하기 어렵다. 어느 경우든 우리는 세상에서 가장 멋진 사람이 아니라 자신에게 가장 적합한 사람을 찾아야 한다.

| 장기적인 낭만적 상대 선택하기 |

∞

완벽한 이별은 없다. 아름다운 이별만 있을 뿐이다.

섀넌 L. 알더Shannon L. Alder, 작가

'사랑하는 사람과 헤어지는 50가지 방법'은 있을 수 있지만 오랫동안 함께 있어줄 사람을 고르는 좋은 방법은 별로 없다. 지금까지 우리는 깊은 사랑 향한 여정에서 바른 방향을 가리켜주는 여러 표지를 지나왔는데, 이번 교차로에서는 새로운 표지판을 만나게 되었다. 장기적인 낭만적 상대를 고를 때는 두 가지 범위를 고려해야 한다. 우선은 긍정과 부정 사이고, 또 하나는 깊음과 얕음 사이다. 긍정-부정 범위는 낭만적 상대와의 관계에 도움 혹은 피해가 될 수 있는 특징들의 범위를 말한다. 깊음-얕음 범위는 시간과 깊이의 측면에서 도움 혹은 피해가 될 수 있는 특징들의 범위다. 정리하자면, 상대의 긍정적 혹은 부정적 특징의 영향은 짧은 시간 혹은 오랜 시간 지속되며 근본적이거나 피상적이거나 둘 중 하나일 수 있다.

이 차원들을 결합하면 장기적인 낭만적 상대를 고르는 네 가지 중요한 방법을 찾아낼 수 있다.

첫째, 체크리스트: 첫 만남에서 거절(얕고 부정적)

둘째, 첫눈에 사랑에 빠짐: 첫 만남에서 매력을 느낌(얕고 긍정적)

셋째, 그 사람에게는 잘못이 없음: 심각한 결함을 발견(깊고 부정적)

넷째, 서로의 내면에서 최고의 것을 끌어냄: 긍정적 자질을 강조(깊고 긍정적)

첫 번째, 두 번째 방법은 주로 비관계적이고 피상적인 특징들에 대한 것이어서 얕은 친분으로도 알아챌 수 있다. 이에 비해 깊은 방법들은 적합성 지수에 깊은 영향을 미치는 특징들을 말한다. 각각의 방법은 장단점이 있는데 모두가 낭만적 상대를 결정할 때 무시할 수 없다. 이 방법들은 뒤쪽에 제시된 방법일수록 더 중요하다. 첫 번째 방법이 가장 중요하지 않고 두 번째는 그보다 조금 중요하며 세 번째

는 훨씬 더 중요하다. 네 번째 방법이 낭만적 상대를 고를 때 무엇보
다 가장 중요하다.

체크리스트:
첫 만남에서 거절

∞

우리는 모두 이 방법을 잘 알고 있다. 완벽한 상대의 바람직하고 바
람직하지 않은 특징들을 체크리스트로 만든 다음, 예비 연인이 갖춘
자질인지 아닌지를 표시하면 된다. 이런 탐색은 온라인 데이트 업체
가 운용되는 방식으로, 얕고 부정적인 자질에 집중하여 적합하지 않
은 후보자들을 빠르게 걸러낸다. 당연히 좋은 사람을 잡으려는 것이
지 나쁜 사람을 제거하려는 것이 아닌 이 방법은 흥미롭다. 이는 낭
만적 선택 사항이 풍요로운 환경에서 자연스러운 현상이라고 할 수
있다.

체크리스트에는 두 가지 중요한 결함이 있다. 첫째, 각각의 자질
에 무게를 다르게 부여하지 않기에 낭만적 깊이의 문제가 무시된다.
둘째, 다른 사람의 자질에 초점을 맞추는 것과 별개로 사람 사이의 연
결성에 거의 무게를 부여하지 않는다. 즉, 체크리스트는 적합한 상대
로서 다른 사람의 가치를 고려하지 못하게 한다.

첫 번째 결함에 대해 부연하자면 이런 체크리스트는 수십 가지
이상의 특징을 담고 있기에 많은 항목을 통해 각 자질의 유무를 단순
히 체크하기만 한다. 그러나 이렇게 기계적인 방법으로는 어떤 자질

이 중요한지 제대로 알아보지 못한다. 말하자면 상대의 키가 친절도와 같은 무게로 다뤄질 수 있다. 다시 말해, 체크리스트에 표시된 자질에는 각각이 같은 무게가 할당된다. 하지만 키도 정도의 차이가 있는데 하물며 친절도는 얼마나 더 하겠는가. 그러므로 이런 사실이 반영되지 않는 체크리스트 관점에서 우리는 다양한 자질에 부여되는 무게나 내적 서열이 없는 존재다. 물론 마음에 들지 않는 머리색이 불친절한 것과 무게가 같지는 않다. 낭만적 상대를 찾을 때 모든 특성과 자질을 같은 바구니에 마구잡이로 집어넣는 것은 그 과정의 의미 자체를 매우 축소한다. 부정적 편견에 부합되게 체크리스트를 탐색하는 경우, 대부분 일을 그르치지만 아주 가끔은 성사시키기도 한다(매우 부유하거나 유명한 것이 성공 요소다).

또한 체크리스트는 완벽한 상대가 아니라 완벽한 사람의 자질에 집중하므로 예비 연인과의 연결성을 적절하게 고려하지 못하게 한다. 두 사람의 상호 작용과 적합성은 오래 지속되는 깊은 사랑에 매우 중요하기 때문에 이는 큰 문제가 된다.

벤저민 프랭클린은 미국의 건국자였으며 천재였다. 1758년 그는 "지식에 투자하는 것이 가장 큰 이익을 만든다"라고 기록했다. 프랭클린은 조카에게 배우자를 찾을 때 지식을 활용하라고 조언했다. 도서관 사서처럼 일을 진행하되 2~3일간 모든 장단점을 가늠하여 적고 결정하라고 충고했다. 한편 독일의 심리학자 게르트 기거렌처gerd Gigerenzer는 18개의 다양한 임무에 무게를 부과하는 프랭클린의 기록 방법을 기반으로 한 컴퓨터 프로그램이 '하나의 좋은 이유만 취하고

나머지 정보는 무시하라'는 경험 법칙을 따르는 것보다 정확하지 못하다는 결과를 제시했다.[6]

그레임 심시언Graeme Simsion의 유명한 로맨틱 코미디 소설 『로지 프로젝트』The Rosie Project에서 아내를 찾는 대학교수 돈 틸만은 지성, 훌륭한 요리 솜씨, 흡연 및 음주 금지, 신체적 건강 등 자신이 원하는 여성의 특징을 자세히 적은 목록을 준비한다. 담배를 피우고 술을 마시며 대부분의 기준에 맞지 않는 바텐더 로지를 만나기 전까지 그는 많은 여성을 밀쳐냈다. 그들은 로지의 친아빠를 함께 찾는 과정에서 사랑에 빠진다. 돈의 사랑을 이끌어낸 것은 로지의 개인적 특성이 아니었다. 서로 맞는 것이 없지만 점점 더 많은 시간을 함께 보내는 동안 느꼈던 조화였다.

첫눈에 사랑에 빠짐:

첫 만남에서 매력을 느낌

∞

미친 소리 같겠지만 … 당신에게 시선이 고정된 순간부터 당신을 생각하는 것을 멈출 수 없었어요.

레이 팔론Leigh Fallon, 소설가

첫눈에 빠진 사랑은 아니었어요. 꽉 채운 5분이 걸렸죠.

루실 볼Lucille Ball, 코미디언

첫눈에 빠진 사랑에 기초하여 낭만적 상대를 고르는 것도 상대의 가치를 알아보기에는 얕은 방법이다. 상대의 더 깊이 있는 자질의 유무를 반드시 확인하지는 않기 때문이다.

첫눈에 빠진 사랑은 강렬한 사랑이다. 신체적 매력이 번갯불처럼 강타하여 그 사람과 평생 지내고 싶어진다. 이런 사랑은 친분이 쌓이면서 처음에 생각했던 특징들이 더 나아지거나 적어도 반대되지만 않는다면 깊이 있고 오래 지속되는 사랑의 기초가 될 수 있다. 깊이를 만들어낼 시간이 없으니 깊을 수가 없지만 이런 사랑이 얕다고 말해서는 안 된다. 깊이의 문제를 다루기에 아직 적절하지 않은 것뿐이다. 어떤 현상이 오래 지속되지 않을 때 얕아질 수는 있지만 현상이 이제 막 시작된 시점이라면 정확하게 거론할 수 없다. 축구 경기가 시작되고 30초 지났을 때 아직 득점이 없거나 인상적인 동작이 없다고 팀의 경기력이 별로라고 말하지 않는 것처럼 말이다. 그 시점에서 '지금까지 선수들의 경기력이 별로라고 할 수는 없지만 팀의 몰입도가 높은 것을 보면 그렇게 결론 내리기에 부적절하다'는 정도의 평가가 최선이다.

첫사랑의 생존 가능성은 첫눈이 아니라 첫 만남에서 사랑에 빠졌을 때 증가한다. 첫 만남에서는 일반적인 대화 등에 참여하는 시간이 제공되므로 유머 감각이나 친절함과 같은 상대의 다른 특성을 알 수 있다. 게다가 두 사람 사이의 특별하고 순간적이고 친밀한 연결성의 표시들은 첫 만남에서부터 분명히 확인할 수 있는데, 예를 들면 그 사람의 재치와 지혜에 감탄하거나, 매력을 느끼고 대화를 즐기며 서로 더 가까워지고 싶다고 생각하거나, '우발적으로' 접촉하게 된다. 앞에서 언급했듯 아름답다고 여겨지는 사람에게는 다른 장점도 있으리

라 추정되는 '매력 후광'이 발휘된다. 한편 첫 만남에서는 '성격 후광'
이 나타나기도 한다. 이는 상대가 어떤 긍정적 성격을 가지고 있으면
다른 긍정적 특성도 많으리라 추정되는 현상이다. 매력은 첫눈에 강
력한 영향을 끼치지만 시간이 지나 상대가 그 사람의 다른 특성들을
알게 되면서 감소한다. 마찬가지로 재치 있는 말투도 첫 번째 대화에
큰 영향을 끼칠 수 있으나 상대가 그 사람의 다른 특징들을 알고 나면
줄어들 수 있다.

첫눈에 빠지는 사랑과 관계의 질적 수준 사이의 연관성은 크게
두 가지 반대되는 요인에 영향을 받는다. 첫째, 긍정적인 첫인상은
관계의 질에 긍정적 영향을 끼친다. 둘째, 상대를 선택하기에 시간이
부족하면 깊고 오랜 사랑에 필수인 뿌리 깊은 양립성을 확인하지 못
한다.

첫 평가가 오래 지속되는 관계에 큰 영향을 끼친다는 연구 결과
도 있다.[7] 첫눈에 빠진 사랑에는 긍정적 평가가 존재하여 관계에 긍
정적 영향을 미친다. 이런 맥락에서 첫눈에 빠진 사랑이 오랜 관계로
발전한다면 그 관계는 높은 질적 수준을 달성할 가능성이 커진다. 첫
인상의 중요성은 이 명언에 잘 나타난다. "좋은 첫인상을 만들 두 번
째 기회는 없다."

긍정적 첫인상은 오래 지속되는 깊은 사랑의 가능성을 높여주지
만, 첫눈에 사랑의 상대를 고르려는 얕은 방식은 관계에 부정적 영향
을 줄 수 있다. 사랑하는 사람이 완벽한 타인이라는 사실은 서로 공
통점이 많지 않을 가능성을 낳는다. 그런 사랑은 강렬할 수 있으나

깊지 못하다. 실제로 다수의 연구에서 서서히 관계를 이루어가는 사람들에 비해, 첫눈에 사랑에 빠진 사람들은 상대와 외향성, 정서적 안정감, 주체성의 수준과 관련된 성격이 덜 비슷했으며, 그러나 더 빠르게 친밀한 관계를 시작했다. 이런 경향이 반드시 관계의 낮은 질적 수준으로 이어지지는 않는다. 첫인상의 긍정적 영향이 상대를 고르는 얕은 방식에 보상이 될 수 있기 때문이다.[8]

첫눈에 반한 사랑이 변하기 쉽다는 특징은 다음과 같은 한 기혼 남성의 글에서도 생생하게 표현된다.

> 방 저쪽 편에 있던 그녀를 처음 발견했던 순간, 나는 내가 남은 인생을 그녀와 함께 보내고 싶어 한다는 것을 깨달았습니다. 그 당시 나는 다른 사람과 결혼을 한 상태였지만 이런 일이 일어난 적은 처음이었습니다. 성적 끌림이나 성욕 같은 것이 아니었습니다. 그녀의 외모는 평범했으니까요. 내가 이혼하고 몇 년이 지나 우리는 결혼하게 되었고 대체로 긍정적인 결혼 생활을 이어갔습니다. 이후 18개월 동안 군대에 배치되기 전까지는 문제가 없었는데, 집에 돌아와 보니 그녀는 다른 사람과 사랑에 빠져 있더군요. 얼마 뒤 저희는 이혼했습니다. 그러나 지금까지 그녀는 내가 진심으로 사랑했던 유일한 여자입니다. 지금도 그때만큼 사랑하고요. 내 유일한 진짜 사랑이었다고 생각합니다. 내가 그녀의 것이 아니라는 사실이 그저 씁쓸할 뿐입니다.

사이버 공간에서 사랑에 빠지는 것은 첫눈에 사랑에 빠지는 것과 유사하다. 필요한 정보를 다 얻지 못하더라도 그 틈을 이상화된 가설로 채우는 것이다. 첫눈에 반한 사랑에서 나누는 대화는 일반적인 정보 처리 과정을 건너뛰고 뇌에서 평가를 담당하는 영역으로 곧장 주입된다. 그래서 온라인에서는 '첫 대화에서 사랑에 빠졌다'라고 말할 수 있다. 예를 들어 누군가 처음 나누는 대화에서 상대의 유머 감각이나 재치를 발견하면 곧장 그 사람과 사랑에 빠지는 식이다.[9] 이에 비해 오프라인 관계에서 상대에게 발견하는 매력 중 유머 감각은 처음 나누는 대화에서 강한 영향을 끼칠 수 있지만, 그 영향은 상대의 다른 성격이 드러나면서 줄어든다. 친절함이나 지혜 같은 깊이 있는 특징이 요구되면서 처음에는 긍정적으로 평가되던 재치의 영향력이 점점 줄어든다.

첫 대화에서 사랑에 빠지는 것이 첫눈에 반하는 것보다 더 깊은 특성을 나타낼 수는 있으나 그런 특성이 상대가 자신을 진실하게 드러내는지를 알 길이 없다면 여전히 피상적일 것이나. 첫 대화에서 사랑에 빠지는 것이 깊이 있는 특성을 나타낸다 하더라도 폭넓고 복잡한 대화를 나누기에 스펙트럼이 너무 짧다. 그러나 첫 대화가 온라인 관계에서 오프라인 관계로 발전한다면 깊이 있는 사랑을 찾을 가능성이 높아진다.

흥미롭게도 신체적 매력 발생에 중요한 시각은 사랑에 빠지게 하는 데 상당한 역할을 하지만 다른 감각들보다 목소리로만 소통하는 것이 공감 정확도를 끌어올린다는 연구 결과가 있다. 청각은 시각보다 누군가의 감정을 알아차릴 때 더욱 정확하며, 그래서 때때로 얼굴을 맞대고 만나는 것보다 전화 통화로 상대의 감정을 파악하기가 더 쉽다. 온라인 대화는 일종의 지적 상호 작용이다.[10] 온라인 대화가 사랑에 빠지는 데 큰 영향을 끼친다는 사실은 사랑이 다양한 상호 작용의 방식으로 일어날 수 있음을 암시한다. 성공적인 경우, 더 폭넓은 다양성은 예비 상대의 더 많은 모습을 드러낼 수 있기에 깊이 있게 발전한다.

그 사람에게는 잘못이 없음:
심각한 결함을 발견

∞

눈감아주어야 할 것을 아는 것이 지혜로움이다.

윌리엄 제임스William James, 철학자

앞서 설명한 낭만적 상대를 고르는 방법들과 달리, 이 방법은 깊이 있는 자질들을 고려하며 부정적 자질이 발견되지 않으면 상대를 받아들인다. 체크리스트 방법과 비교할 때 심각한 결함을 찾아내는 이 방법은 더욱 정교하고 현실적이다. 결함이 있음을 전제하여 오직 심각한 결함에만 집중한다. 여기서 우리는 표면적 결함은 수용할 수 있어도, 심각한 결함은 장기적인 사랑의 관계에 위험 요소가 된다는 점을 알 수 있다.

심리 치료사 로리 고틀립Lori Gottlieb은 인도 출신 연구원 마다틸의 이야기를 들려주었다. 마다틸의 부모님은 딸의 결혼 상대를 미리 결정해놓았다. 마틸다는 예비 남편을 만났을 때 아무 관심도 일지 않았다. 자신에게 꼭 맞는 사람을 찾을 때까지 원하는 만큼 남자를 많이 만날 수도 있었지만 마다틸은 약혼자와 결혼하기로 했다. "그 사람에게 아무 이상이 없다"는 이유였다. 결혼한 지 10년이 지났는데 이제 그들은 서로 깊이 사랑하고 있다. 마다틸이 상대를 평가하는 과정은 부정적 자질을 찾아내는 데 집중되었지만 가치의 서열화가 부정적 자질들을 기계적으로 차단했다. 그 과정의 목표는 상대가 '무해'한지 아닌지를 결정하는 것이었으며, 이는 상대에게 다음 기회를 주는 중요한 이유가 되었다. 이런 방법은 외모의 가치를 완전히 떨어뜨리지는 않으나 그렇다고 오래 지속되는 관계에서 가장 가치 있는 것으로 평가하지도 않는다. 그래서 마다틸은 이렇게 말했다. "외모 중요하죠, 뭐, 저는 그가 귀엽다고 생각했어요. 하지만 그가 눈부시게 멋질 필요는 없었어요."[11]

새로운 관계에서 매력 지수의 상승은 거의 보편적으로 긍정적 효과를 발휘하는 것과 달리, 아내보다 더 매력적인 남편은 만족도가 낮다는 사실을 제외하면 매력 지수와 결혼 생활의 질 사이에 큰 연관성은 없다.[12]

심각한 결함에 집중하는 것은 현명한 결정일 수 있지만 상대를 찾는 일은 더욱 복잡하며 시간을 훨씬 많이 들여야 한다. 일례로 무던한 성격은 작은 키와 같은 표면적 특징보다 찾아내기가 더 어렵다. '그 사람에게 아무 이상이 없다'는 생각으로 상대를 바라보는 것은 중요하다. 그러나 그것만으로 부족한 경우가 많다. 우리는 상대의 깊고 긍정적인 자질들을 찾아야만 한다.

서로의 내면에서 최고의 것을 끌어냄: 긍정적 자질을 강조하기

∞

> 당신은 내가 더 좋은 사람이 되고 싶게 만들어요.
>
> 영화 「이보다 더 좋을 순 없다」의 주인공 멜빈 유달

우리는 부정적 특징을 찾는 것이 긍정적 자질을 찾는 것보다 더 중요하다는 사실을 배웠다. 하지만 그렇다고 긍정적 자질을 찾는 것이 전혀 가치 없다는 의미는 아니다. 오래 지속되는 사랑을 만들어가는 과정에는 깊고 긍정적인 자질들이 매우 중요하다. 특히 서로 간의 연결성을 유지하고 향상시키는 긍정적 자질은 서로의 내면에서 최고의 것을 끌어내는 능력이 있다. 이는 앞서 '미켈란젤로 효과'로 언급했었다. 친밀한 관계의 연인이 자기가 생각하는 이상적 자아에 가까워지도록 서로 격려하고 스스로 만족하는 것이다. 그런데 핀켈이 주장하듯, 우리는 낭만적 관계의 연인이 서로의 내면에서 최고의 것이 아니라 최악의 것을 끌어내는 경우를 마주할 때가 있다. 미켈란젤로 현상이 뒤집히기도 하는 것이다. 이런 상황은 부모나 형제, 자녀들의 영향으로 벌어질 수 있다.[13]

오래 지속되는 관계에서 중요한 깊고 긍정적인 자질을 찾는 것은 복잡하다. 어느 정도는 시간이 흐르고 함께 활동을 공유하면서 더 분명하게 드러나기 때문이다. 관계 초기에는 깊고 긍정적인 자질에 대한 정보를 전부 알 수가 없기에 체크리스트로 상대의 자질을 계산하며 미래의 행동을 예측하려고 노력하는 것은 효과가 없다. 대신에 우

리는 전문가를 따라 할 수 있다. 관련 정보가 없으면 문제 해결의 가능성을 높여주는 경험 법칙을 이용해보는 것이다.

이 방법에서는 가치관의 순위를 활용하고, 긍정적이거나 부정적이며 중요한 특징에 집중하여 결정을 내린다. 당신의 상대가 당신의 내면에서 최고의 것을 이끌어낸다고 믿는다면 그것은 상대를 인생 동반자로 선택할 매우 좋은 이유다. 깊은 사랑을 찾기에 유용한 이 방법은 빠르고 피상적인 온라인 데이트 세계에서는 거의 사용될 수 없다. 서로의 내면에서 최고의 것을 끌어내는 깊고 긍정적인 자질을 알기 위해서는 지속적인 경험과 활동의 공유가 필요하다.

상대를 고르는 방법 중 먼저 소개한 체크리스트와 첫눈에 반한 사랑은 어울리지 않는 후보자를 제거하기에 유용하지만, 장기적으로는 종종 가치가 제한되는 얕은 과정들이다. 이외에 심각한 결함을 발견하는 방법과 서로의 내면에서 최고의 것을 끌어내는 방법은 보다 깊으며, 깊은 사랑의 발전에 결정적인 지적 과정과 감정적 과정을 아우른다. 비록 우리는 상대를 선택하는 단계에서 부정적 특징에 조금 더 집중하는 경향이 있지만 장기적으로 볼 때 긍정적 자질은 최소한 부정적 특징과 똑같이 중요하며 결국은 더 중요할 수 있다.

온라인 데이트 사이트와 낭만적 깊이

∞

성적 쾌감이 사그라질 때 결국 온라인 외도의 새로움은 사라지고 깊이의 부재가 분명해진다. … 온라인 관계는 텅 빈 느낌만 남긴다.

기혼 여성

요즘 온라인 데이트가 폭발적으로 인기를 얻고 있다. 온라인 데이트 사이트는 두 가지 낭만적 활동을 제공한다고 약속한다. 첫째는 낭만적 상대를 찾는 것, 둘째는 오래 지속되는 깊은 사랑으로 발전시키는 것이다.

온라인 데이트 사이트는 첫 번째 목표를 탁월하게 수행하여 오늘날 첫 만남의 장소로 가장 많이 이용된다. 실제로 낭만적 관계의 대부분은 오프라인보다 인터넷에서 만들어진다. 이는 특히 좁은 데이트 시장을 경험하는 사람들, 예를 들면 게이, 레즈비언, 중년 이성애자가 미래의 상대를 탐색하는 과정에서 명백히 드러난다. 이들은 상대를 찾기 위해 거의 인터넷에 의존하는 집단이기도 하다. 그런데 이와 같은 사이트가 두 번째 목표를 달성할지는 불분명하다. 온라인 데이트 사이트가 사용하는 알고리즘은 성공할 가능성이 낮은 조합을 피하고 가장 확률이 높은 조합을 추천하지만, 이용자가 선택할 수 있는 범위는 여전히 아주 좁다.[14]

온라인에서 낭만적 상대를 찾는 것 자체가 깊은 사랑의 발전에 방해되지는 않는다. 하지만 매력적인 낭만적 선택을 많이 제공하는 온라인 데이트 사이트는 장기적 상대로 한 사람에게 집중하라고 권장하지 않는다. 이별의 비율은 연인이 온라인에서 만났든 오프라인에서 만났든 거의 영향을 받지 않는다. 그러나 더 오래 함께 지낸 연인일수록, 특히 결혼하여 함께 사는 부부는 관계가 깨어질 가능성이 훨씬 적다.[15] 함께 시간을 보내는 것은 이별의 대가를 더욱 크게 만들며 연인이 낭만적 깊이를 발전시키게 한다.

깊은 사랑은 다양한 활동을 공유하면서 생겨나기 때문에 온라인에서의 제한된 활동은 깊은 사랑을 만들어갈 가능성을 낮춘다. 온라인 데이트만으로는 상대의 중요한 장점과 결함이 무엇인지 정확하게 판단하기 어렵다. 관계에 서로 간의 다양한 상호 작용과 깊은 대화가 부족하면 상대의 내면에서 최고의 것을 이끌어낼 수 없다. 온라인 데이트 사이트들은 관계의 근본적인 질적 수준을 두 사람이 만나기 전부터 가지고 있는 성격으로 예측할 수 있다고 한다. 이에 대해 핀켈과 연구진은 이미 개인이 가지고 있는 특성이 관계의 성공에 미미한 영향을 미친다는 신뢰할 만한 과학 연구를 뒤집는 주장이라고 했다.[16] 두 사람이 만나지도 않고 연인이 되거나 심지어 결혼으로 이어지는 경우에 이 주장은 더욱 들어맞는다.

온라인과 오프라인 활동의 장점을 통합하는 것은 유익하다. 온라인 데이트를 이용하여 함께 관계를 시작할 알맞은 후보자들을 찾은 다음, 서로 만나서 깊은 사랑에 필수인 장점을 더 확실하게 발견할 수 있는 오프라인 관계를 만들어나가는 것이다. 오프라인 관계를 맺을 때는 두 사람 사이의 온라인 소통을 그만두어서는 안 된다. 오히려 온라인 소통이 서로에 대한 중요한 정보를 제공할 수 있다.

그런데 두 사람이 오프라인 관계를 시작한 가운데, 각자 온라인 데이트 사이트에서 다른 후보자를 더 알아보려 들면 온라인과 오프라인 데이트의 괴상한 통합이 일어난다. 온라인 데이트 서비스를 계속 이용하다가 매력적 대안이 등장했을 때는 현재의 관계에서 낭만적 깊이를 발전시키기가 어려워지고 깊은 사랑을 만드는 데 실패하기 마련이다. 따라서 이런 온라인 데이트 사이트는 가능성 있는 낭만적 후보자들을 찾는 훌륭한 도구이기는 해도 오래 지속되는 깊은 사랑을 만드는 데 성공하기 어렵다. 온라인 데이트 사이트는 오프라인 데이트를 이어가기 전에 주로 예비 상대를 찾고 그들의 첫인상을 파악하는 정도로 이용하는 것이 가장 좋다.

"나는 트럼프 지지자와 절대 자지 않을 거야.": 성관계에 미치는 정치적 견해의 영향

∞

나는 트럼프 지지자와는 절대 자지 않을 거야. 비록 부시 지지자들하고 몇 번 잔 적은 있지만.

진보 성향의 싱글 여성

아무리 매력적이어도 좌파인 사람과 결혼할 수 없죠. 지금까지 잤던 남자들은 대부분 좌파였지만.

보수 성향의 이혼 여성

나는 매일 밤 트럼프 지지자와 잡니다. 나는 사랑하는 사람과 많은 대화를 나누고 싶기 때문에 그가 나와 다르다는 것이 좋거든요.

진보 성향의 기혼 여성

오늘날 배우자를 선택할 때 정치적 견해가 필수인 듯하지만 가벼운 하룻밤에서의 역할은 그보다 덜 분명하다. 정치적인 적과 함께 살고 싶지는 않을 테지만 섹스하는 것에 무슨 문제가 있겠는가?

관련 요인들

∞

트럼프 지지자들과 만나 성관계하는 것을 멈출 수가 없어요.

코리 레인Korey Lane, 연애 전문 작가

이 주제와 관련한 요인들로 첫째는 관계의 깊이, 둘째는 정치적 관점에서 보이는 부정성, 셋째는 정치적 관점에 대한 개인의 지지, 넷째는 정치적 관점과 무관한 개인의 특징이 있다.

누군가와의 **관계의 깊이**는 자신과 관련 있는 특징의 유형을 결정한다. 관계가 깊을수록 그 사람의 특징과 더욱 관련이 높아진다. 그래서 섹스 상대를 고를 때보다 배우자를 선택할 때 그 사람의 깊이 있는 특징이 더 중요한 것이다. 배우자나 일반적인 낭만적 상대는 정치적·종교적 입장에 강한 유사성을 보인다. 앞에서 언급한 보수 성향의 이혼 여성은 애인의 대부분이 좌파였지만 절대 좌파인 사람과 결혼하지 않겠다고 분명히 말한다.

그렇다면 진보주의자의 발언은 애인을 더 쉽게 만든다고 이해해야 하는가? 이 주장을 뒷받침할 연구는 알지 못하지만, 단기적으로 반대 성향에 끌려도 장기적으로 유사성이 더욱 중요하다고 풀이할 수 있다.

물론 가벼운 성적 관계는 원나잇 스탠드, 부티 콜(성관계를 목적으로 유혹하는 휴대폰 메시지—옮긴이), 퍽 버디(섹스만 하는 친구—옮긴이), 프렌즈 위드 베네핏(섹스도 하는 친구—옮긴이) 등 다양한 종류로 나타난다. 프렌즈 위드 베네핏의 경우에는 정치 문제가 중요할 수 있으나 원나잇 스탠드는 대화가 많지 않아도, 특히나 정치적 문제에 관해 말하지 않아도 할 수 있다.

특정한 정치적 견해를 비롯하여 윤리적 문제와 정치의 연관성에 나타나는 **부정성의 깊이**는 정치적인 적과 잘지 말지를 결정하는 또 하나의 요인이다. 정치적 입장은 윤리적 입장과 연결되어 있지만 그 연결의 정도는 다양할 수 있다. 부정성은 매우 비도덕적이고 범죄적 행위와 관련한 심각한 문제에서 가치관의 차이로 여겨질 수 있는 가벼운 문제까지 의미할 수 있다.

앞서 언급했던 진보 성향의 싱글 여성을 예로 들어보자. 그녀는 트럼프에 반대하는 자신의 입장을 선과 악의 문제만큼 중요한 정치 문제로 여기지 않는다. 그래서 트럼프 지지자들과는 절대 자지 않지만 부시 지지자들하고는 몇 번 잤고, 이를 통해 분명 부시의 보수적 정책에 반대하는 그녀의 입장이 심각한 윤리 문제라기보다는 정치 문제였음을 알 수 있다. 그녀는 심지어 인터뷰 중에 보수파 전 대통령 로널드 레이건이 "그 어떤 대통령들보다도 미국의 국립공원을 확장했다"고 향수 어린 목소리로 말했다.

부정적 견해에 대한 개인 지지의 깊이는 '잘못된' 정치적 견해를 지지하는 사람과 섹스할지 말지를 결정하는 요인이다. 물론 지지의 정도는 다양하다. 그래서 어떤 사람은 그 잘못된 관점의 기본 요소들을 비판하면서도 더 나은 선택의 여지가 없어서 지지할 수 있다. 아니면 누군가는 잘못된 관점에 극심하고 완전한 지지를 보일 수도 있는데, 이는 첫 만남에서부터 분명히 드러나서 성적 관심을 꺼트리는 커다란 요인이 될 것이다.

정치적 견해와 무관한 개인의 특징도 성적 만남을 이어갈지 말지를 결정하는 데 매우 중요하다. 만약 어떤 사람이 친절하고 세심하고 배려심이 깊다면 '잘못된' 정치적 견해를 갖고 있음에도 불구하고 성적 만남을 시작하기 더 쉬울 것이다. 여기서 문제는 범죄자를 사랑하는 것과 어느 정도 유사하다.

유명 음악가들이 작사와 작곡을 하고 브리트니 스피어스Britney Spears가 불러서 크게 히트한 노래에는 이런 가사가 있다. "그 남자는 사기꾼이고 좋은 점이 단 하나도 없으며 머저리에 건달이에요. 거짓말을 밥 먹듯 하며 허세를 하도 부려서 믿을 수가 없죠. 그는 총을 든 얼간이에요. 그런데 엄마, 나는 그 사람을 사랑해요." 브리트니는 이 사랑은 "비이성적이지만 실제적"이라고 덧붙인다. 그래도 나에게는 괜찮은 사람이라고 노랫말을 잇는다. 범죄자를 사랑하는 것은 단기적으로 볼 때 성적으로 흥미진진할지 모르지만, 도덕적인 사람에게 범죄자의 비도덕적 본성은 행복한 낭만적 관계를 만드는 것을 상당히 방해할 것이다.

어떤 사람이 매우 큰 성적 만족을 준다면, 당신의 이성이 형편없는 정치적 견해 때문에 그가 알맞은 사람이 아니라고 이야기한다고 하더라도 그와 섹스하는 것을 멈추기 쉽지 않을 것이다. 코리 레인이 언급했듯이 그 관계가 오랜 기간 만나기를 원하는 지속가능한 관계는 아니겠지만, "지금 당장은 당신이 혐오하는 정치적 견해를 가진 사람과 가볍게 만나 섹스해보기를 추천한다. 단, 투표하는 것을 잊지 않는 선에서 말이다."[17]

양극화된 정치적 견해

∞

나는 어렸을 때 사기꾼이나 건달, 얼간이 같은 사람들과 너무 많은 시간을 보냈다. 그러나 적어도 내가 아는 한, 그 남자들은 그 어떤 급진적인 정치적 견해도 지지하지 않았다. 그리고 내가 그들의 정치적 견해를 알지 못하는 것을 보니 당시 내게는 정치가 중요하지 않았던 것 같다.

50대 기혼 여성

만일 우리가 트럼프 지지자들이나 그 비슷한 무리의 사람을 성관계 상대에서 제외하기 시작한다면 얼마 되지 않아 모든 섹스를 그만두게 될 것이다.

기혼 여성

우리 사회는 그 어느 때보다 더 정치적으로 양극화되어 있으며 정치는 침실에서조차 인기 있는 주제다. 우리는 정치적 견해가 다른 사람과 섹스하면서 적과의 동침이라는 기분을 느껴야 하는가?

반대 성향의 정치적 견해를 가진 사람과 결혼할 때나(극도로 상반되는 경우에는 해로운 경향이 있지만) 가벼운 성관계 수준으로만 관계를 유지할 때나 정해진 법은 없다. 고려해야 할 요인들은 많고 각 요인의 정도도 다양하다. 그러나 사랑과 증오라는 감정의 결합을 다루고 있는 여기서는 마음을 따르는 것이 우리가 가야 할 길이 아닌가 추측해본다.

| 맺음말 |

∞

나는 잘생긴 남자들과 밥 먹으러 나가는 걸 좋아해요. 잘생긴 외모가 밥을 먹여주지는 않지만요. 그렇지만 못생긴 남자랑 있으면 밥이 안 넘어가요.

싱글 여성

오래 만날 상대를 고르는 것은 복잡하다. 그 이유는 상대가 이미 가지고 있는 비관계적 특징만으로는 좋은 배우자임을 결정 내릴 수 없기 때문이다. 지속적 상호 작용이 있어야 상대가 우리 자신과 어울리는지를 알 수 있고 관계를 만들 수 있다. 여기서 중요한 점은 상대가 얼마나 좋은 사람인지가 아니라 서로 얼마나 잘 어울리는지다. 상대를 고를 때 어울림 지수는 비관계적 지수보다 훨씬 더 중요하다. 따라서 낭만적 상대를 고를 때는 과거의 비관계적 성과로 사람을 선택하는 능력주의의 효과가 제한적이다.

상대를 고르는 방법은 여러 가지가 있으며, 각 방법에서 어떤 특징을 우선으로 여기는지를 잘 아는 것이 중요하다. 우리의 마음은 긍정적이든 부정적이든 얕은 특징에 혹하기 쉽지만 그것은 깊은 사랑을 지키는 데 유용하지 않다. 그리고 얕고 부정적 특징을 보이는 상대를 걸러내려는 시도로 체크리스트를 이용하는 것은 믿을 만하지 못하다. 그런 특징은 오래 지속되는 깊은 낭만적 관계를 예측하는 데 별로 가치가 없기 때문이다. 마찬가지로 첫눈에 상대의 얕고 긍정적 특징에 감탄하여 생겨나는 열정과 강렬한 사랑도 깊은 의미가 있는 관계의 발전을 절대 보장해주지 않는다.

상대를 선택할 때 집중해야 하는 것은 깊고 긍정적인 자질이다. 서로의 내면에서 최고의 것을 이끌어내는 능력이야말로 낭만적 관계의 성공을 가장 잘 예측하게 해준다. 그러나 이 능력은 관계의 초기 단계에서 확인하기가 쉽지 않다.

낭만적
관계

Romantic
Relationships

당신의 사랑은 얼마나 깊은가요? 정말 알고 싶어요. 우리는 우리를 허물어뜨리는 바보들의 세상에 살고 있기 때문이죠.

비지스Bee Gees, 가수

낭만적 사랑과 타협의 특성이라는 길을 따라 내려와서 이제 실제적인 낭만적 관계에서 특히 시간이라는 주제에 집중하면 어떤 광경이 펼쳐질지 살펴보는 길로 접어들었다. 이번 장에서는 낭만적 미제, 낭만적 호기심, 사랑 중독, 너무 많이 사랑하는 것, 사랑하는 사람과 함께 있고 싶은 본성, 더 오래 사랑하는 것 혹은 더 많이 사랑하는 것, '사랑한다'라고 말하기에 가장 좋은 시간 등의 주제를 다루겠다.

| 낭만적 미제 |

∞

당신이 이 세상에서 있던 곳에 구멍이 났어요. 낮이 되면 나는 그 주위를 끊임없이 걷고 밤이 되면 그 속에 빠져버리죠. 당신을 그리워하는 것은 지옥 같아요.
에드나 세인트 빈센트 밀레이Edna St. Vincent Millay, 작가 마리아 엘레나는 이루어지지 않은 사랑만이 낭만적일 수 있다고 말하곤 했죠.
영화 「내 남자의 아내도 좋아」의 주인공 후안 안토니오

오래 지속되고 깊이 있는 낭만적 경험과 달리 강렬하고 짧은 낭만적 경험은 풀리지 않은 일처럼 불완전한 경향이 있다. 우리는 대개 완전하지 않거나 평범하지 않거나 끝나지 않거나 실현되지 않거나 안정적이지 않거나 설명되지 않거나 확실하지 않은 것에 흥분을 느낀다. 그런 경험이 슬픔이나 좌절과 연관되더라도 우리는 계속 찾게 된다. 사람들은 자신이 가진 것보다, 혹은 가진 듯 느껴지는 것보다 훨씬 더 많은 것을 원한다. 우리의 능력은 제한적이고 자원은 한정적이지만 욕망은 거의 무한하다. 그래서 아무리 최선을 다해 노력해도 인간의 많은 욕망이 실현되지 않은 채 운명을 맞는다.

불완전한 낭만적 경험은 일종의 풀리지 않은 일이며 사랑은 아직 존재하지만 완전히 이루어지지 않은 경험이다. 불완전한 낭만적 경험에는 감정이 많이 실린다. 사랑이 일부만 성취되면 완전을 향한 갈망이 일어난다. 부족한 부분은 마치 채워질 수도 무시할 수도 없는 마음의 구멍 같아서 큰 좌절감이 밀려온다. 어떤 상황에서는 불만처럼 적정한 정도의 좌절감이 도움이 될 수도 있다.

미국의 유명 작가 로버트 그린Robert Greene은 완벽한 유혹자의 특징을 묘사하며 불완전한 본성을 지닌 낭만적 상호 작용을 유지하는 요소들에 대해 서술했다. 그중에는 모호성을 증대시키는 것, 여러 신호를 복합적으로 보내는 것, 넌지시 표현하는 기술을 숙달하는 것, 욕망과 현실을 혼동하게 하는 것, 쾌락과 고통을 혼합하는 것, 욕망과

혼란스러움을 불러일으키는 것, 성적 요소를 완전히 없애지는 않되 누그러뜨리는 것, 어떤 기준에도 순응하지 않는 것, 만족을 지연시킬 수 있는 것, 완전한 만족을 제공하지 않는 것 등이 있다.[1]

불완전하고 강렬한 낭만적 관계는 수없이 많은 책과 영화의 소재가 된다. 사랑에 빠진 사람들은 사랑하는 사람 없이 대부분의 시간을 보내고, 그 불완전함을 극복할 수 없는 무능력이 그들에게 큰 타협점이 된다. 평범한 상황에서 깊은 사랑이 필수적 특징을 갖추지 못하더라도, 불완전한 낭만적 경험은 그 자체로 오랜 시간 동안 높은 낭만적 강도를 유지한다는 장점이 있다.

불완전한 낭만적 관계의 또 다른 종류로, 감정적으로 가깝게 얽혀 있지만 성관계는 하지 않는 관계가 있다. 이럴 때 낭만적 관계의 강도는 관계의 불완전한 본성, 즉 그 관계에 다른 부분을 채우려다가 이루지 못한 욕구에서 비롯된다. 끝나지 않은 일에는 단순히 설렘만 따르지 않는다. 정말 원하고 당연히 얻을 것이라 생각하는 것을 얻지 못할 때 우리 감정은 좌절감이라는 요소가 중심이 되기에 고통도 동반된다. 예를 들어 이런 관계에 성적 요소가 추가된 뒤에 완전해지면 엄청난 낭만적 강도가 소멸되고 관계가 종결된다. 이는 12세기 음유 시인의 불완전한 기사도적 사랑과 같다. 그 당시 음유 시인들은 "성관계가 전혀 없는, 그래서 순결한 사랑이 더욱 숭고하고 고결해지는 새로운 종류의 부드러운 혼외 관계"를 노래했다.[2]

온라인 관계는 보통 오프라인 관계로 넘어가지 않는 한 놓치는 것이 있기 때문에 '끝나지 않은 일'의 특징을 지닌다. 그런 의미에서 온라인 관계는 교제를 시작하기 전 구애의 과정이 연장된 것과 비슷하다. 따라서 "열정은 믿을 수 없을 만큼 높은 꼭대기에 있다"고 한 어떤 여성의 말처럼 감정적 강도는 높고 심지어 오랜 기간 지속된다. 온라인 관계는 다른 것보다도 불완전함이라는 요인이 있어서 강도가 높으며 그 불완전함이 관계를 조금 더 완전하게 바꾸고 싶은 바람을 포함하는데, 완전한 관계는 낭만적 강도를 감소시키고 관계를 종말로 이끌어갈 수 있다는 점에서 역설적인 면이 있다.[3] 가상 공간에는 폐쇄적이거나 통일된 구조가 없다. 가상 공간에 있다는 것은 삶의 안정적 형식에 거의 안주하지 않을 끝없는 추적, 계속되는 탐색의 상태를 포함한다. 온라인에서 일어나는 사건들은 예상 가능한 시작과 끝을 포함하여 고정적 서사가 거의 없다. 풀리지 않은 일과 비슷하게 절대 끝나지 않는 사건들은 불확실성과 좌절감, 결국 낭만적 강도를 증가시킨다.

| 낭만적 호기심 |

∞

나는 사랑이 무엇인지 알고 싶어요. 당신이 내게 보여주었으면 좋겠어요. 나는 사랑이 무엇인지 느끼고 싶어요. 당신이 내게 보여줄 수 있으리라 생각해요.

포리너Foreigner, 가수

꿀벌의 노동이 너무 궁금한 나머지 들여다보는 사람은 그 호기심 때문에 벌에 쏘일 것이다.

알렉산더 포프Alexander Pope, 시인

플라톤과 아리스토텔레스에서 스피노자와 칸트에 이르기까지 지식을 윤리적 행동의 필수적인 부분이자 선한 윤리적 삶의 실마리라고 보는 오랜 철학적 전통이 있다. 따라서 깊은 행복이란 충분한 지식을 소유하는 데 달려 있다고 여겨진다. 그런가 하면 지식을 행복의 걸림돌이라고 여기는 오랜 문화적 전통도 있다. 아담과 이브는 선과 악을 알게 하는 지식의 나무 열매를 따 먹어서 에덴동산에서 쫓겨났다. 그리스 신화의 판도라 이야기도 비슷한 경고를 전달한다. 판도라는 신이 자신에게 주었던 상자에 무엇이 있는지 기어코 알고자 했기에 온 세계에 고통이 퍼졌다.

낭만적 사랑에서의 지식도 다양한 측면을 지닌다. 대중가요들은 지식과 낭만적 사랑 사이의 긴밀한 연관성을 나타낸다. 예를 들어 "당신을 더 알아갈수록 더 사랑하게 된다"는 노랫말이 있다. 정반대의 입장에서는 지식이 없을 때의 장점, 낭만적 사랑, 특히 성욕에서 신비의 역할을 강조한다. 인도의 작가 라빈드라나드 타고르Rabindranath Tagore는 "사랑은 끝없는 신비다. 그것을 설명할 수 있는 방법이 없기 때문이다"라고 말했다. 이렇게 상반되는 전통은 지식과 사랑의 사이가 복잡하다는 사실을 보여준다. 내가 생각하기에 사랑에서 지식은 좋은 것이지만 긍정적 환상, 무지, 제한된 호기심도 이로울 수 있다.

아는 것이 사랑하는 것인가요?

∞

재혼하는 신부는 베일을 쓰지 않는다. 자신이 무엇을 얻는지 보기 원하기 때문이다.

헬렌 롤랜드Helen Rowland, 언론인·유머 작가

가슴이 큰 여성은 멍청하다고 믿는 사람들이 있다. 사실 그 반대다. 가슴이 큰 여성은 남성들을 멍청하게 만든다.

리타 러드너Rita Rudner, 코미디언

최근 장례식장에서 몇 년 전에 내 수업을 들었던 학생을 만났다. 그녀는 예전에 수강했던 감정에 대한 그 수업이 무척 재미있었다고 했다. "저는 자주 생각해요." 그녀가 이야기했다. "수업 시간에 교수님이 「그를 아는 것은 그를 사랑하는 것」To Know Him Is To Love Him이라는 노래를 들려주시고 이렇게 덧붙이셨죠. '정말 멋진 노래지만 약간 문제가 있습니다. 핵심 주장이 현실과 맞지 않을 때가 많거든요.' 그 이후로 몇 년이 지나 결혼을 했는데 교수님의 말씀이 얼마나 정확한지 깨달았어요." 나는 그녀에게 오늘날 상황은 더욱 복잡하며 그 주장이 현실과 맞지 않을 때가 많은 것은 사실이지만 결국 옳다고 판명되는 경우도 많다고 말해주었다.

분명 지식은 모든 문제를 해결하지 않는다. 하지만 낭만의 영역에서 복잡한 상황에 대처할 때 더 나은 위치에 있게 해준다. 지식은 적응력을 키워주며 우리가 능력과 한계를 인지하게 돕는다. 물론 지식은 우리를 슬프게도 하지만 그렇다고 아예 모르는 것이 낫다는 의미는 아니다. 구체적 상황에서 무지와 환상, 제한된 호기심은 우리가 치명적인 실수를 범하지 않게 하는 삶의 방식으로서 가치가 있을 수 있다.

우리는 사랑하는 사람과 자신의 낭만적 태도에 대해 더 많이 알수록 서로의 내면에 있는 최고의 것을 더 많이 끌어낼 수 있다. 이는 우리가 밤이나 낮이나 자신의 문제나 사랑하는 사람의 결함을 곱씹어 생각해야 한다는 말이 아니다. 오히려 그 반대다. 그런 어려움을 인지하고 괴로운 영향을 줄이고자 최선을 다하면서 우리는 함께 삶의 긍정적인 면에 집중해야 한다. 바꿀 수 없는 것을 되씹는 행동은 그것을 우리 삶의 중심이 되게 하고 점점 더 영향을 미치게 한다. 낭만적 지식이란 긍정적 특성에는 더 많은 무게를, 부정적 특성에는 적은 무게를 부여하게 하는 지식 기반의 지혜다.

상대의 자질들이 각각 다른 무게를 지니며 어떤 자질의 중요성이든 시간에 따라 달라질 수 있다고 인식하는 것은 낭만의 불꽃을 다시 지피고 사랑이 깊어지게 하는 데 도움이 될 수 있다. 한 조사에 따르면 사랑에 빠진 사람 중 약 60퍼센트가 "애인의 모든 것을 사랑하며 몇몇 결점이 있어도 그리 신경 쓰지 않는다"고 응답했다.[4] 각각 다른 자질에 다른 무게를 부여하는 것은 '결혼에 대해 덜 기대하는' 접근과는 다르다. 기대하는 정도를 낮추는 것은 실망의 위험을 줄이고 흥분을 누그러뜨릴 수 있다. 하지만 단지 어려움에서 빠져나오는 방법을 제시할 뿐 장기적으로 어려움을 해결해주지는 않는다. 따라서 다양한 자질에 더 많고 적은 무게를 부여하는 것이 더 건설적이다.

다양한 자질에 각각 다른 무게를 할당하는 것은 기본적으로 개인이 해야 할 몫이지만, 다양한 생물학·사회학·심리학적 요인에 영향을 받으므로 우리가 완전히 조절할 수는 없다. 주관적 할당은 상대의 인지된 가치를 높이는 데 도움이 될 수 있지만 심지어 긍정적 환상이 유지되는 동안에도 확실히 제한이 있음은 간과할 수 없다.

낭만적 호기심을 너무 과도하게 품을 수 있을까?

∞

남편은 만약 내가 성적으로 탈선한다 해도 알고 싶지 않다고 말했어요.

기혼 여성

새 여자 친구에 대한 것을 들으려고 하지 말고 그녀의 얼룩에 가까이 가지 마시오.

카렌 마리 오스테드Karen Marie Ørsted, 가수

서로를 아는 것이 사랑의 관계에 도움이 될 수 있다는 사실은 의심의 여지가 없다. 그러나 가끔 너무 많은 지식이나 호기심은 상처가 될 수 있다. 낭만의 영역에서 사람들은 사랑하는 사람에 대해 최대한 많이 알려고 애쓴다. 더 많이 알면 그 사람에 대한 더 구체적인 그림을 얻을 수 있고 이는 두 사람의 친밀감을 더욱 높여줄 수 있다.

그러나 모든 것을 다 알 필요는 없다. 예를 들어 사랑하는 사람의 과거 연인들에 대한 정보는 사랑하는 사람의 성격을 이해하는 데 도움을 주지만 상처가 될 수 있다. 연인의 예전 성경험에 대한 세세한 묘사는 둘 사이의 성적 관계에 어두운 그림자를 드리우기도 한다. 앞에서 인용한 기혼 여성의 말처럼 신뢰가 없는 상황에서는 모르는 것이 더 나을지 모른다. 어떤 사람은 연인의 외도 상대에 대해서는 알고 싶지만 성과 관련한 구체적인 사실들까지는 알고 싶지 않을 것이다. 그런가 하면 그런 이야기는 일절 이야기하고 싶어 하지 않는 사람들도 있다.

낭만적 호기심은 실제 태도와 긴밀하게 연결된다. 우리는 사랑

과 섹스가 무엇인지 이해하고 경험하기를 원한다. 그래서 사람들은 이와 관련한 가능성이 있는 낭만의 문을 닫아두려 하지 않는 경향이 있다. 그리고 강한 상상력을 동원하여 우리의 현재 상황 너머에 있는 것을 보고 경험하기를 희망한다. 그러나 낭만의 여정에서 만나는 모든 문을 여는 것은 값비싼 결과를 초래할 수 있다. 열린 문은 집으로 돌아가는 길을 방해할 수 있기 때문이다.

모든 낭만적 선택 사항을 열어두려면 우리는 현실을 무시해야 할 것이다. 현실에는 자원을 포함하여 그 자체로 제한되는 것들이 있기 때문이다. 낭만적 선택 사항을 모두 펼쳐놓는 것은 우리의 투자를 너무 얇게 펼치는 것일 수 있다. 하지만 낭만의 문을 아예 닫는 것은 자연스럽게 생기는 호기심에도 알맞지 않으며 우리 삶의 중요한 부분인 변화와 발전과도 어울리지 않는다. 드물지만 배우자를 만난 다음부터 다른 사람에게서 특별한 감정을 느끼지 않는다고 하는 사람이 있다. 그러나 낭만적 호기심은 남아 있지만 실제 행동으로 옮기지 않는 것이 더 일반적이다.

'사랑이 무엇인가?'라는 질문은 깊고 가치 있는 호기심을 반영한다. 그러나 다른 낭만적 선택 사항에 대한 끝없는 호기심에 사로잡히는 것은 비생산적이다. 일부 문들을 닫아두는 것은 우리의 호기심을 제한하며 낭만적으로 타협을 당한다는 느낌을 준다. 이것은 불쾌한 경험이지만, 한계가 없는 선택지와 한정된 자원, 그리고 모순적 가치관이 존재하는 세상에서 필요하다.

낭만적 아이쇼핑

∞

당신은 아이쇼핑 중이에요. ··· 사지는 않으면서 계속 재보는 중이잖아요.

핸크 윌리엄스Hank Williams, 가수

내가 결혼하기 전, 나의 진짜 시장 가치를 알지 못했죠. 지금은 결혼도 하고 주름도 많아서 너무 늦었네요.

기혼 여성

구매 의도 없이 상품을 둘러보기만 하는 아이쇼핑은 인간의 호기심을 충족시키는 인기 좋은 취미다. 낭만적 아이쇼핑은 깊은 낭만적 관계를 시작할 의도 없이 사람들을 둘러보는 것을 말한다. 아이쇼핑과 낭만적 아이쇼핑은 피상적이고 내재적인 활동이다. 짧은 시간 안에 즐길 수 있지만 직접적이고 깊은 영향을 미치거나 장기적 결과를 내지 못한다. 그러나 우리의 행복감을 끌어올려준다는 점에서 아이쇼핑의 가치가 높아지고 있다. 사람들은 그저 '이 동네에서 가장 좋은 것을 찾기 위해' 둘러본다.

쇼핑은 효율성, 즉 최소한의 금액으로 최대한 좋은 상품을 구매하는 것으로 성공이 결정되는 외재적 활동이다. 그러나 아이쇼핑은 즐겁고 값이 들지 않으며 마음을 풀어주는 내재적 활동이다. 다른 내재적 활동들과 마찬가지로 아이쇼핑은 시급하고 스트레스가 쌓이는 활동이 아니므로 일찍 끝내고 싶어 할 이유가 없다.

낭만적 데이트는 쇼핑과 같다. 둘 다 우리가 원하는 것 혹은 원하는 사람을 얻으려는 의도가 있는, 근본적으로 목표 지향적인 외재적 활동이다. 쇼핑과 같이 데이트의 주요 활동은 사람이든 상품이든 어울리는 '아이템'을 찾는 것이다. 이 일에 성공하기 위해서는 탐색전도 효율적이어야 한다. 최소한 자원(돈과 시간)을 투자하여 최적의 상품을 얻어야 한다. 경제학자들을 비롯하여 다른 학자들도 배우자 선택을 시장으로 비유하곤 한다.[5] 그런데 어떤 종류의 데이트는 누군가를 '구매'하려 하거나 어떤 의무를 부여하려는 의도 없이 그 자체로 가치가 있기에 아이쇼핑처럼 내재적 활동이다.

피상적·내재적 활동인 아이쇼핑은 현재의 기분을 낫게 해줄 수는 있지만 근본적으로 능력을 깊이 있게 발전시켜주지는 않는다. 추파 던지기와 같은 낭만적 아이쇼핑도 마찬가지다. 추파를 던지는 것은 즐겁고 무해한 놀이며 장난이다. 낭만과 관련한 유쾌하고 마법 같은 매력을 동반하지만 깊이는 부족하다. 흔히 있는 일이어도 작은 것들이 우리의 행복감에 큰 영향을 끼칠 수 있다. 앞에서 언급했던 피상적 활동들이 꼭 나쁘거나 가치 없는 것은 아니다. 우리가 꼭 깊이 있는 활동에만 몰두하려고 노력해야 하는 것도 아니다. 피상적 활동들도 적당하게 추구하면 단기적으로 가치를 지닌다. 피상적 활동들이 해로워지는 경우는 우리가 그런 활동에 과도하게 몰입할 때다.

다수의 연구에서 여성은 남성보다 쇼핑에 더 활발하게 참여하며 둘러보기를 좋아하여 아이쇼핑에 더 빠져든다는 사실이 입증되었다. 남성은 대부분 쇼핑과 둘러보기를 좋아하지 않는다고 호소한다. 여성 중에는 쇼핑을 근사한 식사, 카페나 바에서 음료 마시기, 야경 감상, 간단한 도시 산책 등처럼 여가 활동으로 보는 사람이 많다. 남성도 전보다는 쇼핑에 많이 참여하지만 여성보다는 효율성을 더 추구하고 쇼핑의 사회적, 혹은 치료적 측면을 즐기기보다는 '단번에 고르고 사는' 경향이 있다.[6]

그런데 낭만적 아이쇼핑은 남성이 더 잘한다. 남성이 낭만적 아이쇼핑에 더욱 열중하는 것은 야한 사진을 보는 등의 낭만적 아이쇼핑의 수동적 형태와 추파 던지기 등의 능동적 형태에서 모두 잘 드러난다. 낭만적 아이쇼핑이라는 남성의 내재적 활동은 실용적 동기로 변질되는 경우가 여성보다 많다. 남성은 추파를 던질 때 대화를 성적인 내용으로 끌어가 낭만적 아이쇼핑을 실제로 '핵심적' 쇼핑으로 쉽게 전환하려는 경향이 있다.

정리하자면 아이쇼핑과 낭만적 아이쇼핑은 단기적으로 즐겁지만 직접적이고 깊은 영향이나 장기적 성과는 거의 없다. 낭만적 아이쇼핑에 참여하면 즐거울 수도 있고 심지어 권장할 만할 수도 있겠지만 싸게 사거나 팔지 않으려고 하는 것도 신중한 선택이겠다.

| 사랑이 중독될 수 있나요? |

∞

사랑은 마약 같아서 우리는 장기적 부작용을 신경 쓰지 않아요. 그저 얼마나 취할 수 있을지에 관심을 둘 뿐이죠.

익명

사랑이 광기가 아닐 때 그것은 사랑이 아니다.
페드로 칼데론 데 라 바르카Pedro Calderon de la Barca, 17세기 에스파냐 작가 낭만적 사랑이 중독 혹은 질병이라는 것은 오래된 개념이다. 이 관점을 조금 덜 과격하게 표현하면 어떤 사람들은 사랑이 '지나치다'고 할 수 있다. 사랑은 사랑하는 사람을 향한 끈질긴 집착을 포함할 수 있다는 사실에는 의심의 여지가 없다. 그런 집착은 중독의 일부며 대개 과잉 행동이다. 그런데 일부 사랑의 관계의 특징이 되기도 하는 끈질긴 집착이 항상 나쁜 것일까? 이런 사랑이 중독의 종류로 취급받아야 하는가?

중독과 사랑의 밀접한 연관성은 문학을 비롯해 철학·심리학·정신의학·뇌과학 등에서 발견할 수 있으며 오늘날에는 일상이 되었다. 그러나 '사랑 중독'과 '성 중독'은 질병 분류에 오르지 않아 논란이 있는 용어다. 대체할 수 있는 전문 용어로 '성욕 과다'가 있다. 이 논란은 사안이 극도로 복잡하다는 것을 보여준다. 나는 중독의 여러 특징들이, 예컨대 집착이 깊은 사랑에서도 발견될 수 있으나 깊이 있는 낭만적 사랑을 중독이라고 생각하지 않는다. 하지만 강한 성욕은 중독될 수 있다. 그런데 집착의 모든 유형이 해롭지는 않다. 집착의 대상이 사람에서 행복한 삶으로 옮겨질 때 그것은 집착이 아닐뿐더러 그 사람에게 선한 영향을 준다.

중독의 주요 증상으로 여겨지는 강박 관념은 '방해될 만큼 종종 비이성적 생각이나 감정으로 끈질기게 집착하는 것'이라는 뜻이다.[7] 여기서 '방해가 되는'과 '비이성적'이라는 용어가 중요하다. 어떤 생각이나 사람에 끈질기게 집착하는 것은 누군가의 행복을 해치지 않는 한 그 자체로 해롭지는 않다. 낭만의 영역에서 이 문제를 명확히 하기 위해 '반복'과 '지나치게 사랑하는 것'의 개념을 먼저 짚고 넘어가려 한다.

반복은 규칙적으로 혹은 간헐적으로 다시 일어나는 행동이나 사건이다. 행동의 반복은 같은 것을 계속 말하거나 행하지만 얻는 것이 없을 때 부정적 의미로 받아들여진다. 사실 반복은 지루하게 만들고 인간의 능력을 감퇴시킨다. 우리는 왜 반복되는 것에 정신적 자원을 낭비해야 하는가? 이는 같은 사건이 반복될 때보다 상황에 큰 변화가 일어남을 알아차렸을 때 감정이 생겨난다는 사실과 일맥상통한다.

가치 있는 반복이라는 말이 있을 수 있을까? 앞서 언급했듯 춤이나 수영 같은 능력은 반복을 통해 나아진다. 이런 경우, 반복 행동이 없으면 능력이 떨어지거나 발전이 멈추므로 반복은 가치 있다. 반복 행동이 과도하거나 행복과 관련한 다른 행동에 피해를 줄 때는 해로울 수 있다. 깊은 사랑은 개인의 행복을 향상시키는 긍정적 집착을 수반하지만 그것이 부정적 경험으로 정의되는 강박 관념은 아니다. 깊은 사랑은 지루함을 발생시키거나 인간의 능력을 감퇴시키지 않고 오히려 능력과 행복을 증진하는 내재적 발전 과정이다.

낭만적 강도의 끝이 없다는 특징이나 낭만적 깊이가 강박 관념과 동일시되어서는 안 된다. 강렬한 낭만적 사랑의 끝이 없다는 특징은 사랑하는 사람과 성적으로(다른 부분으로도) 함께 있고 싶은 욕망이 끝없음을 의미한다. 이는 의미 없고 기계적인 반복이 아니라 의미 있는 사람과 함께 있고 싶은 끈질긴 욕망이다.

반복 행동이 발전과 행복에 기여하지 않을 때는 그 가치를 잃거나 중독이 될 수 있다. 그 예가 바로 섹스다. 성행위는 다소 반복적일 때가 많다. 그래서 과도한 섹스는 가치를 잃게 되거나 중독될 수 있다. 한 연구는 섹스를 더 자주 하는 것과 두 사람의 행복이 더 커지는 것은 서로 관련이 있으나 이 연관성은 일주일에 1회 이상에는 더 이상 의미가 없다고 하면서, "성관계 빈도와 행복은 직선으로 비례하는 관계가 아니라 곡선 관계로 가장 잘 묘사된다"[8]는 결과를 발표했다. 한편 우리는 텔레비전 시청이나 험담, 컴퓨터 게임 등과 같은 반복적 행동들에도 중독될 수 있다.

| 지나치게 사랑하는 것 |

∞

우리는 모든 것을 지나치게 많이 가지고 있는데도 여전히 충분히 가진 것 같지 않다.

페터 쿠어츠에크Peter Kurzeck, 작가

나쁜 년은 너무 많고 여왕은 별로 없다.

마릴린 먼로, 영화배우

대부분의 사람들은 자신이 가진 것보다 더 많은 것을 욕망한다. 더 많은 돈, 집, 초콜릿의 종류, 페이스북의 '좋아요', 성관계, 멋진 낭만적 경험을 말이다. 자연스러운 듯 보이지만 너무 많은 선택지를 가지려는 이런 욕구는 대가가 따르기 때문에 문제가 된다. 그 대가 중 하나는 수많은 선택지를 마주할 때 우리가 가지고 있는 선택권에 만족감이 떨어진다는 것이다. 많은 선택지가 '지나침'이 되거나 '충분하지 못함'이 될 수 있는 상황과 문제를 함께 살펴보고, 사랑도 '지나침'이 될 수 있는지 이야기해보겠다.

많음이 지나칠 때, 너무 많음도 충분하지 못할 때

∞

충분함이 충분함인 줄 아는 사람들만이 충분히 누릴 수 있을 것이다.

노자의 『도덕경』

충분히 좋은 낭만적 상대에 대한 논의에 이어, 심리학자 베리 슈워츠 Barry Schwartz의 극대화하려는 사람maximizers(이하 '극대화자')과 만족하려는 사람satisficers(이하 '만족자') 사이의 구분을 살펴보자. 슈워츠의 말에 따르면, 극대화자는 최고의 선택에만 혈안이 되지만 자신의 영역에서 만족하려는 사람은 만족스러운 선택을 추구한다. 따라서 극대화자는 만족자보다 상품을 더 많이 비교하고 구매 결정에 더 오랜 시간이 걸린다. "극대화자는 자신의 구매 결정을 다른 사람들과 비교하는 데 만족자보다 더 많은 시간을 투자한다. 극대화자는 구매를 결정한 다음 후회를 더 많이 경험한다. … 극대화자는 구매 결정에 대해 긍정적으로 느끼는 경우가 더 적다."[9]

우리의 풍족한 낭만적 사회는 슈워츠의 생각을 적용하기에 완벽하다. 앞의 인용문에서 슈워츠가 말하는 '구매'를 '낭만적 상대'로 바꾸면 낭만적 상대를 찾는 사람들의 다양한 성향에 대한 알맞은 설명이 된다.

여기에서 완전의 두 가지 의미('결함이 없는' 상대와 가장 적합한 상대)가 생각난다. 낭만적 극대화자는 '최고의' 낭만적 상대를 찾으려고 마음먹지만 낭만적 만족자는 가장 적합한, 혹은 충분히 좋은 상대를 찾는 것에 집중한다. 따라서 낭만적 극대화자는 비교하는 데 만족자보다 더 시간을 많이 들인다. 과거에 만났던 연인들과, 주변에 존재하는 다른 낭만적 선택지들과, 다른 사람의 낭만적 상대들과 현재 자신의 낭만적 선택을 비교한다. 낭만적 극대화자는 낭만적 '구매' 이후에 후회를 더 많이 경험하며 가상의 낭만적 대안을 생각하느라 시간을 허비한다. 비낭만적 극대화자처럼 낭만적 극대화자는 자신의 선택에 낭만적 만족자보다 긍정적으로 느끼는 경우가 적다.

슈워츠는 극대화하는 경향이나 만족하는 경향을 측정하는 척도를 마련했다. 그에 따르면 극대화 지수가 높은 사람이 낮은 사람보다 삶의 만족도가 낮고 덜 행복하며 더 비관적이고 우울하다. 마찬가지로 '최고의' 상대를 찾는 헛된 노력이 낭만적 극대화자를 불안하게 하고 삶과 현재의 낭만적 관계에 만족하지 못하게 하며 만족자보다 덜 행복하고 더 비관적이게 만든다. 그래서 낭만적 극대화자는 어떻게든 값을 깎으려고 하지만 만족자는 개인의 행복을 위해 높은 비용을 지불한다.

나아가 극대화자는 만족자보다 객관적으로 볼 때는 더 좋지만 주관적으로 볼 때는 더 좋지 않다. 극대화자는 더 좋은 비관계적 특징들, 예를 들면 높은 수준의 외모, 학벌, 사회적 지위 등을 가진 상대를 얻을 수 있다. 그러나 극대화자는 낭만적 선택에서 자신이 포기한 무언가를 불평하며 다니기 때문에 관계를 좋게 느끼지 못하는 경향이 있고 결국 관계의 전반적인 질이 떨어진다. 낭만적 만족은 우리에게 주어진 낭만의 몫에 행복을 느끼는 것과 관련 있는데, 아직 발견하지 못한 '더 좋은' 사람이 있을 거라는 생각에 시달리면 자신의 몫에 만족하기란 매우 어렵다.[10]

『넛지』Nudge의 저자인 행동과학자 리처드 탈러Richard Thaler와 카스 선스타인Cass Sunstein도 끝없는 선택을 향한 욕망에 대해 이야기했다. 그들의 관점에 따르면, 자신에게 거부할 힘이 있기에 더 많은 선택 사항을 소유하면 불행해지지는 않는다는 관념에는 경제적으로나 일상생활에서나 큰 문제가 있다. 이 원리는 자제력과 유혹, 단기적 욕망과 장기적 행복 사이의 갈등을 고려하지 않는다. 슈워츠는 더 많은 것을 원하는 극대화자의 끝없는 욕망이 전반적으로 불만을 만들어내고 행복감을 떨어뜨린다고 꼬집었다. 탈러와 선스타인은 더 많이 가지려는 욕망은 주로 피상적이고 단기적인 다수의 욕망을 받아들이고 깊고 장기적인 소수의 욕구를 무시하는 경향 때문이라고 비판했다. 모두가 매우 설득력 있는 비판이다.[11]

대부분의 경우에 더 많이 가지거나 더 많은 것을 찾아다니는 것이 좋지 않다. 그래서 우리는 이런 말들을 듣지 않는가. "많음은 지나침이다", "과유불급", "적은 것이 더 많은 것이다", "너무 많은 것은 충분하지 않다." 이 모든 표현이 너무 많이 소유하는 데 반대의 뜻을 비추지만 과잉의 부정적 영향과는 조금 다른 측면에 초점을 맞춘다.

'많음은 지나침이다', '과유불급'은 슈워츠 관점의 의사 결정 과정에 자주 나타난다. 낭만의 영역에서는 현재 풍부한 낭만적 선택 사항을 말하며 계속 상대를 고르는 과정에 사람들을 몰아넣어 오래 지속되는 깊은 사랑을 만들어가는 능력을 저해한다. 이런 상황은 좌절감과 슬픔, 외로움으로 이어진다. '적은 것이 더 많은 것이다'라는 말도 비슷한 의미다. 적은 낭만적 상대들에 집중할수록 얻게 되는 낭만적 깊이와 의미는 더욱 커진다. 같은 맥락에서 낭만적 상대, 즉 낭만의 양이 적을수록 낭만의 질과 깊이가 더욱 커진다. '너무 많은 것은 충분하지 않다'는 표현도 우리가 가진 것에 안주하지 못하게 하는 불균형을 의미한다.

많고 적음, 지나침과 모자람은 분야와 맥락에 따라 달라진다. 아리스토텔레스는 어떤 행동에서 가장 중요한 것은 양이 아니라 적절성, 즉 주어진 상황에 그 행동이 얼마나 적합한지라고 여겼다. 적절한 균형을 찾는 것이 낭만적 행복의 핵심이다.

너무 지나치게 사랑할 수 있나요?

∞

이토록 극단적 세계에서 우리는 너무 조금 사랑할 수밖에 없다.

리치 카나렐라Rich Cannarella, 가수

나는 당신을 너무 지나치게 사랑해요. 내 사랑이 그래서 내 마음을 제어할 수가 없어요.

딘 마틴Dean Martin, 코미디언

좋은 것들이 지나친 것은 멋진 일이다.

메이 웨스트, 영화배우·희곡작가

깊은 사랑은 개인의 행복과 돌봄을 포함하기 때문에 도덕적으로도 바람직하다. 이런 현상이 왜 비판을 받는지 알 수 없을 것이다. 그럼에도 불구하고 사람들은 사랑을 하고 있는 사람, 사랑이 너무 과한 듯 보이는 사람을 비판한다. 사랑하는 사람에게 내가 당신을 너무 지나치게 사랑하노라 말할 수 있을까? 사람들이 너무 행복할 수 있는지의 문제를 살펴보면서 찬찬히 들여다보자.

행복은 잘 사는 삶에 큰 가치를 지닌다. 실제 조사에서도 행복한 사람들이 불행한 사람들보다 건강과 일, 사랑의 중심 영역들에서 평균적으로 더욱 잘 지내는 것으로 나타난다.[12] 그럼에도 불구하고, 너무 지나친 행복은 해로울 가능성도 있다. 심리학자 시게히로 오이시 Shigehiro Oishi와 연구진은 "행복의 최적 수준은 다양한 개인적·문맥적 요인에 달려 있다"고 주장했다. 그러므로 행복의 가장 높은 수준을 경험한 사람들은 가까운 관계를 성공적으로 유지하며, 행복의 경험 수준이 약간 낮은 사람들은 수입이나 교육의 측면에서 좋은 결과를 낸다. 더 많은 것을 원하는 것이 수입이나 교육에 중요한 동기 부여가 되기도 하는데 친밀한 관계의 영역에서 더 많은 것을 원하면 대안적 상대를 찾게 되기 때문에 불리할 수 있다.[13]

사랑도 비슷한 것 같다. 일반적으로 사랑은 우리의 행복에 유익하지만, 사랑이 너무 지나쳐서 도리어 우리를 지치게 하는 사랑과 환경이 있다. 앞서 언급했듯 깊은 사랑은 지루함을 일으키지도 인간의 능력을 저해하지도 않는 내적 발전 과정이며 오히려 그 내적 발전이 개인의 능력과 행복을 증진시킨다. 깊은 사랑은 인간이 경험하는 행복의 엔진이라서 유익함이 크다. 너무 심오한 책을 썼다고 저자를 탓하지 않듯 우리는 너무 깊은 사랑을 한다고 사랑의 주체를 비판하지 않는다. 사랑의 깊이가 피상적이든 깊이 있든 다른 중요한 활동을 등한시하게 한다면 그때 우리는 '너무' 깊다고 말할 수 있을 것이다. 다른 행복한 경험처럼 깊은 사랑도 사랑을 하는 주체의 성격과 특별한 상황에 공명을 일으키기 때문에 가치 있다. 그러므로 해로운 중독 증상이 일어나지 않는다.

물론 우리는 사랑하는 사람과 함께 있기를 바란다! 우리는 그들을 위하여 내재적 가치와 의미가 있는 활동을 즐기는데, 이에 반복해서 참여하면 의미와 즐거움이 더욱 풍성해지므로 이런 활동을 원하지 않을 이유가 없다. 글쓰기나 그림 그리기 등의 깊은 내재적 활동도 마찬가지다. 깊은 내재적 활동은 물론 다른 종류의 행복하고 필수적인 활동에 참여하는 것을 방해하지 않으므로 '적당한' 빈도가 없다.

낭만적 깊이와 달리 낭만적 강도는 과도할 수 있다. 사랑을 하는 주체의 강렬한 열정은 상대의 태도가 무례하다거나 관계가 오랫동안 살아남을 가능성이 적다는 사실을 알아채지 못하도록, 적어도 인정하지 못하도록 방해한다. 반대로 깊은 사랑은 행복의 구성 요소이기 때문에 우리는 행복이 과잉된다고 말할 수 없다. 그러나 사랑하는 사람이나 자신에게 무엇이 좋은지 분간하지 못하면 깊은 사랑을 구체적 행동으로 옮기는 것이 오히려 해로울 수 있다.

깊은 낭만적 행동과 '사랑 중독' 혹은 '섹스 중독'은 완전히 다른 종류다. 이 차이를 이해하기 위해 깊은 활동과 피상적 활동 사이의 차이를 먼저 살펴보자. 고전 『사랑과 중독』Love and Addiction의 저자 스탠튼 필Stanton Peele과 아치 브로드스키Archie Brodsky는 "중독적 태도의 특징은 열정의 강도가 아니라 얕음에 있다"고 주장했다.[14] 깊이 사랑함이란 사랑하는 사람과 행복을 주는 폭넓은 활동을 추구하는 것이다. 섹스 중독은 반복되는 활동의 좁은 영역으로 우리의 세계를 욱여넣는다. 섹스 중독자의 상호 작용의 특징인 반복적이고 피상적인 태도는 개인의 발전과 행복을 무척이나 어렵게 만든다. 깊은 사랑에서 사랑하는 사람과 함께 있고 싶어 하는 바람은 중독으로 몰아가는 강박적인 욕구와 하늘과 땅 차이다.

좋은 것이라 하더라도 어떤 태도나 행동이 재미는 적지만 의미는 큰, 행복을 향상시키는 활동을 추구하지 못하도록 막아서 전체 행복에 기여하지 못하거나 심지어는 행복을 훼손할 때 적정선을 넘어 과잉이 될 수 있다. 따라서 '아무리 좋은 것도 과도하면 좋지 못하다'는 말에 이어서 '많을수록 좋다'는 말도 어느 정도는 사실이다. 일반적으로 섹스는 멋진 경험이지만 섹스 중독은 부정적이며 다른 중독과 같이 치료가 필요하다. 필리핀의 전前 영부인 이멜다 마르코스Imelda Marcos는 3천 켤레의 신발을 가지고 있었다. 컨트리 음악 가수인 돌리 파튼Dolly Parton은 옷이 얼마나 많은지 "똑같은 옷을 두 번 이상 입은 적이 없다"고 말한 적이 있다. 쿠바의 정치가 피델 카스트로Fidel Castro의 삶을 다룬 다큐멘터리는 그의 섹스 상대를 3만 5천 명, 40년 전체 재임 기간 동안 하루에 두 명(점심, 저녁에 각각 한 명씩)이었음을 밝혔다.

우리는 수천 켤레의 신발을 소유하거나 식사 시간마다 다른 섹스 상대를 만나 일부러 좋지 못한 결과를 얻을 필요가 없다. 특히 피상

적 경험이나 상품들일 경우, 더 깊은 활동을 하여 행복을 이루기 위한
자원을 집착이 빼앗는 경우에도 마찬가지다. 이런 맥락에서 연인이
서로의 개인적 행복을 침해하며 함께 시간을 보낸다면 이것은 '너무
지나친' 연인의 시간으로 여겨질 수 있다.

사람들은 너무 지나치게 사랑하는 것에 대해 말할 때, 사랑하는
주체를 압도하고 상대의 잘못이나 자신의 강박적인 행동을 보지 못
하게 만드는 강렬함을 언급한다. 사랑에 빠진 사람들, 특히 젊은 사
람들은 사랑하는 사람의 결점이나 상대가 본인과 적합하지 않다는
사실을 보지 못한다. 로마신화에 나오는 사랑의 신 큐피드가 눈가리
개를 한 소년으로 묘사되듯 말이다. '어쩔 수 없어. 나는 그 사람을 미
치게 사랑해'식의 과도한 사랑은 주체성과 개인의 성장을 발전시키
는 자제력과 통제력이 부족할 때 극단적인 경우에는 소유욕과 지배
욕으로 이어질 수 있다.

| 더 오래, 더 많이 사랑하기와 거의 항상 사랑하기 |

∞

더 오래 살 수 없다면 더 깊이 있게 살라.

이탈리아 속담

오래 지속되는 깊은 사랑을 알아가는 여정에서 이제는 사랑의 지속
성에 대한 다음의 두 가지 물음을 살펴볼 것이다. 첫째, 더 오래 사랑
하는 것이 더 많이 사랑하는 것인가? 둘째, 우리는 거의 항상 깊이 있
게 사랑할 수 있는가? 모든 사람이 깜짝 놀라는 것을 좋아하지 않으

니 힌트를 준다면, 깊은 사랑의 본성은 두 질문에 모두 '아니오'라는 대답을 내놓는다. 이제 그 이유를 알아보자.

더 오래 사랑하는 것이 더 많이 사랑하는 것인가?

∞

수잔 로웬스타인: 그냥 인정해. 당신은 당신 아내를 더 사랑해.
톰 윙고: 아니, 더 사랑하는 것이 아니야, 로웬스타인. 더 오래 사랑한 거지.
팻 콘로이의 소설 『사랑과 추억』The Prince of Tides

수잔 로웬스타인은 톰 윙고의 쌍둥이 여동생의 정신과 의사다. 톰 윙고의 아내는 외도를 했고 둘은 거의 이혼하기에 이르렀다. 윙고와 로웬스타인은 둘 다 배우자가 있지만 서로를 사랑하게 된다. 그때 윙고는 다시 자신에게 돌아오기로 했다는 아내의 전화를 받는다. 윙고는 로웬스타인과 아내를 모두 사랑한다. 윙고는 아내와 세 딸을 버릴 수 있는 사람이 아니기에 집으로 돌아간다. 그렇지만 여전히 로웬스타인을 사랑하며 그녀를 자기 인생의 축복으로 여긴다.

시간적 관점으로 더 오래 사랑하는 것이 낭만적 관점에서 더 많이 사랑하는 것일까? 더 많이 사랑하는 것은 더욱 강렬하게 사랑하는 것과 더욱 깊이 사랑하는 것의 결합이다. 앞서 보았듯 시간은 낭만적 강도를 끌어올리지는 않지만 낭만적 깊이를 향상시킬 수 있다. 의미 있는 발전의 과정이 있다면 말이다. 그러나 더 오래 사랑하는 것은 일반적으로 오랜 기간 누군가와 함께 생활하는 것, 적어도 오랫동안 서로 알고 상호 작용하는 것이다. 이런 생활은 가정을 꾸리거나 함께 아는 친구를 만들거나 여러 문제를 함께 해결해나가는 의미 있는 시간처럼 비낭만적인 헌신을 더 많이 만들어낸다. 이런 헌신은 더욱 사랑하게 만들지는 않지만 이별의 가능성을 줄일 수 있다.

윙고의 경우가 그렇다. 만약 아내와 로웬스타인을 동시에 만났다면 아마 로웬스타인을 선택했을지 모른다. 현재 상황에서 윙고는 삶의 상황과 가정의 책임에 더 큰 무게를 두고 낭만적 타협을 한 것이다. 이는 사랑의 가치와 함께한 시간과 가정에의 책임 사이의 딜레마다. 같은 깊이는 아닐지라도 동시에 두 명을 사랑할 때 어떻게 해야할지 알려줄 수 있는 설명서 같은 건 세상에 존재하지 않는다. 윙고 부부는 그간 사랑한 시간의 길이에도 불구하고 깊은 사랑으로 발전하지 못했다. 그러므로 윙고의 경우에 더 오래 사랑하는 것이 더 많이 사랑하는 것을 의미하지는 않는다.

우리도 윙고의 운명을 맞을 것인가? 우리가 말할 수 있는 것은 많은 사람이 그렇겠지만, 그렇지 않은 사람도 있을 것이라는 정도다.

대부분의 시간을 사랑하기

∞

나는 베르타를 60년 동안 사랑했다.
야아코브 하잔Ya'akov Hazan, 정치가

저는 거의 항상 그를 사랑해요.
블레이크 라이블리Blake Lively, 배우·라이언 레이놀즈Ryan Reynolds의 아내

92세 이스라엘 정치가이자 사회운동가인 야아코브 하잔이 "아내 베

르타를 60년 동안 사랑했다"고 말했을 때 그 의미는 그 긴 기간 동안 매시간 매분 그녀를 생각했다는 것도 성적으로 원했다는 것도 아니었다. 낭만적 사랑은 복잡한 감정이며 사랑하는 사람에 대한 생각이나 성욕이 없을 때조차 존재한다.

낭만적 사랑은 두 사람이 함께 있지 않을 때도 지속될 수 있다. 사실 두 사람이 매 순간 함께 있지 않는 것이 더 넓은 개인만의 공간을 가지게 하기 때문에 낭만적 사랑을 지속하게 할 수 있다. 낭만적 사랑은 사랑하는 사람과 가까이 있고 싶어 하는 욕망을 포함하지만, 서로 멀리 떨어져서 사는 연인들이 점점 더 많아지고 있다. 앞으로 다룰 내용인데, 아주 가까이 거주하는 연인의 관계와 비교할 때 장거리 연애는 관계의 질적 수준이 더 높다는 특징을 보인다.

라이언 레이놀즈를 "대부분의 시간에" 사랑한다는 블레이크 라이블리의 말은 깊은 사랑의 특성과 반대되는 듯 보인다. 그녀는 그에게 대부분의 시간에 성적 욕망을 느끼겠지만 그를 매 순간 사랑할 것이다. 라이블리는 이렇게 말했다. "우리 결혼의 비밀은 변함없는 우리의 우정이에요. … 우리는 만나기 전 2년 동안 친구 사이였어요. 그래서 그를 동성 친구 대하듯 대했죠." 그녀는 남편과의 사랑의 관계의 기반을 우정이라고 여긴다. 우정은 실제로 오래 지속되는 깊은 사랑의 기초다. 깊은 사랑의 경우에서처럼 '대부분의 시간'에만 친구가 될 수는 없다. 아마 라이블리도 낭만적 상대와 의견이 일치하지 않거나 불만이 생길 때는 사랑이 사라지는 것 같기에 변함없는 사랑이라고 말할 수는 없었을 것이다. 그러나 사랑은 거기, 표면 아래에 있다고 말하고 싶다. 라이블리가 레이놀즈를 깊이 사랑한다면 서로 싸울 때도 그녀의 사랑은 지속되며 존재한다. 그런 사랑이 대부분의 시간 동안 의식의 중심에 있다는 말이지, 사랑의 관계를 맺지 않거나 서로에 대해 생각하지 않을 때 사랑이 사라진다는 말은 아닐 것이다.

깊은 낭만적 사랑에는 성욕이나 행복, 존경과 같은 강렬한 긍정적 감정과 억울함과 분노, 질투 같은 부정적 감정이 폭발할 때도 있다. 강렬한 단기 감정들은 자주 올라올 수 있지만 지속될 수 없다. 종종, 어쩌다 되풀이되기는 한다. 그러나 깊은 낭만적 사랑은 사라지지 않는다. 라이블리는 레이놀즈를 성적으로 원하는 것은 '단지' 대부분의 시간 동안이겠으나 매 순간 사랑하는 듯하다.

| '사랑한다'고 언제 말해야 하는가? |

∞

내 인생의 후회는 '사랑한다'고 충분히 말하지 못한 것이다.
요코 오노Yoko Ono, 예술가·고故 존 레논의 부인

낭만적 관계에서의 시간의 문제를 다루었던 이번 장을 '사랑한다'는 표현을 언제 해야 하는지에 대한 질문, 그 타이밍에 대한 실제적인 딜레마를 이야기하며 끝맺으려 한다. 상대에게서 '사랑한다'는 말을 처음 듣는 것은 낭만적 관계에서 가장 빛나는 대목이다. 그러나 사람들은 자신의 사랑을 언제 선언해야 하는지, 먼저 말해야 할지 아니면 상대도 같은 감정을 가지고 있다는 표시를 보여줄 때까지 기다려야 할지 확신이 없다. 감정을 드러내도 될 최적의 시간이 있는가? 타이밍

이 아무런 차이를 만들어 내지 못하는가, 아니면 중요한 영향을 미치는가?

언제 말해야 하는가?

∞

사랑이란 '사랑한다'라고 말하는 것이 아니라 '밥 먹었니?'라고 물어보려고 전화하는 것이다.

말론 제임스Marlon James, 소설가

낭만적 사랑은 진실한 태도를 드러낸다. 상대에게 사랑하는 마음을 표현하는 것보다 대화와 행복을 끌어올리는 것은 없다. 그러나 이런 자기개방으로 우리는 더욱 상처받기 쉬워질 수 있으며 서로 감정이 다른 경우에 상대는 불편한 상황에 빠질 수 있다. 상대에게 언제 '사랑한다'고 말해야 하는지에 대한 다음의 흔한(그리고 모순적인) 조언들을 살펴보자.

· 최소한 다섯 번은 만나보아라.
· 두 달은 지나고 말하라.
· 너무 오래 기다리지 마라.
· 완전히 터져 나올 때까지 기다려라.
· 섹스 전, 후, 혹은 도중에 말하지 마라.
· 너무 감정적이어서 이성적으로 생각할 수 없을 때는 말하지 마라.
· 상대에게 무언가를 보상받기를 원할 때는 말하지 마라.

우리는 왜 이별했을까?

- 함께 어느 정도 시간을 보내기 전까지는 절대 먼저 말하지 말고 메아리치듯 그대로 따라 말하지 마라.

이 제안들은 모두 타이밍과 관련이 있다. 하지만 타이밍이 진실함과 자기개방보다 더 중요한가?

앞서 생각해보았듯 장기적 사랑에서 홈런 볼이 떨어지는 지점은 타이밍이 아니라 시간이다. 좋지 못한 타이밍이나 정치적 올바름에 어긋나서 길을 잘못 든다고 전체적인 낭만적 사랑의 그림을 완전히 망치지는 않을 것이다. 오히려 두 사람 사이의 신뢰와 진실함을 끌어올릴지 모른다. 그러나 깊은 사랑은 발전할 시간이 필요하기 때문에 잠깐 함께한 다음에 "나는 당신을 깊이 사랑합니다"라고 말하는 것은 타당하지 않다. 그런 발언 탓에 당신은 진지해야 할 것에 진지하지 않은 사람으로 보일 수 있다. 그러나 첫눈에 반하는 사랑도 있을 수 있기에, 당신이 그저 그 순간의 느낌을 표현하는 것이라면 짧은 시간 함께한 다음에도 '사랑한다'고 말할 수 있다. 이럴 때는 관계가 더욱 자라날 가능성이 보인다고 덧붙일 수도 있겠다. 그러나 우리는 가능성을 볼 수는 있어도 그 결말은 알 수 없다.

깊은 사랑에서 행동은 말보다 크게 말한다. 사랑의 부재와 관련이 없더라도 '사랑한다'라고 말하지 말아야 할 이유가 많을지 모른다. 영화 「지붕 위의 바이올린」Fiddler on the Roof에서 주인공 테비에가 함께 25년을 산 자신의 아내 고르데에게 자신을 사랑하느냐고 물을 때 그녀는 그 질문에 깜짝 놀라 남편이 화가 나거나 피곤한지 궁금해한다.

"어서 들어가서 누워요! 배탈 났나봐요"라고 그녀는 대답한다. 테비에가 대답하라고 종용하자 고르데는 이렇게 말한다. "25년 동안 당신의 옷을 빨고 당신의 식사를 준비하고 당신의 집을 청소하고 당신의 아이들을 낳고 소젖을 짰어요. 25년이 지난 이제 와서 왜 사랑 타령이에요?" 그가 대답을 들어야겠다고 고집하자 마침내 그녀는 대답한다. "사랑하는 것 같아요."

다른 속도

∞

당신의 사랑을 말하려 하지 마시오 / 사랑은 말로 전해질 수 없으니 / 부드러운 바람이 지나듯 / 고요 속에서 보이지 않게

윌리엄 블레이크William Blake, 18세기 시인·화가

진실한 마음이라면 자신의 사랑을 고백하는 것이 문제 되지 않는다. 그렇지만 같은 마음의 대답이 돌아오기를 기대하는 것은 문제가 될 수 있다. 이런 어려움은 두 가지 점에서 발생한다. 사랑이 발전하는 속도의 차이와 마음을 표현하는 개인의 성향 차이다.

남성인지 여성인지도 중요할 수 있다. 남성은 여성보다 더 일찍 사랑을 고백하는 경향이 있으며 상대에게 사랑의 고백을 받을 때 더 행복해한다. 한 설문 조사에 따르면 여성은 '사랑한다'고 말하기까지 평균 134일이 걸리는 데 비해 남성은 평균 88일이 소요된다. 만난 지 첫 달 안에 '사랑한다'고 말하는 남성은 39퍼센트였으나 여성은 23퍼센트에 그쳤다.[15]

성격 차이도 사람들이 다른 속도로 사랑에 빠지는 원인이 된다. 그러나 속도의 차이가 낭만적 헌신의 차이를 나타내지는 않는다. 조금 더 빨리 사랑에 빠지는 사람은 빨리 사랑에서 빠져나오는 사람일 수 있다. 사랑을 표현하는 속도의 차이 또한 있다. 수줍음을 많이 타는 사람은 솔직한 사람보다 사랑의 표현이 늦는데, 심지어 감정의 강도가 비슷할 때도 그렇다. 자신에게 사랑을 고백한 남자에게 부끄러움이 많은 여자가 이렇게 말했다. "지금 내가 하는 말보다는 내 행동의 무게를 따져보세요." 그렇다, 사랑에서는 말보다 행동이 더 진실하다.

사랑을 하고 있는 사람들은 상대도 같은 마음일 때에만, 준비가 되면 사랑을 표현하라는 이야기를 자주 듣는다. 상대가 먼저 사랑을 고백했을 때 당신도 똑같이 그대로 따라 말하는 것이 낭만적 에티켓은 아니다. "나도 사랑한다"고 대답하기보다는 지금 당장은 당신을 사랑하는지 모르겠지만 정말 많이 좋아하고 더 알아가기를 원하며 이 관계를 더 발전시켜나갈 기회를 갖고 싶다고 말하는 것이 아마도 가장 좋을 것이다. 첫눈에 반하는 사랑이 필수는 아니다. 차라리 사랑에 대해 이야기하는 것을 미루고 단순히 무지 상태의 축복을 즐길 수도 있다.

모든 사람의 사랑이 같은 속도로 커지지 않는다. 깊은 낭만적 행복은 서로 간의 사랑하는 태도를 포함하는 것이 사실이지만 우리가 상대를 사랑하는 만큼 상대가 우리를 사랑하지 않아서 자신의 사랑을 숨겨야 한다는 의미는 아니다. 우리는 열린 태도로 감정이 깊어지기 위해 필요한 시간을 상대에게 내주어야 한다. 감정의 발전은 점진적일 수 있다. 그 발전은 "내 사랑"이라는 애칭이나 "내 사랑을 담아 보냅니다", "당신 안에 보이는 것을 사랑합니다" 등과 같이 비교적 '부드럽게' 간접적으로 표현되다가 마침내 "사랑한다"는 직접적 표현을 들을 수 있을 것이다.

느리게 움직이는 것은 멈추어 있는 것과는 다르며 낭만의 여정에 덜 헌신적이라는 의미도 아니다. 오히려 그 반대다. 상대의 다른 성격을 존중하여, 상대가 우리와 동시에 같은 것을 느끼고 표현하기를 기대하면 안 된다. 깊은 사랑은 오랜 헌신이기에 미래에 언젠가 두 사람 모두가 깊은 사랑을 느끼고 그것을 드러낼 가능성이 있다. 아직 설익은 낭만적 깊이를 수확하려고 달려드는 것은 손해다. 인내와 평온함이 가장 중요하다.

'당신은 내 인생의 사랑입니다', '나의 가장 큰 사랑은 당신입니다'와 같은 낭만저 건고함의 표현에서도 마찬가지다. 이런 표현은 과거의 다른 상대들까지 포함하므로 사랑의 선언을 더욱 복잡하게 만들며 과거와 현재의 낭만적 상대들 사이에 순서를 형성한다. 예를 들어, 우리가 낭만적 상대에게 "당신은 내 인생의 사랑이에요"라고 말할 때 상대가 똑같이 대답하지 않는다고 치욕스럽지는 않을 것이다. 사랑의 관계들을 비교하는 것은 불가능하며 마음을 복잡하게 한다. 어떤 사랑의 관계는 매우 열정적이며, 또 어떤 관계는 더욱 깊고, 또 다른 관계는 더욱 우정 같을 수 있다. 비교되더라도 수년 전 상대의 첫사랑이 그 사람의 가장 큰 사랑이었고, 여전히 그렇다는 사실이 우리를 향한 그의 사랑을 줄어들게 하지는 않는다. 관계의 상황도 다르고, 예전 상대에게는 없었던 좋은 자질들이 당신에게 있을 수 있다. 어떤 경우든 당신의 관계는 유일하며 비교가 가능하다 하더라도 그리 중요하지 않다.

| 맺음말 |

∞

당신이 내 남편을 빼앗아갈 수는 있지만 내 사랑을 감히 건드릴 수는 없을 거예요.

기혼 여성이 자신의 친구에게

인생에 중요한 것들처럼 낭만적 지식이나 호기심 같은 사랑의 덕목도 중용을 지킬 때는 유익하지만 과도하면 위험하다. 우리는 상대와 우리의 사랑을 알고 이해하는 것을 목표로 삼아야 한다. 그러나 호기심이 간통의 경계선으로 나아갈 때, 낭만적 아이쇼핑처럼 비교적 덜 극단적인 경우라 하더라도, 깊은 손실이 피상적 이익보다 더 많아진다. 피상적인 내적 가치 활동은 즐거우며 보기 좋은 삶의 중요한 단면일 수 있지만 중독되면 해롭다. 우리는 낭만적 깊이가 과도하다고 하지 않지만 낭만적 강도는 과도하다고 할 수 있다. 깊은 사랑은 의미와 깊이가 풍부하며 내재적으로 가치 있는 호혜성을 제공하기 때문에 이상적 목표가 된다. 이런 낭만적 깊이는 매 순간 강렬한 사랑을 경험한다는 말은 아니지만 우리의 삶에 꼭 필요하며 중요한 상대를 향한 끊임없는 감사와 존경을 동반한다.

Chapter

10

성적 관계

Sexual
Relationships

이번 장에서는 성적 관계의 유형에 집중하여 가벼운 성적 관계, 프렌즈 위드 베네핏, 일방적 섹스, 성적 관용, 화해섹스와 이별섹스, 그리고 섹스와 식사를 중심으로 이야기를 풀어가려 한다.

| 가벼운 성적 관계 |

∞

나는 밤새 섹스를 하고 싶어요. 대상이 남편만 아니면 된답니다!

60대 초반 여성

내 결혼 생활은 꽤 훌륭한 편이다. 하지만 나는 항상 다른 남자들을 생각한다.

기혼 여성

헌신된 관계 이외의 성적 관계를 말하는 가벼운 성적 관계는 결혼이나 기타의 헌신된 관계들에서 가장 큰 타협으로 보이는 것, 즉 성적인 자유의 상실을 극복하려는 시도다.[1]

가벼운 성적 관계의 유형

∞

나는 애인에게 더도 말고 그냥 섹스 친구만 하고 싶다고 넌지시 뜻을 내비쳤어요. 정서적 애착은 어느 정도 거리를 유지하면서요.

기혼 여성

아내는 자동차 뒷좌석에서 섹스하고 싶어 해요. 내가 운전하는 차에서요.

로드니 데인저필드, 코미디언

심리학 교수 조셀린 웬틀랜드Jocelyn Wentland와 엘크 라이싱Elke Reissing은 가벼운 성적 관계casual sex를 네 가지 유형으로 분류한다. '원나잇 스탠드'one-night stands, '부티 콜'booty calls, '퍽 버디'fuck buddies, '프렌즈 위드 베네핏'freinds with benefits, 각 유형은 낭만적 관계의 피상적 정도와 시간적 측면에 따라 구분된다. 가장 피상적 관계인 원나잇 스탠드는 친밀감이 가장 적은 경험이며 초면이거나 알게 된 지 얼마 되지 않은 사람들 사이에서 일어난다. 원나잇 스탠드는 일회적으로 일어나며 헤어질 때 보통 그 관계도 끝난다. 부티 콜은 성적으로 접촉하려는 다급한 의도로 시작하는 소통을 일컫는다. 원나잇 스탠드와 달리 부티 콜은 안면이 있는 사이에서 반복되는 성적 활동이다. 부티 콜에 참여하는 사람들은 안면은 있지만 서로를 친구라고 여기지 않으며 함께 간밤을 보내지 않고 최소한의 애정만 공유한다. 부티 콜은 미리 계획을 세워놓는 것이 아니다. 예측 불가능과 즉흥성이 부티 콜의 특성이다. 부티 콜이 너무 자주 혹은 규칙적으로 진행될 때 두 사람은 섹스 친구로 여겨진다. 퍽 버디는 이미 친구이지만 우정이 성적 상호작용에만 한정된다. 프렌즈 위드 베네핏은 가벼운 성적 관계의 유형 중 가장 깊이 있는 행위다. 이 유형에 속하는 사람들은 친구라는 점이 우선되며 성적 충족이 추가되는 것이다.[2]

프렌즈 위드 베네핏

∞

남성과 여성 사이에 우정은 불가능하다. 열정과 증오와 존경은 있지만 우정은 없다.

오스카 와일드의 『윈더미어 부인의 부채』

가벼운 성적 관계의 유형 중에서 낭만적 사랑과 가장 유사하게, 우정과 욕구 충족용 섹스라는 주요한 요소로 구성된 프렌즈 위드 베네핏을 간략히 살펴보려 한다. 사랑에서처럼 프렌즈 위드 베네핏의 우정도 자신이 아니라 친구를 위하여 그에 대한 관심을 수반하며 섹스 또한 내재적 가치를 지닌다. 그러나 이 관계에는 깊이 마음을 쓰고 다양한 활동을 꾸준히 같이할 장기적 상대에 대한 깊은 헌신이 부족하기 때문에 낭만적 사랑이 이루어지지 못한다. 우정과 섹스를 포함하면서 공유와 헌신의 상당 부분이 제외된다는 점이 깊은 낭만적 사랑과는 다르지만 그래도 즐겁고 흥분되는 관계라 할 수 있다.

경제적 관점에서 말하자면 프렌즈 위드 베네핏은 지출을 절감하고도 수익이 줄어드는 관계다. 만남이나 이별 뒤 새로운 만남에 치러야 할 대가가 거의 없으므로 지출이 절감된다. 상대나 관계를 비교적 무료에 가깝게 교체할 수 있다. 수익도 줄어드는 이유는 무엇보다 가장 큰 포상이라 할 수 있는 깊은 낭만적 관계가 없어서다.

프렌즈 위드 베네핏은 일종의 무질서한 관계다. 만남 사이의 시간도 일정하지 않고 현재 관계의 기간도 정해져 있지 않다. 사람들은 비교적 관계의 짧은 지속성을 인지하지만 이 관계에서는 낭만적 자유를 누릴 수 있기에 그렇게 많이 신경 쓰지 않는다. 프렌즈 위드 베네핏이 비교적 짧게만 지속되는 이유는 사람들은 대부분 어느 지점에 이르면 정착하기를 원하고 주된 관계를 이룰 장기적 상대를 찾기 때문이다. 그러나 이런 우정은 몇 주, 혹은 몇 달이 아니라 몇 년의 문제다. 끊임없이 변하는 우리 세계의 본성을 고려해볼 때 프렌즈 위드 베네핏이 몇 년 동안 지속된다는 점은 가치 있다고 말할 수 있겠다. 그뿐 아니라 프렌즈 위드 베네핏은 결혼과 달리 관계 구성원이 더 만족스러운 관계를 바깥에서 찾아보지 못하도록 막지 않는다.

프렌즈 위드 베네핏은 모든 사람에게 잘 어울리거나 인생의 모든 시기에 적합하지 않다. 이 관계에 있는 친구가 다른 사람과 결혼하거나 가정을 이루어 자녀를 양육하고 싶어 할 때 특히 그렇다. 둘 중 한 명이 단순한 성적 친밀감 이상을 원하게 되는 경우에도 관계가 어려워진다. 생각의 불일치가 관계를 복잡하게 만들며 더 원하는 쪽은 굴욕감을 느끼게 될 수 있다. 프렌즈 위드 베네핏이 가장 어울리는 사람은 미혼의 청년들이나 자녀를 다 키워낸 노인들이다.

| 얼마나 빨리 사랑에(침대에) 빠져야 하는가? |

∞

사랑은 서두를 수 없어요. 아니, 그저 기다려야만 해요. 시간이 얼마나 걸리더라도 기다리며 믿어야 해요. 믿음을 얻으려면 시간이 필요해요. 얼마가 걸리는지는 중요치 않아요.

슈프림스The Supremes, 가수

당신이 빠른 섹스로 나를 놀라게 할 때, 나는 그때가 좋아요.

다수의 사람들

사랑에서 **빠름**의 역설은 다음처럼 표현될 수 있다. 우리는 서두르지 않는 사랑을 하면서도 **빠른** 섹스를 즐길 수 있을까? 서두르지 않는 사랑에 대한 설득력 있는 주장과 **빨리** 끝나는 섹스에 가치가 있다는 타당한 이유도 있다.

빠름, 서두름, 급함

∞

빠름은 내 우선순위가 아니에요. 차라리 시간이 걸려도 '세심'하고 '현명'한 것이 나아요. 시간은 걸릴 만큼 걸려요. 나는 애인에게 시간을 달라고 부탁한답니다.

기혼 여성

빠른 움직임에 대해 이야기하고 싶을 때는 고를 수 있는 용어가 많다. '빠름, 경솔함, 신속함, 서두름, 급함' 등 모두가 적합한 말들이다. 단어마다 조금씩 다른 의미가 있다. 경솔함은 부주의하게 서둘러 움직이는 것이고, 성급함은 어떤 일을 충분히 신중하게 생각하지 않고 너무 빠르게 하는 것이며, 서두름은 유난히 빠르게 행동하는 것을 뜻한다. 공통분모를 알아보았는가? 부정적 특성이다. 이 단어 목록 중 빠름만 중립적 선택지인 듯하다.

빠름은 본디 부정적이지 않다. 하지만 빠름이 시간을 필요로 하는 깊이 있는 활동들을 방해하면 부정적 분위기를 띨 수 있다. 빠름의 역설은 우리는 빨리 움직이는 동안 많은 일을 할 수 있지만 피상성의 늪에 빠질 수 있다는 것이다.

시간은 깊은 사랑에 필수다. 그러나 빠르고 피상적인 활동이 특정한 상황에서 가치 없다는 말은 아니다. 앞으로 알게 되겠지만 모든 것은 균형에 달려 있다.

빠른 섹스는 왜 좋을까?

∞

순간을 포착하라. 빠른 섹스를 하라.

슬로건

빠른 섹스quickie는 짧거나 즉흥적인 성행위를 말한다. 가끔 빠른 섹스가 100퍼센트 적절한 때가 있다. 끓어오르는 마음으로 상류 사회의 우아한 예의범절을 따지는 것은 완전히 부적절하다. 옷을 개켜놓는 것은 다음으로 미루어두라. 열정의 빠른 섹스가 적절할 때가 왕왕 있다. 더 바랄 나위 없다는 말이 이때 꼭 들어맞는다.

그러나 많은 사람이 여전히 느린 섹스를 선호한다. 연인은 함께 즐거운 시간을 보내면서 사이가 더욱 가까워지고 관계가 단단해지는 것을 통해 즐거움과 의미를 얻는다. 짧고 격렬한, 그리고 길고 부드러운, 두 유형의 섹스는 모두 훌륭한 가치를 지닌다. 관계가 틀어지는 경우에 선택의 여지는 빠른 섹스밖에 없을 것이다. 빠른 섹스가아니면 안 될 때 더 깊은 활동의 발전이 가로막히게 될지도 모른다.

현대 사회에는 문제가 있다. '빨리' 사랑하지만 '느림'을 요구하는것들이 많다. 분명히 패스트푸드와 패스트 섹스도 저마다 역할이 있다. 그러나 효율성이라는 이상은 잘못되어 걷잡을 수 없게 될 수 있다. 오르가슴을 비롯한 여러 만족감은 빨리 얻을 수 있다. 하지만 낭만적 깊이는 시간이 걸린다.

성급한 사랑은 나쁜가?

∞

남성들은 대부분 숨도 못 쉴 만큼 조급하게 쾌락을 추구해서 그것을 서둘러지나친다.

쇠렌 키에르케고르Søren Kierkegaard, 철학자

사랑으로 성급하게 빠져들지 마라. 동화에서도 해피엔딩은 맨 마지막 장에 나온다.

익명

우리는 성급한 사랑이란 사랑이 발전할 적절한 과정 없이 깊은 관계를 만들려 하는 것이라고 이야기한다. 상투적이지만, 사랑은 정원 같아서 시간에 따라 점점 더 무성해지려면 경작을 해야만 한다.

연인들이 이 방법을 따르면 각자 자신의 태도를 발전시키는 데필요한 시간을 확보할 수 있다. 교제를 시작하기 전에 구애하는 기간

을 늘리는 이 방법은 관계의 발전에 유익하다.

인간관계 칼럼니스트 비비 디츠Bibi Deitz는 다음처럼 유익한 '성급히 하지 말 것' 목록을 작성했다.

- 성급히 내가 '운명의 사람'과 함께하고 있다고 생각하지 말라.
- 성급히 너무 오랜 시간을 함께 보내지 말라.
- 성급히 좋은 시간을 내어주지 말라.
- 성급히 "사랑한다"고 말하지 말라.
- 성급히 동거하지 말라.
- 성급히 믿지 말라.
- 성급히 중요한 이야기를 하지 말라.
- 성급히 약속하지 말라.
- 성급히 결혼하지 말라.[3]

디츠의 목록은 완숙하고 헌신된 낭만적 관계의 특성들을 포함한다. 그 모든 특성을 즉시 갖추려 하는 것은 성급한 일이다. 경솔하게 하려다 후회할 수 있다. 자신만의 목록은 이런 특성들이 점진적으로 천천히 갖추어져야 한다. 즉각적 만족감은 황홀한 기분을 느끼게 할 수 있지만 그 느낌은 순식간에 지나갈 때가 많다. 예를 들어 원하는 관계, 주로 성적 관계를 뒤로 밀어두며 고통을 참거나 적절한 시기가 되기 전까지 사적 대화를 자제하는 것은 유익할 수 있다. 물론 모든 연인은 제 속도대로 움직인다. 하지만 이 모든 특성을 단번에 얻으려는 사고방식은 낭만적 깊이를 형성하는 자연스러운 과정에 방해되므로 해롭다.

"사랑은 서두를 수 없다"는 말은 깊은 사랑의 관점에서 사실이다. 디츠의 '성급히 하지 말 것' 목록도 건전한 조언이다. 그렇지만 균형의 문제로 잠깐 돌아가보자. 어떤 사람들은 정반대의 극단으로 가서 낭만의 물로 들어가기를 거부한다. 그들은 상처받기 쉽다는 두려움과 관련한 적절한 변명거리를 가지고 있다. 하지만 낭만의 흐름 안에서 표류하는 것 또한 중요하다. 그렇지 않으면 우리는 고독의 섬에 고립된다.

정리하자면, 좋은 삶의 관점에서 빠름은 긍정과 부정 어느 쪽으로든 갈 수 있다. 우리의 가속화된 낭만적 환경에서 빠름은 낭만적 깊이의 발전을 가로막는 서두름이 되기 쉽다. 하지만 욕조의 물을 버리려다 아기까지 내동댕이치는 실수를 범하지 말고 욕조에서든 어디서든 빠른 섹스를 완전히 지양하지는 말자. 아리스토텔레스는 감정 과잉뿐만 아니라 감정 부재도 해롭다고 여겼다. 모든 것은 균형이다.

성적으로 목표를 가능한 한 빨리 이루려는 의도로 사랑을 서두르면 안 된다. 성적 만족을 얻는 속도 또한 저마다 다를 수 있으며, 빠른 섹스는 유일하거나 가장 본격적인 방법도 아니다.

| 일방적 섹스 |

∞

가정의 평화를 위해 남편과 섹스를 하지만 내 모든 감정적 자원은 애인에게 집중되어 있어요. 오늘의 할 일에서 '남편과의 섹스'란에 표시하고 나면 평화와 섹스를 맞바꾼 것 같아 기분이 언짢아요. 물론 이 이야기를 남편에게 해본 적은 단 한 번도 없답니다.

기혼 여성

호혜성은 낭만적 사랑과 섹스의 중심축이다. 호혜성의 부재, 낭만적 상대에게 자신이 사랑과 욕구의 대상이 되지 못한다는 생각은 사랑의 정도를 떨어뜨리며 결국 수치와 이별로 이어진다. 그런데 일방적인, 혹은 상대방이 알아주지 않는 사랑과 섹스는 오랜 관계에서도 발견할 수 있다. 나는 상대를 사랑하고 원하지만 상대는 그만큼 나를 사랑하지도 원하지도 않는 경우와 같이 불평등한 낭만적 혹은 성적 관계는 더 흔하다. 어떤 관계에서는 한 사람이 다른 사람에게 성적으로 매력적이지 않거나 성욕을 느끼는 수준이 낮다. 이런 상황에서 흔히 하는 선택은 상대가 관계 밖에서 성적으로 만족할 수 있도록 허락해주는 것이다. 아니면 일방적 섹스에 발을 들이는 것을 선택할 수도 있다.

섹스는 일반적으로 즐거운 경험이지만 어떤 사람에게는 섹스가 즐겁지 않다. 이런저런 종류의 일방적 섹스가 오래 지속된 관계에서 일어난다. 상대에게 성적 매력을 못 느끼는 사람들의 동기 부여에 기초한 성관계로는 연민 섹스pity sex, 자선 섹스charity sex, 평화 유도 섹스peace-inducing sex 등이 있다.

연민 섹스. 이는 자비 섹스mercy sex라고도 한다. 연민 섹스를 하는 사람은 현재 사랑하고 있는, 그리고 자신과 섹스를 하고 싶어 하는 상대에게 딱히 매력을 느끼지 못하지만 상대가 안쓰럽거나 잠깐이라도 행복을 주고 싶어서 같이 잔다. 연민 섹스의 경험이 있는 여성의 이야기를 들어보자. "나는 그와 5년 동안 친구였어요. 최고로 다정한 사람이고 그가 나를 마치 황금처럼 대해준다는 것도 알지만 육체적으로 매력이 안 느껴져요. 그는 전혀 매력적이지 않아요. 그가 내게 사랑한다고 고백한 뒤… 나는 그와 섹스를 했어요. 연민 섹스였죠. 그냥 그가 기뻤으면 했고 그에게 정말 마음이 쓰여요. 그렇지만 다시는 그와 절대로 자고 싶지 않아요." 또 다른 여성도 비슷한 연민 섹스의 경험을 이렇게 묘사한다. "나는 지금 성욕이 거의 없다고 해도 될 거예요. 하지만 어젯밤 우리는 섹스를 치렀죠. 빨리 끝나기만을 바랐어요. 키스조차 역겨웠거든요."

자선 섹스. 오래 지속되는 관계에서 흔한 자선 섹스는 관계의 악화를 피하려는 노력이다. 관계를 위한 일종의 투자라고 할 수 있다. 보통의 투자처럼 처음에는 이익을 볼 수 없지만 시간이 지나면 이익을 얻을 가능성이 커진다. 자선 섹스에서는 상대를 사랑하기 때문에 그 순간 혹은 아예 섹스할 기분이 아니더라도 한다. 일종의 위로의 선물인 자선 섹스는 즐겁지 않을 수 있어도 연민 섹스처럼 고통을 동반하지는 않는다. 연민 섹스와 자선 섹스 모두에서 참여자는 다른 사람의 욕구를 충족해주기 위해 섹스를 하지만 자선 섹스에서 조금 더 깊고 오래 지속되는 관계가 일어난다.

평화 유도 섹스. '사업적 평화'는 고용주와 고용인이 파업이나 사무실 폐쇄 등의 쟁의 행위를 삼가기로 합의하는 것을 말한다. 동일한 맥락에서 우리는 결혼이나 다른 장기적으로 헌신된 관계에서의 사업적 평화를 성욕 부족이나 잦은 '두통' 같은 성적 제재를 지양하고 평화 유도 섹스에 참여하는 상태라고 생각해볼 수 있다. 이 유형에서 평화의 목적은 깊은 사랑이나 강렬한 열정이 없어도 함께 살기로 결정한 관계를 지속하고 원활하게 하는 것이다.

기관에서 사업적 평화의 가치는 분명하다. 고용주와 고용인에게 공통의 관심과 목적이 있으면 굳이 서로 좋아하지 않아도 사업적 평화를 얻을 수 있다. 결혼 생활에서의 사업적 평화 또한 가치가 있는가? 물론 결혼 생활을 하는 부부에게는 공통의 관심과 목적이 있다. 그들은 서로 깊이 사랑하거나 서로에게 강렬한 열정을 느끼지 않아도 결혼 생활을 위해 노력할 수 있다. 만약 두 사람이 이 결혼은 지속되어야 한다고 결정한다면 열정이 부족할지라도 서로 이익을 얻으며 평화롭게 공존하는 방법을 찾아야 한다. 그러나 그런 평화에는 감정적 대가가 따를 수 있다.

낭만적 상대의 성욕이 서로 다른 상황은 매우 흔하다. 일방적 섹스와 성욕이 없는 상태가 계속될 때 두 사람은 상당한 정신적 대가를 지불해야 할 수 있다. 이에 비해 성욕의 부재가 계속되지는 않고 특정한 상황에만 한정되는, 조금은 덜 극단적인 일방적 섹스는 가치가 있을 수 있다. '성 공유력'sexual communal strength이라는 상대의 성욕을 만족시키려는 의지가 관계와 성적 만족을 나아지게 할 수 있다는 연구 결과가 있다. 그러나 친밀감을 높이려는 등 무언가를 이루려는 성취지향적 섹스는 만족감을 채우는 대 비해, 상대를 실망시키지 않으려는 등 무언가를 방지하려는 안정지향적 섹스는 만족감을 떨어뜨린다. 전자의 경우는 분명하게 성적 관용을 동반한다.[4]

| 성적 관용 |

∞

주는 것이 받는 것이다.
아시시의 프란체스코Francis of Assisi, 12세기 이탈리아의 성인

관용은 돌려받을 것을 기대하지 않고 주는 덕목이다. 다른 사람에게 좋은 것을 무료로, 풍성하게, 예상보다 많이, 책임의 영역 이상으로 기꺼이 주려는 것이 특징이다. 많은 종교나 윤리적 전통이 관용을 추켜세운다. 이런 칭송이 부당한 것은 아니다. 다수의 연구가 관용이 정신적·육체적으로 우리에게 좋다는 점을 증명한다. 관용은 혈압을 낮추고 스트레스를 줄여주며 장수에 도움이 되고 기분을 나아지게 할 뿐 아니라 사회적 관계를 좋게 하고 결혼 생활의 질적 수준을 개선할 수 있다.[5]

관용은 결혼 만족도와 긍정적 관련이 있으며 관용이 부족하면 부부간에 갈등이 이어지고 이혼 가능성이 감지된다.[6] 그런데 결혼 생활 내의 관용이 순수하게 이타주의적 동기에서 나오는지, 관용을 베푸는 사람 본인도 너그러운 대우를 받고 싶기 때문인지는 확실치 않다. 친절과 호혜성은 낭만적 상대에게 바라는 자질 중 우선순위에 해당하기 때문에 아마도 둘 다 관련이 있을 것이다. 한 연구에서 사람들에게 꺼리게 되는 상대의 부정적 자질을 세 가지 꼽아보라고 했을 때

가장 높은 순위를 차지한 것은 '인색함'이었다. 관용은 행복한 부부 관계의 본질적이고 긍정적인 뼈대다. 사랑하는 사람에게 관대한 것은 자연스러운 일이다.

앞서 살펴본 바에 따르면 명백하게도 우리는 불행한 사람들에게 관대해지기 더욱 쉽고, 지위가 매우 높은 사람이나 거리상 멀리 떨어져 있는 사람들은 질투보다는 동경하기가 더 쉽다. 특히 멀리 있는 사람들은 우리의 자존심을 떨어뜨리거나 위협할 가능성이 상대적으로 적다.

성적 관용의 두 가지 유형

∞

오랜 배우자와 자선 섹스, 그리고 가끔 연민 섹스를 하는 것은 대수로운 일이 아니에요. 몇 번 껴안고 잠깐 키스하고 찰나의 삽입만 하면 끝이거든요. 이렇게 작은 희생으로 남편의 행복이라는 이렇게나 큰 소득이라니. 몇 번 그렇게 하다 보면 점점 쉬워지고 놀랍기도 즐겁기까지 해요.

기혼 여성

관용은 우리의 행복과 건강에 매우 중요하다. 그렇다면 성적 관용에서도 마찬가지일까? 우리는 성적으로 조금 더 관대해지기를 목표로 삼아야 하는가?

성적 관용은 성적 상대의 기쁨을 먼저 생각하는 것을 말한다. 관대한 사랑을 하는 사람은 상대에게 기쁨을 주는 것을 기쁨으로 여기는 사람이며, '관대한 사랑을 하는 사람'이라는 말은 구강성교와 관련하여 자주 사용된다. 사실 "그는 관대한 사랑을 하는 사람이야"라는 말은 "그는 굉장한 구강성교를 해줘"라는 암호로 통한다. 헌신된 관계 안에서 성적 관용은 두 가지 유형이 있다. 첫째로 원하지 않는 성관계에 참여하는 것이고, 둘째로 상대가 다른 사람에게서 성적 만족을 얻도록 수동적으로 허락하는 것이다.

성적 관용의 첫 번째 유형은 성관계를 하고 싶은 진짜 욕구가 없거나 즐길 수 없을 것 같은 때조차도 기꺼이 참여하는 것이다. 앞서 일방적 섹스의 종류를 연민 섹스, 자선 섹스, 평화 유도 섹스로 나누어 살펴보았다. 성적 관용의 두 번째 유형에서는 상대가 다른 사람에게서 성적 만족을 적극적으로 채우도록 허락하는 비교적 수동적인 태도를 보인다. 예를 들어 이 유형은 폴리아모리와 개방혼이나 배우자 중 한 명이 성관계를 맺을 수 없거나 꺼릴 때 나타난다. 관대한 사람이 불행한 배우자의 성적 욕구를 채워주려고 노력하는 첫 번째 유형은 불행하지 않은 배우자에게 더 큰 행운이 허용되는 두 번째 유형보다 더 일반적이다. 불행하지 않은 배우자보다 불행한 배우자에게 친절하게 대하기가 더 쉽고 마음 편한 것은 아마 덜 위협적이기 때문일 것이다.

관용의 두 가지 유형을 도덕적으로 평가하는 것은 복잡하다. 그러나 능동적 성적 관용의 긍정적·부정적 결과는 그보다 유한하다. 첫 번째 성적 관용은 아스피린처럼 상황을 일시적으로 완화할 수는 있지만 현상 전체를 충분히 개선하지는 못한다. 그렇지만 앞서 언급한 실제적 성적 관용과 관련한 기혼 여성의 이야기에서 살펴볼 수 있듯 부정적 영향도 미미하다.

성적으로 매우 적극적인 사람의 경우, 수동적 성적 관용은 긍정적·부정적 결과를 내는 것이 더욱 복잡하다. 인지신경과학자 베릿 브로가드Berit Brogaard는 이와 관련하여 성적 만족과 감정적 만족은 좋은 것이기에(아마도 내재적 가치가 있으므로) "상대가 일부일처제 관계의 좁은 맥락 바깥에서 이런 가치를 찾도록 허용하지 않는 것은 낭만적 사랑의 핵심 특징과 부합하지 않는다. 낭만적 사랑은 상대의 힘과 주체성과 행복에 대한 진심 어린 관심이다"라고 했다.[7] 이런 관용은 폴리아모리 관계에서 흔히 나타난다.

성적 관용의 가능성이 클수록 위험 부담도 더 커진다. 낭만의 장을 열어놓는 것은 상대가 주된 관계를 버리거나 신경 쓰지 않게 만들수 있기 때문이다. 성적으로 관대한 태도는 항상은 아니지만 많은 경우, 사랑에서 필수인 두 사람 사이의 특별한 연결성을 약화시킨다. 수동적 성적 관용은 결혼의 전통적인 성스러운 지위와 오랜 낭만적 관계에 위험 부담을 높일 가능성 때문에 도덕적·감정적 문제와 연관된다.

관용은 타인에게 좋은 것을 넘치게 주는 것과 책임의 영역 이상의 방법으로 행동하는 것, 두 갈래로 나뉜다. 성적으로 관대하다는 것은 외도와 다르다. 관용은 타인에게 좋은 것을 주는 것이다. 외도에서 가장 큰 관심사는 개인의 쾌락이지 다른 사람의 행복이 아니다. 관용은 타인이 단순히 자신의 소원의 대상이 되는 것을 막으면서 그 사람의 특별함을 알아보고 강화하는 것이다. 그러므로 관용의 중심은 희생과 돌봄이다.

낭만적 관계에서 관용의 유익은 상대에게서 무언가를 얻는 것이 아니다. 깊은 사랑의 관계를 풍성하게 만들 수 있는 긍정적 분위기를 만드는 것이다.

노부부의 성적 관용과 알츠하이머

∞

이것이 내가 진짜 관용이라고 생각하는 것이다. 모든 것을 주면서도 마치 아무 비용도 내지 않았다고 느끼는 것.

시몬 드 보부아르Simone de Beauvoir, 작가·사상가

성적 관용이라는 주제는 노화와 알츠하이머 상황에서 더욱 복잡해진다. 이런 상황은 노화나 알츠하이머보다 스트레스를 덜 받는 상황에서 성적 관용으로 대처할 앞으로의 일들을 시사한다.

철학자 존 포트만John Portmann은 "노화와 알츠하이머 둘 다 성적 관용이 커지면 낭만적 사랑으로 변할 수 있다"고 주장했다. 알츠하이머를 앓고 있지 않은 배우자는 능동적·수동적인 성적 관용을 모두 베풀어야 한다.[8] 알츠하이머를 앓고 있는 배우자와의 성관계는 능동적인 성적 관용이라 할 수 있다. 이 병을 앓고 있는 다수의 환자가 배우자에게 끊임없는 성관계를 요구한다는 연구 결과를 포트만은 인용했다. 그러나 건강한 배우자는 자신을 알아보지 못하는 사람과 성행위를 한다는 생각에 마음이 불편할 수가 있다. 배우자에게 섹스를 해주지 않으면 죄책감이 들고 해주면 내적 갈등이 생긴다. 이때 하는 섹스는 연민 섹스의 변형이다. 그리고 건강한 배우자는 자신의 아픈 배

우자가 다른 환자들과 성관계를 맺도록 허용하는 수동적인 성적 관용을 선택하는 것이 가능하다. 이는 환자들이 자신의 배우자를 더 이상 알아보지 못하기 때문에 흔히 일어나는 일이다. 알츠하이머 환자들은 더 이상 병을 앓기 이전의 사람이 아니며 자신이 하는 일에 책임이 없기에 성적 자유가 더 많이 허용된다. 포트만은 성적 관용의 개념이 책임을 지우지 않으며 값을 주고 획득한 것이 아니라 무상으로 부여된 호의라는 점을 정확히 짚어냈다. "값을 주고 획득한 호의는 성 상품화, 즉 매춘과 관련된 일종의 거래"라고 그는 말했다. 일종의 인내인 관용은 자발적이어야 한다.

　'자기 연민'이라는 잘 알려진 개념과 관련 있는 '성적 자기 관용'이라는 개념은 알츠하이머 상황에 적용할 수 있다. 자기 연민은 혹독한 자기비판이 자연스럽게 생겨날 때 실패와 갈등의 상황에서도 자신을 이해하고 친절하게 대하는 자기 친절을 포함한다. 곤란한 상황을 겪는 타인을 연민으로 대하듯 우리는 어려운 시간을 보내고 있는 자신에게도 친절해야 한다.

　알츠하이머 환자의 배우자의 경우, 성적 자기 관용은 아픈 배우자가 죽을 때까지 기다리지 않고 부부 관계 밖에서 낭만적·성적 만족을 찾도록 자신을 허용하는 것을 의미한다. 포트만에 따르면 이런 유형의 성적 자기 관용이 건강한 사람이 아픈 배우자를 버리거나 혹은 이혼하거나 자기 자신의 낭만적 만족을 부정하는 선택보다 훨씬 낫다. 또한 노화와 알츠하이머의 상황에서 요구되는 성적 관용은 칭찬받아야 마땅하며 평범한 관계에서의 '정절'을 재정의하는 데 앞장서

야 한다. 그렇게 노화와 알츠하이머의 상황에서는 모든 유형의 관용을 장려할 수 있다.[9]

정리하자면 다른 긍정적 태도들처럼 감정적 관용은 올바른 삶과 헌신된 관계의 질적 수준을 높이는 데 중요한 역할을 한다. 성적 관용도 중요한가? 능동적이든 수동적이든 모든 유형의 성적 관용도 특정한 상황에서는 가치를 지닌다. 그러나 어떤 경우에는 성적 관용의 가치가 적정량에 달려 있다. 너무 지나친 성적 관용은 관계를 유독하게 할 수 있지만 적절한 성적 관용은 관계의 해독제가 될 수 있다.

| 화해 섹스와 이별 섹스는 왜 좋을까? |

∞

화해 섹스는 내가 그동안 경험했던 섹스보다 열 배 더 강렬했다.
티나 내쉬Tina Nash, 데이트 폭력으로 시력을 잃은 영국 여성

화해 섹스는 격렬한 싸움 뒤에 경험하는 거칠면서도 극도로 만족스러운 섹스다. 많은 사람이 격한 싸움을 벌인 다음에 놀라울 정도로 거칠고 기분 좋은 섹스에 사로잡혀 있는 동안 왜 모든 것을 잊어버리는 것일까? 마찬가지로 이별 섹스는 왜 그토록 흥분되는 것일까?

흥분 이동

∞

화해 섹스를 하는 동안에는 사랑이 더욱 잘 느껴져요. 어떤 일이 일어나든 우리의 사랑이 살아남으리라는 것을 알기 때문이죠.
기혼 여성

화해 섹스는 수많은 사람이 섹스의 종류 중 최고라고 생각하며 이것 때문에 싸울 가치가 있다고 여긴다. 하나의 상황에서 다른 상황으로 자극이 이동하면서 그와 같은 흥분감이 나오는 듯하다. 어떤 자극으로 흥분된 상태일 때 우리는 다른 자극에 의해 쉽게 흥분되기 쉽다.

우리는 심리학자 도널드 더튼Donald Dutton과 아서 애런Arthur Aron의 고전적 다리 실험에서 흥분(자극) 이동arousal transfer을 발견한다.[10] 이 연구에서 두려움을 자극하는 출렁다리와 두려움을 전혀 자극하지 않는 다리 중 하나를 건넌 남성들은 설문 조사를 요청하는 매력적인 여성과 접촉했다. 이때 두려움을 자극하는 다리를 건넌 피실험자 중 그 여성에게 성적 흥분을 느낀 사람이 더 많았다. 그들의 두려움은 매력적인 여성의 존재로 생겨난 성적 흥분으로 이동되었다. 하지만 반드시 무서운 다리가 아니더라도 이런 상황은 현실에서 확인할 수 있다. 어떤 영화를 볼 때 악당을 향한 우리의 분노는 악당이 심판받는 장면에서 행복의 기초가 되는 흥분으로 쉽게 바뀐다.

화해 섹스의 흥분도 비슷한 맥락에서 설명된다. 싸움의 높은 흥분 상태는 화해 섹스의 높은 흥분으로 이동될 수 있다. 다툰 뒤에 하는 섹스가 굉장히 좋은 것은 어느 정도는 기분의 변화와 상대와 화해가 불러온 안도감 때문이지만 섹스 상대와의 싸움에서 흥분이 이동한 결과이기도 하다. 화해 섹스는 두 사람 사이에 감정의 골을 만들고 관계의 존재 자체를 위협하는 불쾌하고 과열된 싸움 다음에 일어난다. 이때 화해 섹스는 매우 실체적인 방법으로 두 사람의 유대감을 다시 조성한다. 어떤 여성은 이렇게 말했다. "화해 섹스를 하면 가장 친한 동료와 다시 연결되었다는 안도감이 생겨서 우리 관계는 훨씬 더 튼튼해져요. 화해 섹스는 우리가 서로에게 상처를 줄 수도 있지만 여전히 서로의 곁에 있다는 사실을 기억나게 해줘요."

흥분이 다른 상태로 이동하여 성적 흥분이 고조되는 양상은 둘 중 한 사람이 상대를 거칠게, 심지어 가학적으로 대할 때도 유사하게 나타난다. 이 경우에는 분노와 복수의 기초가 되는 흥분이 성적 흥분으로 이동한다. 성적 흥분을 고조시키는 조금 더 미묘한 방법은 상대를 괴롭히는 것인데, 성적 흥분을 고조시키는 '싸움'을 가장한 부드럽고 유머러스한 말다툼이 여기에 속한다.

흥분 이동은 싸우는 동안 퍼져나가는 분노처럼 부정적 감정뿐 아니라 함께 맛있는 저녁 식사를 즐기거나 재미있는 경험에 참여하는 등의 긍정적 감정에서도 일어날 수 있다. 잘생긴 이웃이나 영화 주인공과 같은 사람에 의해 일어난 성적 흥분이 자신의 낭만적 상대에게 옮겨지기도 한다. 코미디언인 로드니 데인저필드는 이런 우스갯소리를 한 적이 있다. "지난번 아내와 사랑을 나누려고 노력했지만 아무 일도 일어나지 않았어요. 그래서 그녀에게 이렇게 말했죠. '무슨 일이야, 아무도 생각할 수 없었어?'"

감정은 역동적이며 전염되는 현상이다. 감정은 이 사람에게서 저 사람에게로 쉽게 퍼진다. 그래서 많은 사람이 슬피 우는 사람을 보면 슬픔을 느낀다. 누군가 나를 사랑할 때 나도 그 사람을 사랑하게 되기 쉽다. 성적으로 흥분된 사람이 곁에 있을 때 우리도 성적으로 자극받을 수 있다.

이별 섹스

∞

이별 섹스는 놀라워요! 경험하기 전에는 설명하기 정말 어려울 겁니다! 화해 섹스보다 훨씬 더요!

익명의 남성

이별 섹스는 낭만적 상대와 헤어지고 얼마 뒤, 헤어지며, 헤어지기 전에 하는 씁쓸하면서도 달콤한 격정적 섹스다. '굿바이' 섹스, 그 '마지막 한 번'의 흥분되는 특성은 이번이 서로 섹스를 즐길 마지막 기회라는 특별한 상황 때문에 발생한다. 잡지 기자 출신의 다이어트 도서 저자인 테드 스파이커Ted Spiker는 다음처럼 말했다. "그것은 다이어트 전날과 같습니다. 내일은 다이어트를 시작할 테니 오늘은 치킨 윙을 마지막으로 즐기는 거죠." 관계가 기본적으로 좋을 때는 섹스가 유난히 좋지만 서로 다른 인생 계획 같은 비낭만적 이유로 두 사람이 헤어지기도 한다. 이별 섹스는 이별하지만 아직 남아 있는 마음이 맞을 더한다. 한 여성은 자신의 이별 섹스를 이렇게 묘사했다. "우리는 최후의 업적을 남겼고 그것은 끔찍하게 훌륭했어요! 관계를 끝내는 굉장한 방법이었죠! 실제로 정말 도움이 되었고 이후로도 좋은 기억이 될 거예요."

끝이라는 특성 때문에 사람들은 이별 섹스를 하는 동안 거리낌이나 제약을 느끼지 않고 미래나 후유증에 대한 걱정 없이 원하는 방법을 모두 실행한다. 이렇듯 사람들은 감동적이지만 슬픈 경험을 하며 보통 안 좋았던 일이나 관계를 망쳤던 이유를 말하지 않는다. 그저 미래는 없다는 사실을 인지한 채로 현재의 흥분에 몰두한다. 지금 성관계를 함께하는 것 이외에는 의미가 없다. 이별 섹스의 흥분은 과거나 미래 상황에 제약받지 않고 함께하는 경험을 하는 데서 생겨난다. 화해 섹스에서는 흥분이 과거의 어려움을 이겨내고 미래를 긍정적으로 바라보는 데서 시작된다. 제약의 완전한 부재가 화해 섹스보다 이별 섹스를 할 때 더 흥분을 느끼게 한다.

화해 섹스와 이별 섹스의 위험 요인

∞

나는 화해 섹스의 달인이라 엄청나게 많이 해봤죠.

기혼 여성

나는 평생 수많이 싸웠으나 화해 섹스를 해본 적이 없어요.

이혼 여성

화해 섹스는 싸움을 더욱 치열해지게 하거나 심각하게 여겨야 할 싸움을 심각한 것으로 생각하지 않게 하여 오래 지속되는 관계에 해가 된다. 낭만적 상대를 폭행하는 남성들의 경우가 특히 그렇다. 배우자에게 가정 폭력을 휘두른 직후 화해 섹스를 하도록 강요하는 남성들도 있다. 그런 행동이 얼마나 소름 끼치는지는 말할 필요조차 없다. 게다가 화해 섹스는 폭력을 당한 여성들이 마치 아무 일도 일어나지 않았던 것처럼 다시 배우자에게 돌아가기 쉽게 만든다.

남자친구가 폭력적인 행동을 해도 사귀다가 심각하게 폭행당했던 영국 여성 티나 내쉬의 이야기를 생각해보자. 평소보다 더 난폭했던 폭행이 있고 난 이튿날 그녀는 그의 집 밖에 세워두었던 자신의 자동차를 가지러 갔다. 그날도 그가 차를 다 때려 부수었는데도 그녀는 그를 받아주었다. 그녀는 이렇게 회고했다. "우리는 그날 밤 격정적으로 사랑을 나누었어요. 그와의 화해 섹스는 이전에 경험했던 것보다 열 배는 강렬했죠. 그는 천천히, 사랑스럽게, 마치 나의 영혼을 소유하기를 원하는 것처럼 나를 바라보았어요." 몇 달 뒤, 그녀는 심하게 폭행당하고 시력을 잃었다.

화해 섹스는 싸움을 덮어두는 피상적 치료법이다. 관계가 긍정적일 때 그 치료법은 잘 작용하며 싸움은 국부적이고 많지 않다. 이런 경우에 화해 섹스는 면역 체계를 끌어올리는 소량의 유독물질처럼 기능할 수 있다. 그러나 관계에 더 깊은 문제가 있거나 유독 물질의 양이 많을 때 화해 섹스는 치명적일 수 있다.

멋진 섹스를 해보자고 일부러 심각한 싸움을 할 필요는 없다. 그렇게 하면 다투고 난 뒤의 섹스가 '사랑의 재확인'이라는 가치를 잃을 수 있다. 또한 오래 지속되는 건강한 관계에는 의견 불일치나 오해, 갈등이 부족할 리 없으니 긍정적 방식으로 극복하는 게 좋다.

이별 섹스는 두 가지 상황에서 가치 있다. 먼저 여전히 서로 좋아하고 친구로라도 남기를 원하는 상황, 그리고 이별의 결정이 합의로 이뤄졌을 때다. 어떤 경우에는 이별 섹스가 슬프고 아플 수 있다. "내 여자 친구는 가능한 한 많이 섹스를 해보자고 작정한 뒤 나를 불러냈고 호텔에서 체크아웃하기 전에 나를 차버렸습니다. 너무 화나고 씁쓸했어요"라고 고백했던 한 남성의 경우가 그렇다. 이런 '굿바이 침대'는 일종의 연민 섹스로 다른 사람들, 특히 상대를 더 이상 사랑하지 않는 사람들에게 마지못해 참여했고 이용당했다는 애석한 기분을 들게 한다. 어떤 여성은 이렇게 말했다. "기분 더러웠어요. … 굿바이 침대는 두 번 다시 없을 겁니다." 뿐만 아니라 이별 뒤에 임신이나 성병 감염이라는 더욱 심각한 부작용을 겪을 수도 있다.

| 섹스와 식사 |

∞

나는 남편과 함께 마요네즈나 양상추나 토마토 혹은 치즈가 없는 샌드위치를 먹어왔어요. 이제는 완전한 샌드위치를 먹을 수 있습니다. 제 애인이 양념 소스와 채소라면, 남편이 바로 제가 25년 동안 먹었던 고기나 기본 재료랍니다. 인생에 둘 다 있으니 너무 심하게 배부른 것은 아니지만 적당히 포만감이 느껴지네요!

기혼 여성

사회학자 캐서린 하킴Catherine Hakim은 섹스는 멋진 식사를 하는 것과 마찬가지로 도덕의 문제가 아니라고 생각한다. 따라서 가벼운 만남을 위해 비밀 애인을 두는 것은 집에서 식사하는 대신 식당에서 외식하는 것처럼 일상적이라는 일이라고 본다. 하킴은 성욕을 감정이 아니라 배고픔이나 갈증처럼 생물적 본능으로 여기는 의견에 동의한다. 그의 관점에 따르면 배우자와 집에서 대부분의 식사를 함께한다고 다른 사람들과 다양한 음식을 맛보며 외식하는 것이 불가능하지 않다.[11]

스크러턴은 성욕과 식욕의 비교를 인정하지 않는다. 그는 성욕이 타인을 다른 대안으로 대체될 수 없는 사람으로 인식하는 것을 포함하는 사람 사이의 반응이라고 한다. 여기서 사람은 목적을 위한 수단이 아니라 그 자체가 목적이다. 스크러턴은 성욕이 배고픔과 다른 점은 "충동 자체의 구조가 아니라 충동이 일어난 개체들의 독립적 특징"이라고 결론짓는다.[12] 나는 이런 스크러턴의 주장이 옳으며 식사와 섹스 사이의 근본적 차이는 주로 대상의 풍부한 본성에 있다고 생각한다.

성욕의 대상의 풍부한 본성은 주체의 본성과도 다른 점이 있다. 일반 감정들의 기본 특징을 생각해볼 때 성욕은 배고픔이나 갈증과 달리 일반 감정처럼 생겨난다. 다른 일반 감정들처럼 성욕도 주로 인간에 대한 것이다. 배고픔과 갈증은 결핍의 상태를 나타내는 느낌이며 감정적 대상에게 향하지 않는다. 배고픔과 갈증을 일으키는 데에 상상력과 신념의 역할은 성욕이나 기타 감정에서보다 상당히 경미하다. 물론 훌륭한 식사를 상상해볼 수는 있지만 그런 상상이 실제 식사를 대체하지는 못한다. 이런 점과 관련하여 고대 그리스의 냉소주의자 디오게네스가 광장에서 자위하다 들켰다는 이야기를 짚어보자. 비난을 받던 그는 이렇게 해명했다고 한다. "굶주린 배를 문질러서 주린 배가 채워질 수 있으면 좋겠건만." 성행위는 상상처럼 식사보다는 훨씬 고차원적이고 복잡한 심리 활동을 포함하기 때문에 상상으로 대신 만족될 수 있다.

식사처럼 섹스도 다양한 장소에서 다양한 사람들과 할 수 있다는 주장도 사실이다. 그러나 섹스와 낭만적 사랑의 대체 가능한 특성은 민주주의가 적용되어야 한다거나 리넨처럼 더 자주 입을수록 더 부드러워진다는 의미가 아니다. 오히려 낭만적 상대와 성적 상대를 빠르게 바꾸는 사람들은 깊은 사랑의 관계를 형성하는 데 어려움을 겪을 것이다. 그들 중 다수가 파괴적인 성적 관계에 중독되어 건강한 사랑의 유대에서 얻을 수 있는 안정감과 따뜻함을 느낄 수 없다. 식사는 다르다. 끊임없이 다양한 식당에서 외식하는 것은 도덕적으로 문제가 되지 않는다. 성욕이 낭만적 사랑과 전혀 관련 없을 때도 있다는 것을 부정할 수는 없으나, 우리는 식사에서처럼 섹스와 관련하여 비낭만적 태도를 취할 수 없다.

결국 많은 사람이 사랑과 섹스를 구분할 수 있다고 생각하지만 결합하기를 더 좋아한다. 뿐만 아니라 사람들은 대부분 상대와의 관계에 성적 개입이나 경쟁자가 나타나는 것을 낭만적 관계의 위협으로 생각할 것이다.

| 정크 섹스와 건강한 낭만적 관계 |

∞

정크 섹스는 정크 푸드 같아서 굳이 피할 필요까지는 없을 만큼 나쁘지 않지만 꾸준히 먹기에는 분명히 좋지 않다.

어반 딕셔너리The Urban Dictionary

싸구려라는 의미의 단어 '정크'junk의 사용은 정크 푸드와 정크 섹스가 '진품'보다 열등하며 그래서 건강하지 못하다는 뜻을 내포한다. 그러나 정크 푸드와 정크 섹스가 같은 맥락에서 건강하지 못한 것들일까?

정크라는 단어는 질이 나쁜 것을 의미한다. 정크 섹스에서 질이 나쁘다는 것이 무엇일까? 우리는 정크 푸드를 멀리하라는 조언처럼 정크 섹스도 피해야 하는 걸까?

정크 푸드와 정크 섹스에 대한 일반적인 주장을 살펴보자.

- 정크푸드와 정크 섹스는 영양이나 낭만적 사랑에 장기적 가치를 거의 지니지 않는다. 시간은 극복해야 할 일종의 장애물이 되며 순간적 만족만을 제공한다.
- 정크 푸드는 지방과 설탕, 소금, 칼로리의 비율이 높으며 정크 섹스는 피상적이고 이기적인 욕망의 비율이 높다.
- 음식과 섹스가 건강한지 그렇지 않은지는 그 재료와 준비 방식에 따라 결정된다.
- 한정된 양의 정크 푸드를 소비하거나 정크 섹스에 참여하는 것은 즉각적으로 위험하지 않으며 균형 잡힌 식사나 관계와 어우러질 때는 안전하다.
- 정크 푸드와 정크 섹스는 중독되기 쉽다.

정크 푸드와 정크 섹스를 비교하자면 개인의 전체적인 행복은 전체적인 건강과 비슷하며 친밀감이 섹스의 '영양가'라고 할 수 있다. 친밀감은 그 사람과 가깝고 소속되어 있다는 느낌이며 이는 건강한 섹스에 필수다. 한 기혼 여성의 이야기에서 친밀감의 중요성을 살펴보자. "어젯밤 남편과 섹스를 했지만 그는 사실 나를 만지지도 않았어요. 삽입만 있었죠. 정말 너무 슬퍼서 울 수밖에 없었어요." 친밀한 섹스에는 삽입만 있는 것이 아니다. 두 사람 사이에 긍정적이고 가까운 느낌도 함께 따른다. 친밀감이 없으면 관계의 질이 높아지기는커녕 오히려 낮아지므로 정크 섹스에는 낭만적 가치가 전혀 없다. 식당에서의 훌륭한 식사처럼 친밀하고 훌륭한 섹스에는 분위기가 중요하다. 정크 푸드나 정크 섹스에는 분위기를 느낄 시간이나 필요가 거의 없다.

정크 섹스는 오로지 자기의 만족에 대한 것이다. 그러나 건강한 섹스는 주로 타인의 만족에 대한 것이다. 정크 섹스의 긍정적 경험은 행위자가 성적으로 만족할 때 끝난다. 친밀하고 건강한 섹스의 경험은 두 사람이 정점에 도달했다고 끝나지 않고, 계속해서 끌어안고 이야기를 나누며 그저 함께한다. 어떤 사람들은, 주로 여성이 그때가 친밀한 섹스에서 가장 즐거운 부분이라고 말한다. 어떤 기혼 여성은 첫 혼외정사에 대해 이렇게 말했다. "그날 밤 가장 즐겼던 것은 키스하고 껴안는 것, 그리고 그의 감정이라는 존재 자체였어요."

정크 푸드와 달리 우리가 건강하다고 말하는 음식은 인간의 생명 유지에 필요한 일상 식단의 가치 이상으로 건강에 도움이 된다. 건강한 음식은 건강한 삶에 중요한 요소다. 마찬가지로 정크 섹스와 달리 건강한 섹스는 낭만적 관계의 행복을 발전시킨다.

건강하게 사는 것이란 건강하게 먹는 것 그 이상이다. 건강한 삶은 커다란 캔버스 같아서 많은 요인이, 심지어는 출생 전부터 그 위에 흔적을 남긴다. 유전자와 임신 기간 엄마의 행동들을 비롯하여 교육도 상당 부분을 차지한다. 행복한 사람들은 더 오래 살 가능성이 크다.[13] 또한 야외 활동, 스트레스 지수, 사회 활동, 균형 잡힌 식사 등도 중요하다. 이런 요인 중 일부는 통제할 수 있지만 어떤 것들은 제어가 불가능하고 또 다른 것들은 가능과 불가능 그 사이 어디쯤에 있다.

건강한 삶을 이루는 것이 무엇인지는 정확히 밝히기 어렵다. 하지만 장수와 행복이 그럴듯한 후보자들 같아 보인다. 장수는 측정하기 쉽지만 행복의 특징을 설명하기는 좀 더 복잡하다. 건강한 삶을 사는 유일한 방법은 없으며 건강한 삶을 얻기 위한 청사진도 없다. 물론 겪지 말아야 할 것이나 보상해야 할 필수 요소들은 존재한다.

정크 섹스는 일반적으로 우리의 행복에 기여하지 않고 도리어 행복을 삭감하는 피상적 경험이다. 게다가 정크 섹스는 정크 푸드처럼 중독될 수 있기 때문에 개인의 삶에 너무나 부정적인 영향을 미칠 수 있다. 정크 섹스는 매우 짧으며 더욱 깊은 낭만적 관계에 몰입하는 능력을 훼손하여 삶의 질과 장수에 부정적 영향을 끼칠 수 있다. 깊이 있는 낭만적 활동들은 우리 삶에 오래 남는 긍정적 영향을 주며 행복의 기초가 된다. 긍정적인 성 기능은 삶의 과정 전반에 걸쳐 인간의 행복에 특별하고 근본적인 역할을 한다.[14]

사랑은 가치 있는 결혼의 체제를 형성하는 데 중요하다. 그러나 사랑의 관계에는 다양한 유형이 있으며 독점적인 성적 강렬함이 모든 유형의 결혼 체제에 필수이지는 않다.

| 섹스에서 가장 좋은 것은? |

∞

매력이란 다른 사람들에게 가장 반짝이는 빛을 드리우는 여성의 빛깔이다.

존 메이슨 브라운John Mason Brown, 작가

성생활은 오래 지속되는 낭만적 관계에서 행복과 만족을 증진하는 데 중요하다. 하지만 상대적으로 짧고 간헐적인 성적 경험이 오래 지속되는 낭만적 관계에 어떻게 그렇게 중요할 수 있는가? 답은 '노골적인' 성행위, 특히 오르가슴보다는 키스나 포옹처럼 낭만적 관계와 관련한 '부드러운' 애착 경험에 있는 듯하다.

여운, 후회, 오르가슴

∞

전남편은 사정하는 순간 감정도 끊어냈어요. 그가 감정적으로, 육체적으로 나를 떠나는 속도는 기가 막혔죠. 그는 뭐 좀 마시겠다며 침대를 떠나서는 돌아오지도 않았답니다.

이혼 여성

부엌 바닥을 닦으며 오르가슴을 느끼는 여자는 없다.

베티 프리단Betty Friedan, 여성학자

성적 여운은 즐거웠던 성경험 뒤에 지속되는 좋은 느낌으로 매력적이면서 전염성을 지니는 일종의 강렬한 반짝거림이라 할 수 있다. 한 연구 결과에 따르면 사람들이 자신의 성적 상대를 어떻게 느끼는지가 오르가슴보다 성적 여운에 달려 있다. 성적 여운은 오르가슴보다 강렬하지 않지만 오래 지속되는 낭만적 만족감에 더욱 큰 역할을 한다. 더 강한 여운을 경험하는 부부는 그렇지 못한 부부와 비교하여 기본적으로, 또 시간이 지날수록 결혼 생활의 만족도가 높다는 보고가 있다. 섹스가 성적 여운이라는 과정을 통해 두 사람의 유대를 더욱 끈끈하게 하는 것이 분명하다.[15]

다수의 연구 성과에서 낭만적 연인들은 성관계 뒤에 보내는 시간을 유대와 친밀감에 중요하게 여긴다는 사실이 증명되었다. 실제로 키스나 포옹, 쓰다듬기 같은 육체적 애정 표현을 자주 하는 것은 관계의 질을 높이고 지속 기간을 늘리는 것으로 밝혀졌다. 이런 행동은 특히 섹스 이후에 가치가 높은데, 피상적이고 짧은 육체적 행위보다 관계의 유대가 더 깊다는 것을 확인시켜주기 때문이다. 후희는 성생활을 더 오래 지속하게 하며 이는 낭만적 관계에 더 큰 영향을 미친다. 후희는 성적 여운에 필수며 전희나 실제 성교보다 관계적 만족과 성적 만족에 더 중요한 역할을 한다. 같은 맥락에서 동거하는 낭만적 관계나 결혼 안에서 키스의 횟수가 승가하면 콜레스테롤과 스트레스 총 지수는 감소하고 관계의 만족도는 크게 올라간다.[16]

강도와 깊이의 차이를 성적 영역에 대입해보면 오르가슴이 성적 강도의 가장 뚜렷한 예시라고 할 수 있다. 오르가슴은 성욕의 순간적인 정점이다. 성적 여운과 후희는 낭만적 유대를 깊어지게 도와준다. 실제로 신혼부부를 대상으로 한 연구에 따르면 성적 여운은 섹스 뒤에 약 48시간 동안 지속되며, 강한 여운을 느끼는 부부들은 전반적으로 결혼 만족도가 더 높았다. 관계의 지속 기간과 질에 가장 큰 상관관계가 있는 것은 오르가슴의 횟수가 아니라 여운임은 전혀 놀랍지

않은 사실이다.[17]

프랑스어로 오르가슴을 '라 쁘띠 모어'la petite mort, 즉 '작은 죽음'이라고 한다. 오르가슴에 이르면 이전의 경험은 끝난다는 의미에서 오르가슴은 작은 죽음이다. 이 맥락에서 "모든 동물은 섹스 뒤 슬퍼진다"라는 주장이 나왔다. 이 주장은 오르가슴의 순간적인 본성을 반영한다. 그러나 섹스를 한 다음에 애정 행위가 더해지고 낭만적 행위가 확대 보충되면 순간적 절정은 사랑을 지속하는 과정의 시작이 될 수 있다.

비가 올 때 마구 퍼붓는다

∞

애인을 만나면서 나는 성적으로 민감해졌고 다른 남성들이 나를 주목한다는 사실을 알게 되었어요. 나는 외모에 더 신경 쓰고 더 매력적인 옷을 입고 그 시선을 즐기기 시작했어요. 심지어 남편도 내게 더 매력을 느끼더군요. 비가 올 때 마구 퍼붓더라는 말은 맞는 소리예요.

기혼 여성

우리는 성적 여운이 오래 지속되는 질 높은 낭만적 관계가 증진된다는 사실을 살펴보았다. 그런데 여운은 환한 성적 흥분으로 다른 사람들을 유혹하기도 한다. 어떤 연구에서는 이성과의 아주 단순한 상호 작용이 여성의 얼굴에 홍조를 띠게 할 수 있다는 결과가 밝혀졌다. 남성과의 비非성적인 사회적 상호 작용만으로도 여성은 알아채지 못하는 사이 얼굴의 피부 온도가 눈에 띄게 올랐다.[18]

기분 좋은 성적 여운에는 섹스를 더 하고 싶은 바람이 포함되며 결과적으로 다른 사람을 유혹하게 된다. 성적 광채는 개인에게서 뿜어져 나오는 일종의 마법으로, 다른 사람에게 가 닿아 마치 벌레나 나비가 빛에 이끌리듯 그 사람에게 매료되게 한다.

성적 광채 경험은 성적 매력이 많은 사람을 더 매력적으로 만든다. 섹스를 즐기는 사람들이 더욱 즐기게 될 가능성이 크고 이는 그들의 현재 낭만적 관계를 풍성하게 한다. 그러나 성적 광채가 연인이 아닌 다른 사람에게도 미치기 때문에 관계의 질이 낮은 경우에는 해가 될 수 있다.

미국 제32대 대통령의 부인이자 사회운동가였던 엘리너 루즈벨트Eleanor Roosevelt는 이런 농담을 한 적이 있다. "여자는 티백 같아서 뜨거운 물에 들어가기(in hot water는 '곤경에 처하다'라는 뜻의 관용구-옮긴이) 전까지는 얼마나 강한지 알 수 없다." 성적 광채 현상은 엘리너의 말이 완전히 옳지는 않음을 보여준다. 강렬하고 뜨거운 낭만적 경험에 빠져 있을 때뿐만 아니라 뜨거운 경험 전후에 더욱 여성의 사랑을(혹은 남성의 사랑을) 느낄 수 있을 것이다.

성관계는 오르가슴이라는 순간적 절정을 포함하여 그 이상을 아우르기 때문에 오래 지속되는 낭만적 사랑에 중요하다. 오르가슴보다 사랑하는 마음을 더욱 진정성 있게 보여주고 오래 지속되는 애정 행위들이 더욱 중요하다. 윈스턴 처칠의 말을 빌리자면, 우리는 오르가슴이 사랑의 끝이라 말할 수 없다. 끝의 시작도 아니다. 아마도 사랑의 시작의 종말일 것이다.

| 사이버 공간에서의 성생활과 우정 |

∞

애인이 나를 직접 만져줄 때 더 흥분되기는 하지만 사이버섹스를 하면서도 자주 오르가슴을 경험해요.

이혼 여성

사이버 공간은 크고 역동적이며 가상의 상호 작용으로 가득 찬 전자 침실이다. 이 새로운 환경에서는 다양한 기회와 자기 개방이 확대되고 상처받기 쉬운 특성과 책임감은 줄어들며 개인의 영역 침해는 많아졌으나, 배타성이 감소하였기에 오프라인에서의 낭만적 활동에 큰 영향을 끼친다. 사이버 공간은 여러 낭만적 관계와 성적 관계를 동시에 맺을 기회를 손쉽게 얻을 수 있도록 기술적 도구를 제공한다. 사이버사랑과 사이버섹스가 점점 인기를 얻어가는 듯하지만 오프라인 관계를 대체할 수는 없다. 그렇지만 보완해줄 수는 있다.

실제 낭만적 환경처럼 사이버 공간도 다면적이다. 여기서 우리는 온라인상의 낭만적 관계와 성적 관계인 사이버사랑과 사이버섹스에 집중해보도록 하자.

상호 작용성

∞

나는 통제를 좋아한다. 너무 심하지만 않다면.

메이 웨스트, 영화배우·희곡작가

사이버사랑은 주로 컴퓨터를 통해 상호 작용이 이루어지는 낭만적 관계다. 상대가 물리적으로 멀리 떨어져 있고 익명일 때도 있지만 사랑은 오프라인 관계에서처럼 풍부하게, 그리고 강렬하게 경험이 가능하다. 넓은 의미에서 사이버섹스(속어로 사이버링cybering)는 모바일 앱을 포함하여 사이버 공간에서 이루어지는 성과 관련한 모든 유형의 활동을 말한다. 사람들이 사이버섹스로 관계를 맺을 때 실제로 서로 키스할 수는 없지만 그들이 보내는 키스는 감정적으로 생생하며 그 감정적 영향이 실제 키스와 비슷할 수 있다.

사이버 공간에서 개인의 적극적인 역할은 가상이라는 환경을 성적 판타지나 야한 소설, 성인 영화보다 더욱 흥미롭고 매혹적으로 만들어서 사이버상의 성적 활동에 참여하고 싶은 엄청난 유혹을 느끼게 한다. 개인의 가상 상호 작용은 매우 매혹적이다. 사이버섹스에서는 전체 상호 작용에서 수동적 관찰을 구분하는 선을 넘나들기 때문에 현실과 상상을 구분하는 선을 흐릿하게 만들기 쉽다. 온라인 관계의 상상이라는 영역에 상호 작용성이 존재하는 것은 사람들이 크게 자원을 투자하지 않고도 오프라인 관계에서처럼 많은 혜택을 얻을 수 있다는 점에서 대인 관계에 혁신이라 할 수 있다.[19]

온라인 낭만적·성적 관계에서 상호 작용이라는 혁명은 사람들과의 상호 작용과 혼자만의 활동을 모두 확장했다. 보통의 판타지와 비교하여 온라인 관계에는 범위가 더욱 넓은 사회적 상호 작용이 포함된다. 그러나 오프라인 관계와 비교하면 많은 낭만적 활동이 컴퓨터나 스마트폰 앞에 홀로 앉아 이루어진다. 사이버섹스를 예로 들어보자. 실제 자위와 비교하여 사이버섹스나 폰섹스는 다른 사람과 대화하며 이루어지기에 훨씬 더 사회적 상호 작용답다. 실제 자위를 할 때는 자신의 손과 마음을 통해 오르가슴에 도달하지만, 사이버섹스에서는 다른 사람의 마음(그리고 자기 손)을 통해 오르가슴을 경험한다. 사이버섹스는 타인의 적극적인 개입을 포함하므로 자위와 오프라인 섹스 사이의 격차를 줄여준다. 그러나 오프라인 성관계와 비교하여 사이버섹스는 사회적이지 않으며 실제 사회적 상호 작용의 필요를 감소시킬 수 있다. 뿐만 아니라 가상적이라는 사이버 공간의 특성이 실제적 욕구를 만족시키지 못할 때도 있다. 어떤 기혼 여성은 자신의 온라인 애인에게 이런 메시지를 보냈다고 한다. "나는 실제로 나를 만져줄 사람을 원해요."

확대된 유연성과 축소된 배타성

∞

나는 남편을 두고 온라인 애인과 바람을 피우고 있으면서 또 다른 실시간 애인과 바람을 피우고 있어요. 둘 다 제3의 온라인 애인과 감정적으로 경쟁해야 한다는 상황이 역설적이네요.

기혼 여성

인간 사회에는 경계가 필요하다. 다른 사람과 함께 살면 필연적으로 욕구의 제한이 따른다. 그러나 사이버 공간의 주요한 활동 무대인 세계화는 근본적으로 경계를 건너고 부수고 무너뜨리는 행위다. 가상 공간에서 경계를 침범하는 데 익숙해지면 사람들은 현실에서의 규범적 경계도 훨씬 유연하게 여길 수 있고, 그러다 보면 그 이상을 위반하는 것을 막기 위한 보호 수단을 만드는 데 소홀하게 된다. 물론 사이버 공간의 유연한 경계가 항상 비도덕적인 것은 아니다. 오히려 낭만적 삶에서 엄격한 경계에 집착하는 것이 사랑하는 사람의 특별하고 구체적이며 개인적이고 상황적인 측면을 고려하지 않기 때문에 비도덕적일 수 있다. 이와 관련하여 영국의 철학자 스티븐 툴민Stephen Toulmin은 다음처럼 주장했다. "일반적인 규칙과 원칙에 기초한 도덕성은 폭력적이고 균형이 맞지 않는다는 점과, 개인의 미묘한 차이를 형평에 맞게 고려하는 사람만이 깊이 있는 윤리적 요구에 따른 올바른 감정의 소유자라는 점을 우리는 알 필요가 있다."[20]

물론 확대된 유연성에는 대가가 따른다. 낭만적·성적 경계가 오프라인 상황보다 훨씬 더 유연한 사이버섹스를 예로 들어보자. 이런 유연성은 현실에서의 경계 침해 횟수를 감소시키는 것이 아니라 오히려 증가시킨다. 인터넷, 특히 모바일 앱의 사용이 확대되면서 낭만적·성적 외도가 증가했다. 더욱이 성적 외도가 온라인상에서만 있었다 하더라도 배우자나 애인은 배신감과 큰 충격을 느낄 수 있다.[21]

낭만적 배타성, 특히 성적 배타성은 안정적 관계의 보증으로 여겨진다. 현대의 사회적 추세는 관계에서의 배타성이 줄어드는 쪽으로 기울었으며 이는 낭만적 경계가 매우 유연한 사이버 공간에서의 행동에 의해 강화되고 있다. 낭만적 배타성의 감소는 감정의 기본 특성 중 하나며 우리가 가진 자원에 집중하게 하는 낭만적 편파성과 모순된다. 그뿐 아니라 이상적 사랑의 중심, 즉 사랑하는 사람은 자신의 깊은 사랑에 가장 적합하고 유일한 사람이라는 인식에 어긋난다.

그러나 배타성의 감소는 감정을 발생시키는 변화와 새로움의 욕구를 강화하기도 한다.

온라인 관계와 관련한 기술, 특히 다양한 모바일 앱은 더욱 쉽고 편리하며 안전하게 유연성을 확대하고 배타성을 축소한다. 사이버 공간의 낭만적 환경은 가속화된 우리 사회와 완벽하게 어울리며 이 사회의 성적 효율성을 증가시킨다. 오늘날 수많은 사람이 빡빡한 일정 탓에 너무 바빠서 얼굴을 마주하는 피상적 성관계조차 하기가 어렵다. 그래서 사람들은 모바일 앱이 그 일을 하도록 허용한다.

현대 기술은 낭만적·성적 관계를 시작하고 유지하게 하는 방법들을 계속해서 개선하고 있다. 잠재적인 낭만적 상대를 제공하는 사이트는 물론 관계의 시작을 더욱 쉽게 만들어주는 다양한 모바일 앱도 많다. 인기 있는 앱 틴더Tinder는 선택 과정을 매우 단순하고(선택은 주로 외모에 기초한다), 쉽게(스마트폰 화면을 오른쪽으로 넘기면 '좋아요', 왼쪽으로 넘기면 '패스') 만든다. 이 앱을 사용하는 동기는 다양하다. 단순히 가벼운 섹스뿐 아니라 사랑과 소통, 자기 가치 확인, 설렘이나 흥분, 혹은 최신 유행을 쫓기 위해서일 수 있다. 그러므로 "틴더는 장난처럼 가벼운 만남을 위한 앱으로만 보면 안 되며 헌신된 낭만적 관계를 시작하는 새로운 방법"으로 생각해야 한다.[22]

현대 기술은 장거리 연애도 유지하게 도와준다. 적극적인 사람들의 만남을 위한 선택 사항과 여러 낭만적 관계를 동시에 만들 수 있는 편리하고 효율적인 방법도 제공한다. 집에서 밥을 먹으면서 온라인에서 간식까지 먹는 행동은 부부 관계에서 섹스의 독점을 위반하는 요소가 된다. 사이버섹스는 덜 무거운 죄로 보이기 때문에, 즉 실제로 물리적 접촉이 없는 단순한 대화 과정으로 여겨질 수 있기 때문에, 어떤 상대는 사이버섹스를 참아주거나 심지어 지지할 수도 있다. 낭만적 상대가 다른 사람과 성적 활동을 하는 것을 알거나 혹은 보는 것은 헌신된 관계의 연인들이 성적 배타성이 절대 침해하면 안 되는 절대 영역이 아님을 공공연하게 인정하는 것이기에 시사하는 바가 크다. 그러므로 성적 배타성은 하나의 연속체로 보이는데, 어떤 상황에서는 이 연속체의 특정한 부분에 침해가 허용될 수 있다.

가장 주요한 오프라인 관계를 망치는 위험을 줄이기 위해서 어떤 부부는 배우자의 강렬한 온라인 성관계는 허용하지만 깊은 온라인 낭만적 관계는 동의하지 않는다. 어떤 부부들은 더 나아가 사이버 원나잇 스탠드 상대를 만드는 것을 제한한다. 이 모든 제한이 주요한 관계에 미치는 피해를 최소화하려는 의도다. 그러나 주요한 관계에서의 안정성을 유지하면서도 성적 기회에 잘 대응하려면 우리의 감정 구조에 더욱 본질적으로 변화가 필요한 듯하다.

인터넷과 모바일 앱은 단순히 즐겁기만 한 성적 활동일 뿐 아니라 깊은 낭만적 관계도 용이하게 만들기에 일반적 일부일처 관계, 특히 부부 관계에 심각한 위협이 된다. 사이버 원나잇 스탠드는 비밀로 하기에 더욱 쉽고 유용하다. 한편 현대 기술을 통해 깊은 사랑의 관계를 풍성하게 만들기 위한 조건이 개선될 수도 있다. 인터넷과 모바일 앱은 외모나 나이, 지리적 거리, 인종, 국적, 종교, 혹은 결혼 여부와 같은 외부 요인으로 방해받지 않고 다양한 사람들이 서로를 친밀하게 알아갈 수 있게 하는 즐겁고 효율적인 수단을 제공한다. 이는 다양한 국가, 문화 종교 간의 결혼을 증가시키고 결국 전 세계의 사회 규범을 조금 더 유연하고 피상적으로 만들어 완화한다.

대체 가능한 낭만적 환경

∞

나는 당신이 손을 사용하지 않고도 나를 만져주는 방법을 사랑하게 되었어요.

익명

사이버 공간은 개인의 현실적 배경에 대체 가능한 환경을 제공한다. 개인의 중요한 헌신을 어기지 않더라도 흥미로운 낭만적 대안을 탐험하게 해준다. 오프라인의 주요한 관계에 해를 끼치지 않고도 대체 가능한 정서적 유대를 발전시키는 배출구를 제공한다. 그러나 사람들이 현실 세계와 사이버 공간을 혼동할 때 헌신의 문제가 불거져 감정적으로 번질 수 있고 도덕적 난제가 생겨난다.

사이버 공간의 매력과 온라인 애인 만들기의 간편함에는 위험도 따른다. 쉽게 휩쓸리게 되며 중독의 위험이 크다. 다른 중독처럼 사이버 공간은 욕구를 만족시키지 못할 뿐 아니라 충족될 수 없는 새로운 욕구를 만들어낸다. 이는 자신에게 주어진 낭만의 몫에 만족할 가능성을 떨어뜨린다.

온·오프라인의 낭만적 관계는 모두 계속될 것이다. 점점 커지는 인터넷과 모바일 앱의 유혹은 접속하는 사람들이 오프라인 관계에만 자신을 가두어둘 가능성을 떨어뜨린다. 그러나 온라인 관계는 접촉이나 실제 섹스 같은 기본적인 낭만적 활동이 부족하기에 만족스러운 오프라인 관계가 계속해서 더 성취감을 주는 상위 등급의 관계로 여겨질 것이다. 낭만의 영역에서 사이버 공간과 실제 공간을 통합하는 법을 학습하는 것이 우리 사회의 중요한 과제다. 실제로 오늘날 수많은 결혼이 온라인 만남에서 시작한다. 전통적 오프라인 만남에서 시작한 결혼 생활과 비교하여 온라인 만남에서 시작한 결혼 생활은 파경을 맞을 가능성이 약간 더 적다는 결과가 보고되었고, 아직 결혼 생활을 유지하고 있는 응답자들의 만족도가 약간 더 높은 것으로 나타났다. 이 결과는 인터넷이 결혼 자체의 원인과 결과를 바꿀 수 있음을 시사한다.[23]

이제는 꿈꾸는 것이 더 나은 상황을 상상하는 수단이 아니다. 사이버 공간이 그 역할을 꿰차고 실천하고 있다. 사이버 공간에서 두 사람은 마치 직접 연결된 듯, 마음이 직접적 소통을 하는 데 몸이 훼방할 수 없다고 느낀다. 사람들은 온라인 관계를 '깨어 있는 상태에서 꿈꾸는 것' 같고 '그 꿈속에서의 기쁨'이라고 묘사하곤 한다. 그러나 꿈속에서의 삶은 현실과의 분리 때문에 위험하다. 온라인 낭만적 관계는 오프라인 관계를 대체하는 것이 아니라 보충할 때에 가치 있다. 사이버 공간이라는 꿈은 현실에 존재할 때만 가치 있는 것이다.

미래의 변화는 결혼과 동거 같은 현대의 사회적 형태뿐 아니라 연애, 간편한 섹스, 헌신된 낭만적 관계와 낭만적 배타성과 관련한 낭만적 관행들까지 바꿀 것이다. 하킴은 "피임약이 젊은 사람들 사이의 혼전 성관계를 더욱 쉽게 만들었듯 인터넷은 나이 든 기혼자 사이의 관계를 쉽게 만들 것"이라고 주장했다. 최근의 역사는 사회적 도덕적 규범이 더 완화되는 모습을 기대할 수 있다는 점을 우리에게 가르쳐 준다.[24]

사이버 사회에서의 우정

∞

페이스북 등의 소셜 네트워크가 성적 관계를 포함하여 새로운 낭만적 관계를 시작하고 유지하는 중심 공간이 되었다. 의사소통의 새로운 기술적 수단이 낭만적 관계의 형태를 만들어가고 있다. 너무 많은 친구를 가질 가능성이 낭만적 배타성의 가치와 가능성을 약화하고 낭만적 깊이를 저해한다.

예일대학교 교수 윌리엄 드레즈비치William Deresievicz는 자신의 에세이 「거짓 우정」Faux Friendship에서 수천 명의 친구를 가질 수 있는 페이스북을 통해 오늘날의 우정이라는 폭넓은 개념을 다루면서 "우리는 모두와 친구가 되기 시작하면서 누군가와 친구가 되는 방법을 잊었다"고 주장했다. 그의 견해에 따르면 우정은 전통적으로 진귀하고 소중하며 얻기 어려웠다. '진정한 친구'는 이기적 '아첨꾼'이나 '가짜 친구'와는 달랐다. 현대 가족의 해체와 함께 친구도 우리가 선택할 수 있는 가족이 되었다. 우정의 현대적 개념은 (깊은) 관계에서 (강렬한) 감정으로, 사람들이 공유하는 것에서 개개인이 전자 집단 거주지 안에서 외롭게 혼자서만 은밀히 품고 있는 것으로 변했다. 이런 집단 거주지에서 우리는 타인을 개인으로 생각하는 것을 멈추고 그들을 분별없는 사람들의 무리, 즉 일종의 청중이나 얼굴 없는 대중으로 바꾸어버렸다. 드레즈비치는 우리는 너무 바빠서 문자 메시지 하나 보내는 것 이상으로 친구에게 시간을 내어주지 못한다고 말했다. 그래서 우리는 더 많은 사람을 알수록 더 외로워진다.

드레즈비치는 얼마나 많은 사람이 기꺼이, 심지어 간절히 대중 속에서 개인적 삶을 살아가려고 하는지에 대해 한탄했다. 우정의 가치는 정확히 관계의 고유성 안에 있으며 페이스북 같은 소셜 네트워크에는 배타성이 부족하다. 드레즈비치는 페이스북이 사람들, 특히 오랫동안 모르고 지냈던 친구들을 연결해주는 역할을 한다고 인정하면서도 일상적 세부 정보들의 고유성을 깎아내리는 대가로 그 역할을 감당한다고 했다. 우정은 공동 활동에 시간을 투자하고 친구들의 이야기와 희망과 믿음과 기쁨과 걱정을 듣는 데서 만들어진다. 500명, 5천 명의 친구가 있으면 어떻게 이렇게 할 수 있겠는가? 친밀한 우정에는 인내와 헌신, 세심함과 민감함, 그리고 기술이 필요하다. 드레즈비치가 냉혹하게 말하듯 우리는 기계에 마음을 주었고 이제는 우리가 기계로 변하고 있는 것 같다.

이런 주장에 과학은 무슨 대답을 할까? 인터넷은 정말로 외로움을 심화시키는가? 인터넷은 많은 사람이 사회적인 삶을 만들고 유지하도록 돕는 듯하다. 이는 특히 나이 든 사람들, 다양한 신체적 제한을 지닌 사람들, 부정적인 사회적 낙인으로 고통받는 사람들에게 해당하는 말이다. 마치 도장 찍히듯 친구가 축적되는 페이스북에서의 소통은 대부분 깊지 않아 보이지만, 페이스북이 우정과 외로움에 끼치는 장기적 영향은 불분명하게 남아 있다.[25] 우리는 인터넷을 오프라인 삶을 대체하는 것이 아닌 오프라인 경험을 보충하는 데 사용해야 한다.

| 맺음말 |

∞

젊은 사람들은 자신이 무엇을 하는지도 모르면서 밤새도록 한다.

마돈나Madonna, 가수

프렌즈 위드 베네핏이라는 가벼운 성적 관계에는 깊은 사랑은 없어도 낭만적 관계의 중요한 측면, 우정과 성욕이 모두 있다. 그렇지만 점점 인기가 많아지는 이런 종류의 관계는 우정이 꼭 포함되어야 하는 장기적인 낭만적 관계로 이어질 수 있다. 친밀한 관계에서는 섹스도 상당히 중요하기에 한쪽이 원하지 않더라도 해야 하는 경우가 있다. 이 같은 상황에서 할 수 있는 선택은 상대가 관계 바깥에서 성적 만족을 찾도록 허용하는 것, 혹은 연민 섹스나 평화 유도 섹스 같은 일방적 섹스에 참여하는 것이다.

상대가 다른 섹스 상대를 만나도록 허용한다는 의미에서의 성적 관용이 주요한 관계에 해를 입힌다면 문제가 될 수 있다. 화해 섹스와 이별 섹스의 경우, 매우 강한 감정에 사로잡혀 긍정적 경험이 되기도 한다. 이런 관계가 발생할 수밖에 없는 맥락을 고려해보면 화해 섹스나 이별 섹스가 두 사람 사이의 새로운 열정과 흥분을 일으킨다는 점도 이해할 수 있겠다. 그러나 이는 가짜 긍정적 경험이기에 깊은 사랑의 지지 위에 세워진 보통의 낭만적 상황에서 얻는 즐거운 성관계를 대체할 수 없다.

섹스는 인간의 내재적 가치이므로 식사와 근본적으로 다르다. 그러나 정크 푸드와 정크 섹스는 닮은 점이 많다. 강렬한 사랑의 경험으로서 정크 섹스에서 얻을 수 있는 유익은 매우 피상적이며 오래 유지되는 낭만적 깊이에 기여하지 못한다. 게다가 즐거운 경험이지만 쉽게 중독될 수 있다. 정크 섹스의 행복을 갉아먹는 경향이 잘못된 길로 유혹할 수 있기에 더 깊은 경험을 할 수 있을 때는 거부하는 것이 낫다. 오르가슴처럼 짧고 간헐적인 경험이 어떻게 오래 지속되는 행복한 낭만적 관계에 결정적 역할을 할 수 있는가? 답은 오르가슴보다 오래 지속되고 상대의 사랑하는 마음을 진심으로 표현해주는 후회나 성적 여운 같은 경험과 연관된다. 이런 성적 경험들이 오르가슴이라는 순간적 절정과 사랑을 지속시켜주는 과정을 연결한다.

온라인 관계는 맺기 쉽고 필요한 자원을 적게 투자해도 된다. 이런 점은 즉각적 만족의 가치를 강조하는 우리 사회의 피상적 본성과 함께하여 관계 또한 피상적으로 만들 수 있다. 그러나 온라인 관계도 낭만적 깊이를 만들어나가는 데 사용될 수 있다.

사이버섹스는 실제 섹스보다 더욱 유연한 경계를 제공한다. 사회적 상호 작용의 많은 수요는 의사소통의 장을 필요로 하고, 스크린 뒤에서는 친밀감의 경계가 흐릿하다. 이런 특징은 장거리 관계에 유용할 수 있으나 인터넷에서 만날 수 있는 상대의 수가 사실상 제한이 없다는 점에서 낭만적 관계의 보통의 배타성에 심각한 위협이 된다. 그리고 물리적 낭만의 영역보다 사이버 공간에서의 낭만적 영역을 드나들기가 더욱 쉽고 간편하다. 우리는 기술이 발전할수록 사이버 공간도 낭만적 사랑을 얻을 수 있는 영역에 속하게 될 것이라 예상할 수 있다. 다만 온라인 소셜 네트워크는 우리가 교제하는 사람의 수를 늘려주었지만 전통적인 우정의 깊이를 유지하게 할 수는 없다. 그러므로 소셜 네트워크가 외로움을 덜어줄 수 있을지는 아직 미지수다.

Chapter

11

노년기의
사랑

Love
in Later Life

깊은 사랑을 향한 길의 굽이에서 노년과 질병의 시기의 성숙한 사랑
을 깊이 들여다보면 시간이라는 주제가 중심을 차지한다. 나이가 들
수록 신체적·정신적 능력이 쇠퇴함에 따라 행복과 낭만적 사랑도 줄
어든다고 사람들은 생각해왔다. 그러나 이제는 안다. 노인들이 젊은
사람들보다 더욱 행복하고 자신의 삶과 결혼 생활에 만족한다는 사
실을 말이다. 아마도 살날이 얼마 남지 않았다는 것을 인정할 때 우
리는 관점을 바꾸어 흥분과 즐거움보다는 평화로움과 고요함이 있는
현재의 긍정적 경험에 집중하는 듯하다. UC리버사이드 심리학과 교
수인 소냐 류보머스키Sonja Lyubomirsky는 대부분의 사람에게 "최고의
시기는 인생 후반부"라는 점을 언급하며 이런 연구 결과들을 집대성
했다.[1] 물론 사람들마다 차이가 있기에 이때도 어떤 노인들은 우울해

하고 죽음을 두려워한다. 이번 장에서는 노년의 사랑에서 보이는 특유의 현상들, 특히 배우자 사별 뒤의 사랑과 배우자가 치매를 앓고 있는 경우의 사랑에 대해 논의해보겠다.

| 성숙과 사랑 |

∞

우리가 십 대 청소년처럼 '행동'하고 있다는(사실 행동하는 것은 아니지만) 생각이 들어. 적어도 성숙한 어른인 것처럼 처신하려고 노력할 수 없겠어?

기혼 남성이 애인인 기혼 여성에게 하는 말

성숙은 새로움이나 홍분과는 반대되는 듯하다. 젊은 사람들은 나이 든 사람들보다 더욱 감정적이라는 평가를 받는다. 물론 긍정적이거나 부정적이면서 홍미로운 경험이 모든 연령대에 일어나지 않는다는 의미는 아니다. 강렬한 감정은 보통 끝나지 않은 일 중간에 유발되며 주로 미래와 관련된다. 성숙은 현재에 집중하고 지금 주어진 몫에 만족을 요구한다. 강렬한 감정은 변화에 의해 생겨나지만 성숙은 점점 변화에 익숙해지고 변화를 그리 중요하지 않게 여기는 것이다. 모든 연령대에서 익숙함과 새로움을 즐기지만 익숙함의 상대적인 무게가 성숙함에 따라 늘어간다. 앞서 이야기했듯 강렬한 사랑과 관련한 행복은 홍분이며, 깊이 있는 성숙한 사랑과 관련한 행복은 평화로움(평온함)과 고요함이다. 여러 연구들이 청소년기부터 노년기에 이르기까지 가까운 사회적 관계는 변화한다는 비슷한 결과를 내놓았다. 감정의 질과 양 또한 마찬가지였다. 다만 젊은 연인들의 주요 발전 과

제는 갈등을 처리하는 것인 데 비해 노년의 부부는 상호 간의 지지를 유지하는 것이었다.[2]

미성숙하게 행동하는 사람들은 대단히 매력적이다. 그들은 매우 활기차고 즐거우며 기운차서 마치 내일이 없는 듯 산다. 그러나 어린 아이처럼 그들은 꾸준하지 못하고 불안정하며 만약 내일 낭만적 삶의 새로운 면을 깨닫게 해주는 흥미로운 사람을 만난다면 그때도 우리를 사랑할지 의심케 한다.

낭만적 타협은 일종의 성숙을 드러낸다. 성숙에서처럼 타협은 우리의 한계와 현재 상황을 수용하는 것을 보여준다. 그러나 성숙과 달리 타협에서의 수용은 주로 태도의 수용이 아니라 행동의 수용이다. 상황이 여전히 타협으로 여겨지는 한, 사실 개인은 마음 깊이 그 상황을 받아들이는 것이 아니다. 사람들이 진심으로 타협을 수용하는 순간 그것은 타협이 아니다. 성숙과 타협은 습관화처럼 욕망을 잠재우기 때문에 낭만적 관계에 치명적일 수 있다. 성숙이 긍정적이든 부정적이든 모든 감정적 경험을 감소시키는 것과 대조적으로, 타협은 긍정적 경험을 줄이고 부정적 경험을 늘릴 수 있다. 성숙과 타협에서 기대감은 줄어들지만 완전히 없어지지 않으며 욕망의 대상은 주로 합리적이거나 가능한 대안으로 대체된다. 성숙한 사랑은 열정적인 낭만적 사랑이 전부가 아니다. 그래서 많은 사람이 "나는 절대 성숙해지고 싶지 않다"고 말한다. 바람직한 것을 무시하고 가능한 것을 받아들이는 것은 열정과 자발성이 쇠퇴하는 증후가 될 수 있기 때문이다. 그러나 이것이 바로 사람들이 타협할 때 하는 일이다.

우리는 아이들이 성숙해져서 장기적 고려 사항들에 가치를 두는 법을 배우기 바라는 한편, 어른들은 먼 미래의 위험에 대한 걱정 없이 감정을 더 많이 표현하기 바란다. 또한 아이 같은 긍정적인 면을 잃어버리지 않기를 바란다. 낙천적이고 진실하기를, 열정적으로 사랑하기를 바란다. 분명한 흠이 있어도 서로 존경하기를 바란다. 우리는 서로를 잘 이해하기를 바라면서 동시에 긍정적 환상을 품고 살 수 있도록 서로에 대한 관점이 어느 정도는 장밋빛이기를 바란다. 우리는 아이처럼 쾌활함과 자연스러움, 열정을 유지하면서 오래 지속되는 낭만적 관계에서 필연적으로 생겨나는 고통을 겪더라도 서로의 곁을 변함없이 지키는 성숙한 어른이고 싶어 한다. 우리는 서로를 변화시켜서가 아니라 서로에게 적응해서 문제를 극복하고 싶어 한다.

| 노년의 사랑 |

∞

나도 나이 드는 것이 처음이다. 늙음에 대한 경험이 없다.

나오미 폴라니Naomi Polani, 뮤지컬 감독

사랑이란 청년에게는 성적 흥분, 중년에게는 습관, 노년에게는 상호 의존으로 분류되는 단어다.

존 치아디John Ciardi, 비평가

성욕과 신체 능력은 나이 듦에 따라 감퇴하기 때문에 노인들은 강렬한 사랑을 경험할 수 없다는 것이 일반적인 견해다. 그러나 이는 지나치게 단순화된 편견이다. 노년의 사랑이 젊은 연령에서의 사랑보다 더욱 깊은 경우도 많다.

카스텐슨에 따르면 실제 나이가 인지 능력과 행동을 예측하는 (비록 불완전하긴 해도) 훌륭한 도구지만 높은 연령에서는 예측력이 떨어진다. 우리가 태어난 이후부터 지금까지의 시간보다 더 중요한 시간적 측면은 죽음까지 남아 있는 시간에 대한 주관적 인식이다. 시간적 범위에 대한 시야는 동기 부여에 핵심 역할을 담당한다. 카스텐슨은 "나이 들어가며 점점 시간의 유한성을 경험하면 시야가 점차 좁아지는 동시에 우선순위도 바뀐다"고 주장했다. 예를 들어, 나이가 들면 시야를 확장하는 목표를 덜 중요하게 생각하고 현재의 감정적 의미를 도출하는 목표에 더 큰 중요성을 부여한다. 시간이 없어 보일 때 우리는 단기 목표에 집중하는 경향이 있다. 나이 든 사람일수록 사회 관계망이 좁고 젊은 사람들보다 새로움을 경험할 기회가 적으며 관심의 영역이 작아진다. 그럼에도 불구하고 그들은 젊은 사람들보다 행복하다고까지는 할 수 없지만 젊은 사람들만큼은 행복한 듯하다. 이는 시야가 좁아지는 상황에서도 사람들은 남아 있는 관계를 더욱 깊게 다지고 이미 만족하고 있는 삶의 영역에서 전문 기술을 발전시키는 데 우선순위를 둔다고 이해할 수 있다.[3]

카스텐슨은 노인들의 기억에 감정적으로 부정적 정보보다 긍정적 정보에 대한 선호가 나타난다고 하면서 이 사실이 아주 흥미롭다고 주장했는데, 그 이유는 젊은 사람들이 긍정적 정보보다 부정적 정보를 더 주목하며 기억한다고 알려졌기 때문이다. 대조적으로 노인들은 긍정적 정보에 비해 부정적 정보를 덜 깊이 있게 처리하며 정보

처리의 초기 과정에서 부정적 데이터를 부호화하는 과정(자극 및 경험을 기억하는 과정—옮긴이)에 참여가 적다. 카스텐슨은 나이가 적든 많든 사람들은 시간을 유한하다고 생각할 때 삶의 감정적인 의미와 만족에 더 큰 중요성을 부여하며, 정보를 모으고 시야를 확장하는 데 투자하는 자원을 줄인다고 결론지었다. 그래서 사람들의 사회적 관계망은 축소되지만 노인들은 더욱 만족하게 된다.[4]

나이 든 부부들은 정말로 주어진 몫에 기꺼이 행복해하는 태도를 취한다. 50대 싱글맘의 이야기를 들어보자. "나는 완벽을 추구하느라 그동안 선택하는 데 실수를 저질렀어요. 완벽과 거리가 먼 것 같은 남성들과 함께할 기회를 거절했거든요. 나이가 들수록 너그러워지는 한편, 내가 좋아하고 원하는 것이 무엇인지가 더 분명해지는 듯해요. 피상적인 것을 원하지 않지만, 내 인생 처음으로 결혼할 상대로 생각하지 않는 누군가와 섹스를 고민하고 있어요!" 노년에 시야가 줄어드는 상황에서 명백한 예외가 있다. 손주에게서 얻는 유익과 즐거움으로, 손주가 제공하고 보여주는 것들은 노인들의 시야를 새롭게 확장해준다. 많은 조부모가 손주와 "새로운 삶"을 경험한다고 이야기하며 "손주가 이렇게 좋은 줄 알았으면 자식들보다 먼저 낳을 걸 그랬다"며 옛 농담을 꺼내기도 한다.

이런 일화들을 뒷받침해줄 증거가 있다. 노인들은 의견이 맞지 않을 때나 함께 공동의 일을 수행할 때나 자신의 배우자를 정겹게 느끼고 결혼 생활의 만족도를 높게 여긴다. 노년의 부부는 에로틱한 유대감이 삶의 중심을 차지하지는 않지만 젊은 부부들보다 갈등이 적다. 우정에 기초한 동반자적 사랑은 노년 부부의 상호 작용에 주요한 특징이다. 노년의 친밀한 관계는 대체로 조화로우며 만족스럽다.[5]

낭만적 타협은 나이 들수록 덜 중요한 문제가 되어간다. 시간이 흐르면서 사람들은 배우자의 부정적 특징에 익숙해진다. 그들은 부정적 영향을 최소화하면서 함께 사는 법을 배운다. 시간이 다해가고 대안이 줄어든다는 것을 인식할 때, 우리는 한계를 수용하고 매력 있는 선택지에 눈을 돌리지 않기로 타협한다는 느낌을 덜 받는다. 게다가 나이 든 사람들은 서로를 더욱 의지하기에 결혼이라는 속박이 도움의 손길로 변하는 경향이 있다. 젊은 사람들만큼 부정적 느낌을 자주 경험할 수 있지만 가장 친밀한 관계에서의 갈등을 마주할 때 회복이 더욱 빠르다. 노인들은 다투지 않고 문제를 흘려보내는 경향이 많다. 그들은 긴 안목에서 갈등을 분간하고 싸울 만한 가치가 있는 문제인지 따져보는 능력을 지니고 있다.[6]

인지 능력과 신체적 역량이 감퇴하는 노년에는 자신에게 주어진 몫에 만족하는 능력이 높아진다. 따라서 결혼 생활 내의 갈등과 낭만적 타협의 경험도 줄어든다. 이미(혹은 여전히) 가지고 있는 것을 최대한 이용하는 건설적 태도를 취할 가능성이 더 크다. 노인들의 관심은 더 가지는 것이 아니라 덜 잃는 것이다.

| 죽음 이후의 사랑 |

∞

부러진 크레파스에도 여전히 색이 있다.

쉘리 히츠Shelley Hitz, 작가

대부분의 사람이 낭만적 곤경을 경험하지만 배우자를 잃은 사람들이 겪는 곤경은 특히 가슴 저미는 듯하다. 그들은 적극적으로 새로운 사랑을 찾아야 하는 걸까? 이전 배우자를 여전히 사랑하면서 새로운 사랑을 찾는다면 어떻게 두 사랑이 마음에 공존할 수 있는가? 다시 사랑하는 것이 다른 사람에게 적응하려고 노력할 가치가 충분한가? 다시 사랑에 빠져도 되는 적절한 시기는 언제인가? (이제부터 언급하는 미망인은 홀아비까지 포함한 개념이라는 점을 알아두기 바란다.)

사랑의 끝과 죽음

∞

많은 사람에게 낭만적 사랑은 삶에서 필수적인 부분을 차지한다. 사랑이 없으면 삶은 가치를 잃을지 모른다. 낭만적 사랑은 행복하고 의미 있는 삶의 중심적인 표현이다. 사랑이 없으면 사람들은 자신의 중요한 일부가 죽었다고 느낄 수 있다. 사랑하는 사람은 인생의 햇살처럼 느껴지고 햇살이 없으면 부패와 죽음이 곳곳으로 퍼져나간다. 역사상 가장 어두웠던 시기인 홀로코스트에도 사람들은 결국 발각될 수밖에 없는 위험에도 불구하고 사랑에 빠졌다. 사람들은 사랑을 포기하지 않았고 사랑은 죽음의 수용소의 공포에서 사람들이 살아남게 했다.

사랑과 죽음은 같은 편인 것 같지는 않다. 예를 들면, 낭만적 이별은 일종의 죽음으로 묘사된다. 영국의 가수 더스티 스프링필드 Dusty Springfield는 이별 뒤에 "사랑이 죽어서 전혀 실감 나지 않아요. 남은 것이라곤 외로움뿐, 더 이상 느낄 감정이 없어요"라는 노랫말을 읊조렸다. 사랑이 부재한 대인 관계는 죽음과 연관되는 경우가 많다. 우리는 '죽은 결혼, 차가운 남편, 딱딱한 아내' 등의 표현을 사용한다. 침체된 관계를 유지하는 사람들은 자신의 상황을 일종의 죽음이라고 여기며 새로운 애인과의 만남을 다시 사는 것으로 표현한다. 그래서 한 기혼 여성은 20년 만에 처음으로 애인을 사귀며 남편과의 관계를 마치 룸메이트와 함께 사는 것 같다고 설명했다. 애인과의 만남에 대해 그녀는 이렇게 말했다. "코마 상태에서 깨어난 듯한 기분이었어요. 삶과 그 삶 안의 사람들과 연결된 것 같았습니다. 젊어진 기운과 자신감과 용기를 느꼈어요."

사랑은 삶에 없어서는 안 될 것으로 여겨지므로 사랑의 끝은 자신의 삶을 끝내거나 사랑 때문에 다른 사람을 죽이고 싶은 마음을 불러일으킬 수 있다. 사랑이라는 이름으로 상대를 죽이는 사람들이 있고 상대를 남겨두려는 의도로 자신의 삶을 거두는 사람도 있다.[7]

사랑이 인간의 행복에 필수적인 역할을 함에도 자기가 원하는 것을 절대 찾을 수 없을 거라 믿으며 포기하는 사람들이 있다. 그런 사람들은 깊은 사랑이 찾아오는 것을 막지는 않지만 적극적으로 찾아나서지도 않는다. 어쨌든 사랑이 삶에 필요한 전부는 아니기에 이런 태도도 이해받기는 하지만 사랑이 있으면 사람들은 훨씬 더 행복해진다.

미망인의 새로운 낭만적 사랑

∞

인간의 마음은 낭만적 사랑을 하나 이상 수용할 만큼 충분히 클까? 한 사람을 사랑하고 난 뒤에 곧바로 다른 사람을 사랑하는 것과 동시에 두 사람을 사랑하는 것 모두 전적으로 가능하다. 미망인의 사랑이라는 복잡한 경우를 잠시 생각해보자. 배우자가 죽고 수년이 지나도 사별의 영향이 계속된다는 사실을 고려하면 미망인의 사랑은 특히 복합적이다. 죽은 사람과의 유대는 개인의 본질적 의미를 규정하는 영향력을 여전히 발휘할 수 있다. 그래서 미망인은 두 사람을 사랑한다는 문제와 커다란 현실의 변화를 동시에 마주하게 된다. 살아서 지지와 사랑을 보내주는 현재 동반자와의 관계와 더 이상 살아 있지 않아서 삶에 실제적으로 영향을 주지 못하는 사람과의 추억의 관계가 공존하기 때문이다.

낭만적 이데올로기에 따르면 깊은 사랑은 영원히 지속되어야 한다. 사랑이 끝났다는 것은 애초에 그 사랑이 피상적이었다는 신호다. 그러나 실제로 사랑은 다양한 상황과 이유로 끝날 수 있으며 그런 변화가 꼭 사랑이 피상적이었음을 의미하는 것도 아니다. 깊은 사랑은 사그라질 가능성이 적지만 그럴 수 있다. 그러므로 사람의 마음은 한 번 사는 인생에 진짜 사랑이 여러 번 담길 수 있을 만큼 크지 않다는 가정은 근거가 없다.

사랑의 끝과 배우자의 죽음은 다양한 방식에서 맞물린다. 그러나 배우자를 잃고 난 다음의 상태는 특별하다. 관계가 대부분 그러하듯 평범하든지 아니면 매우 좋거나 매우 나쁘든지, 모든 종류의 대인 관계는 종결되면 그 사람의 상황을 변화시킨다. 미망인으로 지내는 사람들 대부분은 전前 배우자를 향한 태도가 긍정적으로 강화된다. 이는 과거를 이상화하려는 경향 때문이기도 하고 죽은 사람에 대해 나쁘게 말하지 않으려는 예절 때문이기도 하다. 전 배우자가 물리적으로 부재하지만 미망인의 사랑은 여전히 남아 있거나 심지어 더욱더 커질 수 있다.

미망인이 된 사람은 사랑에 대해 깊이 고민할 때 다양한 상황을 마주한다. 여기서는 두 가지로 나누어 이야기해보려 한다. 첫째는 전 배우자를 여전히 사랑하면서 새로운 사랑에 적응하는 경우고, 둘째는 거의 곧바로 다른 사람과 사랑에 빠지는 경우다.

새로운 사랑에 적응한다는 것

∞

새로운 사랑을 향한 미망인의 거부는 희망을 차단할 만큼 그렇게 분명하지 않다.

사무엘 리처드슨Samuel Richardson, 로맨스 작가

배우자를 여읜 다음에 다시 사랑에 빠지는 것은 이전 사랑이 끝난 뒤 새로운 사랑을 시작하는 것과 같지 않다. 배우자의 죽음 당시 두 사람이 깊은 사랑을 나누었다면 특히 그렇다. 배우자가 죽었다 해도 살아 있는 사람의 사랑은 죽지 않는다. 심리학적 관점에 따르면 새로운 사랑이 발전할 수도 있으나 미망인은 두 사람을 동시에 사랑하게 된다.

그 경험은 배타적이지 않은 사랑의 본성을 더욱 또렷이 보여준다.

중요한 것은, 사랑은 형태를 바꾼다는 점이다. 똑같은 사람은 하나도 없기에 다른 상대와 같은 사랑을 추구하는 것은 굉장한 일일지 모른다. 어떤 의미에서 새로운 사랑은 배우자와 사별한 사람에게 생명을 다시 가져다줄 수 있다. 어떤 미망인은 자신에게 사랑을 새로 시작할 욕망의 불을 지펴준 친구에게 이렇게 말했다. "내게 삶을 되돌려줘서 고마워."

그 미망인은 이전의 낭만적 관계를 잊거나 부정하지 않고 새롭고 의미 있는 관계를 시작하는 도전에 맞섰다. 심리학자 오프리 바 나다브Ofri Bar-Nadav와 사이먼 루빈Simon Rubin은 "배우자를 잃은 사람이 상실과 그 여파로 새로운 상대와 친밀감을 형성하는 것을 다른 사람들보다 더욱 주저하게 된다"고 주장했다. 또 다른 상실, 새로운 관계에서 자기 자신을 보여주는 것, 죽은 배우자에 대한 정절 등에 대한 걱정이 새로운 친밀감을 쌓는 것을 두렵게 한다.[8]

이런 상황에서도 우리의 마음은 기적을 낳는다. 죽은 배우자가 우리를 실망시키거나 화나게 하는 일이 없어지는 한편 새로운, 그리고 살아 있는 상대가 그 일을 계속 이어주기 때문에 살아 있는 관계의 풍성함과 도전을 생각나게 한다. 죽은 배우자를 향한 사랑이 시간이 지날수록 커질 수도 있겠지만, 보통은 머릿속을 사로잡던 생각이 점차 흐려져서 새로운 사랑에 수월하게 적응하게 된다. 새로운 사랑의 관계는 이전의 관계를 떠나보내고 붙잡는 것, 둘 다를 필요로 하며 그러면서 새로운 균형 상태를 만들어낸다.[9]

자신에게 적합한 상대를 찾고 그 사람과 함께 사는 법을 배우는 데는 엄청난 시간과 노력이 들 수 있다. 어떤 사람들은 새로운 관계가 발전할 때조차 이전 배우자에 대한 기억이 존재하여 과연 이 관계에 노력을 투자할 가치가 있는지를 따지는 나이에 이르기도 한다.

사별 뒤 언제쯤 새로운 사랑을 시작해야 하는가?

∞

새로운 사랑을 만나는 것과 관련하여 앞서 언급했던 모든 난관이 해결된다 하더라도 미망인은 여전히 딜레마를 마주한다. 적절한 애도의 기간은 어느 정도인지, 결혼반지를 빼야 할지, 뺀다면 언제 빼야 하는지, 데이트를 언제 시작해야 하는지, 전 배우자의 소지품을 언제 정리해야 하는지, 다양한 행사에 어떻게 차려입어야 하는지, 과거에 대해 얼마나 자주 말해야 하는지, 새로운 연인에게 공적으로 어떤 애정 표현까지 해도 되는지 등의 의문이 남는다. 미망인은 혹독하게 평가받는 경향이 있기에 예민함과 신중한 진행 속도, 절제가 중요하다. 기혼 남성과 데이트하는 미망인은 어쨌든 배우자를 잃는 것이 무엇인지 더 잘 아는 사람이기에 이혼 여성이나 싱글 여성보다 더 큰 비판을 받는다. 줄리어스 시저의 아내처럼 미망인은 '의심받을 여지가 없을 것'이라고 사람들의 기대를 받는 듯하다.

다음은 실제로 일어났던 이야기다. 아내와 사별한 남성과 교제하던 한 미망인이 남성이 결혼반지를 계속 착용하는 것을 발견했다. 그는 아내가 죽은 이후로 한 번도 반지를 빼지 않았다. 때가 되어 두 사람은 약혼하게 되었고 결혼을 계획하기에 이르렀다. 남성의 손에는 여전히 결혼반지가 남아 있었다. 마침내 예비 신부가 자신의 새 결혼 반지를 고를 때 예비 신랑이 이렇게 물었다. "내가 결혼반지를 두 개 다 껴도 괜찮겠어요?" 이 가슴 아픈 질문(아무튼 대답은 부정적이었다)은 깊은 딜레마를 나타낸다. 깊은 사랑은 어떤 부분에서도 배타적일 수 없다. 상대의 마음에서 지울 수도 없고, 지워서도 안 되는 것들이 있기 마련이다.

이제 우리는 특히 이견이 많은 지점에 다다랐다. 새로운 교제를 시작하기 전, 기다리는 기간에 대한 문제다. 다양한 문화마다 다양한 규범이 존재한다. 어떤 전통에서는 최소한 1년을 기다려야 하고, 또 다른 전통에서는 더 길 수도, 더 짧을 수도 있다. 미셸 하이드스트라의 경험을 들어보시라. 남편 존이 죽은 지 4주 만에 그녀는 남편의 가장 친한 친구였고 장례식에서 관도 멨던 아드리안과 새로운 사랑에 올라탔다. 슬픔에 빠졌던 그녀는 자신을 위로해주었던 아드리안에게 이끌렸다. 아드리안은 그녀와 갓난아이에게 매우 힘이 되어주었다. 아드리안을 포함하여 남편 친구들 무리와의 만남 뒤에 그녀는 아드리안의 집에 가게 되었다. 미셸은 당시의 상황을 설명했다. "우리는 둘 다 혼돈 속에 있었고 서로가 필요했어요. 사랑을 나누었죠. 어쩔 수 없었어요. 그게 맞는 것 같았어요." 그녀의 말에 따르면 그것은 고인이 된 존이 원했던 일이었다. 그녀는 심지어 친구들에게 그 일을 말하기를 서슴지 않았다. 미셸은 자신을 비판하는 사람들을 이해한다면서 말했다. "어떻게 사람의 감정에 잣대를 만들겠어요. 우리는 저마다 다른 방식으로 사랑하고 슬퍼합니다. 저는 존에 대한 애도를 멈춘 적이 없어요. 그래도 새로운 사랑을 막지는 못해요." 1년 동안 만난 다음, 그들은 관계가 너무 빨리 진지해졌다고 생각하여 잠시 시간을 갖기로 했다. 1년이 지나서 그들은 다시 만나기 시작했다. 이번에는 관계의 속도가 조금 더 느려졌으며 그들은 6개월 만에 같이 살게 되었다. 지금은 결혼을 약속한 상태다. 미셸은 이야기했다. "욕하고 싶으면 하세요. 하지만 슬픔은 사람들에게 저마다 다른 방식으로 찾아오고 저는 후회하지 않아요."[10]

이런 이야기는 결코 드물지 않다. 많은 사람이 배우자의 죽음 이후 짧은 시간 안에 배우자의 가장 친한 친구와 사랑에 빠진다. 의지가 되는 친구야말로 함께 있기에 세상에서 가장 자연스러운 사람일 테니 이는 강한 상실에 합당한 반응일 수 있다. 끔찍한 슬픔도 공유될 수 있다는 측면에서 말이다.

정리하자면 배우자를 잃은 사람들은 심리적 분리가 아니라 어찌할 수 없는 물리적 분리를 포함하여 특별한 형태의 낭만적 이별을 감당해야 한다. 배우자의 죽음으로 생겨난 이별은 반갑지 않으나 되돌릴 수 없고 남아 있는 사람은 여전히 전 배우자를 사랑하고 있을 것이다. 이런 상황에서 많은 사람이 저마다 다른 일을 한다. 새로운 사랑을 포기하거나 절대 찾아보지 않는 것보다는 찾는 것이 더 낫겠지만 언제나 가능한 선택은 아니다. 새로이 사랑에 빠지는 것은 가능하지만 새로운 사랑의 관계는 항상 부대낀다. 배후에 언제나 죽은 배우자가 존재하기 때문이다.

| 사랑과 치매 |

∞

사랑은 끝없는 용서의 행위며 습관이 된 애정 어린 표정이다.

피터 유스티노브Peter Ustinov, 영화배우

치매를 앓고 있는 사람과의 관계에서 사랑의 의미는 무엇인가? 사실상 한쪽이 과거의 의미를 잃었기 때문에 이 질문은 사랑에서 시간의 역할과 매우 관련이 높다. 이런 상황에서는 건강한 배우자의 과거에 대한 의식이 사랑을 유지하는 가장 큰 요인이다.

노년에 다양한 활동을 공유하는 능력이 감소하면 공동 활동에 참여하여 의미 있는 '우리'를 만들어가는 대화 모형에 문제가 일어난다. 사회적 활동뿐 아니라 특히 다른 사람과 대화하고 관심사를 공유하는 능력을 심각하게 훼손하는 치매는 이 문제를 키운다.

질병 전문가인 오리트 샤비트Orit Shavit와 연구진은 배우자가 알츠하이머를 앓고 있는 사람들의 낭만적 태도를 미묘한 차이로 세분화했다. 질병의 발생에 따른 관계의 변화를 '사랑이 죽는 경우, 사랑이 약해지는 경우, 사랑이 변하지 않는 경우, 사랑이 더 커지는 경우, 건강한 배우자가 다시 사랑에 빠지는 경우' 등 다섯 가지 유형으로 나눈 것이다. 이 유형들은 노인 부부의 사랑의 관계에도 똑같이 적용된다. 이 연구의 대상자들은 본인의 사랑을 동정하는 태도와 매일 반복되는 돌봄의 맥락으로 설명했다. 대부분의 배우자는 친밀감에 새로운 의미가 더해진다면서 알츠하이머를 앓고 있는 배우자와 더욱 친밀해졌다고 보고했다. 몇몇 사람이 경험한 더욱 깊어진 낭만적 친밀감은

돌봄이라는 낭만적 요소가 강화된 것 같다.[11]

언뜻 대화 접근법으로는 치매와 관련된 사랑에 대해 설명하기가 곤란한 듯하다. 배우자와의 상호 작용이 양과 질 측면에서 떨어지기 때문이다. 대신에 가장 적절해 보이는 것은 돌봄 모형이다. 노년의 관계와 치매를 앓고 있는 배우자와의 관계는 함께 공유하는 시간과 활동이 제한적이고 다양하지 않은 듯하지만 여전히 사랑이며 친밀한 관계일 수 있다. 그러므로 아픈 사람이 이전만큼 사랑의 관계에 기여할 수 없더라도 그들의 사랑의 관계는 이전의 관계에서 이어진다. 이는 대화 모형과 양립되는 관점이다.

| 맺음말 |

∞

노년의 낭만적 시야는 축소된다는 말이 맞다. 정말 감정적으로도, 수적으로도 가능성이 거의 없다. 그래서 많은 사람이 자발적으로 안전한 구역에 머물며 새로운 관계를 시작하지 않고 아무것도 하지 않아도 저절로 생기는 관계를 기대하지 않는다.

하라 에스트로프 마라노Hara Estroff Marano, 심리학자

외도는 곱게 늙지 않겠다는 결단이다.

캐서린 하킴Catherine Hakim, 사회학자

인생 후반부는 깊이 있는 사랑의 조각보여서 가장 최고였던 상황 일부와 가장 거대했던 장애물 일부를 동시에 보여준다. 시간은 깊이를 양성한다. 그렇기에 건강한 관계의 낭만적 상대들은 수십 년간의 경험을 축적한 뒤 그 바탕 위에 인생 후반부를 함께 쌓아가며 깊이 연

결된다. 때문에 노년에 배우자의 사별 이후 이 유대감을 잘라내는 것은 매우 어려울 수 있다. 사랑하는 사람의 죽음이 계기가 되어 이제 사랑을 완전히 포기하고자 하는 유혹이 있을 수 있다. 하지만 사랑은 행복과 번영에 생명과도 같기에 적절한 새 관계를 찾는 것이 중요하며, 그 관계의 유형과 타이밍은 사람마다 다르다.

인생에 거의 처음으로 배우자가 생을 마감하고 홀로 남은 사람이 새로운 사랑을 시작하는 시점에는 독특한 문제들이 불거진다. 미망인은 죽은 배우자를 이상화하려는 경향을 보일 뿐 아니라 배우자에 대한 깊은 사랑이 영원할 수도 있어서 새로운 사랑을 만들어갈 때 혼란스러운 감정을 처리하기가 쉽지 않다. 이 시기에 이전의 배우자를 잊거나 다른 사람으로 대체하려고 노력해도 되는지에 대한 질문은 새로운 관계를 시작하는 것을 더욱 복잡하게 만든다.

게다가 노년의 사랑에 놓인 장애물에 치매가 더해지면 특수한 문제와 질문들이 등장한다. 치매는 의사소통, 섹스, 돌봄, 우정, 호혜성과 사랑 등 깊고 의미 있는 상호 작용과 경험이라는 낭만적 연결성의 치명적인 부분에 종잡을 수 없이 영향을 미치기 때문이다. 개인의 경험들이 저마다 크게 다르겠지만 치매는 일관적으로 서로 관계를 맺고 상호 작용하는 방식에 변화를 일으킨다. 치매는 제한적이긴 해도 깊은 사랑의 장애물이 아니며, 새로운 유형의 관계에 상당한 적응을 필요로 한다.

인생 후반부의 감정적 경험은 흥분보다는 평온함으로 표현되는 것 같다. 평온함과 흥분 모두가 낭만적 관계에 중요하듯 이 둘은 이

것 아니면 저것의 문제가 아니라 집중할 것을 선택하는 문제다.

사랑의 장애물은 삶의 과정 곳곳에 흩어져 있다. 노년은 연인들이 관계에 건설적으로 참여할 능력을 재조정할 수 있다. 치매라는 상황에서 사랑을 유지하려면 엄청난 희생이 요구된다. 그런 희생이 관계와 개인의 행복에 미칠 영향을 진지하게 고민해보아야 한다. 이것이 우리가 깊은 낭만적 관계를 유지하는 데 필요한 전체성을 지켜나가는 방식이다.

다양성과
유연성

**Greater Diversity
and Flexibility**

오늘날 연인들이 마주하는 복잡한 과제는 크게 두 가지로 정리된다. 첫째로 오래 지속되는 깊은 사랑의 여정에서 난관을 극복하는 것이고, 둘째로 낭만적 규범을 일부일처 관계에서 조금 더 유연하게 만드는 것이다.

먼저, 현실의 상황이라는 굴레를 고려하지 않으면서 사람들이 원하는 것을 진심으로 표현하는 미혼자들의 태도를 검토해보려 한다. 그들은 대부분 오래 지속되는 깊은 사랑의 관계를 전통적 가치에 기반해 고수하면서도 여전히 짧고 다양한 성관계를 동경한다. 다음으로는 폴리아모리의 특성과 가능성을 살펴본 뒤에, 자기 연인에게 애인이 있어도 행복할 수 있는지의 문제를 들여다보겠다.

| 미혼자가 진짜로 원하는 것은? |

∞

결혼은 새장 같다. 바깥세상의 새들은 새장 안으로 들어오고 싶어 안달인데
새장 안의 새들은 나가고 싶어 견디지 못하는 모양이다.

미셸 드 몽테뉴Michel De Montaigne, 16세기 프랑스 철학자

많은 기혼자가 가벼운 관계를 즐길 수 있는 미혼자의 상대적으로 큰
낭만적 자유를 부러워한다. 그렇다면 미혼자들도 오래 지속되는 진
지한 관계를 가진 기혼자들을 부러워할까? 생물인류학자 헬렌 피셔
Helen Fisher는 세계 최대 온라인 데이트 사이트 매치Match에서 미국의
미혼 인구에 대한 여덟 번째 연간 설문 조사(2018)를 실시했는데 이는
놀라운 사회적 추세를 보여주었다.

진지한 관계 추구

∞

내게는 법칙이 하나 있는데 섹스할 때 상대의 얼굴을 절대 보지 않는 거예요.
그 이유는 무엇보다 내가 그 남자를 알게 되면 안 돼서랍니다.

로라 카이트링거Laura Kightlinger, 영화배우

오랜 시간 만남을 유지하려는 의도로 진지한 낭만적 관계를 이룬다
는 것은 중요하고 깊은 관계를 위하여 자신의 낭만적 자유를 상당히
포기한다는 의미다. 그러나 인상적이게도 매치에서 진행된 설문 조
사에서는 오늘날 미혼자들의 69퍼센트가 진지한 관계를 추구하고 있
다는 결과가 나왔다.

설문 조사에 따르면 미국 내 미혼자들은 진지한 관계에 대한 바람을 실현하기 위해 '가벼운 외출, 프렌즈 위드 베네핏, 공식적인 첫 데이트'라는 세 가지 계획을 이용한다. 모든 계획은 시간의 투자가 필요하며 진지함의 정도에 따라 각각 다른 메시지를 보내야 한다는 법칙이 적용된다.

가벼운 외출에서는 섹스를 하지 않으며, 이를 공식적인 첫 데이트라고 하지도 않는다. 이런 유형의 관계는 진지함의 정도가 가장 낮지만 상대에게 어느 정도의 진지함은 보여준다는 행동의 법칙이 적용된다. 그래서 많은 사람이 가벼운 외출 시에는 공식적인 첫 데이트 때에 비해, 만나는 날짜를 물어보고 계산 시 각자 지불하며 친밀한 신체 접근은 빠르지 않아야 하는 등 상대적으로 넓은 범위의 행동이 적절하다고 믿는다.

프렌즈 위드 베네핏은 가벼운 외출보다는 더 진지하다. 실제로 이 관계에 속한 사람들 중 절반 가까이가 헌신된 관계로 전환한다. 그리고 프렌즈 위드 베네핏 관계를 맺고 있는 사람들은 대부분 조사에서 성적인 이익보다 우정이 더욱 중요하다고 응답했다.

공식적인 첫 데이트의 경험은 갈수록 인기를 끌고(이 조사에 참여한 미혼자의 절반가량은 이런 데이트 경험이 있었다) 중요하게 여겨지고 있다. 그래서 많은 사람이 상대에게 2~3일 전 미리 데이트 신청을 하고, 패스트푸드점이 아니라 근사한 식당에 가며, 뺨이나 입술에 가볍게 입 맞추면서 완벽하게 데이트를 마무리하는 행동을 한다.

짧고 다양한 성관계를 추구하는 것

∞

내가 문란한가 생각했지만 나는 그저 철두철미한 것이었다.
러셀 브랜드Russell Brand, 바람둥이로 유명한 영국 방송인

미혼자들은 진지한 낭만적 관계를 찾는 동시에 다양하고 짧은 유형의 피상적인 성적 관계를 경험한다. 그래서 다수의 미혼자들, 남성에 비해 더 많은 여성이 여러 사람과 동시에 데이트를 즐긴다. 그뿐만 아니라 이성애자 미혼자들은 대부분 쓰리썸에 개방적이며, 4분의 1이 로봇과 섹스를 해본 경험이 있고, 거의 절반은 바람 피우는 것을 고려해본 것으로 파악된다.

매우 흥미로운 한 조사 결과에 따르면 미혼 남성과 여성 모두 60대 중반에 가장 만족도가 높은 섹스를 한다. 이는 좋은 섹스가 젊을 때 주로 경험하는 피상적 새로움에서만 나오는 것이 아니라 깊은 친밀감도 필요로 한다는 점을 시사한다. 그러나 똑같은 상대와의 헌신된 관계에서 즐기는 섹스가 노년의 섹스 중 가장 좋다는 의미는 아니다. 오히려 앞서 언급했던 '허니문 천장 효과'는 결혼 생활의 질적 수준이 결혼 초기, 혹은 결혼 이전보다 높아지는 경우가 드물다는 점을 시사한다.[1]

매치의 설문 조사에 따르면 프렌즈 위드 베네핏 관계를 경험했던 사람 중 미혼자들은 대부분 현재 만나고 있는 섹스 상대를 상대에게 모두 공개해야 한다고 생각한다. 낭만적 유연성을 향한 개방적 태도가 더욱 커진 이유는 낭만적으로 유연한 사회의 수용 범위가 넓어

졌기 때문이며, 그 유연성은 더 이상 숨길 수도 없게끔 다양하고 흔한 경험으로 표현된다.

미혼자가 진짜 원하는 것은 무엇인가?

∞

나는 너무 똑똑하고 너무 요구가 많으며 가진 것도 많아서 아무나 나를 완전히 책임질 수 없다. 아무도 나를 완벽하게 이해하지도 사랑하지도 못한다. 내게는 나 자신뿐이다.

시몬 드 보부아르, 작가·사상가

오늘날 낭만적 환경에 넘쳐나는 매력적인 선택지의 수는 모두에게, 특히 미혼자들에게 도전이 된다. 외부 관찰자의 입장에서 원하는 것은 무엇이든, 언제라도 가질 수 있는 환경은 모든 사랑의 주체에게 천국이며 몽정이다. 그러나 더 주의 깊게 들여다보면 낭만의 상태에 무언가 썩은 것이 나타난다. 제한 없는 유연성과 안정성 없는 변화는 수많은 골칫거리를 낳는다.

미혼자들이 진짜 원하는 것은 성적 다양성과 깊이의 결합이다. 그들은 진지하고 의미 있는 관계는 물론 다양한 성적 만남을 모두 갖고 싶어 한다. 가능한 일일까? 현대 사회에서는 쉽지 않다. 성적 다양성에서 깊이를 분리해버린 대중에게는 그런 규범이 용인되지 않는다. 사람들은 성적 다양성과 깊이가 양립할 수 없으며 동시에 추구해서는 안 된다고 느낀다. 따라서 처음에 성적 다양성을 취하던 사람들은 성적 식탁에서 먹을 수 있는 만큼 최대한 먹은 다음, 그만 멈추고

서 진지한 관계의 단계로 들어간다. 하지만 대부분의 사람들이 두 가지 단계를 같이 지속하고 싶어 하기에 이 과정을 받아들이기 힘들어한다. 마치 결혼하기를 원하지만 죽고 싶지는 않아 하며, 단지 숨 쉬는 것이 아니라 살아 있기를 원하는 것과 같다.

오늘날 미혼자들을 비롯한 사람들은 자신의 모순된 욕망이 복잡하다는 것을 알고 있다. 한편으로는 장기적으로 지속될 깊고 진지한 관계에 대한 오랜 꿈을 꾼다. 그리고 그 꿈을 이루기 위해 시간을 들여 다양한 상호 작용을 통해 서로를 알아갈 전술을 개발한다. 그러면서도 다른 한편으로는 여러 사람과 데이트하기나 쓰리썸, 심지어 로봇 섹스에 이르기까지 다양하고 짧은 성관계를 원한다.

| 일부일처제의 가치 누그러뜨리기 |

∞

나는 애인을 다른 영양소라고 생각한다. 성인 여성에게는 미네랄이 부가적으로 필요하듯 나는 아직 아름답고 매력적이기 때문에 애인이 필요하다. 내 뼈를 위한 칼슘과 크롬, 아연 등 … 이 모든 영양소를 규칙적인 식사에서 공급받을 수 없으므로 나는 음식과 함께 보조제를 먹어야 한다.

기혼 여성

러브버드라고 불리는 모란앵무는 암수가 같은 새장에 함께 갇혀 있는 한 자신의 짝에게 100퍼센트 헌신적이다.

윌 커피|Will Cuppy, 유머 작가

일부일처제, 즉 한 사람과만 결혼하고 그 사람하고만 성관계를 맺는 제도는 오래 지속되는 낭만적 사랑으로 가는 가장 좋은 길로 여겨진다. 전통적 일부일처제의 주요한 가정은 배우자가 전적으로 낭만적 욕구, 특히 성욕을 채워줘야 한다는 것이다. 일부일처제가 아닌 관계들은 합의 과정을 거칠 수도, 아닐 수도 있다. 합의하지 않은 비非일부일처제 관계에는 불륜 행위가 만연한다. 합의하에 이루어진 비일부일처제의 두 가지 유형으로는 부부가 관계 외부에서 성관계를 추구하는 개방적인 성적 관계, 그리고 사랑의 관계나 헌신된 관계를 동시다발적으로 유지하는 폴리아모리가 있다. 첫 번째 유형에는 부부가 서로 다른 성적 상대를 가지는 스윙swinging도 포함된다. 이 유형들 간의 차이는 분명하지는 않지만 여기서는 일부일처제의 가치를 훼손하는 연속체에 대하여 이야기하려 한다.

유연한 성행위의 유행은 낭만적 혹은 성적 배타성의 문제를 다루는 방법이 죽기 혹은 살기 식의 신성한 전쟁을 벌여 맞서는 것이 아님을 시사한다. 그러나 낭만적 배타성을 조금 더 유연하게 하는 방법을 찾는 것은 여전히 제한적이다. 이런 유연성의 주요 특징은 결혼이 모든 욕구를 충족시켜주리라는 기대를 접는 것이다.

비록 특정한 한계가 있더라도 부부들은 정절이라는 개념을 조금 더 유연하게 하는 다양한 관계 법칙에 합의함으로써 엄격한 배타성을 완화할 수 있다. 이런 합의에는 오럴섹스와 일회성 섹스, 출장 섹스, 폰섹스, 심지어 정신적 불륜 등을 허용하는 '마음대로 해' 법칙 같은 것이 포함된다. 다른 유사한 법칙으로는 '무조건 전부 고백하기, 모르면 신경 안 씀, 사랑 외에 전부 허용, 섹스 그 이상은 없음, 침대 밖에서 커플 행세 금지, 허리 위로는 바람이 아니다' 등이 있다.[2] 이와 같은 합의들 안에서는 고정관념을 깨는 자유로운 행동이 규범적 행동을 심각하게 위반하는 것이 아니다.

갈수록 사회는 폭넓은 다양성과 유연성에 맞추어 실제적인 낭만적 행동에서의 사회 규범을 조정하고 있다. 많은 부부가 이제는 서로 타인과의 낭만적 관계에 더 큰 자유를 허용한다. 물론 여러 사회에서 혼외정사를 여전히 허용하지 않는 것도 사실이다. 하지만 범칙자들이라고 비난하고 배척하기보다는 가볍게 비판 정도만 하는 경향이 늘고 있다. 실제로 '외도'extramarital affairs라는 말은 '간통'adultery이나 '배신'betrayal 같은 매우 부정적인 용어보다는 조금 더 중립적으로 묘사되며, 이에 대해 어떤 사람들은 '평행 관계'parallel relationship라는 용어를 사용한다.

비교적 더 유연한 유형의 낭만적 배타성을 위한 다양한 방침은 배타성보다 고유성의 가치를 더 끌어올린다. 배타성은 단단한 경계를 세우는 부정적 용어지만, 고유성은 이상적인 것을 기념하는 긍정적 용어다. 배타성에서 고유성으로 주안점이 이동한 것은 피상적인 '안정지향적' 수준에서 깊이 있는 '성취지향적' 가치로의 전환을 의미한다. 즉 사랑의 기저가 전환된 것이다. 사랑하는 사람의 행동을 통제하려는 부정적 요구에서 사랑하는 사람의 고유한 가치를 보는 긍정적 특징으로 말이다. 낭만적 사랑은 이런 두 가지 특징을 모두 포함하지만 고유성이 훨씬 더 중요하다.[3]

비교적 최근까지 성적인 영역은 결혼으로 제한되었다(주로 여성에게). 오늘날 섹스는 결혼 이전과 이후의 가벼운 관계에서도 허용된다. 성의 혁명이 함락하지 못한 유일한 요새는 배우자 이외의 다른 사람과 성관계를 갖는 것이 금지된 기혼자들이다. 기혼자들은 다른 사람과 성행위 외에는 대부분의 일을 함께해도 되는 것처럼 보인다. 미래에는 기혼자들도 파티에 참여하여 결혼이라는 헌신된 체제 바깥에서 성욕을 채우는 날이 올까? 결혼이라는 경계는 깊이 있는 도덕적 혹은 심리적 경계인가? 아니면 오히려 조지 버나드 쇼의 다채로운 말처럼 "기혼자들의 노동조합"인가? 다른 노동조합과 다르지 않게 기혼자들의 노동조합도 견고한 경계를 세우는 데만 머무르려 한다. 그런데 결국 그런 경계가 사람들을 행복하게 하는가? 쇼는 모순적 표현의 말을 던졌다. "죄수가 감옥에서 행복하다면 왜 계속 가둬놓는가? 행복하지 않다면 그는 왜 행복한 척하는가?"[4]

하킴은 다소 도발적인 방향을 취하며 "오래 지속되는 결혼과 혼외정사가 행복을 위한 최고의 조합법"이라고 주장했다. 영국의 높은 이혼율은 "철저한 금욕주의자들인 앵글로색슨족의 간통을 용서하지 못하는 태도" 때문이라면서 신중하게 맺는 혼외정사도 나름의 가치를 지니는 평행 관계라고 여기는 프랑스(그리고 그렇게 심하지는 않지만 이탈리아와 일본)의 전통을 옹호했다. 하킴은 성공적 외도가 아무에게도 상처를 주지 않고 양쪽 모두 행복하게 할 수 있다고 믿는다. 앵글로색슨의 전통은 일부일처제와 높은 이혼율로 이어지지만, 프랑스 전통에서 외도는 간단하게 무시되며 결혼은 오래 지속된다. 하킴은 결혼이 비교적 유연한 관계고 배우자들이 결혼 생활 밖에서 친구나 애인을 찾기도 하는 프랑스의 전통을 극찬했다. 이런 전통은 배우자들이 언제나, 독점적으로 서로의 욕구를 모두 채워주어야만 한다는 일반적 가정을 거부한다. 그러나 당황스러운 상황을 피하려면 외도는 '매우 신중하게' 해야 한다.[5]

나는 외도를 금지하는 것이 단지 외부적이고 사회 구조에 좌우되는 문제라고 생각하지 않는다. 외도는 편파적이고 개인적인 감정의 본성과 긴밀하게 연관되기 때문이다. 그러나 외도를 금지하는 강도는 비교적 유연한 사회적 환경에서 점점 더 약해지고 있다.

| 동시에 두 사람을 사랑하는 폴리아모리 |

∞

내게 한 명의 여자는 너무 과분하고 두 명은 너무 적다.

볼프 비어만Wolf Biermann, 가수

폴리아모리 관계는 많은 사람의 생물심리사회적 욕구에 딱 맞는다고 생각해요! 내 경우에는 남편이 나를 성적으로 거의 만족시켜주지 못하지만 애인은 아주 대단하거든요. 둘 다 가질 수 있다면 이상적일 거예요. 나는 애인을 한 사람으로서 깊이 좋아하고 남편도 사랑합니다.

기혼 여성

일부일처제 낭만적 관계는 다양성에서 오는 낭만적 강도와 한 사람과의 연결성에 의한 낭만적 깊이 사이의 교환 협정을 포함한다. 이 협정은 하나가 증가하면 다른 하나는 필연적으로 감소한다는 전제에 기초한다. 이 전제가 옳은 것일까? 비非일부일처제 관계는 낭만적 강도와 깊이를 모두 제공할 수 있는가?[6]

합의하에 이루어진 비일부일처제

∞

결혼의 굴레는 너무 무거워서 둘, 혹은 어떤 때는 셋이 져야 한다.

헤라클레이토스, 고대 그리스 사상가

결혼 생활을 단단하게 하는 것은 느슨한 고삐다.

존 스티븐슨John Stevenson

합의하에 이루어진 비일부일처제의 맛은 다양하다. 대표 유형으로는 성적 개방혼과 폴리아모리가 있으며 그 두 유형을 기반으로 여러 변형 유형이 존재한다. 두 유형의 관계와 그에 따른 변형들은 각각 다른 방식으로 열려 있다.

성적으로 개방적인 관계는 섹스에 초점을 맞추는데, 폴리아모리는 조금 더 포괄적이면서 낭만적 욕구도 포함한다. 성적 개방혼에서는 부부 중 한 사람 혹은 두 사람 모두 관계 바깥에서 성적 경험을 찾는 데 비해 폴리아모리에서는 성적 상호 작용을 포함하여 친밀한 사랑의 관계를 추가로 욕망한다. 합의하에 이루어진 비일부일처제는 간통, 즉 기혼자가 배우자 이외의 다른 사람과 하는 섹스는 용인하지만 배우자 혹은 다른 성적 상대에게 불성실한 상태에서의 행위인 불륜은 용인하지 않는다.

성적으로 개방적인 관계에서는 주요 관계와 부차적 관계가 있음을 발견하기 쉽다. 폴리아모리에서도 관계의 계급이 존재하기는 하지만 그렇게 분명하지 않다. 성적으로 개방적인 관계에서 주요 관심사는 주요한 관계의 상대가 아니라 다른 사람들과 성관계를 맺는 것이며, 폴리아모리의 주요 관심사는 주요 관계 안으로 부차적 관계를 끌고 들어오는 것이다. 각 상대의 삶에 관여하는 정도는 때에 따라 다르다. 따라서 성적 개방혼의 형태는 주로 스윙으로 부부가 다른 성적 상대를 갖는 것이고 이는 스윙을 목적으로 모인 사교 모임에서 주로 일어난다. 폴리아모리의 어떤 형태는 부차적 관계의 사람과 함께 살지 않지만 또 다른 형태에서는 폴리아모리에 관련된 모든 사람들이 활동을 공유하기도 한다.

성적 개방혼의 기본 입장은 근본적으로 결혼 생활은 좋으나 성욕이 감퇴한다는 점이 가장 첨예한 문제로, 새로운 성적 상대를 통해 문제를 해결할 수 있다고 본다. 폴리아모리에서의 기본 입장은 더욱 급진적이다. 성욕 감퇴가 문제라는 점에 동의하지만 한 사람이 전체적인 낭만적 욕구와 다른 중요한 필요를 채워줄 수 있다는 가정이 더 큰 문제라고 여겨진다. 그래서 단지 성적 상대를 한두 명 추가하는 데 만족할 수 없기에 적어도 다른 낭만적 상대, 물론 성욕까지 채워줄 수 있는 사람을 더 필요로 한다. 이는 일부일처제 결혼의 관점에서는 무척 과감한 변화다.

개방혼과 폴리아모리의 경계는 불투명하다. 어떤 폴리아모리 방식에서는 한 사람이, 혹은 두 사람 모두가 한 명 이상의 애인과 관계를 맺으며 애인들을 자주 다른 사람으로 대체하기도 한다. 성적 개방혼에도 성적 상대와의 관계가 몇 달, 심지어 몇 년까지 지속되는 경우들이 있다.

폴리아모리의 깊이를 고려하여 폴리아모리를 지향하는 사람들,

특히 여성들은 자기에게 접근하는 모든 남자와 잘 준비가 되어 있는 사람으로 치부되기도 하지만 그럴 때 그들은 모욕감을 느낄 수 있다. 폴리아모리를 지향하는 사람들은 사랑에 빠진 사람하고만 잔다. 비록 그들이 다른 사람과 사랑에 빠지지 않으려고 하는 상황에서도 자신에게 사랑을 허용하기 때문에 금방 사랑에 빠지는 것 같지만 말이다. 게다가 부차적 관계들은 주요한 관계보다 어떤 행위나 헌신의 요구가 적으므로 2차 상대는 더 많은 인원이 가능하다. 뿐만 아니라 폴리아모리 여성은 대체로 섹스에 더욱 긍정적 태도를 보인다.

폴리아모리와 복잡성

∞

애인은 내게 깊은 사랑과 이전에는 경험해보지 못했던 특별한 성적 만족을 줍니다. 그렇지만 함께 두 아이를 키우고 있는 남편과의 사랑의 관계도 오래도록 행복하게 지속되기를 나는 희망해요.

기혼 폴리아모리 여성

나는 그녀를 소유하고 싶지 않아요. 하지만 그녀가 양다리를 걸치게 할 수는 없죠. 셋은 우리에게 너무 많으니 그녀는 나와 떠나든지 아니면 그와 머물든지 할 거예요.

루퍼트 홈스Rupert Holmes, 가수

앞서 낭만적 관계의 지속과 깊이의 복잡성이 중요함을 강조했었다. 폴리아모리는 우리가 논의했던 다양성과 양가감정, 행동의 복잡성이라는 문제에서 일부일처제보다 더욱 복잡하다. 그러므로 다양한 사람들과 다중 낭만적 관계를 맺는 것은 더욱 많은 감정을 일으키며(감정 다양성), 서로 다른 이익에서 생기는 감정적 갈등이 커질 가능성이 많아지고(양가감정), 광범위한 행동 전략이 요구된다(행동의 복합성).[7]

일부일처제 체제에서는 다수의 사람들이 낭만적 태도나 성욕을 진정시키고 약화하며 돌려보내려는 데 비해, 폴리아모리 사람들은 그런 태도와 욕구를 관계 안으로 수용하려고 한다. 폴리아모리는 배우자의 일부 욕구를 위해 일종의 외부 자원을 활용함으로써 전통적인 낭만적 관계를 보완하려고 한다. 한마디로 폴리아모리는 한 사람이 상대의 모든 낭만적 욕구를 채울 수 있다는 흔한 낭만적 이상을 거부한다.

폴리아모리는 (대부분 성적인) 정절에 대한 간단한 개념을 감정적 개방성, 정직, 낭만적 규범으로서의 솔직함, 지속적인 다정함 표현 등과 같은 복잡한 개념으로 대체한다. 일부일처제 관계는 암묵적 계약의 고정된 형태와 같아서 성적 혹은 낭만적 태도를 침해하는 것으로부터 보호받아야 한다. 이와 대조적으로 폴리아모리 관계는 그런 감정을 받아들이는 것을 목표로 하는 협상과 재협상의 끊임없는 과정으로 이해할 수 있다.

폴리아모리에서 낭만적 복잡성을 처리하는 일반적 방식은 1차-2차 모형을 차용하는 것이다. 1차 관계와 2차 관계 사이의 차이점은 함께 보내는 시간, 물리적 동거, 자녀 양육, 그리고 재정 등에서 나타난다.

1차 관계보다 더 새로운 2차 관계는 더 큰 낭만적 강도를 즐길 수 있지만 1차 상대는 앞서 살펴본 측면에서 2차 상대들보다 더 많은 권리와 의무를 진다. 주로 1차 상대가 자녀들과 관계되어 있기 때문이다. 이런 맥락에서 1차 상대는 사업 지분도 더 많이 가진다. 다른 관계에서 1차 상대일 수 있는 2차 상대는 존중과 배려를 받을 권리가 있으나 갈등이 발생하면 보통 1차 상대가 우선권을 가진다. 하지만 이것도 절대적이지 않다. 그래서 시간이 지날수록 2차 관계가 1차 관계로, 혹은 공동 1차 관계의 형태로 진화할 수 있으며 1차−2차의 모형이 존재하지 않거나 적어도 불분명해지는 경우가 생길 수 있다.

여기에 또 다른 유형으로 원나잇 스탠드 같은 단순한 섹스 상대를 의미하는 3차 관계가 추가될 수 있다. 성적 상대들에게 권리나 헌신이 있다 한들 매우 적고 어떤 폴리아모리의 경우에는 1차나 2차 상대에게 굳이 알리지 않기도 한다. 어떤 폴리아모리 기혼 여성은 "건조한 기간이 정말 길었다"고 표현하며 "거의 1년 동안 3차 애인이 없었다"고 말했다.

폴리아모리 관계는 감정의 복잡성을 생산적으로 맞서는 데 필요한 개인의 역량과 사회적 구조를 향상시킨다. 이는 낭만적 강도와 관련된 폴리아모리 체제의 장점과 연결되어 폴리아모리가 시간이 지날수록 쾌락 적응에 더 잘 대처하게 하는 위치에 있음을 보증한다. 그런데 폴리아모리가 낭만적 강도를 유지하는 방식으로 감정의 복잡성을 조절할 수 있다는 사실에 동의한다면, 그런 관계가 낭만적으로 깊이 있을 수 있겠는가?

사랑을 너무 얄팍하게 펼치는 것과
사랑의 마음을 확장하는 것

∞

하나의 촛불로 수천 개의 촛불을 밝힐 수 있지만 그런다고 그 촛불의 수명이
짧아지지 않을 것이다. 행복은 절대 나눔으로 줄어들지 않는다.

석가모니

마음은 무언가로 채워지는 상자 같은 것이 아니야. 더 많이 사랑할수록 크기
가 커지는 거야.

영화 「그녀」의 인공지능 사만다

열 명의 남자가 문 앞에서 나를 기다린다고요? 한 명은 집으로 돌려보내세요,
나 피곤해요.

메이 웨스트, 영화배우·희곡작가

폴리아모리를 향한 주요 비판은 사랑을 너무 얇게 퍼뜨린다는 것이
다. 이에 답변하자면 사랑은 석가모니가 말했듯 "나눔으로 절대 줄어
들지 않는" 행복과 비교할 수 있을 것이다. 같은 의미로 마음은 더 많
이 사랑할수록 크기가 확장될 수 있다. 사랑을 펼치는 것은 양이 한
정된 버터를 바르는 것과 같을까, 아니면 행복이 확장되는 것과 같을
까? 전자는 근본적으로 제로섬 게임을 포함하는 자원의 경쟁이나 대
비 모형을, 후자는 자원의 확장 및 추가 모형을 상정한다. 두 주장 모
두가 타당한 면이 있다.

두 사람 혹은 그 이상을 사랑하는 것이 그들을 각각 '더 얄팍하게'
사랑한다는 의미일까? 만약 사랑이 버터처럼 양이 고정되어 있다면
두 명의 애인에게 사랑을 펼쳤을 때 필연적으로 그들이 각각 받게 될

사랑의 양은 줄어들 것이다. 사랑은 시간, 노력, 재정적 자원, 감정의 유용성 등의 투자를 많이 요구한다. 이 모든 것은 한정되어 있고, 시간 같은 것들은 양까지 고정되어 있다. 이런 의미에서 사랑은 버터와 같다. 너무 얇게 펼쳐져서 발전의 시간이나 다른 한정된 자원을 필요로 하는 낭만적 깊이를 얻고자 기대할 수 없다. 사실 두 사람을 동시에 사랑한다고 할 때 우리는 대표적으로 얄팍함을 떠올린다. 두 사람에게 사랑을 펼친다면 각각에게 적은 사랑이 갈 수밖에 없다. 이런 상황에서 겪는 어려움은 우리에게 너무 적은 버터나 사랑이 있다는 점이 아니라 너무 많은 빵이나 애인이 있다는 점이다.

여기서 점점 더 흥미로워진다. 사랑은 에너지가 한정된 실체가 아니라 "사용하지 않으면 잃는다"는 말처럼 사용하면 할수록 점점 더 긍정적 에너지를 만들어내는 능력이다. 그러므로 (수많은 사랑 노래에서처럼) 누군가에게 나를 위해 사랑을 아껴서 남겨두라고 부탁하는 것은 의미가 없다. 우리는 지금은 섹스를 하고 싶지 않다는 의미로, 혹은 할 수 없다는 의미로 성욕의 '포화 상태'를 이야기할 수는 있어도 지금은 사랑할 수 없다는 의미로 사랑의 '포화 상태'를 말할 수는 없다.

사랑이 줄어든다는 생각을 다루는 주요 방식은 낭만적 에너지가 버터와 달리 양이 한정적이지 않으며 성장할 가능성이 있음을 주장하는 것이다. 이는 하나의 초로 수천 개의 심지에 불을 붙이듯 행복을 공유하는 것과 같다.

마음의 크기를 확장하는 것에는 몇몇 가지 기본 심리적 능력이 포함될 수 있다. 첫째는 긍정적 감정의 수용력을 넓히는 것이고, 둘째는 자기의 본성을 확장하는 것이며, 셋째는 관용을 베풀 수 있는 능력이다.

심리학자 바바라 프레드릭슨Barbara Fredrickson은 영향력 있는 본인의 확장과 수립 이론을 통해 "행복이나 사랑 같은 긍정적 감정은 사람들이 순간적인 생각-행동의 레퍼토리를 확장하고 나아가 신체적·지적 능력에서 사회적·심리적 능력에 이르기까지 개인의 자원들을 지속적으로 수립해가도록 한다"고 주장했다. 또한 긍정적 감정은 단순히 행복의 신호가 아니며 행복을 생산한다고도 했다. 긍정적 감정은 그 자체로 목적이 될 뿐 아니라 심리적 성장을 도모하고 시간이 지날수록 우리의 행복을 개선해주는 수단이기에 가치 있다.[8]

마음을 성장하게 하는 또 다른 능력은 자기 확장이다. '자기 확장 모형'self-expansion model은 우리가 타인과의 관계를 통해 자신을 확장하도록 설계되었다고 간주한다. 그 이유는 관계를 통해 우리가 타인의 자원과 관점을 자신 안에서 혼합할 수 있기 때문이다. 시간이 지날수록, 그리고 대인 관계를 많이 맺을수록 사람들은 이전에는 이용할 수 없었던 자원과 관점을 내면화하여 '확장'될 수 있다.[9]

긍정적 감정의 수용력을 넓히는 것과 자기 본성을 확장하는 것은 여러 사랑의 관계에 참여함으로써 본인의 마음을 확장할 수 있다는 전후 관계를 폴리아모리가 어떻게 설명하는지 이해하는 것과 매우 높은 연관이 있다. 폴리아모리는 최대한으로 자기를 확장하는 낭만적 삶의 형태다.

누군가는 사랑이 확장되는 본성은 특정한 낭만적 활동의 포괄적인 방식 때문이 아니냐고 주장할 수 있다. 그러나 모든 의미 있는 낭만적 활동을 두 사람만의 친밀감 때문에 해야 하는 것은 아니다. 예를 들어 대화나 산책 등은 두 사람 이상과도 할 수 있으며 그런 활동의 영향은 다른 사람들에게 확장된다.

우리의 마음을 확장하는 또 다른 능력은 관용의 능력이다. 두 사람을 사랑하는 것은 일종의 낭만적 관용으로 설명될 수 있는데, 이는 다른 종류의 관용처럼 상대의 행복을 높인다. 관용은 순조로운 결혼 관계를 위해서 필수적이고 긍정적인 뼈대다. 한 사람에서 두 사람으로 낭만적 관용을 늘리는 것은 원리적으로 마음을 확장하면서 기분까지 좋아지게 할 수 있다.

정리하자면, 폴리아모리를 향한 중점적 비판, 즉 폴리아모리는 사랑을 너무 얄팍하게 퍼뜨린다는 혐의는 많은 상황 속에서 사실무근이다. 그렇다고 폴리아모리가 명백하게 모든 상황에 적합하다는 의미는 아니다. 그러나 그 나름의 어려움이 있는 것도 사실이다.

폴리아모리 관계의 질적 수준

∞

나는 동시에 다양한 사람을 사랑할 권리와 나의 왕자님을 자주 바꿀 권리가 있다.

아나이스 닌Anais Nin, 문학가

폴리아모리는 성적 개방 관계보다 더 나빠요. 더 나은 배우자를 찾기 위한 허용이며 순전한 탐욕이거든요.

기혼 남성과 불륜 관계인 기혼 여성

폴리아모리가 낭만적 관계의 질을 높이는가? 낭만적 사랑은 낭만적 강도나 깊이, 관계의 지속 기간 등과 같은 다양한 요인으로 결정되기에 그 크기와 깊이를 측정하기란 쉽지 않다. 나는 이런 요인의 결합에 '낭만적 견고성'이라는 명칭을 붙였다. 문제는 폴리아모리가 낭만적 견고성을 향상시키는지에 대한 것이다.

두 사람을 동시에 사랑하는 것은 변화와 새로움에 달린 낭만적 강도를 분명히 높여준다. 새로운 상대를 만날 때 가장 분명하게 나타나는 높은 강도를 '새로운 관계 에너지' 단계라고 한다. 이 단계에서는 새로운 연인에 빠져 일종의 열병을 앓게 되고 마치 세상이 자신들에게 열려 있는 듯 모든 것이 아름다워 보인다. 사람들은 자신의 일과 대인 관계에 더욱더 창의적이며 열정적이다.[10]

그러나 추가적인 새로운 에너지는 균등하지 않게 분배된다. 새로운 애인은 현재 애인이 지금까지 받던 양을 줄이는 방식으로 성적 에너지의 가장 큰 몫을 분배받는다. 더 많은 버터가 있어도 현재의 상대는 조금밖에 받을 수 없을지 모른다. 게다가 열병이 생긴 경우에 새로운 관계 에너지의 지속은 상대적으로 짧다. 그 뒤 제한된 낭만적 에너지의 문제가 점점 더 심해진다.

폴리아모리와 낭만적 깊이 사이의 관계는 다면적이다. 깊은 사랑은 질 높은 시간을 많이 투자해야 하기 때문이다. 시간은 감정적 강도를 낮추는 데 비해 낭만적 깊이를 높인다. 따라서 낭만적 상대를 여러 명 두는 것은 각각의 상대와 좋은 시간을 보내는 양을 상당히 줄인다고 보는 것이 당연하다. 그럼에도 불구하고 폴리아모리는 낭만적 깊이의 기저를 이루는 복잡성을 증가시킨다. 복잡한 상황에서 살아가려면 다른 상대들에 대한 깊은 이해가 필요하다. 따라서 폴리아모리와 감정적 깊이가 상호 배타적이라는 생각은 오산이다. 폴리아모리 관계는 한 명 이상의 상대와 낭만적 관계를 맺음으로써 자기 확장의 지속적인 기회를 제공할 수 있다. 그러나 그런 양적 확장은 현재 관계의 질적 수준을 감소시킬 위험이 있다.

실증적 연구들을 통해서 다음과 같은 내용들이 증명된다. 일부일처제에 속한 사람들은 합의하에 이루어진 비일부일처제에 속한 사람들보다 성적 만족도와 오르가슴에 도달하는 비율이 약간 낮게 나타났다. 이런 결과는 폴리아모리와 스윙, 성적 개방혼 등의 모든 유형의 비일부일처제에 해당된다. 특히 일부일처제보다 스윙을 즐기는 사람들이 더 좋은 섹스를 더 많이 경험한다고 보고되었으며 그 차이가 작지 않고 상당했다. 일부일처제 사람들은 성관계에 불만족스러워하는 것이 아니라 그저 성적 만족도가 낮은 것으로 밝혀졌다. 그러나 조금 더 신중하게 접근하자면, 다양한 조사 집단 사이에 큰 차이가 있다고 증명할 만한 방대한 양의 경험적 증거가 있지 않다고 할 수 있다. 관계의 구조가 그 자체로 정신적·관계적 행복의 강력한 예측 변수는 아닌 듯하다. 합의하에 이루어진 비일부일처제도 일부일처제보다 높거나 낮은 만족도를 확실하게 드러내지는 않는 듯하다.[11]

개인의 자유는 폴리아모리라는 왕관의 보석과 같다. 폴리아모리 사람들은 미적지근한 낭만적 삶을 확대하고 돕기 위해 다른 낭만적 상대(들)을 추가할지 자유롭게 선택할 수 있기 때문이다. 그러나 자유에는 비용이 따른다. 1차·2차 관계를 관리하는 자유의 한계가 생기고 관계들은 자체적으로 규제가 있는 더욱 큰 망에 귀속된다. 규제들은 주로 선택받지 못한 2차 상대와 관련되어 있다. 마찬가지로 당신이 어떤 공동체에 살고 있다면 그곳은 당신의 삶 일부를 결정한다. 그곳에서 거래는 낭만적 자유의 확대와 자신의 삶을 경영하는 자유의 축소, 곧 사생활의 축소 사이에서 이루어진다. 낭만적 연결성의 깊이가 얕을 때, 예를 들어 성적 개방혼에서처럼 성적인 영역에만 제한될 때, 개인의 삶에 대한 규제는 거의 존재하지 않는다.

사생활의 문제도 개방성과 정직이 매우 큰 비중을 차지하는 폴리아모리 관계에 다소 중요하다. 전형적 관점은 사생활의 영역은 거의 남기지 않고 완전한 공유와 개방성을 요구한다. 폴리아모리 사람들이 취하는 보다 합리적인 태도는 사생활의 가치를 이해하고, 누군가를 다치게 할 때는 특히 완전한 공유와 개방성을 필수로 하지 않는 것이다.

이런 합리적인 태도에 기반하여 다른 상대와의 성관계를 모두 자세하게 보고하지 않아도 된다. 다른 상대와의 다툼도 그 관계를 해치지 않았다면 전부 말할 필요가 없다. 어떤 이들은 새로운 애인이 1차 상대가 아는 사람이 아니라면 밝히겠지만 그렇지 않으면 숨길 수도 있다. 또 어떤 이들은 원나잇 스탠드처럼 짧은 성관계는 보고조차 하지 않을 것이다. 한 기혼 폴리아모리 여성은 이렇게 말했다. "그 경험들은 짧고 내게 별로 중요하지 않아요. 그러니까 그 사람들로 내 남편을 불안하게 할 이유가 없어요."

폴리아모리 관계의 지속 기간

∞

다섯 명의 애인을 갖는 것이 내 꿈이에요. 그러나 남편이 허락하리라 생각지도 않고, 어쨌거나 나도 그 사람들을 모두 만날 시간이 없을 것 같아요. 세 명이 아마 최대로 가능한 숫자일 듯해요

기혼 폴리아모리 여성

폴리아모리 관계의 질적 수준은 일부일처제 관계보다 비슷하거나 약간 높은 경우가 있다는 것을 함께 알아보았다. 관계의 만족은 오래 지속되는 관계의 수명과 연관되기에 폴리아모리 관계가 적어도 일부일처제 관계만큼 지속될지 생각해봄 직하다. 정말 그럴까?

우리는 폴리아모리 1차 관계와 2차 관계의 지속 기간을 구분해야 한다. 폴리아모리 2차 관계의 수명은 일부일처제 관계뿐 아니라 1차 관계의 평균 수명보다 확연하게 짧은 것이 사실이다.

폴리아모리 사람들은 관계의 수명이 관계의 질보다 중요하지 않다고 여긴다. 관계의 수명에 다소 부정적인 폴리아모리 사람들의 태도는 관계가 언젠가는 끝나리라 예상하는 것, 쉽게 이별하는 것, 대체할 사람을 찾는 것 등 다양하게 표현된다. 이런 태도는 너무 쉽게 자기충족적 예언이 될 수 있다. 실제로 관계의 수명에 가치를 거의 두지 않는다면 관계의 구성원들은 만족이 채워지지 않는 관계에 머물려는 마음이 적어질 것이다.[12]

폴리아모리 관계에는 오래 지속되는 관계와 부정적으로 연결되는 특징들이 존재한다. 그중 두 가지는 당신이 선택하지 않은 사람,

예를 들면 당신의 1차·2차 상대의 상대를 존재론적으로 의존해야 한다는 점과 당신 자신을 차선책이라고 느낄 가능성이 증가한다는 점이다.[13] 새로운 상대와 관련된 엄청난 강도 조절, 수많은 예비 상대를 만날 때 느낄 '선택 피로'라는 잠재적 위험, 경쟁의 요구가 많은 삶에서 느낄 '연민 피로'의 위험, 사회적 낙인, 가정생활의 문제, 사생활 감소, 시기와 질투 금지처럼 실행 불가능한 폴리아모리 이상의 유혹에 넘어가지 않는 것 등 문제도 많다.[14] 폴리아모리 관계들의 평균 수명은 다른 관계보다 정말 더 짧은 듯하다.

2차 관계의 시간적 차원은 두 사람이 교제한 기간(보통 연 단위로 평가)뿐 아니라 실제 만남 빈도와 시간으로도 측정될 수 있다. 그래서 만남 횟수나 시간을 제한하고, 밤을 같이 보내거나 주말에 만나는 것을 금지하며, 1차 관계의 집에서 일을 치르기를 요구하는 것이 관례다. 이런 규제는 2차 관계 초기에 더욱 엄격하지만 이후에도 여전히 존재한다.

이런 규제들은 2차 관계가 낭만적 깊이와 강도를 발전시키기 더욱더 어렵게 만든다. 누군가는 이런 규제가 있어도 폴리아모리 사람들은 일부일처제 사람들보다 더 많은 자유를 얻는다고 말할지 모른다. 그 말도 사실이다. 하지만 이런 규제를 고집하는 것은 폴리아모리 관계에 지속적으로 긴장과 불안정, 질투가 존재한다는 사실을 보여준다.

관계에 노력하기

∞

당신이 무슨 일을 하든 나는 당신을 사랑해요. 그런데 그렇게나 많이 해야겠어요?

진 일슬리 클라크Jean Illsley Clarke, 상담가

사랑에 빠지는 것은 머물러 있는 것보다 쉽고, 우리는 사랑에 빠질 때보다 더 천천히 사랑에서 멀어진다. 사랑에 머물러 있는 것, 혹은 더 정확히 말해 사랑의 관계를 유지하는 것은 더 의식적인 노력이 필요하다. 대부분 모든 사람이 관계를 유지하기 위해 의식적으로 노력을 쏟지만 사랑의 관계를 살리려고 모두가 똑같이 투자해야 하는 것은 아니다.

나아가 작가 로라 키프니스Laura Kipnis는 우리에게 이렇게 말해주었다. "좋은 관계는 품이 들지만 불행히도 사랑에서 노력은 언제나 너무 과도한 노력이다. 열심이 항상 먹히지는 않는다. 에로틱하게 말하자면 즐기는 것이 먹힌다." 이에 덧붙여 키프니스는 "간통하려고 열심히 노력하는 사람은 없다"는 점도 언급했다.[15] 사랑이 일처럼 보인다면 당신은 적합한 일터에 있지 않은 것이다. 요즘에는 많은 직업이 성취감을 주며 내재적 가치를 지닌다. 그런 직업은 집을 청소하거나 값을 계산하는 등의 불쾌하고 기계적인 잡일을 한다는 전통적 의미의 '일'로 보기 어렵다. 우리는 사랑을 그런 종류의 불쾌한 일로 만들기를 원하지 않는다. 그러나 모든 낭만적 관계가 첫눈에 반하는 사랑으로 시작하지는 않으며 의미 있는 (항상은 아니지만 종종 즐거운) 작

업이 낭만적 관계에 필요하다.

폴리아모리 관계가 모두에게 맞는 것은 아니다. 그러나 어떤 사람들에게, 현재 미국에 있는 커플 중 5퍼센트에게는 폴리아모리가 최고의 해결책이다. 그렇다고 일부일처제의 가치를 폄하하는 것은 아니다. 그저 일부일처제 관계 외에 선택의 여지가 없는 것이 아니라는 점을 말하는 것이다.

│ 연인의 불륜 상대와 잘 지낼 수 있나요? │

∞

남편과 사랑에 빠진 여자들이 굉장히 평범하다는 말이 자신에게는 그리 좋게 들리지 않았다고 그녀는 말했다.
윌리엄 서머셋 모옴W. Somerset Maugham의 소설 『인생의 베일』

'컴퍼션'compersion은 연인이 다른 사람과 행복한 모습을 보고 행복을 느끼는 상태로 최근에 새로 만들어진 용어다. 그런 감정적 경험이 가능할까? 그것은 얼마나 깊은 감정일까?

다른 사람의 행운을 향한 감정적 태도

∞

우리는 종종 다른 사람의 행운을 자기의 진실한 평가와 상반되는 방식으로 평가하며 시기와 질투 같은 감정을 느낀다. 어떤 때는 두 평가가 하나로 모여 행복과 감탄이라는 감정이 되기도 한다.

시기심의 뿌리는 자신이 열등한 자리에 어울리지 않는다고 여기는 데 있다. 우리는 자존감을 해치는 이런 방식의 느낌을 부정적으로 평가한다. 또한 다른 사람에게 연인을 빼앗길까 봐 하는 두려움을 포함하는 질투도 상대의 행운을 부정적으로 평가한다. 그런 방식으로 연인을 잃는 것은 자존심을 산산조각 낼 수 있기 때문이다.

시기, 질투와는 다르게 '어떤 대상으로 인한 행복'과 감탄은 다른 사람의 행운에 대한 긍정적 평가를 포함한다. 어떤 사람들은 이것이 가능한지 의심한다. 철학자 장 자크 루소Jean-Jacques Rousseau는 아무도, 심지어 가장 친한 친구도 시기심 없이 행복을 공유할 수 없다고 했다. 우리에게 위협이 되지 않는 친구의 어려운 사정만이 너그러운 감정을 끌어낼 수 있다.[16] 현실을 잘 반영하는 듯한 루소의 생각은 누군가가 우리와 매우 가까워서 그의 성공을 우리의 것으로 여기고 우리의 자존감에 어떠한 위협도 주지 않는 상황에는 적용되지 않는다. 이는 '반사된 기쁨을 누리는 현상'으로 잘 알려져 있는데, 다른 사람의 기쁨이 우리에게 비추어져 우리의 자존감을 높이는 것이다. 우리는 이를 부모의 사랑이나 혹은 스포츠팬이 우승한 자기 팀에게 보내는 칭찬에서 종종 발견한다.[17]

낭만의 영역에서의 행복

∞

컴퍼션에 나타나는 감정적 태도는 새로운 감정이 아니라 '어떤 대상으로 인한 행복'이다. 이런 행복은 폴리아모리 관계에서 나타난다.

당신의 연인이 다른 사람과 행복한 것 때문에 낭만적으로 행복한 상태에는 개념상 모순이 없다. 하지만 그런 행복을 경험하기에는 다양한 감정적 장애물들이 있다. 폴리아모리 사상가들은 일반적이며 전제적인 사회 통념의 장애물을 우리가 바꿀 수 있고 바꾸어야 한다고 생각하는 경향이 있다. 사회와 문화가 우리의 감정에 영향을 미친다는 것은 의심의 여지가 없다. 그러나 우리의 감정적 레퍼토리가 다양한 시대와 사회를 지나오는 동안 지속되었다는 사실은 감정이 사회적 구조보다 더욱 깊이 있음을 시사한다. 나는 시기와 질투라는 흔한 감정이 전제적인 사회 구조가 아니라 오히려 깊은 심리적 태도라고 생각한다.

사람들이 질투보다 컴퍼션을 경험할 가능성이 높은 상황은 자존감과 연결된다. 어떤 폴리아모리 기혼 여성의 사례다. 몇 달 동안 보지 못했던 여성의 기혼자 애인이 여성을 만나기 위해 이 여성이 사는 나라를 방문했다가 그곳에서 다른 여성과도 성관계를 맺었다. 여성은 이를 알고 다음과 같은 반응을 보였다. "죽고 싶다고 느꼈어요. 두려움과 숨 막힘으로 일종의 마비 상태였고 칼이 심장을 찌르는 느낌이었어요." 이 여성은 애인이 자기 나라에서 다른 여성들과 관계할 때는 괜찮았지만 고작 며칠간 본인을 만나러 와서 그 귀중한 시간을 다른 사람과 나누어 보내자 너무나 큰 상처를 받았다. 이 가슴앓이 이후, 그들은 남성이 여성의 나라에 올 때 이 여성은 이 남성만 만나고 이 남성은 이 여성만 만난다는 원칙에 합의했다. 그리고 서로에게서 멀리 떨어져 있을 때는 원하는 것은 무엇이든 할 수 있었다.[18] 여기서 질투의 출현은 사회적 소산과 아무 관련이 없지만 개인의 자존감에 감정적 손상을 준다. 질투가 컴퍼션보다 우세하게 될지를 결정하는 여부는 개인의 자존감에 달려 있다는 것이 타당하다.

사랑의 열병 시기에는 컴퍼션보다 질투가 발생할 가능성이 더 높다는 폴리아모리 사람들의 증언에 의해 앞선 사례와 유사한 고찰이 명백해진다. 어떤 폴리아모리 학자는 이렇게 저술했다. 사랑의 열병은 "거의 일부일처제 단계다. 우리가 사랑하는 사람이 우리의 모든 선한 부분을 충족시켜주며 다른 사람과 그를 공유하고 싶은 마음도 그럴 능력도 없다."[19] 질투는 컴퍼션보다 새로운 상대를 향해 드러날 가능성이 더 높다. 실제로 내 배우자의 새 애인은 나의 고유성을 잃게 하는 가장 큰 위험이 된다. 여기서는 깊이를 강화하고 강도를 약화하는 시간이 매우 중요하다. 이는 2차 관계의 상대를 만나는 것에 확고한 시간 제한을 두기 위한 이유가 된다.

1차와 2차 상대 사이에 나타나는 차이는 상대적 가치를 줄이고 자존감을 보호하여 컴퍼션이 생겨날 가능성을 높인다. 사람들은 라이벌의 업적이 속한 영역이 자신의 자존감과 관련이 높은 영역일 때 질투 더 많아진다. 그래서 외모를 자신의 자존감으로 생각하는 여성은 배우자가 똑똑한 사람보다 예쁜 사람과 관계를 맺을 때 질투가 더 심하다.[20] 자기 애인을 만드는 것은 자존감에 상처를 입을 위험을 줄이기 때문에 배우자의 애인을 향한 질투를 줄여줄 수도 있다.

자신의 연인이 다른 사람과 만날 때 느끼는 행복을 대하는 주요한 태도를 세 가지로 구분해볼 수 있다. 첫째는 질투, 둘째는 별다른 감정 없는 수용이나 거부, 셋째는 컴퍼션이다. 질투가 가장 흔한 반응이지만, 컴퍼션은 특정한 상황에서만 발견할 수 있고 폴리아모리에서는 조금 더 일반적이다.

전통적 관계의 기혼 여성의 솔직한 고백을 들어보자. "남편이 애인을 찾는다면 나는 행복할 거예요. 내 젊은 애인이 또래 여성을 만난다고 해도 기쁠 거고요. 그렇지만 나와 깊은 사랑을 나누는 애인은 오롯이 내 것이었으면 좋겠어요. 어떤 이유든 간에 그는 내 유일한 진짜 사랑이라고 믿으니까요." 이 여성은 남편에게 마음을 쓰지만 두 사람 사이에 낭만적 사랑이 없으므로, 남편이 다른 애인을 만나면 자신도 다른 애인들을 만나기 쉬울 테니 행복할 것이다. 같은 맥락에서 그녀는 자신의 젊은 애인을 사랑하지만 그 사랑은 가끔 지루해지기도 하는 쾌락적인 성적 경험 이상으로 깊지 않다. 그래서 그녀는 애인이 또래 여성을 찾기를 권장한다. 한편 깊은 미래 관계의 가능성을 생각하는 (기혼) 애인과 관련하여 그녀는 그를 다른 누군가와 공유하는 것을 격렬히 반대한다. 그의 아내는 그의 삶에서 기정사실이기 때문에 제외하더라도 그가 또 다른 여성과 관계를 맺는다면 그녀는 매우 질투를 느낄 것이다.

폴리아모리 관계에 흔하게 나타나는 또 하나의 실제적 딜레마는 2차 관계의 성행위 장소와 관련된다. 어떤 여성은 남편이 자신과 자신의 애인의 집에서 섹스하는 것을 (아무도 없어도) 집을 더럽히는 행동이라고 주장하며 원하지 않는다고 말했다. 그 집은 본인 집이기도 하다며 아내는 반박했다. 그들에게 대안은 호텔로 가는 것인데 이는 손님이 되는 느낌도 들고 그 관계가 일시적이라는 특성을 강조하기 때문에 애인과 집에서 섹스하겠다는 아내의 요구는 합당해 보인다. 남편은 아내에게 자신과 관계하는 그 침대에서는 섹스를 하면 안 된다고 요구하는 것이 더 합리적이겠다. 아내와 애인과의 섹스는 집을 더럽힌다는 남편의 과격한 주장은 남편이 아내의 애인을 인정해도 그들 때문에 행복하지 않다는 점을 분명히 내포한다. 모든 미묘한 부분들이 남편이 아내의 애인을 받아들인다 해도 그 사실이 기쁘지 않고 질투를 느낄 때도 있음을 보여준다.

화가 프리다 칼로Frida Kahlo의 경우는 매우 흥미롭다. 칼로와 그녀의 남편인 화가 디에고 리베라Diego Rivera는 각자에게 수많은 애인이 있어도 서로에게 느끼는 그 거대한 사랑에는 영향을 미치지 않는다고 믿었다. 그러나 리베라가 아내의 여동생 크리스티나와 불륜 관계였음이 밝혀졌을 때 프리다는 엄청난 충격을 받고 1년 동안 그림을 그리지 못했다. 또한 리베라는 프리다가 다른 여성들과 만나는 것을 수용한다고 밝혔으나 아내가 다른 남자들과 자는 것을 탐탁지 않아 했다. 리베라와 칼로는 배타성이라는 규범을 사회적 소산으로 여기며 인정하지 않았지만 그럼에도 불구하고 그들은 상대적 관심이 자존감을 해칠 정도로 많아질 때 질투를 경험했다.

폴리아모리가 상대적 관심의 감소를 필요로 하지만 비교는 폴리아모리 관계에서 자연스럽기 때문에 그렇지 못할 때가 많다. 상대적 관심이 커지면 관계는 오래 지속되는 관계에 매우 중요한 특징인 평온함을 유지할 가능성이 적어진다. 더욱 큰 개방성이나 세심함, 논리적 추론, 자기 인식은 폴리아모리 관계에서 긴장을 줄이는 데 도움을 줄 수 있으나 그 긴장은 단순히 사회 구조일 뿐 아니라 진실한 감정이 기도 하다.

질투와 폴리아모리는 치명적 조합이다. 폴리아모리 관계에서는 질투를 없애거나 최소한 줄여야 한다. 다수의 폴리아모리 관계에서처럼 질투가 아예 없지는 않지만 질투의 강도는 감소하여 일반적인 낭만적 질투보다 덜 적대적인 행동을 이끄는 듯하다. 질투가 폴리아모리 관계에서 제거되지 않는다는 사실은 폴리아모리와 일부일처제 관계에서 컴퍼션의 존재가 주어진 관계의 구조 때문이라기보다 질투와 행복의 특성 때문임을 의미한다.

정리하자면 컴퍼션은 낭만적 상대가 침체된 관계의 근본적 어려움을 대처하게 하는 중요한 단계가 될 수 있다. 이런 경우에 컴퍼션의 경험이 다른 면에 해롭지 않다면 컴퍼션을 허용하고 권장해야 한다고 말하는 사람이 있을 수도 있겠다. 상대를 행복하게 하는 것은 깊은 사랑의 기초를 이루는 것이다.[21]

| 맺음말 |

∞

우리는 모두 여러 사람과 자는 것이 사람을 만나는 좋은 방법이라는 사실에 동의할 수 있다고 생각한다.

첼시 핸들러Chelsea Handler, 코미디언

나는 커피가 필요 없습니다. 내 사랑이 항상 나를 깨어 있게 하거든요.

기혼 남성

오늘날 낭만적 기회의 풍요로 사람들은 자신에게 주어진 낭만의 몫에 행복을 느끼기 어렵고 자신과 다른 몫을 가진 타인을 시기하기도 한다. 그래서 다수의 기혼자가 미혼자들의 낭만적 자유를 시기하는 것이다. 그러나 대부분의 미혼자는 진지한 관계를 추구하면서 동시에 낭만적·성적 다양성에 관심을 두고 있다.

현대 사회가 사랑에 접근하는 방식이 진화하면서 낭만적 배타성을 실질적으로는 유연하게, 하지만 제한을 두어 유지하는 방법을 비롯하여 배타성의 범위에 대한 중요한 질문이 점점 많아지고 있다. 사회 규범은 낭만적 사랑이 한 번에 한 사람에게만 향해야 하는 감정이라는 우리의 이해를 지배한다. 그러나 한 사람 이상을 동시에 사랑하는 것은 논리적으로 모순되지 않는다. 그래도 매우 큰 심리적 어려움들을 일으키는 것은 분명하다.

폴리아모리에서 이런 유형의 사랑이 받아들여지며, 폴리아모리 사람들 중에는 상대가 다른 사람을 사랑할 때 생기는 전형적 관념인 질투 대신 타인을 포함하여 사랑하는 사람의 행복과 만족의 근원을 고마워하는 이들이 있다. 이는 낭만적 타협에 대한 부담을 줄여줄 수 있다. 다양한 사람들이 관계의 기호나 특성에 따라 다양한 낭만적 역할을 차용할 수 있기 때문이다.

기존의 결혼 혹은 헌신된 관계에 제3자를 들이는 것은 그 사람에게 낭만적 상대를 빼앗길 수 있다는 두려움을 촉발하여 질투로 표현되는 불편한 감정을 낳는다. 그런데 때때로 관계에 제3자를 더하는 것은 기존 상대의 욕구에 더 잘 대응할 수 있게도 한다. 이런 사실은 관계의 추가가 명백한 폴리아모리 관계뿐 아니라 혼외정사 또한 해당된다.

성적 개방혼은 합의하에 이루어지는 비일부일처제 관계라는 점에서 폴리아모리와 유사하다. 하지만 개방혼은 추가적인 성적 경험에 초점을 맞추는 데 비해 폴리아모리 사람들은 친밀한 사랑의 관계(그 위에 성적 경험이 더해질 수 있음)가 추가되는 것을 원한다. 그러므로 폴리아모리는 개방혼보다 더욱 복합적이며 깊이 있다. 이 말은 개방혼보다 폴리아모리가 1차 관계에 미치는 영향이 더 유익하다는 뜻이 아니다. 그렇지 않은 경우도 많다.

낭만적 상대가 다른 사람에게서 얻는 행복이 자신의 행복을 이끌어내는 경우를 뜻하는 컴퍼션은 새로운 감정이 아니라 어떤 대상에게 느끼는 행복의 감정이다. 컴퍼션의 존재는 오늘날 폴리아모리가 더욱 많이 받아들여지고 있음을 시사한다.

The Arc of Love

How Our Romantic Lives Change over Time

새로운 낭만 축제의
균형 잡힌 식탁

A Balanced Diet Is
the New Romantic Feast

> 균형이란 매주 똑같은 일주일처럼 보이는 틀에 박힌 일상이라는 생각에 주의하길 바란다.
>
> 케빈 토만Kevin Thoman, 심리치료사
>
> 나는 반드시 평온한 사람과 만나야 한다.
>
> 프리다 핀토Freida Pinto, 영화배우

낭만적 다양성과 유연성이 확대되어가는 것과 동시에 낭만적 관계에 다소 놀라운 발전이 또 한 가지 있다. 바로 낭만적 깊이라는 존재의 증가다. 물론 격정적인 낭만적 경험도 중요하다는 데에는 의심의 여지가 없다.

그러나 분주한 사회는 피상적 쾌락을 우리에게 쏟아붓는다. 느리거나 심오하거나 나이 든 사람들은 이 빠른 속도에 희생되며 빠르고 깊이 없는 사람들이 우세해진다. 소셜 네트워크는 사람들 사이를 더 빠르지만 피상적으로 연결하여 낭만적 깊이를 약화시키고, 사회적 관계의 부족 때문이 아니라 의미 있고 깊이 있는 관계의 부족 때문에 생기는 외로움을 증가시킨다.

사람들의 수명이 늘어나고 사회가 피상적 경험을 점점 더 많이 제공하면서 낭만적 깊이의 가치는 더욱 커지게 되었다. 오늘날 우리가 행복을 업그레이드하기 위해 필요한 것은 다수의 짧고 신나는 경험이 아니라 오래 지속되는 견고한 낭만적 관계를 세우고 키워나가는 능력이다.

이번 장에서는 오래 지속되는 깊은 사랑이 우리의 오늘을 행복하게 하는 데 도움이 될 만한 내용을 생각해보려 한다. 이런 발상이 낭만적 이데올로기에 깔린 엄격한 관념을 바꾸어줄 것이다. 전통적 시각에서는 우리가 염원할 수 있는 이상향으로서 지표의 가치를 지닌다고 여기지만 깊은 사랑을 가능하게 하는 조금 더 중재적인 관점에 보다 주안점을 두어야 한다.

보통 낭만적 사랑은 타협할 수 없는 극단적 태도로 엄청난 민감성과 높은 친밀감, 강렬한 흥분을 동반한다고 여겨진다. 여기서 주안점은 방어적이고 안정지향적이라는 사실이다. 나는 여기에 제한적이지만 확실한 무과심과 적당한 거리, 평온함을 포함하며 전후 상황을 고려하는 중용을 보충하자고 제언한다. 이런 관점에서 깊은 낭만적 사랑은 기본적으로 서로를 양성하는 태도다.

새로운 개념을 취하고 전통적 사고방식을 내버리자는 말이 아니다. 나는 더욱 균형 잡힌 식탁을 갖추려는 노력으로 새로운 것과 오래된 것을 알맞게 조화시키자는 제안을 하는 바다. 그렇게 된다면 우리는 새로운 낭만의 축제로 인도될 것이다.

| 격렬함이 아닌 부드러움이 새로운 낭만적 만족이다 |

∞

내가 덜 사랑할 수 있었다면 분명 지금 더 행복할 텐데.

필립 제임스 베일리Philip James Bailey, 시인

모든 것에 사로잡혀 있었던 헛된 어린 시절, 너무 예민하게 살면서 나는 인생
을 낭비했다.

아르튀르 랭보Arthur Rimbaud, 시인

지금부터 이따금 격렬하고 강렬한 낭만적 사랑의 경험은 매력적이고
자극이 되지만, 이는 낭만적 사랑이 지속할 수 있게 하는 것이 아님을
논하려 한다. 낭만적 깊이는 제한이 없으며 언제나 유익하다. 낭만적
깊이를 향상시키는 것이 가능하다는 사실을 고려하면, 여기서 중용
을 지키는 데 가장 중요한 것은 아주 멋진 사람이 아니더라도 적정하
게 깊은 관계를 이룰 기회가 있는 충분히 괜찮은 상대를 수용하는 능
력이다.

아리스토텔레스는 과도함, 너무 지나침을 추구하는 것은 나쁘다
고 했다. 대표적으로 강렬한 감정과 연관되는 과도함은 해로울 수 있
다. 또한 아리스토텔레스는 감정적 과도함뿐 아니라 부족함도 해롭
다고 여겼다. 너무 많은 것과 너무 적은 것, 둘 다 좋지 않다는 소리
다. 이상적 상황은 감정의 균형이다. 아리스토텔레스는 어떤 것의 진
정한 척도는 그것이 적절한지, 즉 주어진 상황에 어느 정도로 잘 어
울리는지라고도 했다. 젊은 사람들에게 적절한 낭만적 태도는 낭만
적 강도가 클지 모른다. 극단적으로 위험한 상황에서의 반응도 극단

적일 필요가 있겠다. 그런데 과도함의 문제가 거의 일어나지 않는 활동들도 있다. 중용의 원칙은 지적인 덕은 물론 적절함과 균형이 가장 우선시되는 도덕적인 덕에도 적용된다.[1]

우리는 극단적인 낭만적 강도가 낭만적 깊이의 발전을 방해하지만 낭만적 깊이에는 과도함을 거의 찾아볼 수 없음을 살펴보았다. 그러나 낭만적 깊이는 정도의 문제며 높은 수준에는 도달하기 어렵기 때문에 사랑하는 사람을 충분히 좋은 상대라고 생각한다면 사랑을 하는 주체의 태도는 중용을 지키는 것일 수 있다.

깊고 오랜 사랑의 장점은 우리의 낭만적·개인적 행복의 측면에서 매우 분명하다. 유다이모니아가 여기서 관련 있다. 아리스토텔레스는 인간의 행복(유다이모니아)에서 가장 중요한 요인으로 깊은 내재적 활동을 꼽지만 도구적 활동의 중요성도 인정한다. 인간의 행복은 피상적 쾌락이 일시적으로 있는 상태가 아니다. 오히려 인간의 타고난 능력을 발휘하는 더 오랜 기간을 말한다.

그렇다면 장기적으로 볼 때 강렬한 낭만적 사랑보다 온건한 낭만적 사랑이 우리에게 더 좋다는 말인가? 나는 이따금 격렬하고 강렬한 낭만적 사랑의 경험이 매력적이고 자극이 되지만 이는 시간이 지나도 낭만적 사랑이 지속하게 하는 것은 아니라고 믿는다. 깊이와 내재성과 성장이 결합된 낭만적 사랑의 온건한 유형은 행복한 사랑을 오래도록 유지하는 것이다. 깊은 사랑에는 수많은 유익이 있으며 우리는 그런 사랑을 찾기를 포기하지 않도록 노력해야 한다. 그러나 깊은 사랑이 낭만적 강도를 포기하는 것을 의미하지 않는다. 오히려 그런 사랑은 평소보다는 높은, 온건한 정도의 강도를 늘 유지한다. 깊은 사랑은 가끔씩 일어나는 극단적 욕망을 제한하지만 아예 제거하지는 않는다.

부정적이든 긍정적이든 온건한 감정은 우리의 행복과 오래 지속되는 사랑에 필수다. 부드러움보다 격렬함이 있는 성적 활동을 바라는 것이 잘못은 아니다. 과도한 강도가 전체적인 낭만적 관계에 어두운 그림자를 드리울 때 걷잡을 수 없게 된다는 점이 문제다.

| 신중한 무관심이 새로운 낭만적 민감성이다 |

∞

우리도 지나치게 민감하고 작은 일에 과잉 반응하며 일을 너무 개인적으로 받아들임으로써 아픔과 고통을 가중시킬 때가 많다.
텐진 갸초Tenzin Gyatso, 14대 달라이 라마

느낌을 너무 많이 받아들이지 말라. 흔들리는 이 땅에서 지나치게 민감한 마음은 불행한 소유물이다.
요한 볼프강 본 괴테Johann Wolfgang Von Goethe, 문학가

민감성은 낭만의 무대에서 좋은 평판을 듣는다. 좋은 낭만적 관계에서 가장 중요한 기둥으로 여겨질 때도 많다. 분명 맞는 말이지만 너무 심한 낭만적 민감성은 관계에 과중한 부담을 줄 수 있다. 어느 관계에나 유용한 수준의 무관심은 특히 매력적인 낭만적 선택지들의 풍요에 대처할 때 유용하다.

심리학자 일레인 아론Elaine Aron은 "전체 인구의 20퍼센트 정도가 매우 민감한 사람들"이라고 이야기했다. 아론은 이런 사람들을 "미묘

한 점까지 알아차리고 깊이 생각하다가 쉽게 압도당한다"고 특징지었다. 그래서 매우 민감한 사람들이 사랑에 빠질 때 "만족을 얻기 위해 관계에 깊이를 더욱 많이 요구하고 상대의 결점이나 행동으로 인한 위협적인 결과를 더욱 많이 예상하며 더 깊이 생각하다가 조짐이라도 보이면 일이 어떻게 될지를 고민하는 경향이 있을 것이다." 매우 민감한 사람들은 다른 사람들보다 긍정적이든 부정적이든 환경의 영향에 더욱 민감하여 스트레스를 받기도 쉽거니와 감정 이입을 더 잘하는 경향이 있다.[2]

낭만적 민감성은 낭만적 상대뿐 아니라 낭만적 상대가 될 가능성이 있는 사람들에게까지 표현될 수 있다. 이런 민감성은 더 나은 낭만적 선택지를 끊임없이 찾게 만든다. 앞서 살펴보았듯 쓸모없는 경우가 허다한 이런 탐색은 우리를 자신에게 주어진 낭만의 몫에 만족하지 못하게 하여 오래 지속되는 견고한 사랑의 발전을 방해한다. 호기심은 어떤 기회도 놓치면 안 되니 들어오라며 우리를 유혹하는 모든 낭만적 열린 문에 민감해지게 한다. 모든 선택지를 누리려는 노력은 현재 맺고 있는 관계를 잃게 할 위험이 있다. 유혹의 문에 무관심하게 대처하여 열린 문들을 닫는 능력은 한정된 자원과 가치가 충돌하는 세계에서 어렵지만 꼭 필요하다. 사랑에는 엄청난 투자가 필요하다. 모든 낭만적 가능성에 민감한 것은 필요한 투자를 너무 얇게 퍼뜨릴 수 있다.

경제학자 댄 애리얼리Dan Ariely는 "사람들에게는 가능성을 너무 오랫동안 열어두다가 결국 터무니없는 길을 뒤쫓아 가게 되는 비이

성적 경향이 있다"고 말했다. 현대 사회에서 확장된 자유를 고려해볼 때 사람들은 "기회가 부족해서가 아니라 어지러울 정도로 너무 많아서 괴로워한다." 우리는 어떤 값을 치르더라도 삶의 모든 면면을 맛보고 경험하기를 원한다. 애리얼리는 우리가 자신을 너무 얇게 펼치고 있는 것을 꼬집었다. 이런 행동에서 생겨나는 또 다른 위험은 충분한 자원을 투자해도 살리지 못하는 가능성이 사라진다는 점이다. 그 사라지는 속도가 너무 느려서 우리에게는 보이지 않을지 모른다. 우리는 몇몇 가능성을 닫아야 하며, 그렇지 않으면 더 나은 가능성마저 살아남지 못할 것이라고 애리얼리는 제언했다. 너무 많은 가능성을 열어두는 데에는 대가가 따르며 그 대가는 선택에서 얻는 이익보다 더 높을 수도 있다.[3]

단순하게 생각하면, 인지적 민감성은 우리가 더욱 민감할수록 발견하는 관련 정보가 더욱더 많고 낭만적 관계가 더욱 좋아질 것이라는 점을 내포한다. 이 관점의 문제는 많은 지식이 항상 관계의 질을 높이지 않는다는 점이다. 때때로 낭만적 무지가 꽤나 유용할 수 있다. 그래서 프랑스 작가 라 로슈푸코는 다음처럼 주장했다. "우정뿐 아니라 사랑에서도 지식보다 무지가 행복에 더 많이 관여하는 경우가 흔하다."

낭만적 관계에는 낙관적 환상과 정확한 지식의 균형이 요구된다. 그러나 낭만적 무지는 제한된 상황과 특정한 사람들에게만 가치를 지닌다. 일반적으로 깊은 사랑은 "당신을 아는 것이 사랑하는 것"이라는 생각 위에 더욱 단단해진다. 왜냐하면 지식은 더 많이 이해하고 상대를 더 깊이 세심하게 배려하도록 돕기 때문이다. 그렇지만 개인적·상황적 차이도 존재한다. 더 많은 지식의 가치에 연인에게 있는 불쾌한 결점을 계속 곱씹는 것의 값어치는 포함되지 않는다. 해결할 수 없는 문제를 반추하는 것은 고통을 더할 뿐이다.

낭만적 민감성은 제한선 안에서 빛을 발한다. 모든 사람을 사랑할 수 없듯 사랑하는 사람의 모든 성격과 행동에 모두 같은 수준과 방식으로 민감하게 반응할 수 없다. 낭만적 민감성은 낭만적 행복과 가장 관련이 높고 가장 의미 있는 부분에 집중되어야 한다. 집중과 우선순위가 없으면 민감성은 독이 될 수 있다. 100원짜리를 100만 원처럼 다룬다면 민감성은 관련도 없고 파괴적이기까지 한 잡음으로 우리를 짓누를 것이다.

우리는 왜 상대의 행동에도 제한적 무관심을 발전시켜야 할까? 이는 신뢰의 문제다. 사랑하는 사람을 신뢰한다면 그의 사소한 결점이나 마뜩잖은 행동에 끊임없이 걱정할 가능성이 줄어들 것이다. 신뢰에는 어느 정도의 무관심, 즉 상대가 좋은 의도와 사랑으로 행동한다고 확신하는 태도가 필요하다. 분명히 신뢰는 쌓인다. 그러나 시도 때도 없이 신뢰를 시험해서는 안 된다. 완전히 혹은 거의 눈이 멀어 상대의 결점을 보지 못하면 안 되나 무겁지 않은 결점이라면 덜 민감해야 할 필요가 있다. 모든 것을 똑같이 중요하게 생각하면 삶을 제대로 살아낼 수 없으므로 우리는 우선순위를 두어야 한다. 어떤 문제에는 둔감하지만 또 다른 문제들에는 조금 더 민감하게 반응하는 법을 배워야 한다. 그렇지 않으면 정신 체계가 감당하지 못할 것이다.

우리는 왜 이별했을까?

사랑은 사랑하는 사람에게 민감한 태도를 포함한다. 그러나 너무 심한 민감성은 사랑을 망칠 수 있다. 무차별적 자유처럼 무차별적 민감성도 자신의 우선순위를 혼란스럽게 한다.

깊은 사랑의 주체들은 분별 있는 무관심을 발전시킨다는 연구 결과가 있다. 심리학자 가스 플레처Garth Fletcher와 연구진은 "매우 헌신된 관계에 있는 사람들은 미혼자들이나 관계에 헌신도가 낮은 사람들보다 매력적인 사람의 매력을 인식하는 정도가 낮은 경향이 있다"고 주장했다. 연구에서 낭만적 대안의 위협을 완화하기 위하여 헌신된 관계에 있는 사람들은 잠재적 상대들의 매력을 대단치 않게 생각했다. 연구진은 특정한 인지 편향(합리성에서 벗어난 판단을 내리는 패턴-옮긴이)이 새로운 짝 찾기 과정을 억제하고 이미 세워진 관계의 유대감을 강화하는 데 효과적으로 작용한다고 결론지었다.[4]

1930년대의 근사한 사랑 노래는 이렇게 흘러간다. "수백만 명의 사람이 지나가도 모두 시야에서 사라진다오. 나는 오직 당신을 향한 눈을 가지고 있기 때문이라오." 알 더빈Al Dubin이 쓴 이 가사는 훌륭한 낭만적 이상을 보여준다. 물론 헌신된 관계에 있는 사람들이 인지적 결함을 가지고 있지는 않지만(사랑을 하고 있는 사람들이 다른 낭만적 가능성을 보지 못하는 것은 아니다), 그들은 가치를 감정하는 중점의 전환을 지니고 있다(사랑을 하고 있는 사람들은 다른 가능성에 매력을 덜 느낀다). 깊은 낭만적 사랑은 다른 상대를 찾으려는 시도를 억제하나 다른 낭만적 선택의 욕망을 완전히 제거하지는 못한다.

정리하자면, 민감성은 감정의 전형적 특징이며 사랑에서 매우 중요한 역할을 한다. 사랑은 사랑하는 사람에게 민감하게 반응하는 것을 포함한다. 그러나 과도한 민감성, 혹은 무분별한 민감성은 우선순위의 규범적 질서를 분열시키기 때문에 사랑도 파괴할 수 있다. 그 질서를 충실히 지키려면 민감성뿐 아니라 선택적 무관심도 필요하다. 이는 흥미와 열정, 혹은 관심의 부재를 의미하는 냉담함을 말하는 것이 아니며 변화하기 위한 어떠한 노력이든 하지 말라는 뜻도 아니다. 신중한 무관심은 여전히 민감성을 지니지만 보다 더 깊은 가치에 의해 다듬어진 것이다. 오늘날 우리는 관계를 오래 지속하기 어렵게 하는 강렬하고 자극적인 가능성의 홍수에 살아간다. 매력적 가능성과 낭만적 상대의 결점과 실수에 대한 알맞은 무관심이 관계를 오래 유지할 수 있게 한다.

| 한정된 거리가 새로운 낭만적 가까움이다 |

∞

그러므로 함께, 하지만 너무 가깝지는 않게 서라. 사원의 기둥들이 서로 떨어져 서 있듯. 참나무와 삼나무는 서로의 그늘에서 자라지 않는다.

카릴 지브란Kahlil Gibran, 철학자

진정한 사랑에 아주 가까운 거리란 없으며 아주 먼 거리는 극복될 수 있다.

한스 나우웬스Hans Nouwens

연인과 시간적으로, 그리고 지리적으로 가까움은 낭만적 사랑의 중심이다. 이 중심성은 소울메이트인 두 사람이 하나로 합쳐진다는 개념과 이어진다. 그러나 우리는 잘못된 결합의 개념은 개인이 각자의 주체성을 누려야 하는 현실과 부딪친다는 사실을 살펴본 바 있다. 그래서 깊은 사랑에는 지리적·시간적 거리가 반드시 존재해야 한다. 그 거리의 특성은 무엇이며 거리란 정말 참을 수 없는 것인가?

거리와 가까움은 시간적 거리, 지리적 거리, 심리적 거리로 나누어 이야기해볼 수 있다. 세 유형 사이의 관계는 복잡하다. 여기서는 심리적 친밀함의 유형 중 하나인 낭만적 친밀함에 따른 시간적 거리와 지리적 거리의 영향을 주로 다루겠다.

시간적 거리: 사랑하는 사람과 항상 같이 있고 싶나요?

∞

유일하게 햇빛이 그리울 때는 눈이 오기 시작할 때다. 당신이 그녀를 사랑하는지 알 수 있는 유일한 때는 그녀를 떠나보낸 뒤다.

여행자

사랑하는 사람들은 시간적 거리에 대처할 수 있는가? 그러니까 그들은 기다림을 견딜 수 있는가? 인내는 어렵거나 당혹스러운 일을 만났을 때도 짜증이나 화를 내지 않고 기다림을 견뎌내는 능력을 포함한다. 열정은 흥분되거나 감정이 격한 상태와 감정을 강하게 느끼는 경향을 포함한다. 깊은 사랑을 하는 사람들은 끈기 있기도 하고 안달하기도 하는데, 깊은 사랑은 성욕의 흥분과 깊은 사랑의 평온함을 모두 포함하기 때문이다.

사랑 노래들에는 사랑하는 사람과 '항상', '내내' 함께 있고 싶어

하는 마음이 담겨 있다. 이런 마음은 두 가지 욕구로 표현될 수 있다. 첫째는 사랑하는 사람과 여생을 함께하고 싶어 하는 것, 둘째는 가능하면 많이, 매일 함께하고 싶은 것이다. 두 바람은 같지 않다. 누군가는 연인과 남은 생을 함께하고 싶지만 주말에만 만나는 것을 선호할 수도 있다. 두 유형의 바람의 기초를 이루는 필요조건은 무엇일까?

다른 사람과 여생을 함께하고 싶은 바람이 항상 깊은 사랑의 표현이지는 않다. 단지 자녀들의 좋은 아빠, 합리적 부양자, 혹은 훌륭한 성적 상대로서 그 사람과 안락한 삶을 공유하고 싶은 욕구가 반영되었을 수도 있다. 그러나 누군가와 매일, 가능하면 많은 시간을 함께 보내고 싶은 바람은 일종의 깊은 사랑을 의미하며 그 안에서 함께 있음 자체가 성취와 누림을 통해 내재적 가치를 지닌다. 사랑을 하고 있는 연인은 영화가 좋든 나쁘든 함께 보는 것 자체를 즐길 수 있다 (그 영화를 싫어하지 않는 이상!). 다른 사람들과 함께 활동하며 즐거운 시간을 보내는 중에도 사랑하는 사람과 함께 있고 싶어 하는 바람은 지속된다. 우리의 삶이 내적으로 누릴 수 있는 활동으로 가득 차면 한 종류의 활동이 다른 활동들을 가로막지 않으며 한 사람이 나의 모든 욕구를 채워줄 수 있다고 기대하는 것은 억지다.

깊은 사랑은 가능하면 매일 서로 함께 있기를 원하는 마음을 담고 있지만 개인의 공간을 만들어 오래도록 함께할 수 있게 하는 제한된 거리도 역시 필요하다.

일정한 거리를 둔 관계는 매일 붙어 있는 가까운 관계가 할 수 없는 일들을
진심으로 할 수 있다.

토머스 무어Thomas Moore, 18세기 아일랜드 시인

거리가 사람들 사이를 가르지 않는다. 사람들을 가르는 것은 침묵이다.

제프 후드Jeff Hood, 작가

사랑하는 사람들은 시간적 거리를 견딜 수 있음을 살펴보았는데, 과연 지리적 거리도 견딜 수 있을까? 물리적 가까움은 낭만적 사랑에 필수 요소로 여겨졌고 그래서 성관계가 가능했다. 게다가 과거에는 '하나뿐인 사랑'을 잠재적 상대들이 사는 곳에서 멀지 않은 곳에서 찾는 가능성이 높았다. 장거리 관계보다 자원과 노력이 많이 필요하지는 않았기 때문이다.

오늘날에는 점점 더 많은 낭만적 연인 또는 부부들이 지리적으로 서로 떨어져 살고 있다. 주말부부를 예로 들어보자. 주말부부는 결혼하고 관계를 유지할 의향이 있지만 직장이나 교육상의 요구, 맞벌이 때문에 따로 떨어져 사는 사람들의 관계를 일컫는다. 전화, 비디오, 메신저, 문자, 영상 통화, 이메일 같은 기술이 지리적 거리가 떨어져 있음에도 의미 있는 낭만적 관계를 끊임없이 지탱해줄 수 있는 직접적이고 즉각적인 의사소통을 가능하게 한다.

최근 많은 연구가 근거리보다 장거리 관계가 낭만적 연결성을 활성화하고 유지하는 데 더 크거나 유사한 가치가 있다는 결과를 내놓

았다. 장거리 관계의 연인이나 부부는 더 넓은 개인의 공간을 누리는데, 이로써 함께 있음의 행복뿐 아니라 개인의 행복까지 향상된다. 여러 연구에서 단거리보다 장거리 데이트의 의사소통이 더욱 친밀하고 긍정적이며 논쟁이 적음이 밝혀졌다. 친밀한 자기 개방을 포함하는 두 가지 전략, 개방성과 긍정성은 장거리 관계의 의사소통에서 자주 발견되며 관계에 안정성과 만족을 더해준다. 헌신과 신뢰는 모든 낭만적 관계에서 중요한데, 장거리 관계에서는 헌신을 위협하는 일들이 일어날 가능성이 높기에 훨씬 더 중요하다. 실제로 장거리 관계에서 외도의 비율은 보통의 결혼과 비슷하거나 더 낮다. 이혼율도 이와 비슷하다. 지리적으로 가까운 관계에서는 동거가 낭만적 관계의 핵심으로 여겨질지 모르지만 주말부부에게는 헌신적 태도가 동거보다 훨씬 중요하다.[5]

사이버 사회에서 지리적 거리의 부정적 측면이 일부 사라지고 있다. 따로 떨어져 사는 것이 한 지붕 아래 사는 것보다 오래 지속되는 깊은 사랑에 더 좋을 때도 있으며, 지리적 거리로 감정적 친밀감이 더욱 커지는 연인과 부부의 수 또한 늘어나고 있다. 그렇다면 우리는 (지리적) 거리가 새로운 (낭만적) 친밀감이라고 말할 수 있을까?

장거리 관계는 연인 사이에 상호 작용의 양이 제한되고 서로가 필요할 때 일정이 달라서 만나지 못하는 경우가 있을 수 있다. 이럴 때 장거리 관계의 연인들은 고통을 느끼고 자신의 관계를 완전히 만족스럽지 못하게 여기게 된다. 그런 연인들이 사소한 문제로 매일 상호 작용하는 것을 놓친다는 점이 특히 중요하다. 전화 통화나 온라인 의사소통을 자주 하는 것은 중요하나 부부 관계를 완벽하게 만족시키거나 충족시키기에는 부족하다.[6] 커뮤니케이션을 연구한 칼라 메이슨 버겐Karla Mason Bergen 교수에 따르면 주말부부 중 대부분의 아내들이 자신의 결혼 생활을 "세상에서 가장 좋다"고 했지만 일부는 "두 세계 사이에서 괴롭다"고 했다. 특히 독립적이면서 상호 의존적인 성향의 아내들이 "세상에서 가장 좋다"고 했으며 그들은 결혼 생활을 개인적 성취의 기회로 활용하며 온전하게 유지했다. 두 세계 사이에서 괴롭다는 일부 사람들은 자신의 삶이 각기 다른 환경에서 펼쳐지는 것을 그 원인으로 꼽았다.[7]

거리는 이상화를 실현하여 장거리 관계를 유지하는 사람들은 낙관적 태도나 낭만적 상대를 이상화하는 경향이 더욱 크다. 이는 자신의 관계를 부정확하게 평가하게 할 수 있다. 그래서 근거리 관계에 있는 사람들보다 주말부부들이 1년 안에 헤어질 가능성에 대해 덜 고민한다. 그러나 이별의 비율은 두 집단에서 비슷하게 나타났다. 이상화는 대개 자기충족적이고 결혼 생활의 질적 수준을 좋게 하는 긍정적 역할을 한다. 이는 장거리 부부의 결혼 생활의 질이 더 높은 경우를 설명하는 이유가 될 수 있다. 실제로 장거리 관계를 유지하다가 지리적으로 가까이 살기 시작한 사람들은 이제 서로 그리워하던 느낌과(한 여성이 "그를 그리워하던 것이 그리워요"라고 말했듯) 서로의 만남을 기대하던 때가 그립다고 이야기한다.[8]

오늘날 점점 더 많은 부부가 주말 관계를 시작하고 있으니 서로 떨어져 있는 시간은 많은 결혼을 파탄 내는 만큼 관계를 지켜주기도

할 것이다. 부부 사이에 적당한 물리적·감정적 거리를 찾는 것은 만족스러운 낭만적 관계에 필요하다. 거리에는 희생이 따르지만 서로 희망했던 거리는 다른 희생의 영향을 최소화할 수 있다. 많은 부부가 거리를 줄이는 방법을 고민하느라 바쁜 반면에 어떤 사람들은 개인적인 성취를 얻는 활동을 할 공간을 만들기 위해 거리를 늘리고 싶어 한다. 적절한 거리를 정하기는 쉽지 않지만 친밀한 관계를 유지하는 사람들이 지고 있는 무거운 부담을 덜어준다. 아, 사랑에는 공식이 없다.

환경상 거리가 생길 수밖에 없을 때는 실제로 이익이 생기기도 하지만, 관계를 위한다는 이유로 미연에 상대에게서 멀리 떨어지기로 결정하는 것은 대개 역효과를 낳는다. 그러나 모든 관계는 각자 어느 정도 개인의 공간을 가지는 것이 유익하다.

깊은 사랑이 있는 장거리 관계로 사람들이 유익을 얻는 현상이 늘고 있다. 그러므로 (지리적) 거리가 실제로 새로운 (낭만적) 친밀함이 될지 모르겠으나, 다른 낭만적 친밀함의 가치를 없애지는 않는 듯하다.

｜ 낭만적 연골의 필요성 ｜

∞

누군가에게 가까워질수록 두 사람 사이의 거리를 점점 더 참을 수 없게 된다.

티Tea

우리가 가까워지기 위해 거리가 필요한가요?

사라 제시카 파커Sarah Jessica Parker, 배우

지리적 근접성과 자주 대면하여 상호 작용을 나누는 것은 오래전부터 낭만적 관계를 활발하게 하는 데 필수로 여겨졌다. 그러나 너무 지나치게 가까움은 과유불급일 수 있다. 사랑과 오래 지속되는 낭만적 함께함에 필수인 부분은 개인의 행복에도 필수며, 우리는 혼자서도 자기표현의 활동을 많이 하고 있기 때문에 시간적·지리적 거리를 모두 깨끗하게 없애는 것은 오히려 해로울 수 있다.

연골은 신체의 결합 조직이다. 마찰로부터 뼈를 보호하고 지탱하므로 연골이 없으면 관절에 있는 뼈가 서로 맞부딪칠 것이다. 낭만적 거리는 연골과 유사하게 작용하는 일종의 충격 흡수제로 볼 수 있다. 과도한 근접성이 일으키는 마찰로부터 사랑을 보호하기 때문이다. 사람들은 가깝고 친밀한 관계에서 이와 같은 개인적 마찰을 줄이기 위해 다양하게 거리를 유지한다.

부부 관계 상담사들은 통일체라는 낭만적 이상과 대조적으로, 사랑하는 사람과 너무 많은 시간을 보내는 것은 사랑을 갉아먹을 수 있다고 경고한다.[9] 실제로 개인의 공간을 허용하는 일정 수준의 거리가 대인 관계에 중요해 보인다. 거리는 연인들이 관계의 깊이 있는 측면에 관심을 집중하고 피상적 측면은 외면하게 도울 수 있다. 시간적 거리로도 확장된 매우 큰 물리적 거리는 관계에 해로울 수 있겠지만 보다 한정적인 거리는 이로울 수 있다.

개인의 내면 중심에서는 약간의 거리를 원할 때도 있다. 이는 누군가의 영향이나 요구가 너무 심할 때 느끼는 감정과 연관이 있다. 심리학자 데브라 마셰크Debra Mashek와 미셸 셔만Michelle Sherman은 친밀함을 그렇게 원하지 않는 사람들이 자신의 경험을 묘사할 때 사용하는 강한 어휘의 목록을 작성했다. 여기에는 '새장에 갇힌, 조종당하는, 불균형의, 제재받는, 통합된, 벗어날 수 없는, 억압받는, 압도된, 소유의, 감금된, 제한된, 숨 막히는, 덫에 걸린' 등이 포함되었다. 이런 용어들은 자유를 침해할 뿐 아니라 극단적 영향이나 지배를 당한다는 느낌을 불러일으킨다. 실제로 사람들이 덜 친밀한 것을 원하는 가장 큰 원인은 개인의 통제와 정체성에 대한 위협이다. 마셰크와 서만이 인터뷰한 사람의 이야기를 들어보자. "7년 동안 저녁에 무엇을 먹을지부터 어디에 살지까지 모든 결정을 둘이 함께했어요. 그렇지만 이제 어떤 결정은 혼자 하고 싶어요. 내 인생 전부가 남편과 엮이는 것을 원하지 않아요."[10] 질문할 필요도 없이 주체성은 깊은 낭만적 사랑을 받쳐준다.

| 거리가 멀어질수록 더 애틋해지는가? |

∞

사랑에 있어서 상대의 부재는 불 앞에 나타난 바람이다. 작은 불은 꺼뜨리고 큰불은 타오르게 한다.

로저 드 라부틴Roger De Rabutin, 회고록 작가

"부재가 마음을 더 애틋하게 한다"는 유명한 문구가 있지만 가깝거나 먼 거리 모두가 마음을 더 애틋하게 할 수도 있고 어떤 사랑은 잊게 할 수도 있다.

부재라는 의미의 거리는 우리의 낭만적 관계에 일상적 관점을 더

해준다. 거리는 낭만이라는 촛불의 불꽃이 약하면 꺼뜨리고 강하면 불을 더 지필 수 있다. 그러므로 거리는 상처 난 마음을 회복할 수 있는 가장 좋은 방법이면서 동시에 머뭇거리는 마음을 재확인할 수 있는 괜찮은 방법이다. 같은 맥락에서 사람의 눈앞에 무언가 바짝 가까이 가져갔을 때 오히려 잘 볼 수 없듯 너무 지나친 친밀함은 사랑하는 사람의 장점을 보지 못하게 할 수 있다. 그러나 서로 가깝게 상호 작용한다는 의미에서의 친밀감은 낭만적 깊이를 향상시킬 수 있다.

결국, 핵심은 균형, 즉 거리감과 친밀함 사이의 시간이다.

| 역동적 평온함이 새로운 낭만적 흥분이다 |

∞

나는 내 안에서 꽃 피는 놀라운 평화로움을 발견하면서 새로운, 아주 새로운 사랑의 경이로움을 발견했다. 두려움의 파동과 스트레스 없이 모든 것이 고요하고 평온하다.

예후다 벤 지이브Yehuda Ben-Ze'ev

진정한 사랑은 강하고 충동적이며 불타오르는 열정이 아니다. 오히려 평온하고 깊은 요소로, 단순한 외형 너머를 보고 성품 자체에 매료되는 것이다. 현명하고 안목 있으며 진정한 사랑에의 헌신은 진실하고 변하지 않는다.

엘렌 화이트Ellen White

애인은 내게 평정을 가져다줍니다. 매우 흥분되는 성관계 도중에는 아니지만 전반적으로 평화로운 느낌을 전해주지요.

기혼 여성

감정은 변하기 너무 쉬워서 폭풍이나 불에 비유되기도 한다. 감정은 열정적 흥분과 자극으로 표현되는 불안하고 강렬한 상태가 될 수 있음을 살펴보았다. 감정은 상황을 확대하고 긴급해 보이게 만들어 빨리 자원을 동원하도록 우리를 부추긴다. 낭만적 사랑은 이 느낌과의 강한 공명을 지닌다. 맨하튼대학교 교수인 벳시 프리올뢰Betsy Prioleau가 주장했듯 "사랑은 잔잔한 물에 소금이 섞여가는 것이다. 사랑은 장애물과 역경에 각성되고 기습적으로 방해를 받아볼 필요가 있다." 그러므로 "먼저 주어진 것은 원했던 것이 아니다."[11]

이 내용은 짧고 격정적인 사랑의 관계에 대한 합리적 설명이었지만, 평온하나 역동적인 흥분에 기초한 오래 지속되는 깊은 사랑을 포함하는 관계에 대한 설명은 아니었다. 후자의 조합이 성취 가능할까?

독일 철학자 프리드리히 캄바르텔Friedrich Kambartel은 평온함은 우리의 통제를 벗어난 것들, 예를 들면 첫째로 삶에서 불변하는 조건들, 둘째로 다른 사람들, 셋째로 자신을 통제하려 노력하지 않는 것과 관련 있다고 보았다. 평온함은 우리 통제를 벗어난 사건의 과정이 삶의 의미에 영향을 미치지 않는다는 믿음을 포함한다. 캄바르텔은 나아가 우리는 평온함을 실천함으로써 자신의 통제를 벗어난 일들을 통제하려는 헛되고 한없는 부담을 내려놓는다고 했다.[12]

일상 용어로 평온함은 자극이나 흥분의 부재를 의미한다. 날씨가 평온하다고 말할 때는 폭풍이나 거센 바람, 거친 파도가 곧 일어날 것이라고 예상하지 않는다는 의미다. 그런데 이것이 내가 말하고자 하는 중요한 대목인데, 평온함이 긴장이나 자극, 고통처럼 부정적 요소들에서 분리되는 순간 긍정적 기쁨의 흥분으로 채워질 수 있다. 영화배우 줄리아 로버츠Julia Roberts는 이렇게 말했다. "내가 매력을 느끼는 종류의 에너지는 매우 평온합니다." 평온함에는 폭력적이거나 대립적인 활동이 없지만 그렇다고 행복을 확장하는 긍정적이고 깊은 활동들의 부재를 말하지 않는다. 흥미롭게도, 깊은 평온함은 내재적 힘과 연결되기 때문에 어떤 상황에서는 일종의 내적 무기로 인식될 수 있다(오스카 와일드가 "평온함만큼 약 오르는 것이 없다"고 이야기했던 것을 생각해보라).

감정과 기분에 대한 논의에서는 느낌 차원의 두 가지 기본 연속체, 즉 각성 연속체와 유쾌함 연속체가 서로 관련된다. 로버트 세이어Robert Thayer는 각성 연속체를 두 유형으로 나누었다. 하나는 활력에서 피곤까지의 범위고 다른 하나는 긴장에서 평온까지의 범위다. 범위를 지정하면 네 가지 상태, '평온-활력, 평온-피곤, 긴장-활력, 긴장-피곤'으로 구분된다. 각각의 상태는 유쾌함 연속체의 특정한 상태와 관계를 이룬다. 세이어는 평온-활력이 가장 유쾌한 상태고, 긴장-피곤이 가장 불쾌한 상태라고 평가했다.[13]

세이어는 많은 사람이 평온-활력과 긴장-활력 상태를 구분하지 못하며 이는 활력이 넘칠 때는 언제나 자신의 상황에 어느 정도 긴장이 존재한다고 믿기 때문이라고 분석했다. 그는 평온-활력이라는 개념이 다수의 서양인에게 생소하지만 동양인들에게는 꽤 익숙하다면서 스즈키 순류Shunryu Suzuki 선사의 말을 인용했다. "마음의 평온함은 당신이 활동을 멈추어야 한다는 의미가 아닙니다. 진정한 평온함은 활동 자체에서 발견되어야 합니다. 활동이 없을 때는 평온함을 유지하기 쉽지만 활동 중에도 평온함이 진짜 평온함입니다."[14] 이런 역동적인 평온함은 인간의 균형 잡힌 행복을 풍성하게 하는 의미 있는 내재적 활동에서 발견할 수 있다.

깊은 사랑은 두 사람이 함께 있을 때는 물론 각자의 행복을 추구하는 의미 있는 내재적 활동을 하는 동안 길러진다. 그런 사랑은 자신의 활동을 사랑하는 상대의 활동에 종속시키는 것이 아니라, 자신의 깊은 내재적 활동이 상대를 위한 활동, 상대와 함께하는 활동과 공존한다고 여기는 데서 싹튼다. 더욱이 그런 활동은 두 사람의 행복을 위한 목적으로 선별되어야 한다. 사랑이 깊을 때 낭만적 활동은 평온하지만 역동적일 수 있다. 낭만적 평온함은 사랑의 관계에 널리 퍼져 있는 깊은 신뢰와 연결되며 역동성은 사랑하는 사람들이 함께 공유하는 활동에서 나온다.

평온-활력 상태의 사랑은 낭만적 안정성의 딜레마를 해결할 수 있다. 이 딜레마는 흥분되면서도 안정적인 낭만적 관계를 이루고 싶은 평범한 욕구에 대한 것이다. 사랑하는 사람들은 낭만적 사랑이 흥분을 일으키면서도 역동적이기를 바란다. 온전히 살아 있음을 느끼고 싶어 한다. '결혼 후 연애'Married and Flirting라는 온라인 모임의 모토는 '결혼했지만 죽지는 않았다'이다. 그 모임은 구성원들이 다시 살아 있다고 느낄 것을 약속한다. 그러면서도 사람들은 자신의 낭만적 관계가 초기의 높은 강도를 유지하며 동시에 평온하고 안정적이기를 바란다.

이런 딜레마는 오래 지속되는 안정적인 관계가 정말 즐거울 수 있는지, '죽을 수밖에 없는' 운명인지에 대한 질문을 던진다. 그렇다면 낭만적 사랑이 활기를 띠려면 꼭 짧고 불안정해야 하는가? 이 책 전반에 걸쳐 이야기했듯 낭만적 강도와 깊이가 여기서도 핵심 주제가 된다. 낭만적 사랑이 오로지, 혹은 주로 강도로만 구성된다고 한다면 그 사랑은 역동적이면서 평온할 수 없다. 그러나 깊은 내재적 활동이 역동적이고 흥미로울 수 있다고 믿는다면 강렬한 사랑의 순간과 더불어 깊고 오래 지속되는 사랑도 생생하고 활기가 넘칠 수 있다. 평온함이 자기 목소리를 내려고 고함치지는 않지만 사랑과 삶에 이야기해줄 중요한 것을 품고 있음은 분명하다. 낭만적 마음에 가장 큰 영향을 미치는 것은 잔잔한 물일 때가 있다.

사랑하는 사람을 당연하게 생각하나요? 축하합니다!

∞

당연한 존재로 받아들여지는 것도 칭찬일 수 있다. 그것은 당신이 다른 누군가의 삶에 편안하고 믿을 만한 요소가 되었음을 의미한다.

조이스 브라더스Joyce Brothers, 심리학자

부부 관계 상담사들이 가장 좋아하는 말이 있다. 당신의 배우자를 당연하게 여기지 마십시오! 이 조언 안에는 지혜가 듬뿍 담겨 있다. 특히 낭만적 강도에 관련해서 말이다. 변화와 약간의 불확실성은 죽어가는 낭만의 불꽃에 부채질하는 것일 수 있다. 역으로 말해 현재 상황은 우리가 관계에 노력을 투자할 필요가 없다고 생각하게끔 우리를 기만한다. 하지만 사랑이 깊고 신뢰가 바탕이 되어 있을 때 상대를 당연히 여긴다는 의미의 더 깊은 측면이 수면으로 올라온다.

낭만적 강도가 특정한 수준의 얕음으로 나타나고 변화가 이 관계에서 특별한 위치를 차지한다고 생각해보자. 낭만적 강도와 변화가 주인공일 때 연인들은 성적 불꽃에 불을 지펴줄 또 다른 외부 자극을 더 많이 추구하느라 항상 기회를 보고 있다. 그러나 서로의 행복을 증진하는 낭만적 깊이의 관계는 깊은 신뢰를 필요로 한다. 관계를 입증할 만한 증거와 새로운 자극을 계속 물색하는 것은 이 신뢰를 갉아먹는다. 주변에 물어보면 많은 사람이 '사랑에 빠져 있다'는 경험을 상대에 대한 신뢰와 연결시킨다는 사실을 발견할 수 있다.

용어를 명확하게 정리해보자. 깊은 사랑에서 상대를 당연하게 여긴다고 할 때 이는 우리가 상대에게 무감각하다는 의미가 아니다. 오히려 상대가 우리를 떠나지 않게 할 방법을 고민하며 서성이지 않는 것을 뜻한다. 깊은 사랑에 깔린 신뢰는 위험에 영향을 받기는 하지만 기본 태도는 의심하지 않는 것이다. 상대를 당연하게 여긴다는 것은 반복적이고 지루한 활동을 하느라 수많은 시간을 허비한다는 말이 아니다. 낭만적 관계에는 변화가 필요하다. 이 역동성이 사랑하는 사람들끼리 정기적으로 공유할 수 있는 행복의 활동에서 나온다면 가장 좋다.

배신의 위험이 포함되어 있어도 신뢰는 기본적으로 상대를 향한 긍정적 태도며 상대의 신뢰성에 대해 낙관하는 마음이다.[15] 우리가 알고 있듯 생존의 문제일 때는 긍정적 특징보다 부정적 특징에 주목하는 것이 더욱 중요하다. 그러나 긍정적 특징을 적극적으로 찾으려는 태도도 장기적으로 볼 때 중요하다. 단기적으로 경계를 늦추지 않는 것은 상대가 실수하지 않도록 방지할 수는 있지만 장기적 '경계'는 관계를 펜싱 경기로 바꾸어놓는다.

정리하자면, 평온-활력 상태의 낭만적 경험은 안정적인 낭만적 관계가 지루하지 않음을 확신하게 해준다. 오래 지속되는 깊은 낭만적 관계에서 안정성은 역동적이고 자극이 되는 활동과 함께 간다. 사실 시간이 지나도 낭만적 사랑이 살아남을 수 있는 것은 두 사람이 평온함을 높이고 서로의 행복을 증진하는 깊은 내재적 활동에 참여할 때만 가능하다.

│ 양성이 새로운 낭만적 행실이다 │

∞

사랑을 하는 사람은 너무 많지만 충분한 사랑은 없죠, 요즘은.

크리스탈 게일Crystal Gayle, 컨트리 가수

오래 지속되는 견고한 사랑은 상호 간의 양성에 기초한다. 잠재적으로 더 나은 기회의 문을 닫아버리는 낭만적 타협과 달리 양성의 접근법은 사람들의 욕구와 능력에 더 잘 맞는 기회를 수반하며 사람들의 시야를 확장한다. 양성은 어떤 사람이 성장하고 발전하게 돕는 것으로 이해할 수 있다. 예를 들어 자녀를 기를 때 우리는 자녀들의 재능과 인내심, 우정을 양성해주려고 노력한다. 또한 우리는 친밀한 배우자와 자신을 양성할 수도 있다. 낭만적 사랑은 다른 사람에게 주는 행위가 많이 포함되어 있는데, 관계 안에서 행복을 느끼고 있는 사람이 가장 잘 줄 수 있다.

양성의 접근법에서 활동의 가치가 활동 자체 안에 존재하는 '내재적 활동'이 외적 목표를 지향하는 '외재적 활동'보다 앞선다. 내재적 활동은 상호 보완적인 경험을 포함하는 데 비해 외재적 활동은 타협과 더욱 잘 맞는다. 만족스러운 삶은 내재적 활동을 많이 포함한다. 내재적 활동에 참여하는 동안 우리는 행복해지고 조금 더 얻으려는, 혹은 상대를 바꾸려는 적극적 관심을 갖지 않는다. 개인의 성격은 시간이 지날수록 어느 정도 안정을 유지하기에 내재적 활동들은 시간이 지날수록 가치를 지켜서 우리의 장기적 행복을 향상시킬 가능성이 높다.

현대 사회는 빠르고 효율적인 외재적 활동에 보상을 주지만 내재적 활동이 모자란 것은 아니다. 그러므로 책을 읽거나 춤을 추거나 어떤 종류든 높은 성취감을 주는 일을 좋아하는 사람이라면 그 활동을 통해 끝없는 만족과 즐거움을 얻을 수 있다. 외재적 혹은 도구적 활동은 시간이 지날수록 지루해질 가능성이 높다. 우리는 외재적 활동을 그 자체로 가치 있다 여기지 않을 뿐더러 단지 활동을 수행함으로 얻고 싶어 하는 목표에 가치를 두기 때문이다. 따로 또 같이하는 내재적 활동의 가치를 인식하는 것은 낭만적 관계의 질에 매우 중요하다. 다른 사람의 관심사를 받아들이기만 하는 것은 불만족스럽게 끝날 가능성이 있다. 따라서 우리가 내재적 활동을 하고 있을 때 상대가 '소외당한다'고 느끼면 안 되며, 또한 우리는 자신만의 내재적 활동을 찾는 동시에 최소한 어느 정도의 활동은 상대와 함께하기 위해 노력해야 한다.

깊은 사랑은 이미 만들어진 외부적 산물을 간절히 바라기보다 지속적인 상호 간의 내재적 활동을 추구한다. 자기 파괴적인 성격을 지닌 전자는 즉각적이고 피상적인 쾌락을 줄 수 있지만, 스스로 순환하는 구조의 후자는 지속적이고 깊은 만족을 제공하여 타협의 욕구를 덜 일으킨다. 낭만적 관계가 자신을 보완하고 양성할 때 우리는 관계 안에서 타협해야 한다는 부담을 느끼지 않게 되며 오히려 그런 관계는 타인의 행복을 향상시킨다. 양성의 환경에는 금지하는 것보다 가능하게 하는 것이 더욱 많다. 마찬가지로 그런 관계에서는 고유성이 배타성보다 더 중요하다. 고유성을 추구하는 것은 자신과 타인의 양성을 중시하는 데 비해 배타성은 타인이 특정한 행동을 하지 못하게 막으려 한다.

물론 우리는 모두 타협 없는 세상에 살고 싶어 한다. 낭만의 영역에서 이 소망은 내재적 활동과 열정적인 섹스, 호혜성, 존경, 돌봄 등이 포함된 깊은 낭만적 관계를 찾는 것을 의미한다. 어떤 사람이든 건강하고 부유하고 행복한 것이 아프고 가난하고 불행한 것보다 낫다는 생각에 반박하지 못할 것이다. 문제는 완벽한 왕자, 혹은 그 비슷한 사람을 우리가 찾지 못할 때 어떻게 해야 하느냐이다. 이왕이면 그런 왕자를 찾아야 하는가? 낭만의 영역에서 '최고'를 얻을 수 없다면 모든 활동을 포기해야 하는가? 영원히 지속할 수 없다면 사랑에 빠지지 말아야 하는가? 어떤 타협이 그나마 덜 고통스러울까? 이런 질문에는 정해진 정답이 없다. 질문과 답변은 모두 제각각이다. 그래도 너무 꼭 맞는 신발처럼 극단적인 것만큼은 피해야 한다는 점을 우리는 알고 있다.

국제 사회와 사이버 사회에서는 점점 더 많은 사람이 낭만적 깊이를 찾는 일을 포기하고 간헐적이고 즉각적인 성적 강도에 만족하고 있다. 그러나 우리는 대부분 고요함과 신뢰라는 열매를 맺는 낭만적 깊이를 여전히 갈망한다. 낭만적 강도와 깊이를 결합하는 일이 이렇게 시급했던 적은 없다. 낭만적 기회의 풍요가 사랑 없이 사는 사람의 수를 줄여주기 때문에 우리는 사랑의 복귀를 목도할 수 있을 것이다.

┃ 한정된 유연성이 새로운 낭만적 안정성이다 ┃

∞

내 품에서 당신을 잃을 때가 있었어요. 그래요, 우리는 우리 침대에서 다른 사람들과 잤어요. 하지만 결국… 우리만의 특별한 능력은 향상시키지 않고 세월만 지났네요.

샤크 브렐Jacques Brel, 샹송 가수

부러지는 것보다 구부러지는 것이 낫다.

스코틀랜드 속담

깊은 사랑을 향한 우리의 여정 초반에서 변화가 감정을 발생시키는 데 결정적 역할을 한다는 점을 살펴보았다. 여기, 여정의 마지막 단계에 이르러 낭만적 영역에서의 유연성의 역할을 다시 한번 생각해보려 한다. 우리는 부러지지 않고 구부러지는 특성을 갖춘 유연성을 변해가는 상황에 맞게 변화하는 능력이라고 생각한다. 안정성은 낭만적 관계에서 매우 중요하며 특히 낭만적 깊이를 얻을 때 그렇다.

흥미롭게도 다양하고 역동적인 환경에서 우리가 낭만적 관계를 안정적으로 오래 지속하는 것은 유연성을 통해서다. 이 사실을 이해하기 위하여 먼저 일반 건강에서의 심리적 유연성의 가치를 생각해보자.

심리학자 토드 카쉬단Todd Kashdan과 조나단 로튼버그Rottenberg는 심리적 유연성과 안정성이 건강에 미치는 중요성을 논했다. 이 유연성은 광범위한 인간의 능력에 나타난다. 예를 들면 상황의 요구에 순응하는 것, 필요하면 행동의 우선순위를 수정하는 것, 중요한 삶의 영역에서 균형을 유지하는 것, 깊이 박힌 가치관에 맞는 행동에 기꺼이 전념하는 것 등, 이런 능력은 매일매일 삶의 도전들을 뚫고 나아가는 사람들의 역동적이고 요동치며 맥락에 따라 바뀌는 행동을 표현한다. 개인의 전후 사정에 대한 민감성의 부족을 일컫는 경직성은 정신병의 표시일 때도 있다. 카쉬단과 로튼버그는 "건강한 사람들은 자신을 둘러싼 불확실하고 예측 불가능한, 예외보다는 새로움과 변화가 기준인 이 세계에서 자신을 통제할 수 있다"고 주장했다. 심리적 유연성을 통해 우리는 우리의 무의식적 과정을 더 나은 방향으로 다듬을 수 있는 방법을 찾을 수 있다.[16]

행복한 삶에 필수적인 심리적 유연성은 낭만의 영역에서도 매우 중요하다. 이는 낭만적 행복이 전반적인 행복의 적잖은 필요조건이기 때문이다. 낭만적 유연성은 심리적 유연성의 반향이기도 하다. 상황의 요구에 순응하는 것, 우선순위를 수정하는 것, 삶과 사랑, 그리고 성욕 사이의 섬세한 균형을 유지하는 것 등의 메아리로 나타난다. 낭만적 안정성에 대해서도 경직된 규칙들을 구부리는 유연성이 낭만적 관계가 깨어지지 않게 막아줄 수 있다.

낭만적 경계선을 확실하게 긋는 것은 그 경계를 유지하는 것보다 쉽다. 비록 규범적 경계들이 우리의 행동을 지도하게 되어 있지만 현실은 좀 더 복잡하다. 이 점에서 지도와 세세한 규칙 사이의 구분이 적절하겠다. 지도는 세세하게 '160킬로미터 속도 이상 달리지 말라'는 식이 아닌, '안전하게 운전하라'는 식의 일반적인 안내를 한다. 안전 운전을 구성하는 요소들은 운전자의 능숙함이나 도로 상황 등처럼 다양한 요인에 따라 크게 달라질 수 있다.[17] 마찬가지로 개인적·상황적 특징에 따라 낭만적 행복을 구성하는 요소들도 크게 달라진다. 사람들은 무질서한 낭만적 환경에 대응하기 위해 구체적 원칙들을 사용하지만 행복하게 오래 지속되는 낭만적 관계를 구성하는 것이 무엇인지를 알려주는 황금률은 없다.

낭만적 삶은 우리에게 주어지는 수많은 대안으로 더욱 복잡해진다. 앞서 논의했듯 이런 대안은 단지 새로운 상대를 찾는 것뿐만 아니라 과거의 상대와 재결합하는 것까지 관계가 있다. 젊은이들 사이에 더욱 만연한 이 광범위한 상황은 만나는 것은 아니지만 완전히 깨지지도 않은 상태로 표현할 수 있다. 이는 '다차원적이고 다각적인 전환들'을 포함하는 역동적 변화 궤적의 존재를 반영한다.[18] 과거 연인들은 우리 마음에 특별한 장소를 차지하고 있으며 그들을 찾는 것이 더욱 쉽기 때문에 우리의 낭만적 환경의 유연한 본성에 기여하는 바가 크다.

항상 대안을 찾으려 하는 극단적인 낭만적 유연성은 우리가 누구인지와 관련된 가치관에 반대된다. 그러나 극단적 경직성도 우리를 깨뜨리기 쉽다. 일종의 타협인 구부러짐은 오랜 시간 동안 우리가 가지고 부풀렸던 이상보다는 조금 떨어지는 것을 하게 하는 유연성이다. 자신의 이상을 타협하지 않으려는 사람들은 결국 포기하게 되는 경우가 많다. 부러지는 것보다는 구부러지는 것이 낫다. 그러나 너무 많이 구부러지는 것도 우리를 부러뜨릴 수 있다.

우정과 사랑: 노력할 만한 가치가 있는 차이인가?

∞

단단한 관계는 세상을 좁게 만들고 헐렁한 관계는 넓게 만든다.

마크 그라노베터Mark Granovetter, 스탠퍼드대학교 사회학 교수

사랑은 소중한 사람들 때문에 세상의 가치를 떨어뜨리지만 우정은 소중한 사람들로 세상을 채울 수 있다.

아비노암 벤지이브Avinoam Ben-Ze'ev

사랑은 우정을 편곡한 것이다.

조셉 캠벨Joseph Campbell, 비교신화학자

오래 지속되는 낭만적 사랑은 성취하기 어렵다. 틀림없다. 이 사실은 우정이 낭만적 사랑보다 더 가치 있다는 의견으로 이어진다. 그 이유는 첫째로 낭만적 사랑은 우정보다 치러야 할 비용이 더 많고 더 위험하기 때문이며, 둘째로 우정은 낭만적 사랑보다 더 깊기 때문이다. 깊은 우정이라는 더 쉬운 목표를 지향할 수 있을 때 과연 우리는 정말 불확실하고 위험한 낭만적 사랑에 시간과 에너지를 '낭비'하고 싶은

것일까?

앞서 살펴보았듯 낭만적 사랑과 낭만적 사랑의 기초가 되는 우정과 성적 상호 작용은 우리의 행복과 쾌락에 기여한다. 우정이나 성적 만족을 얻는 것은 이 둘 사이의 관계와 그 이상의 것들 사이의 미묘한 균형에 의존적인 오래 지속되는 깊은 사랑을 얻는 것보다 확실히 쉽다. 오래 지속되는 낭만적 사랑보다 단순히 우정이나 성적 만족을 추구한다면 우리는 더 많은 행복의 기회를 얻게 될지 모른다. 오랜 낭만적 사랑을 얻으려다가 겪게 되는 잦은 실패와 불행을 피하도록 해줄 수 있을 것이다.

장기적 사랑의 원인이 되는 주요 요소들은 낭만적 사랑이 아니라 우정과 관련된 것들이라는 반박이 있을 수 있다.[19] 게다가 우정에서는 아니지만 주로 성적 측면 때문에 낭만적 사랑의 중심축이 되는 배타성은 우리의 다양성과 복잡성을 제한하는 피상적 요구가 된다.

이런 생각에는 사실적 측면도 있다. 때때로 손해는 최소화하고 확실한 이익은 극대화할 필요가 있다. 그러나 낭만적 사랑이 인간의 경험 중 가장 숭고하다는 점을 기억하는 것이 중요하다. 게다가 낭만적 사랑을 쟁취한 다른 사람의 성공담은 우리 안에 낭만적 사랑을 향한 갈망과 부재에 대한 슬픔을 만들어낼 수 있다. 낭만적 사랑을 성취하고자 하는 욕망은 인간의 기본 체계로 설계되어 있으므로 우리는 자신을 낭만의 영역에서 떼어내기란 매우 어렵다.

우리는 소중한 경험을 포기하라고 강요받을 때도 있다. 그러나 차선을 최선의 선택으로 만들어서는 안 된다. 백년대계에 자신을 내

맞기기 이전에 깊이 생각해보아야 한다. 실제로 낭만적 사랑을 포기한 경험이 있는 사람들은 사랑이 문을 열고 걸어 들어오면 기쁘게 받아들일 것이다. 그들은 성취하고자 하는 희망은 포기했어도 낭만적 사랑의 이상을 버리지 않는다. 그렇지만 기꺼이 지불할 수 있는 비용과 위험이 따르기에 이런 사랑을 적극적으로 찾아 나서지는 못할 것이다.

배타성은 다양성을 막아내고 복잡성의 수준을 떨어뜨리기 때문에 사실 피상적이라는 의견에 어느 정도 일리가 있다. 또다시 딜레마가 최적의 균형 문제로 좁혀진다. 낭만적 깊이에 선택적인 태도가 필요한 것은 의심의 여지가 없다. 다른 감정들처럼 낭만적 사랑은 본래 차별적이며 그래서 우리는 유연성을 제한할 필요가 있다. 우정에서도 마찬가지다. 사람들이 페이스북과 관련하여 주장하듯 우리는 수천 명의 가까운 친구를 둘 수 없다. 어느 정도의 제한이 여기서도 적용된다. 낭만적 사랑은 시간과 노력, 기타 자원을 많이 투자하는 만큼 우정보다 더 포괄적이고 복잡한 태도를 취으니 배타성이 한층 더 제한되어야 한다.

우리는 사랑과 우정 사이에서 하나를 선택할 필요가 없다. 그보다는 단순한 우정의 경험과 우정과 낭만적 사랑이 모두 포함되는 경험 사이에서 선택해야 한다. 사랑은 정말로 깊은 우정이 가미된 음악, 아니면 춤이다.

낭만적 사랑을 얻는 것은 가슴앓이를 견뎌낼 가치가 있는가? 대답은 '그렇다'이다. 그로 인해 삶에 의미와 축복이 더해질 수 있기 때문이다. 음악을 포기하는 것은 너무 가슴 아픈 굴복이다. 철학자 니체도 말했다. "음악 없는 삶은 실수"라고. 나도 사랑 없는 삶은 실수라고 믿는다.

| 맺음말 |

∞

진짜 행복은 우리의 욕망과 능력 사이의 차이를 줄이는 것, 능력과 의지 사이의 완벽한 균형을 이루는 것에 있다. 영혼의 모든 힘이 사용될 때, 그때에만 영혼이 안정되고 사람은 자신의 진정한 위치에서 자기 자신을 발견한다.

18세기 사상가 장 자크 루소의 『에밀』

이제 목적지에 다다랐다. 우리는 오래 지속되는 깊은 사랑에 도착했다. 모든 여행자가 고백하듯 뒤를 돌아보면 모든 것이 더욱 선명해진다. 이 여정에서 우리는 부드럽고 격렬한 강도, 민감성과 무관심, 거리감과 친밀감, 평온함과 흥분, 양성과 방지, 유연성과 안정성처럼 거의 역설적으로 여겨지는 여러 현상이 낭만적 관계 안에서 공존하는 것을 보았다. 이렇게 분명한 역설들은 모든 시대의 모든 사람에게 동일한 전반적이고 일관적이며 이지적인 그림을 그리려는 욕망에서 출발한다. 그러나 우리는 감정과 낭만의 영역의 역동성과 편파성이란 감정적·낭만적 경험이 근본적으로 혼합될 수 있음을 의미한다는 사실을 이제는 잘 안다. 캐나다의 싱어송라이터 조니 미첼Joni Mitchell의 말마따나 우리는 "사랑의 양면을 볼 수 있다." 그리고 깊은 사랑은 시간이 지나도 열정처럼 보일 수 있다.

삶이 행복해지려면 우리는 자신이 무엇을 다루고 있는지 알아야 한다. 사랑에서의 행복도 다르지 않다. 강렬한 사랑은 낭만적 관계 초기의 열정과 흥분을 보여주지만, 궁극적으로 깊은 사랑을 피어나게 하는 것은 시간이다. 시간이 지나도 우리는 우리의 낭만적 반응성을 일구어내고 낭만적 타협을 위하여 정원에 자리를 마련해놓을 수 있다. 이런 낭만적 타협은 깊은 사랑이 자라날수록 타협처럼 느껴지는 경향이 줄어든다.

사랑의 상황에서 정체성의 융합은 스스로 재난을 초래하는 것이다. 건강한 낭만적 관계는 성장을 위한 방을 많이 남겨둔다. 내재적 활동은 좋은 삶에 필수며 나의 개인적 성취를 지지해줄 상대를 찾는 것 또한 중요하다. 흥분감은 굉장하지만 흥분에만 집중하면 존재 자체로 깊은 사랑을 제공해주는 깊고 역동적인 평온함의 이익을 놓치게 된다.

우리가 살펴보았듯 '이상적인' 낭만적 관계는 두 사람이 행복해지도록 돕는 것이다. 다양한 사람과 다양한 환경에는 그런 관계를 가능하게 할 다양한 선택이 필요하다. 만약 방법이 있다면 그것은 최적의 균형으로 시작할 것이다. 오늘의 낭만적 현실은 거대한 다양성과 제한된 유연성을 결합한다. 낭만적으로 원하는 모든 것에 탐닉하면서 건강을 유지할 수는 없지만 그렇다고 단식 투쟁을 할 필요도 없다. 적당한 식단을 선택하는 것은 그 누구도 죽게 하지 않는다.

후기:
신선한 달걀, 숙성된 와인,
그리고 깊은 사랑

Afterword:
Fresh Eggs, Aging Wine,
and Profound Love

낭만적인 분위기를 만드는 데 와인이 좋은 역할을 한다는 점은 명백하다. 이것이 숙성된 와인과 오래된 사랑을 유사하게 만드는 것일까?

｜ 숙성된 와인과 오래된 사랑 ｜

∞

와인은 더 마시고 싶은 마음을 참아가면서 조금씩만 마시고 싶어요. 하지만 사랑에는 쉽게 만족하지 못하기 때문에 왕창 빠져들기를 원한답니다.

이혼 여성

내 마음은 초콜릿과 와인을 외치는데 내 청바지는 "제발, 이 여자야, 샐러드를 먹어"라고 말한다.

익명

사랑과 와인. 사랑과 달걀보다는 듣기 좋다. 그렇지 않은가? 특히 와인은 시간이 지날수록 품질이 더 좋아진다는 상식을 생각해볼 때 그렇다. 지금까지 우리의 긴 여정을 마치고 제자리로 돌아왔지만 이 책을 함께한 독자라면 문제가 그리 간단하지 않다는 점이 놀랍지는 않을 것이다.

나는 사랑과 와인이 시간이 흐를수록 더욱 좋아진다는 유사한 가능성을 가지고 있다고 생각한다. 대부분의 소비 상품과는 다르게 와인은 시간에 따라 품질이 좋아지는 가능성을 지닌다. 당과 산, 페놀 성분(주로 탄닌)과 물의 비율은 와인이 얼마나 잘 숙성되는지에 중심 역할을 한다. 무엇보다 포도를 추수하기 전에 물을 적게 줄수록 와인을 오래 보존하게 될 가능성이 커진다. 그뿐만이 아니라 포도의 품종, 기후, 포도주 생산 연도, 포도 재배법, 저장법, 보틀링 등도 와인의 품질과 관련 있다.[1]

숙성될수록 좋은 와인에는 매우 다양한 변수들이 개입한다. 마찬가지로 오래될수록 좋은 사랑에도 그 이상의 많은 변수가 개입한다. 오래 지속되는 사랑은 개인과 상황에 관련된 요인들, 특히 사랑하는 사람들 사이의 상호 작용과 관련한 것들에 의해 만들어지고 다듬어진다.

우리가 살펴보았듯 와인과 낭만적 사랑은 꽉 막힌 체계가 아니다. 둘 다 질적 수준을 높이거나 낮출 수 있는 수없이 많은 요인에 영향을 받는다. 사랑의 무게는 개인이 통제할 수 있는 요인에 영향을 받기 때문에 시간은 와인보다 사랑에 더욱 관대하다. 전문가들은 와인은 1년간 숙성한 뒤에 거의 5~10퍼센트 좋아지고 5~10년을 숙성한

다음에는 1퍼센트만 좋아진다고 한다. 이에 비해 결혼한 부부 중 3분의 1이 30년이 지나도 "여전히 사랑한다"고 답한 설문 조사에 따르면 낭만의 성숙이 성공할 확률이 더욱 높다.[2] 우리에게는 내재적으로 가치 있는 활동을 발전시켜 외부 오염 요인의 영향력을 줄이는 능력이 있어서인지, 깊은 사랑보다 와인이 더 외부 요인의 영향으로 오염되기 쉬운 듯하다.

와인과 낭만적 사랑은 '말과 마차'처럼 함께 간다. 그래서 미국의 유명 소믈리에인 마델린 퍼켓Madeline Puckette은 "와인은 맛이 후천적으로 만들어지며 무수한 향과 풍미를 지니고, 와인에 대해 아무리 많이 알아도 더 알아야 할 것이 있어서 우리는 와인을 사랑한다"고 말했다.[3] 이런 주장은 낭만적 사랑에 더 잘 들어맞는다. 우리는 사랑하기를 사랑한다. 왜냐하면 사랑은 더욱 후천적인 맛을 지니며 향과 풍미가 굉장히 다양하고 아무리 깊이 알아도 더 경험하고 얻을 수 있는 것이 남아 있기 때문이다. 나쁜 와인을 마시기엔 삶이 너무 짧다고 흔히 말하듯 의미 없고 나쁜 낭만적 관계에 시간을 낭비하기에 삶이 너무 짧다.

"생베르탱이 담긴 와인 잔을 통해 바라보는 것만큼 미래를 장밋빛으로 보이게 하는 것은 없다"던 나폴레옹의 말을 바꾸어 표현하자면 이렇게 말할 수 있겠다. 깊은 사랑을 통해 바라보는 것만큼 미래를 장밋빛으로 보이게 하는 것은 없다.

당신이 피나콜라다를 좋아한다면

∞

와인, 사랑, 그리고 섹스는 자연스러운 동반자들이다. 와인 한잔을 제안하는 것은 일상의 권태로움을 깰 수 있는 성적 혹은 낭만적 관계의 서사가 된다. 루퍼트 홈스Rupert Holmes의 재밌는 노래 「탈출」Escape에서 주인공은 오래 사랑했던 애인에게 싫증났다고 말한다. 그 둘의 관계는 마치 좋아하는 노래가 담긴 카세트 테이프가 늘어진 것 같았다. 어느 날 밤 그는 어떤 여성이 피나콜라다와 비 맞는 것, 바닷가 모래 언덕에서 한밤중에 사랑을 나누기를 좋아하는 남성이라면 만나자고 초대하는 편지를 신문의 개인 광고란에서 발견했다.[4] 그 남성은 광고에 답장을 보낸 뒤 약속 장소를 잡고 애인 몰래 외출할 계획을 세운다. 그 뒤… 이게 웬일인가! 바에 들어온 사람은 바로 그의 애인이었다. 그녀는 그가 원하는 것, 즉 바닷가 모래 언덕에서 한밤중에 사랑 나누기를 원하고 있었다.

이 아름다운 노래는 이 책의 메시지를 완벽하게 표현한다. 우리는 너무 오래 만나서 마치 좋아하지만 낡아빠진 노래 테이프 같은 연인에게 싫증이 난다. 하지만 여전히 가장 좋아하는 노래이기에 우리는 언제고 다시 들을 준비가 되어 있다. 맞다, 처음에 들을 때처럼 노래가 감동적이진 않다. 하지만 우리가 바닷가 모래 언덕에서 한밤중에 그 사람과 사랑을 나누고 싶지 않다는 말은 아니다. 당신의 낭만적 상대와 그렇게 일탈해보는 것은 놀랄 만큼 풍성한 낭만의 향기를 가져다줄 수 있다.

| 달걀로 돌아와서 |

∞

우리는 달걀을 고를 때 맛과 영양을 본다. 그리고 달걀은 신선할 때 맛과 영양이 최고다. 사랑이 위태로울 때 삶은 더욱 복잡해진다. 흥분(맛)의 강도는 사랑이 갓 생겨났을 때 가장 강하지만 관계의 깊이(영양)는 사랑이 성숙할 때 가장 깊다. "복수는 차갑게 식혔을 때 대접해야 좋은 음식과 같다"는 오래된 속담이 있지만 나는 낭만적 사랑은 차가워지면 절대 안 된다고 믿는다. 그러나 막 끓고 있을 때 대접할 필요도 없다. 따뜻한 것이 가장 좋겠다.

이 책에서 우리는 사랑의 큰길과 샛길을 가로질러 여행했다. 이 여정은 초창기처럼 신선할 때 사랑을 나누려는 지배적이고 인기 있는 시도에 의구심을 제기했다. 신선함이 가장 우선시될 때 우리는 오래 지속되는 깊은 사랑을 위한 전쟁을 시작도 하기 전에 지고 말 것이다. 지금보다 신선하고 맛있는 예비 낭만적 상대가 항상 있을 것이기 때문이다.

나는 영양가는 없는 음식이지만 결국 나중에는 나아질 것이라고 약속하며 지금은 포기하라고 조언하는 낭만적 영양사가 아니다. 나는 강렬하고 열렬한 사랑을 포기하라고 추천하지 않는다. 오히려 우리는 현재 낭만적 강도와 자극의 부흥기를 목도하며 긍정적 발전을 이루고 있다고 생각한다. 하지만 새로운 상황들은 낭만적 깊이를 이루기 점점 더 어려워질 만큼 낭만적 강도와 깊이 사이의 균형을 깨뜨리고 있다.

사랑하는 사람 사이의 유대가 풍성하며 서로의 내면에서 최고의 것을 끌어낼 때 사람들은 더욱 평온하고 행복하고 건강해진다. 이렇게 지속되는 낭만적 관계 안에서 새로운 맛이 발견된다. 서로를 행복하게 해주는 낭만적 환경에 사는 사람들은 서로의 삶에 빛이 되어주며 자기 자신과 상대를 계속 놀라게 한다.

"사랑은 갓 생겨나 신선할 때 가장 좋지만
우리가 그 사랑에 신경을 쏟는다면
시간이 지날수록 사랑은 더욱 맛있고 영양도 높아진다"

저자 아론 벤지이브

감 사 의
말

이 책이 지금의 이 모습으로 나올 수 있도록 많은 사람이 도와주었다. 한 명 한 명에게 깊은 감사를 드린다. 여기서는 당연히 그중 일부만 언급하겠다. 특별히 이 책의 기반이 되었던 사랑에서의 시간의 역할을 주제로 함께 논문을 썼던 앙겔리카 크렙스, 그녀의 깊은 통찰에 감사드린다. 이 책에도 다루었던 감정적 복잡성 논문을 함께 썼던 루크 브루닝에게도 감사를 전한다. 몰리 타이틀바움과 탈리아 모라그, 다니엘 아렐이 전체 원고를 읽고 생각해봄 직한 주제를 많이 제기해주어 이 책의 수준을 상당히 높였다.

이 책에 소개된 논의 중 일부는 '사이콜로지 투데이' 홈페이지에서 운영 중인 사랑에 대한 내 블로그에 다소간 다른 방식으로 연재되었다.

모든 이야기, 개인 일화, 익명의 사람들의 말을 인용한 문장들은 전부 사실이다. 그중 하나도 내가 만들어내지 않았다(물론 어떤 사람에게는 가명을 부여했다). 관례적으로 이성애적 언어를 사용하는 경향이 있지만 나는 낭만적 관계의 중요한 구성 요소들은 보편적이라 믿는다. 사랑이 번창해지기 위해 필수적인 것을 모든 연인은 이해해야 한다. 어떤 때는 남성에게, 또 어떤 때는 여성에게 더 일반적인 사랑의 관점들을 논의하기에, 이와 관련하여 이 책에서 다루지 못한 레즈비언, 게이, 퀴어 관계에 대한 특별한 배려가 있기를 바란다. 나는 인간의 복잡성과 고유성, 그들이 함께 발전시켜나가는 깊은 사랑의 관계를 존중하지만 특정한 성적 지향성은 이 책의 주된 사항은 아니라는 점을 밝힌다.

내가 이 책에서 남성보다는 여성의 익명 인용문을 더 많이 다루었음을 독자들은 알아볼 것이다. 이는 이런 주제로 내게 상의하러 오는 사람들의 성별을 반영하는데, 남성보다는 여성이 마음의 문제를 털어놓는 경향이 더 큰 것 같다.

30년 넘는 세월 동안 사랑해온 내 아내 루스에게 이 책을 바친다. 내가 '사랑 전문가'로 소개될 때마다 루스는 고개를 끄덕이며 이렇게 말한다. "맞아요, 이 사람은 정말 '이론'에 강하죠." 루스는 자신의 부모님이 나를 처음 만난 뒤에 해외 여행을 실컷 보내주겠다고 제안하셨다는 이야기를 들려주기 좋아한다. 그때 단 혼자만 여행을 가야 한다고 하셨던 부모님의 제안을 물리친 루스가 나에게 끝없는 지지와 사랑을 보내준 데 대해 나는 영원히 감사할 것이다.

먼저 세상을 떠난 내 형제 아비노암과 예후다는 사랑과 감정에 대한 나의 관점과 행동에 큰 영향을 미쳤다. 이 책이 그들을 기념하는 촛불이 되기를.

주 석

———— Chapter 1

1. 톰 로빈스의 인용구는 Solomon 1988, 13에서 인용되었다.

2. Ben-Ze'ev and Goussinsky 2008.

3. Jeffrey Jensen Arnett, The Clark University Poll of Emerging Adults, December, 2012,http://www2.clarku.edu/clark-poll-emerging-adults/pdfs/clark-university-poll-emerging-adults-findings.pdf.

4. Baumeister and Bratslavsky 1999; Berscheid 2010; Brewis and Meyer 2005; Buss 1994; Callet al. 1995; Finkel et al. 2015.

5. O'Leary et al. 2012.

6. Acevedo et al. 2012.

7. Finkel et al. 2015. See also Perel 2007.

8. Proulx et al. 2017; Lorber et al. 2015; Birditt et al. 2012.

9. Ben-Ze'ev 2000, 2017b.

10. Spinoza (1677) 1985, IIIp6; IIIdef.aff.; Vp39s. 이 개념은 스피노자가 "수동적 감정"passive emotions이라고 부르는 것을 의미한다. 예를 들면 신에 대한 지적인 사랑을 의미하지는 않는다.

11. 예를 들면 Nussbaum 2001, 42.를 보라.

12. Amodio and Showers 2005; Finkel et al. 2015; Watson et al. 2004.

13. McNulty et al. 2008.

14. Gilbert and Wilson 2007; Roese and Olson 2014.

15. Gilovich and Medvec 1995.

16. Roese and Summerville 2005.

17. Carstensen 2006.

18. 예를 들면 Esch and Stefano 2005; Kansky 2018.을 보라.

19. Myers 2000.

20. Lawrence et al. 2018.

21. Sprecher 1999, 51.

22. Mogilner et al. 2011.

Chapter 2

1. Frijda 2007, chap. 5; Helm (2009) 2017; Nussbaum 2001; Taylor (1985) 2017.

2. Kahneman and Miller 1986.

3. Ben-Ze'ev 2000, 23.31; Oatley 2018, 47.51.

4. Ben-Ze'ev 2004; Yee 2014.

5. Solomon 1988, 262.71.

6. Frijda et al. 1991.

7. Ben-Ze'ev 2017a; Ben-Ze'ev and Krebs 2018; Frijda 1994; Frijda et al. 1991.

8. Beedie et al. 2005; Ben-Ze'ev 2017a; Krebs 2015, 2017a, 2017b; Parkinson et al. 1996.

9. Furtak 2018, 103.21.

10. 일부는 루크 브루닝Luke Brunning과 함께 저술함. Ben-Ze'ev and Brunning 2018.을 보라.

11. Gaver and Mandler 1987.

12. Quoidbach et al. 2014.

13. Ortega y Gasset 1941, 43, 76.77.

14. Grossmann et al. 2016.

15. Ajzen 2001; de Sousa (2007) 2017; Greenspan (1980) 2017.

16. 예를 들면 Frijda 2007.을 보라.

17. Ben.Ze' ev and Goussinsky 2008.

18. Baumeister et al. 2013.

19. Ben-Ze'ev 2017a.

20. Frederick and Loewenstein 1999; Frijda 2007; Lyubomirsky 2011.

21. Diener et al. 2015.

22. Gilbert and Wilson 2000; Irvine 2006.

23. Russell 1930, 15; Kenny 1965, 102.를 보라.

24. Del Mar Salinas-Jimenez 2011.

Chapter 3

2. Etcoff 1999, chap. 1.

3. Jollimore 2018.

4. 이 노래를 기억하게 해준 소냐 라이노프너 크레이들Sonja Rinofner-Kreidl에게 감사한다.

5. Berggren et al. 2017; Peterson and Palmer 2017.

6. Scruton 2011, 164, 57.

7. Scruton 2011, 44.

8. Helm 2010.

9. Krebs 2015.

10. Baumeister and Bratslavsky 1999; Cacioppo et al. 2012; Meyers and Berscheid 1997.

11. Martin 2018, intro.

12. Kashdan et al. 2018.

13. McNulty et al. 2016.

14. Sudo 2000, 66,69.

15. Ben-Ze'ev and Krebs 2018.

16. Birnbaum 2017.

17. Birnbaum 2017; Birnbaum et al. 2016.

18. Elster 1999, 91.

19. Brogaard 2015, 83; de Sousa 2015, chap. 4; Morag 2016, 2017.

20. 예를 들면 Frankfurt 1999; Helm 2010; LaFollette 1996; Sobel 1990.을 보라.

21. Fromm 1956, 26.

우리는 왜 이별했을까?

22. Levinas 1998, 105, 228.29.

23. Buber (1923) 1937; Krebs 2015.

24. Krebs 2002, 2009, 2014a, 2015, 2017a, 2017b; see also Sherman 1993.

25. Nozick 1991, 418, 421.

26. Girme et al. 2014; Maatta and Uusiautti 2013.

27. Ellison et al. 2010.

28. Dwyer et al. 2018.

29. 예를 들면 Fredrickson 2013a; Helm 2010, chap. 8.을 보라.

Chapter 4

1. Higgins 1997.

2. Girme et al. 2014.

3. Baumeister et al. 2001.

4. Baumeister et al. 2001; Ben-Ze'ev 2000, 99.103.

5. Gottman 1995; Saad and Gill 2014.

6. Jonason et al. 2015.

7. 예를 들면 Aristotle, Metaphysics 1048b18ff., 1050a23ff.; Nicomachean Ethics 1174a14ff.를 보라.

8. Krebs 2015; Rosa 2013, 141.44.

9. Nussbaum 1986, 326.27.

10. Csikszentmihalyi 1990, 53.

11. Ben-Ze'ev and Krebs 2018; Ben-Ze'ev 2017a.

12. Kahneman 2011; Sloman 1996; see also Oatley (2010) 2017.

13. Scitovsky 1976.

14. Armenta et al. 2017.

15. Drigotas 2002; Drigotas et al. 1999.

16. Finkel et al. 2014.

17. Rinofner-Kreidl 2017.

18. Valdesolo et al. 2010; see also Reddish et al. 2013; Valdesolo and DeSteno 2011; Wiltermuth and Heath 2009.

19. Reis and Clark 2013, 400.

20. Birnbaum et al. 2016.

21. Birnbaum et al. 2016.

22. Birnbaum et al. 2016.

23. Reis and Clark 2013.

24. 예를 들면 Coburn 2001; Fredrickson 2013b; Krebs 2014a, 2014b, 2015; Muhl-hoff 2019; Rosa 2016.을 보라.

25. Oxford English Dictionary, online ed., s.v. "resonance."

26. Muhlhoff 2019.

27. Scruton 1997, 357.59.

28. Krebs 2009.

29. Aristotle, Nicomachean Ethics 1157b10.13.

30. May 2011, 154.

31. Ben-Ze'ev and Krebs 2015.

32. McNulty et al. 2013.

33. Rosa 2016.

34. Ben-Ze'ev and Goussinsky 2008.

35. Neff and Karney 2005.

Chapter 5

1. Rinofner-Kreidl 2018.

2. Karney and Coombs 2000.

3. Ben-Ze'ev 2000, 21.23; Kahneman and Miller 1986.

4. Ben-Ze'ev 2000, chap. 5.

5. Papp 2009.

6. Halpern-Meekin et al. 2013.

7. Binstock and Thornton 2003; Halpern-Meekin et al. 2013.

8. Byrne and Murnen 1988.

9. Bauman 2003.

Chapter 6

1. Baumeister and Leary 1995.

2. Baumeister and Leary 1995; see also Lambert et al. 2013

3. Baumeister and Leary 1995.

4. Krebs 2014a, 2015.

5. Coontz 2005, 15, 18.

6. Bruckner 2013, 27.

7. Finkel 2017; Finkel et al. 2014.

8. Finkel 2017.

9. Proulx et al. 2017; see also Anderson et al. 2010; Birditt et al. 2012; Gray and Ozer 2018.

10. Proulx et al. 2017; see also Birditt et al. 2012; Lavner et al. 2012; Lorber et al. 2015.

11. Finkel 2017.

12. Ben-Ze'ev and Goussinsky 2008.

13. Landau 2017.

14. Helm (2009) 2017; Kolodny 2003; Velleman 1999.

15. Landau 2017.

16. Jollimore 2011; Nozick 1991.

17. Ben-Ze'ev 2000, 61.62.

18. Buss et al. 2017.

19. Buss et al. 2017.

20. Ben-Ze'ev 1993, chap. 4; Ben-Ze'ev 2000, 57.59; Ben-Ze'ev and Krebs 2015; Gigerenzer 2007; Kahneman 2011.

21. Russell 1968, 195.96; cited in Irvine 2006, 14.15.

22. Ben-Ze'ev and Krebs 2015.

23. Benjamin and Agnew 2003.

24. Stanley et al. 2006; Rhoades et al. 2012.

25. Binstock and Thornton 2003.

26. Kulu and Boyle 2010; Lillard et al. 1995.

27. Rosenfeld and Roesler 2018.

28. Ben-Ze'ev 2000, chap. 10; Ben-Ze'ev 2016.

29. Ben-Ze'ev 1992, 2016; Gressel 2016. "불평등"의 사전적 정의는 Merriam-Webster Dictionary에서 발췌함, s.v. "inequality."

30. Prins et al. 1993.

31. Bruch and Newman 2018; Smith and Kim 2007; Whelan 2006.

32. Sprecher et al. 2006.

Chapter 7

1. Ben-Ze'ev 2011.

2. Mitchell 2002, 39, 41; Perel 2007.

3. Bauman 2003; Rosa 2013.

4. Baker et al. 2017.

5. Grossmann et al. 2010.

6. Halbertal 2012.

7. 예를 들면 Impett and Gordon 2008; Whillans et al. 2016.를 보라.

8. Shulman et al. 2006; Gottman and Levenson 2000.

9. Goodin 2012. 구딘은 합의를 매우 긍정적으로 묘사하는 것에 비해 타협에 대해서는 부정적으로 설명한다. 모든 타협은 원칙에 입각한 관심사를 다루기 때문에 개인의 신용을 떨어뜨리는 것이라는 구딘의 가정에 나는 동의하지 않는다. 우리가 살펴보았듯 타협은 정도의 차이를 인정하며 평가는 다양한 맥락에 따라 달라진다.

10. Solomon 1990, 150.

11. Gutmann and Thompson 2012.

12. 이 이야기의 더 자세한 내용을 알고 싶으면 Psychology Today, "My husband was not the most romantic of my loves," March 3, 2013.을 보라.

13. Galinsky et al. 2002.

14. Yougov study in the UK, 2014; https://yougov.co.uk/news/2014/09/29/marriage-first-love-deepest/.

15. Forste and Tanfer 1996.

16. Simon 1979.

17. Frankfurt 1987, 39.41; see also Frankfurt 2004.

18. 연구는 Make Friends Online 사이트에서 시행했으며 November 27, 2007.에 출판됨.

Chapter 8

1. Frank 2006.

2. Gottman 1995.

3. Brown 1987, 24.30; Frankfurt 1987.

4. Eastwick and Hunt 2014, 729.

5. Page 2017.

6. Gigerenzer 2007.

7. Sunnafrank and Ramirez 2004.

8. Barelds and Barelds-Dijkstra 2007.

9. Ben-Ze'ev 2004.

10. Kraus 2017.

11. Gottlieb 2010, 245.48.

12. McNulty et al. 2008.

13. Finkel 2017.

14. Finkel et al. 2012.

15. Rosenfeld and Thomas 2012.

16. Finkel et al. 2012.

17. Korey Lane, "Help, I can't stop hooking up with Trump supporters," Glamour, September, 8, 2017.

Chapter 9

1. Greene 2001.

2. Clanton 1984, 15.

3. Ben-Ze'ev 2004.

4. Fisher 2004, 8; see also Fisher 2010.

5. 예를 들면 Becker 1973; Heino et al. 2010.을 보라.

6. Lindquist and Kaufman-Scarborough 2004.

7. Merriam-Webster Dictionary, s.v. "obsession."

8. Muise et al. 2016.

9. Schwartz 2004, 93.

10. Schwartz 2004.

11. Thaler and Sunstein 2009.

12. Lyubomirsky et al. 2005.

13. Oishi et al. 2009.

14. Peele and Brodsky 1975.

15. Ackerman et al. 2011; Harrison and Shortall 2011; 연구는 YouGov for eHarmony, 2013.에 시행됨.

Chapter 10

1. 서두에 제시된 인용문들의 출처는 Marta Meana's research이며 Martin 2018.에 인용됨.

2. Wentland and Reissing 2011.

3. Deitz 2016.

4. Muise et al. 2013; Day et al. 2015.

5. 예를 들면 Whillans et al. 2016.을 보라.

6. Dew and Wilcox 2013.

7. Brogaard 2017, 56.

8. Portmann 2013.

9. Portmann 2013「관용과 자기 자신에게 베푸는 관용에 대하여」On generosity and generosity to oneself, Nussbaum 2016.도 함께 보라.

10. Dutton and Aron 1974.

11. Hakim 2012.

12. Scruton 1986, 78.82.

13. Diener and Chan 2011.

14. Diamond and Huebner 2012.

15. Meltzer et al. 2017.

16. Muise et al. 2014; Floyd et al. 2009.

17. Muise et al. 2014; Danovich 2017.

18. Hahn et al. 2012.

19. Ben-Ze'ev 2004.

20. Toulmin (1981) 2017, 89.90.

21. Schneider et al. 2012.

22. Sumter et al. 2017, 67.

23. Cacioppo et al. 2013.

24. Hakim 2012.

25. Deresiewicz (2009) 2017.

26. Amichai-Hamburger and Schneider 2014.

Chapter 11

1. Lyubomirsky 2013.

2. Carmichael et al. 2015.

3. Carstensen 2006.

4. Carstensen 2006.

5. Charles and Carstensen 2002.

6. Charles and Carstensen 2010; Birditt et al. 2018.

7. Ben-Ze'ev and Goussinsky 2008.

8. Bar-Nadav and Rubin 2016.

9. Rubin et al. 2012.

10. "How soon is too soon to find love after being widowed?," Mail Online, July 10, 2010.

11. Shavit et al. 2017.

Chapter 12

1. Proulx et al. 2017.

2. Kipnis 2003, 12.

3. Ben-Ze'ev and Goussinsky 2008.

4. Shaw 1952.

5. Hakim 2012, 3.

6. 일부는 루크 브루닝Luke Brunning과 함께 저술함. Ben-Ze'ev and Brunning 2018.을 보라.

7. Anapol 2010; Perel 2017; Deri 2015.

8. Fredrickson 2001.

9. Aron et al. 2013, 95.98.

10. Barker 2018.

11. 예를 들면 Conley et al. 2018; Rubel and Bogaert 2015; Wood et al. 2018.을 보라.

12. 나는 이 점에서 제이콥 그레이Jacob Gray에게 빚졌다.

13. 나는 이 점에서 다른 사람들에게도 마찬가지고 앙겔리카 크렙스Angelika Krebs에게 빚졌다.

14. Brunning 2018; Brunning 2019; Sheff 2014.

15. Kipnis 2003, 18, 45.

16. Rousseau 1979, 221.

17. Cialdini et al. 1976.

18. Halevi 2018, 229.30.

19. Halevi 2018, 240.

20. DeSteno and Salovey 1996.

21. De Sousa 2018.

Chapter 13

1. 예를 들면 Aristotle, Nicomachean Ethics, Book II; see also Angier 2010.을 보라.

2. Aron 2001.

3. Ariely 2008.

4. Fletcher et al. 2015.

5. Bergen 2006; Jiang and Hancock 2013; Kelmer et al. 2013; Stafford 2005.

6. Baumeister and Leary 1995; Gerstel and Gross 1984.

7. Bergen 2006.

8. Stafford 2005.

9. Kipnis 2003, 60.

10. Mashek and Sherman 2004, 344.

11. Prioleau 2003, 14.

12. Kambartel (1989) 2017.

13. Thayer 1996.

14. Suzuki 1970, 46; cited in Thayer 1996, 14.

15. 실제로, 애착 이론은 신뢰를 장기적이고 안전한 낭만적 관계에서 가장 중요한 특징이라고 여긴다. 예를 들면 Hazan and Shaver 1987.을 보라.

16. Kashdan and Rottenberg 2010.

17. Averill et al. 1990, 34.

18. Binstock and Thornton 2003, 441.

19. Reis and Aron 2008.

Chapter 14

1. Wikipedia, https://en.wikipedia.org/wiki/Aging_of_wine.

2. O'Leary et al. 2012; see also Wikipedia, https://en.wikipedia.org/wiki/Aging_of_wine.

3. https://medium.com/wine-folly/why-love-wine-447de95a6e4d.

4. 이 노래를 생각나게 해준 아딘 트로퍼 왓첼Adin Tropper-Wachtel에게 감사를 전한다.

참 고 문 헌

————————— A

Acevedo, B. P., A. Aron, H. Fisher, and L. L. Brown. 2012. Neural correlates of long-term intense romantic love. Social Cognition and Affective Neuroscience 7:145.59.

Ackerman, J. M., V. Griskevicius, and N. Li. 2011. Let's get serious: Communicating commitment in romantic relationships. Journal of Personality and Social Psychology 100:1079.94.

Ajzen, I. 2001. Nature and operation of attitudes. Annual Review of Psychology 52:27.58.

Amichai-Hamburger, Y., and B. H. Schneider. 2014. Loneliness and internet use. In R. J. Coplan and J. C. Bowker (eds.), The handbook of solitude, 317.34. Chichester: Wiley-Blackwell.

Amodio, D. M., and C. J. Showers. 2005. "Similarity breeds liking" revisited: The moderating role of commitment. Journal of Social and Personal Relationships 22:817.36.

Anapol, D. 2010. Polyamory in the 21st century. Lanham, MD: Rowman & Littlefield.

Anderson, J. R., M. J. Van Ryzin, and W. J. Doherty. 2010. Developmental trajectories of marital happiness in continuously married individuals: A group-based modeling approach. Journal of Family Psychology 24:587.96.

Angier, T. 2010. Techne in Aristotle's ethics: Crafting the moral life. London: A&C Black.

Ariely, D. 2008. Predictably irrational. New York: HarperCollins.

Aristotle. 1984. The complete works of Aristotle: The revised Oxford translation. Ed. J. Barnes.

Princeton: Princeton University Press.

Armenta, C. N., M. M. Fritz, and S. Lyubomirsky. 2017. Functions of positive emotions: Gratitude as a motivator of self-improvement and positive change. Emotion Review 9:183.90.

Aron, A., G. W. Lewandowski Jr., D. Mashek, and E. N. Aron. 2013. The self-expansion model of motivation and cognition in close relationships. In J. A. Simpson and L. Campbell (eds.),

The Oxford handbook of close relationships, 90.115. Oxford: Oxford University Press.

Aron, E. 2001. The highly sensitive person in love. New York: Harmony.

Averill, J. R., G. Catlin, and K. K. Chon. 1990. Rules of hope. New York: Springer.

B

Baker, L. R., J. K. McNulty, and L. E. VanderDrift. 2017. Expectations for future relationship satisfaction: Unique sources and critical implications for commitment. Journal of Experimental Psychology: General 146:700.721.

Barelds, D., and P. Barelds-Dijkstra. 2007. Love at first sight or friends first? Journal of Social and Personal Relationships 24:479.96.

Barker, M. J. 2018. Using New Relationship Energy (NRE) to open up rather than close down. Rewriting the Rules (blog), March 28. www. rewriting-the-rules. com/love-commitment/using-new-relationship-energy-nre-to-open-up-rather-than-close-down/Bar-Nadav, O., and S. S. Rubin. 2016. Love and bereavement. OMEGA.Journal of Death and Dying 74:62.79.

Bauman, Z. 2003. Liquid love. Cambridge: Polity Press.

Baumeister, R. F., and E. Bratslavsky. 1999. Passion, intimacy, and time: Passionate love as a function of change in intimacy. Personality and Social Psychology Review 3:49.67.

Baumeister, R. F., E. Bratslavsky, C. Finkenauer, and K. D. Vohs. 2001. Bad is stronger than good. Review of General Psychology 5:323.70.

Baumeister R. F., and M. R. Leary. 1995. The need to belong: Desire for interpersonal attachments as a fundamental human motivation. Psychological Bulletin 117:497.529.

Baumeister, R. F., K. D. Vohs, J. L. Aker, and E. N. Garbinsky. 2013. Some key differences between a happy life and a meaningful life. Journal of Positive Psychology 8:505.16.

Becker, G. S. 1973. A theory of marriage: Part I. Journal of Political Economy 81:813.46.

Beedie, C., P. Terry, and A. Lane. 2005. Distinctions between emotion and mood. Cognition & Emotion 19:847.78.

Benjamin, L., and C. Agnew. 2003. Commitment and its theorized determinants: A meta-analysis of the investment model. Personal Relationships 10:37.57.

Ben-Ze'ev, A. 1992. Envy and inequality. Journal of Philosophy 89:551.81.

———— 1993. The perceptual system. New York: Peter Lang.

———— 2000. The subtlety of emotions. Cambridge, MA: MIT Press.

———— 2004. Love online. Cambridge: Cambridge University Press.

———— 2010. Jealousy and romantic love. In S. Hart and M. Legerstee (eds.), Handbook of jealousy,40.54. New York: Wiley-Blackwell.

———— 2011. The nature and morality of romantic compromises. In C. Bagnoli (ed.), Morality and the emotions, 95.114. Oxford: Oxford University Press.

———— 2016. Envy and inequality in romantic relationships. In R. Smith, U.

Merlone, and M. Duffy (eds.), Envy at work and in organizations, 429.54. New York: Oxford University Press.

_____ 2017a. Does loving longer mean loving more? On the nature of enduring affective attitudes. Philosophia 45:1541.62.

_____ 2017b. The thing called emotion: A subtle perspective. In Ben-Ze'ev and Krebs 2017, 1:112.37.

Ben-Ze'ev, A., and L. Brunning. 2018. How complex is your love? The case of romantic compromises and polyamory. Journal for the Theory of Social Behaviour 48:98.116.

Ben-Ze'ev, A., and R. Goussinsky. 2008. In the name of love. Oxford: Oxford University Press.

Ben-Ze'ev, A., and A. Krebs. 2015. Do only dead fish swim with the stream? The role of intuition, emotion, and deliberation in love and work. In M. W. Frose, S. Kaudela-Baum, and E. P. F. Dievernich (eds.), Emotionen und Intuitionen in Fuhrung und Organisation, 43.64. Wiesbaden: Springer Gabler.

_____ (eds.). 2017. Philosophy of emotion. 4 vols. London: Routledge.

_____ 2018. Love in time: Is love best when it is fresh? In C. Grau and A. Smuts (eds.), Oxford handbook of philosophy of love. Oxford: Oxford University Press.

Bergen, K. M. 2006. Women's narratives about commuter marriage. PhD dissertation, University of Nebraska-Lincoln.

Berggren, N., H. Jordahl, and P. Poutvaara. 2017. The right look: Conservative politicians look better and voters reward it. Journal of Public Economics 146:79.86.

Berscheid, E. 2010. Love in the fourth dimension. Annual Review of Psychology 61:1.25.

Binstock, G., and A. Thornton. 2003. Separations, reconciliations, and living apart in cohabiting and marital unions. Journal of Marriage and Family 65:432.43.

Birditt, K. S., S. Hope, E. Brown, and T. Orbuch. 2012. Developmental trajectories of marital happiness over 16 years. Research in Human Development 9:126.44.

Birditt, K. S., C. W. Sherman, C. A. Polenick, L. Becker, N. J. Webster, K. J. Ajrouch, and T. C. Antonucci. 2018. So close and yet so irritating: Negative relations and implications for well-being by age and closeness. Journals of Gerontology: Series B: gby038.

Birnbaum, G. E. 2017. The fragile spell of desire: A functional perspective on changes in sexual desire across relationship development. Personality and Social Psychology Review 22:101.27.

Birnbaum, G. E., H. T. Reis, M. Mizrahi, Y. Kanat-Maymon, O. Sass, and C. Granovski-Milner. 2016. Intimately connected: The importance of partner responsiveness for experiencing sexual desire. Journal of Personality and Social Psychology 111:530.46.

Brewis, A., and M. Meyer. 2005. Marital coitus across the life course. Journal of Biosocial Science 37:499.518.

Brogaard, B. 2015. On romantic love. Oxford: Oxford University Press.

_____ 2017. The rise and fall of the romantic ideal. In R. Grossi and D. West (eds.), The radicalism of romantic love, 47.63. London: Routledge.

Brown, R. 1987. Analyzing love. Cambridge: Cambridge University Press.

Bruch, E. E., and M. E. J. Newman. 2018. Aspirational pursuit of mates in online dating markets. Science Advances 4(8):eaap9815. https://doi.org/10.1126/sciadv.aap9815.

Bruckner, P. 2013. Has marriage for love failed? Cambridge: Polity.

Brunning, L. 2018. The distinctiveness of polyamory. Journal of Applied Philosophy 35:513.31.

_____ 2019. Imagine there's no jealousy. Aeon.

Buber, M. (1923) 1937. I and thou. New York: Scribner.

Buss, D. M. 1994. The evolution of desire. New York: Basic Books.

Buss, D. M., C. Goetz, J. D. Duntley, K. Asao, and D. Conroy-Beam. 2017. The mate-switching hypothesis. Personality and Individual Differences 104:143.49.

Byrne, D., and S. K. Murnen. 1988. Maintaining loving relationships. In R. J. Sternberg and M. L. Barnes (eds.), The psychology of love, 293.310. New Haven: Yale University Press.

C

Cacioppo, S., F. Bianchi-Demicheli, C. Frum, J. G. Pfaus, and J. W. Lewis. 2012. The common neural bases between sexual desire and love: A multilevel kernel density fMRI analysis. Journal of Sexual Medicine 9:947.1232.

Cacioppo, J. T., S. Cacioppo, G. C. Gonzaga, E. L. Ogburn, and T. J. Vander-Weele. 2013. Marital satisfaction and break-ups differ across on-line and off-line meeting venues. Proceedings of the Academy of Sciences 110:1.6.

Call, V., S. Sprecher, and P. Schwartz. 1995. The incidence and frequency of marital sex in a national sample. Journal of Marriage and the Family 57:639.52.

Carmichael, C. L., H. T. Reis, and P. R. Duberstein. 2015. In your 20s it's quantity, in your 30s it's quality: The prognostic value of social activity across 30 years of adulthood. Psychology and Aging 30:95.105.

Carstensen, L. L. 2006. The influence of a sense of time on human development. Science 312 (5782): 1913.15.

Charles, S. T., and L. L. Carstensen. 2002. Marriage in old age. In M. Yalom, L. L. Carstensen, E. Freedman, and B. Gelpi (eds.), American Couple, 236.54. Berkeley: University of California Press.

_____ 2010. Social and emotional aging. Annual Review of Psychology

61:383.409.

Cialdini, R. B., R. J. Borden, A. Thorne, and L. R. Sloan. 1976. Basking in reflected glory: Three (football) field studies. Journal of Personality and Social Psychology 34:366.75.

Clanton, G. 1984. Social forces and the changing family. In L. A. Kirkendall and A. E. Gravatt (eds.), Marriage and the family in the year 2020, 13.46. Buffalo: Prometheus Books.

Coburn, W. J. 2001. Subjectivity, emotional resonance, and the sense of the real. Psychoanalytic Psychology 18:303.19.

Conley, T. D., J. L. Piemonte, S. Gusakova, and J. D. Rubin. 2018. Sexual satisfaction among individuals in monogamous and consensually non-monogamous relationships. Journal of Social and Personal Relationships 35:509.31.

Coontz, S. 2005. Marriage, a history. New York: Viking.

Csikszentmihalyi, M. 1990. Flow. New York: Harper Perennial.

D

Danovich, T. 2017. Afterglow: Is what happens after sex more important than foreplay or the orgasm? Aeon, November 21, 2017.

Day, L. C., A. Muise, S. Joel, and E. A. Impett. 2015. To do it or not to do it? How communally motivated people navigate sexual interdependence dilemmas. Personality and Social Psychology Bulletin 41:791.804.

Deitz, B. 2016. 9 things you should never rush in a relationship. Bustle, April 5, 2016, https://www.bustle.com/articles/152029.9-things-you-should-never-rush-in-a-relationship.

del Mar Salinas-Jimenez, M., J. Artes, and J. Salinas-Jimenez. 2011. Education as a positional good: A life satisfaction approach. Social Indicators Research 103:409.26.

Deresiewicz, W. (2009) 2017. Faux friendship. In Ben-Ze'ev and Krebs 2017,

4:72.81.

Deri, J. 2015. Love's refraction: Jealousy and compersion in queer women's polyamorous relationships. Toronto: University of Toronto Press.

de Sousa, R. (2007) 2017. Truth, authenticity, and rationality of emotions. In Ben-Ze'ev and Krebs 2017, 3:251.72.

_____ 2015. Love: A very short introduction. Oxford: Oxford University Press.

_____ 2018. Love, jealousy, and compersion. In C. Grau and A. Smuts (eds.), Oxford handbook of philosophy of love. Oxford: Oxford University Press. DeSteno, D. A., and P. Salovey. 1996. Jealousy and the characteristics of one's rival: A self-evaluation maintenance perspective. Personality and Social Psychology Bulletin 22:920.32.

Dew, J., and W. Wilcox. 2013. Generosity and the maintenance of marital quality. Journal of Marriage and Family 75:1218.28.

Diamond, L. M., and D. M. Huebner. 2012. Is good sex good for you? Rethinking sexuality and health. Social and Personality Psychology Compass 6:54.69.

Diener, E., and M. Y. Chan. 2011. Happy people live longer: Subjective well-being contributes to health and longevity. Applied Psychology: Health and Well-Being 3:1.43.

Diener, E., S. Kanazawa, E. M. Suh, and S. Oishi. 2015. Why people are in a generally good mood. Personality and Social Psychology Review 19:235.56.

Drigotas, S. M. 2002. The Michelangelo phenomenon and personal well-being. Journal of Personality 70:59.77.

Drigotas, S. M., C. E. Rusbult, J. Wieselquist, and S. Whitton. 1999. Close partner as sculptor of the ideal self: Behavioral affirmation and the Michelangelo phenomenon. Journal of Personality and Social Psychology 77:293.323.

Dutton, D. G., and A. P. Aron. 1974. Some evidence for heightened sexual attraction under conditions of high anxiety. Journal of Personality and Social Psychology 30:510.17.

Dwyer, R. J., K. Kushlev, and E. W. Dunn. 2018. Smartphone use undermines enjoyment of face-to-face social interactions. Journal of Experimental Social Psychology 78:233.39.

E

Eastwick, P. W., and L. L. Hunt. 2014. Relational mate value: Consensus and uniqueness in romantic evaluations. Journal of Personality and Social Psychology 106:728.51.

Ellison, C. G., A. M. Burdette, and W. Bradford Wilcox. 2010. The couple that prays together: Race and ethnicity, religion, and relationship quality among working.age adults. Journal of Marriage and Family 72:963.75.

Elster, J. 1999. Alchemies of the mind. Cambridge: Cambridge University Press.

Esch, T., and G. B. Stefano. 2005. Love promotes health. Neuroendocrinology Letters 26:264.67.

Etcoff, N. 1999. Survival of the prettiest. New York: Doubleday.

F

Finkel, E. J. 2017. The all-or-nothing marriage. New York: Penguin.

Finkel, E. J., P. W. Eastwick, B. R. Karney, H. T. Reis, and S. Sprecher. 2012. Online dating: A critical analysis from the perspective of psychological science. Psychology Science in the Public Interest 13:3.66.

Finkel, E. J., C. M. Hui, K. L. Carswell, and G. M. Larson. 2014. The suffocation of marriage: Climbing Mount Maslow without enough oxygen. Psychological Inquiry 25:1.41.

Finkel, E. J., M. I. Norton, H. T. Reis, D. Ariely, P. A. Caprariello, P. W. Eastwick, J. H. Frost, and M. R. Maniaci. 2015. When does familiarity promote versus undermine interpersonal attraction? A proposed integrative model from erstwhile adversaries. Perspectives on Psychological Science 10:3.19.

Fisher, H. 2004. Why we love. New York: Holt.

_____ 2010. Why him? Why her? How to find and keep lasting love. New York: Henry Holt.

Fletcher, G. J., J. A. Simpson, L. Campbell, and N. C. Overall. 2015. Pair-bonding, romantic love, and evolution: The curious case of homo sapiens. Perspectives on Psychological Science 10:20.36.

Floyd, K., J. P. Boren, A. F. Hannawa, C. Hesse, B. McEwan, and A. E. Veksler. 2009. Kissing in marital and cohabiting relationships: Effects on blood lipids, stress, and relationship satisfaction. Western Journal of Communication 73:113.33.

Forste, R., and K. Tanfer. 1996. Sexual exclusivity among dating, cohabiting, and married women. Journal of Marriage and the Family 56:33.47.

Frank, R. H. 2006. When it comes to a search for a spouse, supply and demand is only the start. New York Times, December 21, 2006.

Frankfurt, H. G. 1987. Equality as a moral ideal. Ethics 98:21.43.

_____ 1999. Autonomy, necessity, and love. In Necessity, Volition, and Love, 129.41. Cambridge: Cambridge University Press.

_____ 2004. The reasons for love. Princeton: Princeton University Press.

Frederick, S., and G. Loewenstein. 1999. Hedonic adaptation. In D. Kahneman, E. Diener, and N. Schwarz (eds.), Well-Being, 302.29. New York: Russell Sage Foundation.

Fredrickson, B. L. 2001. The role of positive emotions in positive psychology: The broaden-and-build theory of positive emotions. American Psychologist 56:218.26.

_____ 2013a. Love 2.0. New York: Plume.

_____ 2013b. Positive emotions broaden and build. Advances in Experimental Social Psychology 47:1.53.

Frijda, N. H. 1994. Varieties of affect: Emotions and episodes, moods, and sentiments. In P. Ekman and R. J. Davidson, (eds.), The nature of emotion, 59.67. New York: Oxford University Press.

_____ 2007. The laws of emotion. Mahwah, NJ: Lawrence Erlbaum.

Frijda, N. H., B. Mesquita, J. Sonnemans, and S. Van Goozen. 1991. The duration of affective phenomena or emotions, sentiments, and passions. International Review of Studies on Emotion 1:187.225.

Fromm, E. 1956. The art of loving. New York: HarperCollins.

Fugere, M. A., C. Chabot, K. Doucette, and A. J. Cousins. 2017. The importance of physical attractiveness to the mate choices of women and their mothers. Evolutionary Psychological Science 3:243.52.

Furtak, R. A. 2018. Knowing emotions. New York: Oxford University Press.

───────── G

Galinsky, A. D., V. L. Seiden, P. H. Kim, and V. H. Medvec. 2002. The dissatisfaction of having your first offer accepted: The role of counterfactual thinking in negotiations. Personality and Social Psychology Bulletin 28:271.83.

Gaver, W. W., and G. Mandler. 1987. Play it again, Sam: On liking music. Cognition and Emotion 3:259.82.

Gerstel, N., and H. Gross. 1984. Commuter marriage. New York: Guilford Press.

Gigerenzer, G. 2007. Gut feelings. New York: Viking.

Gilbert, D. T., and T. D. Wilson. 2000. Miswanting: Some problems in the forecasting of future affective states. In J. Forgas (ed.), Thinking and feeling, 178.97. Cambridge: Cambridge University Press.

_____ 2007. Prospection: Experiencing the future. Science 317:1351.54.

Gilovich, T., and V. H. Medvec. 1995. The experience of regret: What, when, and why. Psychological Review 102:379.95.

Girme, Y. U., N. C. Overall, and S. Faingataa. 2014. "Date nights" take two: The maintenance function of shared relationship activities. Personal Relationships 21:125.49.

Goodin, R. 2012. On settling. Princeton: Princeton University Press.

Gottlieb, L. 2010. Marry him: The case for settling for Mr. Good Enough. New York: New American Library.

Gottman, J. 1995. Why marriages succeed or fail. London: Bloomsbury.

Gottman, J. M., and R. W. Levenson. 2000. The timing of divorce: Predicting when a couple will divorce over a 14.year period. Journal of Marriage and Family 62:737.45.

Gray, J. S., and D. J. Ozer. 2018. Comparing two models of dyadic change: Correlated growth versus common fate. Social Psychological and Personality Science.

Greene, R. 2001. The art of seduction. New York: Penguin.

Greenspan, P. (1980) 2017. A case of mixed feelings: Ambivalence and the logic of emotion. In Ben-Ze'ev and Krebs 2017, 3:273.95.

Gressel, J. 2016. Disposable diapers, envy and the kibbutz. In R. Smith, U. Merlone, and M. Duffy, (eds.), Envy in work and organizations. 399.427. Oxford: Oxford University Press.

Grossmann, I., A. C. Huynh, and P. C. Ellsworth. 2016. Emotional complexity: Clarifying definitions and cultural correlates. Journal of Personality and Social Psychology 111:895.916.

Grossmann, I., J. Na, M. E. W. Varnum, D. C. Park, S. Kitayama, and R. E. Nisbett. 2010. Reasoning about social conflicts improves into old age. Proceedings of the National Academy of Sciences of the United States of America 107:7246.50.

Gutmann, A., and D. Thompson. 2012. The spirit of compromise. Princeton: Princeton University Press.

H

Hahn, A. C., R. D. Whitehead, M. Albrecht, C. E. Lefevre, and D. I. Perrett. 2012. Hot or not? Thermal reactions to social contact. Biology Letters 8:864.67.

Hakim, C. 2012. The new rules. London: Gibson Square.

Halbertal, M. 2012. On sacrifice. Princeton: Princeton University Press.

Halevi, M. 2018. The freedom to choose. Modi'in: Kinneret, Zmora-Bitan, Dvir (Hebrew).

Halpern-Meekin, S., W. D. Manning, P. C. Giordano, and M. A. Longmore. 2013. Relationship churning in emerging adulthood: On/Off relationships and sex with an ex. Journal of Adolescent Research 28:166.88.

Harrison, M. A., and J. C. Shortall. 2011. Women and men in love: Who really feels it and says it first? Journal of Social Psychology 151:727.36.

Hazan, C., and P. Shaver. 1987. Romantic love conceptualized as an attachment process. Journal of Personality and Social Psychology 52:511.24.

Heino, R. D., N. B. Ellison, and J. L. Gibbs. 2010. Relationshopping: Investigating the market metaphor in online dating. Journal of Social and Personal Relationships 27:427.47.

Helm, B. W. (2009) 2017. Emotions as evaluative feelings. In Ben-Ze'ev and Krebs 2017, 1:174.88.

_____ 2010. Love, friendship, and the self. Oxford: Oxford University Press.

Higgins, E. T. 1997. Beyond pleasure and pain. American Psychologist 52:1280.1300. Impett, E. A., and A. Gordon. 2008. For the good of others: Toward a positive psychology of sacrifice. In S. J. Lopez (ed.), Positive psychology: Exploring the best in people, 79.100. Westport, CT: Greenwood.

Irvine, W. B. 2006. On desire. New York: Oxford University Press.

Jiang, L. C., and J. T. Hancock. 2013. Absence makes the communication grow fonder: Geographic separation, interpersonal media, and intimacy in dating relationships. Journal of Communication 63:556.77.

Jollimore, T. 2011. Love's vision. Princeton: Princeton University Press.

_____ 2018. Love as "something in between." In C. Grau and A. Smuts (eds.), Oxford handbook of philosophy of love. Oxford: Oxford University Press.

Jonason, P. K., J. R. Garcia, G. D. Webster, N. P. Li, and H. E. Fisher. 2015. Relationship dealbreakers: Traits people avoid in potential mates. Personality and Social Psychology Bulletin 41:1697.1711.

Kahneman, D. 2011. Thinking, fast and slow. London: Penguin.

Kahneman, D., and D. T. Miller. 1986. Norm theory: Comparing reality to its alternatives. Psychological Review 93:136.53.

Kambartel, F. (1989) 2017. On calmness: Dealing rationality with what is beyond our control. In Ben-Ze'ev and Krebs 2017, 2:51.57.

Kansky, J. 2018. What's love got to do with it? Romantic relationships and well-being. In E. Diener, S. Oishi, and L. Tay (eds.), Handbook of well-being, 1.24. Salt Lake City: DEF Publishers.

Karney, B. R., and R. H. Coombs. 2000. Memory bias in long-term close relationships: Consistency or improvement? Personality and Social Psychology Bulletin 26:959.70.

Kashdan, T. B., F. R. Goodman, M. Stiksma, C. R. Milius, and P. E. McKnight. 2018. Sexuality leads to boosts in mood and meaning in life with no evidence for the reverse direction: A daily diary investigation. Emotion 18:563.76.

Kashdan, T. B., and J. Rottenberg. 2010. Psychological flexibility as a fundamental aspect of health. Clinical Psychology Review 30:865.78.

Kelmer, G., G. K. Rhoades, S. M. Stanley, and H. J. Markman. 2013. Relationship quality, commitment, and stability in long-distance relationships. Family Process 52:257.70.

Kenny, A. 1965. Happiness. Proceedings of the Aristotelian Society 66:93.102.

Kim, J., A. Muise, and E. A. Impett. 2018. The relationship implications of rejecting a partner for sex kindly versus having sex reluctantly. Journal of Social and Personal Relationships 35:485.508.

Kipnis, L. 2003. Against love. New York: Pantheon.

Kolodny, N. 2003. Love as valuing a relationship. Philosophical Review 112:135.89.

Kraus, M. W. 2017. Voice-only communication enhances empathic accuracy. American Psychologist 72:644.54.

Krebs, A. 2002. Arbeit und Liebe. Frankfurt: Suhrkamp.

_____ 2009. "Wie ein Bogenstrich, der aus zwei Saiten eine Stimme zieht": Eine dialogische Philosophie der Liebe. Deutsche Zeitschrift fur Philosophie 57:729.43.

_____ 2014a. Between I and Thou.On the dialogical nature of love. In C. Maurer, T. Milligan, and K. Pacovska (eds.), Love and its objects, 7.24. London: Palgrave Macmillan.

_____ 2014b. Why landscape beauty matters. Land 3:1251.69.

_____ 2015. Zwischen Ich und Du: Eine dialogische Philosophie der Liebe. Frankfurt: Suhrkamp.

_____ 2017a. As if the earth has long stopped speaking to us: Resonance with nature and its loss. In Ben-Ze'ev and Krebs 2017, 3:231.66.

_____ 2017b. Stimmung: From mood to atmosphere. Philosophia 45:1419.36.

Kulu, H., and P. J. Boyle. 2010. Premarital cohabitation and divorce: Support for the "trial marriage" theory? Demographic Research 23:879.904.

L

LaFollette, H. 1996. Personal relationships. Oxford: Blackwell.

Lambert, N, T. F. Stillman, J. A. Hicks, S. Kamble, R. F. Baumeiter, and F. D. Fincham. 2013. Belong is to matter: Sense of belonging enhances meaning in life. Personality and Social Psychology Bulletin 39:1418.27.

Landau, I. 2017. Finding meaning in an imperfect world. Oxford: Oxford University Press.

Lavner, J. A., T. N. Bradbury, and B. R. Karney. 2012. Incremental change or initial differences? Testing two models of marital deterioration. Journal of Family Psychology 26:606.16.

Lawrence, E. M., R. G. Rogers, A. Zajacova, and T. Wadsworth. 2018. Marital happiness, marital status, health, and longevity. Journal of Happiness Studies, 1.23.

Levinas, E. 1998. On thinking-of-the-other: Entre nous. New York: Columbia University Press.

Lillard, L.A., M. J. Brien, and L. J. Waite. 1995. Premarital cohabitation and subsequent marital dissolution: A matter of self-selection? Demography 32:437.57.

Lindquist, J. D., and C. F. Kaufman-Scarborough. 2004. Polychronic tendency analysis: A new approach to understanding women's shopping behaviors. Journal of Consumer Marketing 21:332.42.

Lorber, M. F., A. C. E. Erlanger, R. E. Heyman, and K. D. O'Leary. 2015. The honeymoon effect: Does it exist and can it be predicted? Prevention Science 16:550.59.

Lyubomirsky, S. 2011. Hedonic adaptation to positive and negative experiences. In S. Folkman (ed.), Oxford handbook of stress, health, and coping, 200.24. New York: Oxford University Press.

_____ 2013. The myths of happiness. New York: Penguin.

Lyubomirsky, S., L. King, and E. Diener. 2005. The benefits of frequent positive affect: Does happiness lead to success? Psychological Bulletin 131:803.55.

M

Maatta, K., and S. Uusiautti. 2013. Silence is not golden. Communication Studies 64:33.48.

Marino, P. 2018. Love and economics. In C. Grau and A. Smuts (eds.), The Oxford handbook of philosophy of love. Oxford: Oxford University Press.

Martin, W. 2018. Untrue: Why nearly everything we believe about women, lust, and infidelity is wrong. Boston: Little, Brown and Company.

Mashek, D. J., and M. D. Sherman. 2004. Desiring less closeness with intimate others. In Handbook of closeness and intimacy, 343.56. Mahwah, NJ: Lawrence Erlbaum.

May, S. 2011. Love: A history. New Haven: Yale University Press.

McGee, E., and M. Shevlin. 2009. Effect of humor on interpersonal attraction and mate selection. Journal of Psychology 143:67.77.

McNulty, J. K., L. A. Neff, and B. R. Karney. 2008. Beyond initial attraction: Physical attractiveness in newlywed marriage. Journal of Family Psychology 22:135.43.

McNulty, J. K., M. A. Olson, A. L. Meltzer, and M. J. Shaffer. 2013. Though they may be unaware, newlyweds implicitly know whether their marriage will be satisfying. Science 342 (6162):1119.20.

McNulty, J. K., C. A. Wenner, and T. D. Fisher. 2016. Longitudinal associations among relationship satisfaction, sexual satisfaction, and frequency of sex in early marriage. Archives of Sexual Behavior 45:85.97.

Meltzer, A. L., A. Makhanova, L. L. Hicks, J. E. French, J. K. McNulty, and T. N. Bradbury. 2017. Quantifying the sexual afterglow: The lingering benefits of sex and their implications for pair-bonded relationships. Psychological Science 28:587.98.

Meltzer, A. L., J. K. McNulty, G. L. Jackson, and B. R. Karney. 2014. Sex differences in the implications of partner physical attractiveness for the trajectory of marital satisfaction. Journal of Personality and Social Psychology 106:418.28.

Meyers, S. A., and E. Berscheid. 1997. The language of love: The difference a preposition makes. Personality and Social Psychology Bulletin 23:347.62.

Mitchell, S. A. 2002. Can love last? New York: Norton.

Mogilner, C., S. D. Kamvar, and J. Aaker. 2011. The shifting meaning of happiness. Social Psychological and Personality Science 2:395.402.

Morag, T. 2016. Emotion, imagination, and the limits of reason. London: Routledge.

_____ 2017. The tracking dogma in the philosophy of emotion. Argumenta 2:343.63.

Muhlhoff, R. 2019. Affective resonance. In J. Slaby and C. von Scheve (eds.), Affective societies. London: Routledge.

Muise, A., E. Giang, and E. A. Impett. 2014. Post-sex affectionate exchanges promote sexual and relationship satisfaction. Archives of Sexual Behavior 43:1391.1402.

Muise, A., E. A. Impett, A. Kogan, and S. Desmarais. 2013. Keeping the spark alive: Being motivated to meet a partner's sexual needs sustains sexual desire in long-term romantic relationships. Social Psychological and Personality Science 4:267.73.

Muise, A., U. Schimmack, and E. A. Impett. 2016. Sexual frequency predicts

우리는 왜 이별했을까?

greater well-being, but more is not always better. Social Psychological and Personality Science 7:295.302.

Myers, D. G. 2000. The funds, friends, and faith of happy people. American Psychologist 55:56.67.

N

Neff, L. A., and B. R. Karney. 2005. To know you is to love you: The implications of global adoration and specific accuracy for marital relationships. Journal of Personality and Social Psychology 88:480.97.

Nozick, R. 1991. Love's bond. In R. C. Solomon and K. M. Higgins (eds.), The philosophy of (erotic) love, 417.32. Lawrence: University Press of Kansas.

Nussbaum, M. C. 1986. The fragility of goodness. Cambridge: Cambridge University Press.

_____ 2001. Upheavals of thought. Cambridge: Cambridge University Press.

_____ 2016. Anger and forgiveness: Resentment, generosity, justice. New York: Oxford University Press.

O

Oatley, K. (2010) 2017. Two movements in emotions: Communication and reflection. In Ben-Ze'ev and Krebs 2017, 1:209.23.

_____ 2018. Our minds, our selves: A brief history of psychology. Princeton: Princeton University Press.

Oishi, S., E. Diener, and R. E. Lucas 2009. The optimum level of well-being: Can people be too happy? Perspectives on Psychological Science 2:346.60.

O'Leary, K. D., B. P. Acevedo, A. Aron, L. Huddy, and D. Mashek. 2012. Is long-term love more than a rare phenomenon? If so, what are its correlates? Social Psychological and Personality Science 3:241.49.

Ortega y Gasset, J. 1941. On love. London: Jonathan Cape, 1967.

P

Page, S. E. 2017. The diversity bonus. Princeton: Princeton University Press.

Papp, S. M. 2009. Outcasts: A love story. Toronto: Dundurn.

Parkinson, B., P. Totterdell, R. B. Briner, and S. Reynolds. 1996. Changing moods. Harlow: Longman.

Peele, S., and A. Brodsky. 1975. Love and addiction. New York: Taplinger.

Perel, E. 2007. Mating in captivity. New York: Harper.

_____ 2017. The state of affairs. London: Yellow Kite.

Peterson, R. D., and C. L. Palmer. 2017. Effects of physical attractiveness on political beliefs. Politics and the Life Sciences 36:3.16.

Portmann, J. 2013. The ethics of sex and Alzheimer's. London: Routledge.

Prins, K. S., B. P. Buunk, and N. W. Van Yperen. 1993. Equity, normative disapproval, and extramarital relationships. Journal of Social and Personal Relationships 10:39.53.

Prioleau, B. 2003. Seductress. New York: Viking.

Proulx, C. M., A. E. Ermer, and J. B. Kanter. 2017. Group.based trajectory modeling of marital quality: A critical review. Journal of Family Theory and Review 9:307.27.

Proulx, C. M., H. M. Helms, and C. Buehler. 2007. Marital quality and personal well.being: A meta.analysis. Journal of Marriage and Family 69:576.93.

Q

Quoidbach, J., J. Gruber, M. Mikolajczak, A. Kogan, I. Kotsou, and M. I. Norton. 2014. Emodiversity and the emotional ecosystem. Journal of Experimental Psychology: General 143:2057.66.

R

Reddish, P., R. Fischer, and J. Bulbulia. 2013. Let's dance together: Synchrony, shared intentionality, and cooperation. PLoS One 8(8):e71182. https://doi.org/10.1371/journal.pone.0071182.

Reis, H. T., and A. Aron. 2008. Love: What is it, why does it matter, and how does it operate? Perspectives on Psychological Science 3:80.86.

Reis, H. T., and M. S. Clark. 2013. Responsiveness. In J. A. Simpson and L. Campbell (eds.), The Oxford handbook of close relationships, 400.423. New York: Oxford University Press.

Rhoades, G. K., S. M. Stanley, and H. J. Markman. 2012. A longitudinal investigation of commitment dynamics in cohabiting relationships. Journal of Family Issues 33:369.90.

Rinofner-Kreidl, S. 2017. Grief: Loss and self-loss. In J. J. Drummond and S. Rinofner-Kreidl (eds.), Emotional experiences: Ethical and social significance, 91.120. London: Rowman & Littlefield.

_____ 2018. Gratitude. In H. Landweer and T. Szanto (eds.), Handbook of phenomenology of emotions. London: Routledge.

Roese, N. J., and J. M. Olson. 2014. What might have been. London: Psychology Press.

Roese, N. J., and A. Summerville. 2005. What we regret most . . . and why. Personality and Social Psychology Bulletin 31:1273.85.

Rosa, H. 2013. Social acceleration. New York: Columbia University Press.

_____ 2016. Resonanz. Frankfurt: Suhrkamp.

Rosenfeld, M. J., and K. Roesler. 2018. Cohabitation experience and cohabitation's association with marital dissolution. Journal of Marriage and Family.

Rosenfeld, M. J., and R. J. Thomas. 2012. Searching for a mate: The rise of the internet as a social intermediary. American Sociological Review 77:523.47.

Rousseau, J. J. 1979. Emile: or on education. New York: Basic Books.

Rubel, A. N., and A. F. Bogaert. 2015. Consensual nonmonogamy: Psychological well-being and relationship quality correlates. Journal of Sex Research 52:961.82.

Rubin, S. S., R. Malkinson, and E. Witztum. 2012. Working with the bereaved. New York: Routledge.

Russell, B. 1930. The conquest of happiness. London: Routledge, 2006.

_____ 1968. Autobiography of Bertrand Russell: 1872.World War I. New York: Bantam.

S

Saad, G., and T. Gill. 2014. The framing effect when evaluating prospective mates: An adaptationist perspective. Evolution and Human Behavior 35:184.92.

Schneider, J. P., R. Weiss, and C. Samenow. 2012. Is it really cheating? Understanding the emotional reactions and clinical treatment of spouses and partners affected by cybersex infidelity. Sexual Addiction & Compulsivity 19:123.39.

Schwartz, B. 2004. The paradox of choice. New York: HarperCollins.

Scitovsky, T. 1976. The joyless economy. New York: Oxford University Press.

Scruton, R. 1986. Sexual desire. London: Weidenfeld and Nicolson.

_____ 1997. The aesthetics of music. Oxford: Oxford University Press.

_____ 2011. Beauty: A very short introduction. Oxford: Oxford University Press.

Shavit, O., A. Ben-Zeev, and I. Doron. 2017. Love between couples living with Alzheimer's disease: Narratives of spouse care-givers, Ageing & Society, 1.30.

Shaw, G. B. 1952. Don Juan in hell. New York: Dodd, Mead.

Sheff, E. 2014. The polyamorists next door. Lanham, MD: Rowman & Little-field.

Sherman, N. 1993. The virtues of common pursuit. Philosophy and Phenom-enological Research 53:277.99.

Shulman, S., R. Tuval-Mashiach, E. Levran, and S. Anbar. 2006. Conflict resolution patterns and longevity of adolescent romantic couples: A 2-year follow-up study. Journal of Adolescence 29:575.88.

Simon, H. A. 1979. Rational decision making in business organizations. American Economic Review 69:493.513.

Sloman, S. A. 1996. The empirical case for two systems of reasoning. Psycho-logical Bulletin 119:3.22.

Smith, R. H., and S. H. Kim. 2007. Comprehending envy. Psychological Bul-letin 133:46.64.

Sobel, A. 1990. The structure of love. New Haven: Yale University Press.

Solomon, R. 1988. About love. New York: Simon and Schuster.

_____ 1990. Love. New York: Prometheus Books.

Spinoza, B. (1677) 1985. Ethics. In E. Curley (ed.), The collected works of Spinoza. Princeton: Princeton University Press.

Sprecher, S. 1999. "I love you more today than yesterday": Romantic partners' perceptions of changes in love and related affect over time. Journal of Personality and Social Psychology 76:46.53.

Sprecher, S., M. Schmeeckle, and D. Felmlee. 2006. The principle of least interest: Inequality in emotional involvement. Journal of Family Issues 27:1255.80.

Stafford, L. 2005. Maintaining long-distance and cross-residential relation-ships. Mahwah, NJ: Lawrence Erlbaum.

Stanley, S. M., G. K. Rhoades, and H. J. Markman. 2006. Sliding vs. decid-ing: Inertia and the premarital cohabitation effect. Family Relations 55:499.509.

Sudo, P. T. 2000. Zen sex: The way of making love. San Francisco: Harper.

Sumter, S. R., L. Vandenbosch, and L. Ligtenberg. 2017. Love me Tinder: Untangling emerging adults' motivations for using the dating application Tinder. Telematics and Informatics 34:67.78.

Sunnafrank, M., and A. Ramirez. 2004. At first sight: Persistent relational effects of get-acquainted conversations, Journal of Social and Personal Relationships 21:361.79.

Suzuki, S. 1970. Zen mind, beginner's mind. New York: Weatherhill.

T

Taylor, C. (1985) 2017. The concept of a person. In Ben-Ze'ev and Krebs 2017, 1:42.56.

Thaler, R. H., and C. R. Sunstein. 2009. Nudge. Penguin Books.

Thayer, R. E. 1996. The origin of everyday moods. New York: Oxford University Press.

Thomas, M. L., et al. 2016. Paradoxical trend for improvement in mental health with aging. Journal of Clinical Psychiatry 77:e1019.e1025.

Toulmin, S. (1981) 2017. The tyranny of principles. In Ben-Ze'ev and Krebs 2017, 3:76.92.

V

Valdesolo, P., and D. DeSteno. 2011. Synchrony and the social tuning of compassion. Emotion 11:262.66.

Valdesolo, P., J. Ouyang, and D. DeSteno. 2010. The rhythm of joint action: Synchrony promotes cooperative ability. Journal of Experimental Social Psychology 46:693.95.

Velleman, J. D. 1999. Love as a moral emotion. Ethics 109:338.74.

W

Watson, D., E. C. Klohnen, A. Casillas, E. Nus Simms, J. Haig, and D. S. Berry. 2004. Match makers and deal breakers: Analyses of assortative mating in newlywed couples. Journal of Personality 72:1029.68.

Wentland, J. J., and E. D. Reissing. 2011. Taking casual sex not too casually: Exploring definitions of casual sexual relationships. Canadian Journal of Human Sexuality 20:75.91.

Whelan, C. B. 2006. Why smart men marry smart women. New York: Simon & Schuster.

Whillans, A. V., E. W. Dunn, G. M. Sandstrom, S. S. Dickerson, and K. M. Madden. 2016. Is spending money on others good for your heart? Health Psychology 35:574.83.

Wiltermuth, S. S., and C. Heath. 2009. Synchrony and cooperation. Psychological Science 20:1.5.

Wood, J., S. Desmarais, T. Burleigh, and R. Milhausen. 2018. Reasons for sex and relational outcomes in consensually nonmonogamous and monogamous relationships: A self-determination theory approach. Journal of Social and Personal Relationships 35:632.54.

Y

Yee, N. 2014. The Proteus paradox. New Haven: Yale University Press.

옮긴이 김현주

바른번역 소속 전문 번역가. 서울신학대학교 신학과를 졸업했다. 일상의 작은 행복에 크게 기뻐하며 주변 환경과 지구 환경을 소중히 여기는 사람으로 살아가려 애쓰고 있다. 지금까지 옮긴 책으로 『리버스Rivers』, 『걱정하지 않는 엄마』, 『멈추고 정리』 등이 있다.

우리는 왜 이별했을까?

초판 1쇄 인쇄 2020년 4월 16일
초판 1쇄 발행 2020년 4월 23일

지은이 아론 벤지이브
옮긴이 김현주
펴낸이 김기훈·김진희

펴낸곳 ㈜쎄듀
등록 2017년 4월 25일 제2017-000144호
주소 서울시 강남구 논현로 305 쎄듀타워
편집 02-2088-0132 | **마케팅** 02-3272-4763 | **팩스** 02-702-0585
블로그 blog.naver.com/book_pause | **이메일** book_pause@naver.com
페이스북 bookthepause | **인스타그램** book_pause

ISBN 979-11-90623-01-8 (03180)

파우제는 ㈜쎄듀 단행본 임프린트입니다.
잠시 멈추고 싶을 때 생각을 나누는 책을 펴냅니다.